Christine Hatzky, Barbara Potthast
Lateinamerika 1800–1930

Oldenbourg
Grundriss der Geschichte

Herausgegeben von Hans Beck, Karl-Joachim Hölkeskamp, Achim Landwehr, Steffen Patzold und Benedikt Stuchtey

Band 48

Christine Hatzky, Barbara Potthast

Lateinamerika 1800–1930

ISBN 978-3-11-034999-3
e-ISBN (PDF) 978-3-11-035000-5
e-ISBN (EPUB) 978-3-11-039685-0

Library of Congress Control Number: 2021940961

Bibliografische Information der Deutschen Nationalbibliothek
Die Deutsche Nationalbibliothek verzeichnet diese Publikation in der
Deutschen Nationalbibliografie; detaillierte bibliografische Daten
sind im Internet über http://dnb.dnb.de abrufbar.

© 2021 Walter de Gruyter GmbH, Berlin/Boston
Satz: bsix information exchange GmbH, Braunschweig
Druck und Bindung: CPI books GmbH, Leck

www.degruyter.com

Inhaltsverzeichnis

I	**Darstellung —— 1**		
1	Einleitung —— 1		
2	Unabhängigkeitsbewegungen und Probleme der Staatsbildung —— 5		
	2.1	Die Ausgangssituation am Ende der Kolonialherrschaft —— 5	
	2.2	Auseinandersetzungen um die Unabhängigkeit —— 15	
	2.3	Staatsbildung in Hispanoamerika —— 25	
	2.4	Verfassungen, Staatsbürgerschaft, Parteien —— 29	
	2.5	Die indigene Bevölkerung —— 34	
	2.6	Sklaverei und Abolition —— 37	
	2.7	Das Kaiserreich Brasilien —— 41	
	2.8	Kuba: Kolonie bis 1898 —— 45	
	2.9	Die Wirtschaft des unabhängigen Lateinamerika —— 47	
3	Diplomatie und Kriege —— 54		
	3.1	Grenzziehungen —— 54	
	3.2	Paraguay-, Pazifik- und Chacokrieg —— 56	
	3.3	Kriege gegen die „internen Anderen" im Namen der „Zivilisation" —— 58	
	3.4	Die Falkland/Malvinas-Inseln —— 62	
	3.5	Neue und alte Herren: Lateinamerika, Europa und die USA —— 63	
4	Gesellschafts- und Identitätsentwürfe im 19. Jahrhundert —— 71		
	4.1	„Zivilisation und Barbarei" —— 72	
	4.2	Positivismus und „Aufweißung" —— 75	
	4.3	Kontinentale Identitäten —— 77	
5	Globalisierungsschübe und Aufbruch ins 20. Jahrhundert —— 82		
	5.1	Lateinamerika und die USA seit 1900 —— 82	
	5.2	Wirtschaftliche Entwicklungen zwischen den 1870er Jahren und dem Ersten Weltkrieg —— 86	
	5.3	Agrarexportwirtschaft —— 91	

		5.4	Landproblematik und Arbeitsverhältnisse —— 93

- 6 Industrialisierung, Migration und Urbanisierung —— 97
  - 6.1 Aufbau und Entwicklung der Infrastruktur —— 97
  - 6.2 Industrialisierung und Weltwirtschaftskrise —— 98
  - 6.3 Massenmigration —— 101
  - 6.4 Urbanisierung —— 105
- 7 Gesellschaftliche und politische Differenzierung —— 109
  - 7.1 Arbeiterbewegungen und Gewerkschaften —— 115
  - 7.2 Kommunismus und Antiimperialismus —— 120
  - 7.3 Die Mexikanische Revolution —— 122
  - 7.4 Der *Batllismo* in Uruguay (1903–1915) —— 128
  - 7.5 Familie, Gender und Feminismus —— 129
  - 7.6 Bildungspolitik und Bildungsreformen —— 132
- 8 Kultureller Wandel und neue nationale Identitätsentwürfe —— 133
  - 8.1 Politischer und kultureller Indigenismus —— 133
  - 8.2 *Mestizaje* und andere Nationsvorstellungen —— 136
  - 8.3 *Modernismo* und die Idee der kulturellen Anthropophagie —— 138

II Grundprobleme und Tendenzen der Forschung —— 143

- 1 Archive, Bibliotheken und Historiographie —— 143
  - 1.1 Archive und Bibliotheken —— 143
  - 1.2 Mündliche Überlieferungen —— 147
  - 1.3 Historiographie in Lateinamerika —— 148
  - 1.4 Gesamtdarstellungen —— 153
- 2 Unabhängigkeit und Staatsbildung —— 154
  - 2.1 Die *Independencias* —— 154
  - 2.2 Staatsbürgerschaft, Wahlen und Parteien —— 166
  - 2.3 Die Rolle der katholischen Kirche —— 171

3	Sklavenhandel und Sklaverei —— 174	
	3.1	Kreolisierung —— 179
	3.2	Brasilien —— 182
	3.3	Saint-Domingue/Haiti —— 185
	3.4	Abolition —— 187
	3.5	Postemanzipation —— 191
4	Kriegs- und Grenzforschung —— 193	
5	Gewalt: Ursachen und Phänomene —— 198	
6	Supranationale Zusammenschlüsse —— 199	
7	Wirtschaftsgeschichte und Entwicklungskonzepte —— 201	
	7.1	Wirtschaftsgeschichte und -historiographie —— 203
	7.1.1	Periodisierung —— 203
	7.1.2	Überblickswerke —— 205
	7.1.3	Länder- und Regionalstudien —— 210
	7.2	Sektorale Studien —— 212
	7.2.1	Agrarwirtschaft —— 212
	7.2.2	Industrialisierung, Lohnarbeit, Arbeiterbewegung —— 215
	7.3	Die „neue" ökonomische Geschichte Lateinamerikas —— 217
8	Migration —— 218	
9	Transnationale lateinamerikanische Identitäten —— 222	
10	Rassismus, *mestizaje* und Transkulturation —— 224	
11	*Modernismo* —— 230	
12	Bildung und Wissenschaft —— 232	
13	Forschungsreisen —— 234	
14	Indigene Bevölkerung und indigene Bewegungen —— 237	
15	Gender, Sexualität, Familien —— 242	
16	Urbanisierung —— 244	
17	Die Mexikanische Revolution —— 245	
18	Lateinamerika in seinen globalen Verflechtungen —— 252	
	18.1	Lateinamerika in der Globalgeschichte —— 252
	18.2	Verflechtungen mit Europa, Afrika und Asien —— 254

19	Lateinamerika und die USA —— 258	
	19.1	Der Kubanisch-US-Amerikanisch-Spanische Krieg —— 258
	19.2	*Roosevelt Corollary*, *Big Stick Policy* und Dollardiplomatie —— 260
	19.3	US-Besatzungen in Zentralamerika und der Karibik —— 261
	19.4	Imperialismus und Antiimperialismus —— 263

III	**Quellen und Literatur —— 265**	
1	Archive, Bibliotheken und Historiographie —— 265	
	1.1	Archive und Bibliotheken —— 265
	1.2	Mündliche Überlieferungen —— 265
	1.3	Historiographie in Lateinamerika —— 265
	1.4	Gesamtdarstellungen der Geschichte Lateinamerikas —— 266
	1.5	Nationalgeschichten —— 267
	1.6	Fachzeitschriften —— 269
	1.7	Links —— 270
2	Unabhängigkeit und Staatsbildung —— 271	
	2.1	Die *Independencias* —— 271
	2.2	Staatsbürgerschaft, Wahlen und Parteien —— 275
	2.3	Die Rolle der katholischen Kirche —— 277
3	Sklavenhandel und Sklaverei —— 278	
	3.1	Kreolisierung —— 281
	3.2	Brasilien —— 282
	3.3	Sainte-Domingue/Haiti —— 283
	3.4	Abolition —— 284
	3.5	Postemanzipation —— 286
4	Kriegs- und Grenzforschung —— 287	
5	Gewalt: Ursachen und Phänomene —— 289	
6	Supranationale Zusammenschlüsse —— 290	
7	Wirtschaftsgeschichte und Entwicklungskonzepte —— 292	
	7.1	Wirtschaftsgeschichte und -historiographie —— 292
	7.1.1	Periodisierung —— 292
	7.1.2	Überblickswerke —— 292

	7.1.3	Länder und Regionalstudien —— 293
	7.2	Sektorale Studien —— 294
	7.2.1	Agrarwirtschaft —— 294
	7.2.2	Industrialisierung, Lohnarbeit und Arbeiterbewegung —— 295
	7.3	Die „neue" ökonomische Geschichte Lateinamerikas —— 297
8		Migration —— 297
9		Transnationale lateinamerikanische Identitäten —— 299
10		Rassismus, *mestizaje* und Transkulturation —— 299
11		*Modernismo* —— 301
12		Bildung und Wissenschaft —— 302
13		Forschungsreisen —— 303
14		Indigene Bevölkerung und indigene Bewegungen —— 304
15		Gender, Sexualität, Familien —— 305
16		Urbanisierung —— 306
17		Die Mexikanische Revolution —— 308
18		Lateinamerika in seinen globalen Verflechtungen —— 310
	18.1	Lateinamerika in der Globalgeschichte —— 310
	18.2	Verflechtungen mit Europa, Afrika und Asien —— 311
19		Lateinamerika und die USA —— 312
	19.1	Der Kubanisch-US-Amerikanisch-Spanische Krieg —— 312
	19.2	*Roosevelt Corollary*, *Big Stick Policy*, Dollardiplomatie —— 313
	19.3	US-Besatzungen in Zentralamerika und der Karibik —— 314
	19.4	Imperialismus und Antiimperialismus —— 315

Chronologischer Überblick —— 317

Personenregister —— 321

Ortsregister —— 325

Autorenregister —— 329

Sachregister —— 339

Oldenbourg Grundriss der Geschichte —— 361

I Darstellung

1 Einleitung

Lateinamerika ist durch vielfältige sich überlagernde historische Entwicklungen geprägt, die die Faszination der Region ausmachen. Dieser Facettenreichtum bringt eine Reihe von Schwierigkeiten mit sich: Wie die Entwicklung von vielen, so unterschiedlichen Staaten über etwa zweihundert Jahre hinweg darstellen, ohne unzulässig zu verallgemeinern oder eine unübersichtliche Aneinanderreihung von Einzelfallanalysen zu produzieren? Wie die zumeist national ausgerichteten Forschungsdebatten in großen Linien für den gesamten Subkontinent nachzeichnen, ohne wichtige nationale Besonderheiten auszulassen?

Die nun vorliegenden zwei Bände zur Geschichte Lateinamerikas [OGG 48: Lateinamerika 1800–1930 und OGG 49: Lateinamerika seit 1930] – arbeiten mit einer Kombination aus chronologischer und themenorientierter Analyse sowohl im Darstellungs- als auch im Forschungsteil. Die Unterteilung der Bände ist im Wesentlichen chronologisch orientiert, d.h. der erste Band widmet sich der Geschichte Lateinamerikas von der Unabhängigkeit bis zur Weltwirtschaftskrise, der zweite Band reicht von den 1930er Jahren bis zur Gegenwart. Allerdings wird in einigen thematisch ausgerichteten Kapiteln, vor allem im Forschungsteil, auf den jeweils anderen Teil vor- oder zurückgegriffen. Die beiden Bände sind daher komplementär. Damit sie jedoch auch unabhängig voneinander gelesen werden können, sind die Einleitung sowie die allgemeinen Literatur- und Quellenhinweise im Forschungsteil weitgehend identisch.

Einleitend ist zunächst einmal zu klären: Was bedeutet Lateinamerika und welche Länder gehören dazu? Es handelt sich nicht um einen geographischen Terminus, denn – obwohl häufig mit Südamerika gleichgesetzt – werden unter dem Begriff Lateinamerika auch Mittelamerika, Teile Nordamerikas und Teile der Karibik zusammengefasst. Vielmehr verweist die Bezeichnung auf eine sprachliche Verbindung, die Latinität. Doch auch diese ist nicht wirklich treffend, denn Québec, Guadeloupe, Martinique oder Französisch-Guayana sind französischsprachig, werden aber nicht zu Lateinamerika gezählt. Will man auch die Inseln und die

Begriff Lateinamerika

Karibik und Zirkumkaribik

ehemals europäischen Kolonien in Guayana sowie Belize einbeziehen, so spricht man von Lateinamerika und dem (zirkum-)karibischen Raum. Der karibische Raum umfasst die spanisch-, französisch- und englischsprachigen sowie die holländisch- und zum Teil kreolsprachigen karibischen Inseln. Der zirkum-karibische Raum bezieht darüber hinaus Teile des Kontinents mit ein, die an das karibische Meer angrenzen und teilweise durch eine ähnliche sprachliche und kulturelle Heterogenität geprägt sind wie die karibischen Inseln. Diese grundlegenden Unklarheiten zeigen die Schwierigkeit, die Region auf einen Nenner zu bringen, sowie die Vermischung von geographischen und historisch-kulturellen Kriterien.

Idee der Einheit Lateinamerikas

Lateinamerika repräsentiert eine kulturell und historisch definierte Vision von Einheit, die seit der zweiten Hälfte des 19. Jahrhunderts entstand. Seither hat der Begriff viele Wandlungen erfahren, ein gewisser Kern jedoch ist geblieben. Trotz oder gerade wegen der historisch-politischen Konnotationen und seiner Vagheit hat er sich in der Alltagssprache durchgesetzt. Daher sei unseren Ausführungen eine kurze Erläuterung vorangestellt, wie sich die kulturellen und die geographischen Termini zueinander verhalten und wie wir Lateinamerika in diesem Band eingrenzen. (Näheres zur Entstehung des Begriffs sowie anderer Bezeichnungen findet sich in Kapitel I.4.3)

Iberoamerika

Zuvorderst bezeichnet der Begriff Lateinamerika diejenigen Länder, die von den iberischen Mächten (Spanien und Portugal) um 1500 erobert und kolonisiert wurden (Iberoamerika) sowie die französischsprachigen Inseln der Karibik, vor allem Haiti. Iberoamerika kann noch unterteilt werden in Hispano- und Lusoamerika, also die jeweils von Spanien bzw. Portugal geprägten Länder.

Hispano- und Lusoamerika

In Brasilien wird *América Latina* allerdings oft als Synonym für Hispanoamerika gebraucht. Dies ist vielleicht ein Relikt aus der Entstehungszeit, als einer der frühen Verfechter des Begriffs, der Chilene Francisco Bilbao, Brasilien und Paraguay aus *América Latina* ausgenommen wissen wollte, da sie nicht dem Bild der liberalen Republiken entsprachen, die er damit verband.

Andere Einteilungen

Man könnte aber auch andere Einteilungen vornehmen, etwa nach den vorkolonialen Großräumen der Völker Nahua, Maya, Chibcha, Inka, Tupí-Guaraní oder Mapuche. Diese vorkolonialen Kulturen prägen die Region nach wie vor, wenn auch in unterschiedlichem Maße. Sie sind, neben den Einflüssen von Migranten[1] aus verschiedenen Regionen Europas, z. B. zwangsverschleppten afrikanischen Sklaven, chinesischen Kontraktarbeitern sowie Einwanderern aus der Levante (um nur die größten Gruppen zu nennen), die Ursache für eine kulturelle Vielfalt, die die Region, aber auch die einzelnen Staaten bis heute prägen.

Dies macht eine allgemeine Darstellung der Geschichte Lateinamerikas ausgesprochen schwierig und führt dazu, dass meist – und so auch in diesem Band – die größeren, politisch und wirtschaftlich mächtigeren Staaten (Argentinien, Brasilien, Mexiko) in der Darstellung großen Raum einnehmen. Ist es für die Kolonialzeit noch möglich, aufgrund der gemeinsamen Prägung durch die iberischen Verwaltungen Hispanoamerika und Brasilien zumindest grob zusammenzubinden, so kommt mit der Unabhängigkeit der lateinamerikanischen Staaten (mit Ausnahme von Kuba und Puerto Rico, die erst Ende des Jahrhunderts unabhängig wurden) ab dem Beginn des 19. Jahrhunderts zu den kulturellen Unterschieden noch die jeweils eigene historische Prägung. Dennoch gibt es gemeinsame Linien, die wir versuchen, in unserer Darstellung aufzuzeigen.

Schwerpunkt der Darstellung

Quer zu den staatlichen Grenzen oder den indigenen Territorien verlaufen die geographischen Großeinteilungen, auch wenn es vor allem im Hinblick auf letztere einige Überschneidungen gibt. Der südamerikanische Subkontinent wird im Allgemeinen eingeteilt in den Andenraum, der sich von Kolumbien bis nach Chile erstreckt. In seinem Zentrum war und ist er von Quechua- und Aymarakulturen geprägt. Chile gehört aber auch (nimmt man seine nördlichen Regionen, die z. T. erst Ende des 19. Jahrhunderts hinzu kamen, einmal aus) zum sogenannten *Cono Sur*, dem südlichen Kegel des Halbkontinents. Eine andere Großregion, das Amazonasgebiet, ist im Wesentlichen brasilianisches Territorium, aber auch Peru, Ecuador, Venezuela und Kolumbien haben Gebietsanteile im Flusssystem des nördlichen Tieflands. Der savannenartige Chaco im Herzen des südamerikanischen Subkontinents und Patagonien waren bis Ende des 19. Jahrhunderts noch von indigenen Völkern beherrscht und gehörten heute zu Argentinien, Bolivien und Paraguay. Die mittelamerikanische Landbrü-

Geographische Großräume

Andenraum

Cono Sur

Amazonasgebiet

Chaco
Patagonien

Mittelamerika

---

[1] Aus Gründen des begrenzten Umfangs sowie der besseren Lesbarkeit benutzen wir die Sprachform des generischen Maskulinums, das aber geschlechtsunabhängig verstanden werden soll.

cke zieht sich von Panama bis nach Mexiko. Sie umfasst die zentralamerikanischen Staaten sowie Teile des mexikanischen Südens. Das übrige Mexiko erstreckt sich bis in den Norden des amerikanischen Kontinents. Bis 1848 zählten zu seinem Staatsgebiet auch noch weite Teile der heutigen USA.

Mexiko

Angesichts solcher Vielfalt an geographischen und kulturellen Räumen, historischen Prägungen und Entwicklungen fällt eine konkrete Definition Lateinamerikas schwer, man könnte sogar behaupten, sie existiere gar nicht. Da der Begriff aber seine Alltagstauglichkeit seit mehr als einem Jahrhundert bewiesen hat, verwenden wir ihn auch hier. Wir beschränken uns dabei allerdings auf die traditionell zu Lateinamerika gezählten ehemaligen iberischen Kolonialgebiete und beziehen, da für die Unabhängigkeitsbewegung zentral, Haiti mit ein. Die nicht spanisch- oder portugiesisch-sprachigen Staaten des Festlands und die Karibik finden nur insoweit Erwähnung, als es für das Verständnis der Entwicklungen in „Lateinamerika" unerlässlich ist.

Lateinamerika

In Anbetracht dieser Herausforderung, eine sich über mehr als zwei Jahrhunderte erstreckende Geschichte eines gesamten Kontinents zu schreiben, dabei der Diversität seiner Regionen und seiner Menschen gerecht zu werden und sozial-, wirtschafts- und kulturhistorische Zugriffe mit politikgeschichtlichen zu vereinbaren, konnten wir auf die Unterstützung etlicher Kolleginnen und Kollegen zählen. Insbesondere die Forschungsdebatten sind durch viele Hinweise aus ihren jeweiligen Spezialgebieten und ihre kritischen Blicke bereichert worden. Unser besonderer Dank gilt Walther Bernecker, Wolfgang Gabbert, Stefanie Gänger, Silke Hensel, Karen Macknow Lisboa, Ulrich Mücke und Ulrike Schmieder. Unsere wissenschaftlichen Mitarbeiter Sarah Albiez-Wieck, Hinnerk Onken, Mario Peters, Jessica Prenzyna, Katharina Schembs, Sofie Steinberger, Eçem Temürtürkan und Melina Teubner haben uns bei unseren Recherchen in verschiedenen Themenfeldern unterstützt und die Manuskripte in verschiedenen Stadien kommentiert. Ihnen allen verdanken wir neben zahlreichen kritischen Fragen und Begriffsschärfungen auch wertvolle Hinweise auf ergänzende Informationen. Für alle Unzulänglichkeiten und Irrtümer tragen selbstverständlich wir die Verantwortung.

Danksagung

Die studentischen Hilfskräfte Aileen Böckmann, Silke Bremer, Sara Broda, Julian Nazaruk und Aline Schmidl, haben sich vor allem bei der Erfassung der umfangreichen Bibliographie engagiert.

Schließlich haben Eva Martinsdorf-Rüther und Bettina Neuhoff das Manuskript verständig und sorgfältig lektoriert. Ihnen allen sei herzlich gedankt.

Für ihre Unterstützung der Publikation bei Oldenbourg/de Gruyter und ihre Geduld seien Claudia Heyer und Martin Rethmeier herzlich gedankt. Hans-Joachim Hölkeskamp hat zusammen mit den anderen Reihenherausgebern des „Oldenbourg Grundriss der Geschichte" die Entstehung der Publikation wohlwollend begleitet. Auch ihnen gilt unser beider Dank.

2 Unabhängigkeitsbewegungen und Probleme der Staatsbildung

2.1 Die Ausgangssituation am Ende der Kolonialherrschaft

Gegen Ende des 18. Jahrhunderts, beinahe dreihundert Jahre nach Beginn der europäischen Kolonisation, hatte sich die spanische und portugiesische Herrschaft in großen Teilen des Kontinents zwar fest etabliert, war jedoch alles andere als flächendeckend. Doch auch diejenigen Völker und Regionen, die nicht unter europäische Kontrolle gerieten, erfuhren in der Folge soziokulturelle Transformationsprozesse. In den Kernregionen der europäischen Kolonialherrschaft hatte sich derweil eine auf europäischen soziopolitischen Modellen und der christlichen Religion basierende Gesellschaft entwickelt, die jedoch von der jeweiligen vorspanischen Kultur sowie durch die Indigenen und die Afroamerikaner beeinflusst war. Geographische und wirtschaftliche Bedingungen prägten die Regionen ebenso wie die unterschiedliche Zusammensetzung der Bevölkerung. Die kolonialisierten Räume waren daher sehr heterogen, obwohl sie einheitliche Verwaltungs- und Rechtsstrukturen sowie Wirtschaftssysteme hatten und gleichermaßen von Katholizismus und kolonialer Hierarchie geprägt waren. Selbst die in Amerika lebenden Spanier bzw. Portugiesen und die dort geborenen Kreolen, in Amerika geborene Europäer, können nur bedingt als eine homogene Gruppe angesehen werden, obwohl sie durch eine gemeinsame Sprache und Religion, ihre soziale Stellung innerhalb der kolonialen Hierarchie und ähnliche wirtschaftliche und politische Karrieremöglichkeiten und Werte ver-

Spanische und portugiesische Kolonialherrschaft

bunden waren. Regionale und ethnische Identitäten waren nicht klar definiert und manchmal widersprüchlich. Die Zugehörigkeit zum spanischen bzw. portugiesischen Imperium wurde hingegen lange von keiner der Bevölkerungsgruppen ernsthaft in Frage gestellt, auch wenn der sogenannte „koloniale Pakt" allmählich Risse zeigte. Die iberischen Kolonialreiche gerieten im 18. Jahrhundert mit in den Strudel der Krisen des *Ancien Régime* in Europa, ohne dass damit die Emanzipation von den jeweiligen Mutterländern vorgezeichnet gewesen wäre. Die von diesen angestoßenen Reformen im Sinne des aufgeklärten Absolutismus zielten dahin, die amerikanischen Territorien effektiver zu regieren und enger an die jeweiligen Metropolen zu binden. Sie führten jedoch auch zu Protesten und Entfremdungsprozessen. Diese sollten im Rahmen der „atlantischen" oder „iberischen" Revolutionen dann eine Eigendynamik entwickeln, die – mit einigen Ausnahmen – die Ablösung der Kolonialherrschaft bis ca. 1830 zur Folge hatte.

Rolle der Städte

In den portugiesischen wie auch in den spanischen Besitzungen stellten die Städte, denen ein jeweils großes Umland zugeordnet war, die Zentren der europäischen Herrschaft dar. Sie waren soziale und politische Mittelpunkte, ihre Bevölkerungszahl und Infrastruktur konnte sich mit jenen in Europa durchaus messen. Doch selbst in den Kernregionen der spanischen Herrschaft wie im mexikanischen Hochland oder im Andenraum gab es noch unkontrollierte Räume, die zugleich Rückzugsgebiete für die indigene Bevölkerung waren. Die wirtschaftlich wenig ergiebigen und dünn besiedelten Binnenräume wie das Amazonasgebiet, der Gran Chaco, der Süden des heutigen Argentinien, und Chile sowie die nördlichen Gebiete Mexikos bzw. der Süden der USA blieben bis Ende des 19. Jahrhunderts weitgehend der europäischen Herrschaft entzogen. Dort hatte sich eine jeweils sehr spezifische Grenzsituation herausgebildet, in der kriegerische Auseinandersetzungen, Verhandlungen und „Geschenke", Schmuggel, Viehdiebstahl und Handel die Beziehungen zwischen europäischen und mestizischen (europäisch-indigenen) sowie indigenen Gruppen bestimmten.

Koloniale Abhängigkeit

Formal waren sowohl die spanischen als auch die portugiesischen Besitzungen keine Kolonien, sondern gleichberechtigte Teile der Monarchie, de facto jedoch entsprach die Situation derjenigen von Kolonien. Dies zeigt sich nicht zuletzt an dem rigiden Monopolhandelssystem, das angesichts der geografischen Dimensionen und der punktuellen europäischen Besiedlung kaum durchzusetzen war und geradezu zu Schmuggelgeschäften einlud. Gleiches gilt für die Einfuhr von afrikanischen Sklaven nach Hispanoamerika, die über Verträge der spanischen Krone exklusiv zunächst portugiesischen Händlern, später den Engländern zugesprochen wurde. Ansonsten wurde der Handel, der bis zum 17. Jahrhundert sehr stark auf dem Export von Edelmetallen bzw. Zuckerrohr und dem Import von europäischen Waren basierte, von spanischen bzw. portugiesischen Kaufleuten kontrolliert oder über Kronmonopole geregelt. Im Laufe des 17. Jahrhunderts sicherten sich dann zunehmend lokale Eliten den Zugriff auf die amerikanischen Märkte.

Sowohl in Hispanoamerika als auch in Brasilien repräsentierten Vizekönige die souveräne Gewalt des Monarchen. Ihre Befugnisse und der Zuschnitt der Vizekönigreiche waren jedoch nicht klar umrissen und änderten sich im Laufe der Kolonialzeit. In Hispanoamerika resultierte die Macht des Vizekönigs neben der allgemeinen Richtlinienkompetenz vor allem aus der gleichzeitigen Akkumulation verschiedener Ämter in Verwaltung, Militär und Rechtsprechung. Die ursprünglich zwei Vizekönigreiche Neu-Spanien und Peru wurden im Zuge umfassender Reformen im 18. Jahrhundert um dasjenige von Neu-Granada (1717) und La Plata (1776/77) erweitert. Ferner erhielten die Randgebiete wie Chile, Venezuela oder der Norden Mexikos durch die Errichtung von militärisch organisierten Generalkapitanaten größere Selbständigkeit. In einigen Fällen war der Generalkapitän (analog zu der Ämterhäufung der Vizekönige) gleichzeitig Präsident der *audiencia*, einer zentralen Appellationsbehörde, der neben der Justizverwaltung auch die Kontrolle über die Verwaltung oblag. Ferner überwachte sie die Einhaltung der „Indianerschutzgesetze" sowie der allgemeinen Prinzipien der Kolonialverwaltung und übernahm in Fällen von Vakanz oder Abwesenheit der jeweiligen obersten Regierungsautorität die Regierungsgeschäfte. Die *audiencia* bildete ein starkes Gegengewicht zur Macht des Vizekönigs, wie sich die habsburgische Verwaltungsstruktur generell durch ein ausgeklügeltes, flexibles System der *checks and balances* der verschiedenen Ämter auszeichnete. Dies gilt auch für die mittleren Ebenen, auf denen unterschiedliche Beamte und Behörden sich ergänzten und gegenseitig kontrollierten.

Verwaltungsstruktur

Kirche und Mission   Eine wichtige Säule der iberischen Herrschaft in Amerika war von Beginn an die katholische Kirche, zumal die Mission ein zentraler Legitimationsgrund für die Eroberung gewesen war. Die Missionierung, deren Kosten weitgehend von der Krone getragen wurden, gab dem Staat die Möglichkeit, die Kirche und die Missionsorden mithilfe einer Reihe von rechtlichen Regelungen zu kontrollieren. **Patronatsrecht** Durch das Patronatsrecht hatten sich sowohl die spanische als auch die portugiesische Krone weitgehenden Einfluss auf die Kirche und die Ämterbesetzung gesichert. Mit der Erhebung und Verteilung des Kirchenzehnten konnten sie darüber hinaus über kirchliches Eigentum verfügen. Auch die Bildung lag in den Händen der Kirche bzw. der Orden, die über die Universitäten und Schulen einen großen Einfluss auf die lokalen Eliten ausübten. Gleichzeitig übernahmen Bischöfe und andere hohe Kleriker, die von der jeweiligen Krone ernannt wurden, häufig weltliche Ämter, so dass die „Union von Thron und Altar" in den Kolonien sehr eng war.

audiencia   Die kollegial geführten *audiencias* entwickelten sich im Laufe der Jahrhunderte zu den zentralen Verwaltungsinstitutionen Hispanoamerikas, die offenbar auch identitätsstiftend wirkten, denn ihre territorialen Abgrenzungen bildeten nach der Unabhängigkeit mit wenigen Ausnahmen auch jene der neuen Republiken.

Städtische Selbstverwaltung   Ebenso wichtig für den Unabhängigkeitsprozess und primäre territoriale Bezugseinheit war jedoch die Stadt, die über ein jeweils großes Territorium verfügte, das vielfach die Basis späterer nationaler Provinzen darstellte. Sie war die einzige Ebene in der kolonialen Verwaltungsstruktur, in der eine gewisse Repräsentanz und Selbstverwaltung der Bürger gegeben war. **Stadtrat** Der Stadtrat (*cabildo*), der aus einer unterschiedlichen Zahl von Stadträten bestand, wählte jährlich zwei Stadtrichter und besetzte die städtischen Ämter. Ursprünglich als repräsentatives Organ der Bürger geschaffen, entwickelte sich der *cabildo* jedoch durch Kooptation zu einer Honoratiorenversammlung, in der die lokalen Eliten miteinander rivalisierten. Allerdings gab es die Möglichkeit, in Ausnahmesituationen einen *cabildo abierto*, eine freie Versammlung aller Vollbürger (*vecinos*), einzuberufen. Dieser Institution sollte zu Beginn der Unabhängigkeitsbewegungen eine zentrale Rolle zukommen.

Segregationspolitik   Neben den von den spanischen Eroberern und ihren Nachfahren dominierten Städten existierten seit Mitte des 16. Jahrhunderts eigene indigene Munizipien (*pueblos de indios*), die über ähnliche Institutionen verfügten, allerdings von einem Verwaltungsbeamten sowie Missionaren kontrolliert wurden. Nach anfänglichen Versuchen eines kolonialen Miteinanders war die Krone zu einer Segregationspolitik übergegangen, in der sich die (städtische) *república de españoles* und die (eher ländliche) *república de indios* gegenüberstanden. Die tributpflichtigen *pueblos de indios* besaßen eigenes Land, eigene Kirchen sowie eine eigene Verwaltung. Diese Trennung ermöglichte der indigenen Bevölkerung, trotz Kontrolle seitens der Missionare und der spanischen Beamten, eine gewisse Wahrung ihrer kulturellen Praktiken und ihrer Sprachen. Gleichzeitig handelte es sich um eine Form der indirekten Herrschaft. Indigene Herrscher spielten anfänglich als sogenannte *señores naturales* (natürliche Herrscher), später *caziques* („Häuptlinge") genannt, eine wichtige politische Rolle, zumal sie auf der untersten Stufe in das spanische Adelssystem aufgenommen wurden. Der starke Bevölkerungsrückgang bis Mitte des 17. Jahrhunderts bei gleichzeitig wachsender Nachfrage nach Arbeitskräften setzte die Gemeinden allerdings so stark unter Druck, dass das System der indirekten Herrschaft zu einer Institution der Tribut- und Arbeitskräftekontrolle verkam. Die religiösen und politischen Ämterhierarchien, die teils auf vorspanischen Institutionen aufbauten, hielten sich in den indigenen Gemeinden jedoch bis weit über die Unabhängigkeit hinaus.

pueblo de indios

cazique

Die Trennung von indigener und spanischer bzw. kreolischer Bevölkerung, wie sie die Errichtung von Missionsreservaten und *pueblos de indios* vorgesehen hatte, war jedoch von Beginn der Eroberung an eher theoretischer Natur. Ohnehin handelte es sich bei der Einteilung zuvorderst um eine rechtliche und fiskalische Klassifizierung, denn „Indianer", die als solche überhaupt erst durch die spanische Kolonialverwaltung definiert wurden, mussten zwar Tribut zahlen, waren aber vom Kirchenzehnten und der Inquisition befreit. Mestizen und Weiße unterlagen anderen Steuern und Rechten. Die Städte, Häfen und Minenorte entwickelten sich rasch zu multikulturellen Orten, in denen Europäer, Kreolen, Indigene, Afrikaner und Afroamerikaner lebten und neue, nicht in das europäische Klassifizierungssystem passende Bevölkerungsgruppen entstanden, ein Prozess, der als *mestizaje / mestiçagem* bezeichnet wird. Dieser umfasst biologische, soziale, religiöse und kulturelle Vermischungsprozesse.

mestizaje/ mestiçagem

Sozialstruktur

Nach dem massiven Rückgang der indigenen Bevölkerung im 16. Jahrhundert in Folge der gewaltsamen Eroberung begann sich diese in Hispanoamerika ab Mitte des 17. Jahrhunderts wieder zu erholen. Gleichzeitig stieg die Zahl der Mestizen rapide. Afrikaner und afrikanische Sklaven waren bereits mit den ersten Eroberern nach Amerika gekommen, der organisierte transatlantische Sklavenhandel, der sich im 18. Jahrhundert intensivierte, ließ diese Gruppe stark anwachsen. In den küstennahen Gebieten mit Plantagenwirtschaft in Brasilien und der Karibik stellten afrikanische Sklaven zusammen mit den freien Afroamerikanern bald die Mehrheit der Bevölkerung. Aber auch in den Städten waren Versklavte als Hausangestellte und Handwerker präsent, und, im Gegensatz zu den Kolonien in Nordamerika, gab es bald eine große Anzahl von freien Afroamerikanern. Diese vermischten sich sowohl mit der indigenen Bevölkerung als auch mit Kreolen und Europäern. Letztere zog es ab dem 18. Jahrhundert ebenfalls verstärkt in die amerikanischen Besitzungen. Das Anwachsen der europäisch stämmigen kreolischen Bevölkerung führte wiederum zu deren sozialer Ausdifferenzierung. Die theoretische Gliederung der iberischen Kolonialgesellschaft, der sogenannten *sociedad de castas*, die man auch als die Übertragung der europäischen Ständegesellschaft auf eine multi-ethnische koloniale Situation bezeichnet hat, wurde immer mehr zur Makulatur.

Sklaven, freie Afroamerikaner

Kreolen

sociedad de castas

Die zumeist außerhalb der katholischen Institution der Ehe erfolgende biologische Vermischung der verschiedenen Bevölkerungsgruppen führte dazu, dass gegen Ende der Kolonialzeit gemischte Gruppen zwischen einem Drittel und knapp der Hälfte der Bevölkerung ausmachten. Sie wurden und werden noch oft als *castas* bezeichnet, allerdings bevorzugt die Forschung heute den zeitgenössischen Terminus *calidad* zur Charakterisierung der Bevölkerungsgruppen oder Personen, denn sozialer Status bemaß sich durch ein komplexes Zusammenspiel von familiärer Herkunft, ethnischer Zugehörigkeit, ökonomischer Lage und dem sozialen Umfeld sowie Alter und Geschlecht. Darüber hinaus spielten ständische Privilegien für Adel, Klerus und Militär eine Rolle.

castas

calidad

Demographische Entwicklung

Insgesamt wird die Bevölkerung Hispanoamerikas um 1800 auf ca. 16,9 Mio. geschätzt, davon 3,3 Mio. (19 %) *españoles* (Spanier und Kreolen), 7,5 Mio. (45 %) Indigene, 5,3 Mio. (32 %) Mestizen und 776.000 (4 %) Afroamerikaner. Diese Zusammensetzung variierte allerdings regional und auch die Kategorisierung ist unklar. So war in dem bevölkerungsreichsten Vizekönigreich Neu-Spanien (ca. 6 Mio.) die Anzahl der Indigenen und der Mestizen beinahe gleich groß (41 bzw. 39 %), wohingegen die Gruppe der Afroamerikaner insgesamt nur 1 % betrug. Andere Angaben sprechen von 60 % Indigenen und 22 % *castas*. Im Vizekönigreich Peru hingegen waren immerhin 7 % der Bevölkerung afrikanischer Herkunft, die größte Gruppe waren die Indigenen mit 58 %. In Brasilien lebten gegen Ende des 18. Jahrhunderts ca. 3,25 Mio. Menschen, davon 31 % „Weiße", 42 % afrikanisch-stämmige Versklavte und 19,2 % freie Schwarze und Farbige. Die Anzahl der „befriedeten" Indigenen wird mit 7,8 % angegeben, hinzu kam eine unbekannte Anzahl nicht unterworfener Indigener. In ähnlicher Weise entwickelten sich Bevölkerungswachstum und -zusammensetzung auf den spanischen Karibikinseln Santo Domingo, Puerto Rico und Kuba. In Kuba wuchs der afrikanische Bevölkerungsanteil durch die Sklaveneinfuhr ab Ende des 18. Jahrhunderts. Um 1840 waren etwa 60 % der ca. 1 Mio. Einwohner afrikanisch-stämmig, davon etwa 15 % freie Schwarze und Farbige.

Für das spanische wie auch das portugiesische Imperium stellte der Spanische Erbfolgekrieg (1701–1714) eine wichtige Zäsur dar. In Spanien übernahm die französische Dynastie der Bourbonen die Herrschaft und zentralisierte die Verwaltungs- und Finanzstrukturen, zunächst auf der iberischen Halbinsel, dann in Übersee. In Portugal begann der mächtige Minister Sebastião José de Carvalho e Melo, Marquês de Pombal, (1699–1782) umfassende Reformen im Sinne des aufgeklärten Absolutismus. Aus dessen Sicht brachten die – zumeist kreolischen – lokalen Beamten durch Korruption den Fiskus um seine Einkünfte und schmälerten die Autorität des Königs. Hinzu kam für Spanien die zunehmende wirtschaftliche und maritime Macht Großbritanniens, das spätestens seit dem Siebenjährigen Krieg Ambitionen auf die spanischen Besitzungen demonstriert hatte. Durch die enge Verbindung Portugals mit England seit dem Methuen-Vertrag (1703) geriet Spanien in der La Plata-Region unter Druck. Die Portugiesen (unterstützt von den Engländern) beherrschten dort nicht nur den angesichts des langwierigen Monopolsystems blühenden Schmuggelhandel mit Sklaven und Edelmetallen, sondern hatten ihre Grenze auch immer wieder bis nach Süden zur La Plata-Mündung vorzuschieben versucht.

Reformen im Sinne des aufgeklärten Absolutismus

Die Rolle Großbritanniens

Bourbonische Reformen

„Zweite Conquista"

Änderung der Verwaltung

Liberalisierung des Handels

Freihandel

Die in der zweiten Hälfte des 18. Jahrhunderts sukzessive eingeleiteten sogenannten Bourbonischen Reformen in Verwaltung und Finanzordnung sollten sowohl die Einnahmen der Krone erhöhen, als auch die militärische Verteidigung der überseeischen Gebiete sichern. Diese Maßnahmen scheinen im Falle Hispanoamerikas manchen Forschern so umfassend, dass sie von einer „zweiten Conquista" sprechen. In jedem Fall aber änderte sich die Haltung der Metropole gegenüber den überseeischen *reinos* (Königreichen), und sie wurden nun oftmals als Kolonien bezeichnet. Die Erhöhung der Abgaben sowie eine größere Effizienz bei ihrer Eintreibung sollten der Finanzierung von Befestigungsanlagen, dem Flottenbau sowie der Ausbildung eines Milizsystems dienen. Zu diesem Zweck wurde auch die bisherige Verwaltungsstruktur verändert. Neben der Straffung der Hierarchien durch die Einführung des Intendantensystems nach französischem Vorbild wurden mit der Schaffung des Vizekönigreiches Río de la Plata (1776/7) und der Einrichtung selbständiger Generalkapitanate in Venezuela (1777) und Chile (1778) bislang vernachlässigte Randgebiete aus vorwiegend militärischen Überlegungen gestärkt. Hinzu kamen die allmähliche Liberalisierung des Handels und die Gründung privilegierter Handelskompanien. Noch immer stellten Silber und Gold mit 56 % den Hauptanteil an den Exporten nach Spanien, zunehmend wurden aber auch Zucker, Cochenille, Farbhölzer, Tabak und Kakao aus Zentralamerika und der Karibik verschifft. In der La Plata-Region nahm der Export von Häuten und anderen landwirtschaftlichen Produkten Aufschwung. Es entstanden neue Wirtschafts- und Handelszentren, die wiederum Einwanderer und Kaufleute aus Spanien anlockten, wie es auch innerhalb des Subkontinentes zu verstärkter räumlicher und sozialer Mobilität kam.

Ein wichtiges Element der Reformen waren die Veränderungen im Monopolhandelssystem, das bis dahin nur den Ex- und Import über Sevilla bzw. Cádiz erlaubt hatte. Ab 1765 wurde dieses allmählich gelockert, zunächst für einige Häfen in der Karibik, 1778 wurde dann der sogenannte „Freihandel" mit den 13 wichtigsten spanischen Hafenstädten erlaubt. Der Zusammenbruch der Handelsverbindungen mit dem Mutterland im Zuge der Napoleonischen Kriege und die dadurch erzwungene Erlaubnis für Schiffe „neutraler" Staaten, hispanoamerikanische Häfen anzulaufen, ließen bei vielen Händlern den Wunsch nach weiteren Freiheiten im globalen Warenaustausch wachsen, wohingegen die am Monopolsystem beteiligten (zumeist spanischen) Kaufleute energisch für eine Rückkehr zum alten System eintraten. Hier tat sich also eine neue Konfliktlinie auf.

Die Reformen, die in fiskalischer Hinsicht recht erfolgreich waren, hatten jedoch auch unerwartete Konsequenzen. Die effektivere Besteuerung rief bei allen Schichten Unzufriedenheit hervor, die sich in einer Reihe von Rebellionen gegen die spanische bzw. portugiesische Administration niederschlug. Die größte von ihnen war zwischen 1780–1783 der „indigene" Aufstand im Andenraum unter der Führung von Túpac Amaru II. (1738–1781) und Túpac Katari (1750–1781), an dem sich zunächst auch viele Mestizen und einige Kreolen beteiligten, so dass manche ihn als „andinen Bürgerkrieg" bezeichnen. Diese Rebellionen können zwar ebenso wenig wie jene der *Comuneros* in Neu-Granada (1781) oder der *Inconfidência Mineira* in Brasilien (1789) als direkte Vorläufer der Unabhängigkeitsbewegungen bezeichnet werden, sie belegen jedoch die wachsenden Spannungen in den Kolonien. Im spanischen Amerika hatten die Reformen einen Elitenkonflikt zwischen den alteingesessenen kreolischen Eliten und neuen, mehrheitlich spanisch-stämmigen Beamten und Händlern hervorgerufen. Denn zur Schaffung eines professionellen Verwaltungsapparates und zur Eindämmung der weit verbreiteten Korruption und des Ämterkaufes zog die Krone bei der Ämterbesetzung *peninsulares* (Personen von der iberischen Halbinsel) den ortsansässigen Kreolen vor. Auch die Stadträte wurden erweitert, um die alten Eliten aus ihrer Machtposition zu drängen und den politischen Ehrgeiz der aufstrebenden neuen Oberschicht zu befriedigen. Gleichzeitig führten die Versuche, die wirtschaftlichen Potentiale der jeweiligen Regionen besser zu nutzen, zu einer verstärkten Beschäftigung mit der Heimat. Europäische Forschungsexpeditionen (Alexander von Humboldt, Charles Marie de La Condamine) wurden auf lokaler Ebene ergänzt von patriotischen Gesellschaften zur Förderung des Gemeinwohls (*Sociedades Económicas de Amigos del País*) und literarischen Zirkeln. Diese versuchten auch den Klimatheorien der europäischen Aufklärer (Montesquieu, Cornelis De Pauw), die Amerika und seine Bewohner als minderwertig einstuften, etwas Positives entgegenzusetzen. Die Reformen unterstützten damit einen Prozess der kontinentalen sowie lokalen Identitätsbildung, der sich im Laufe der Unabhängigkeitsbewegungen manifestieren sollte.

Marginalia: Folgen der Reformen; Rebellionen; Elitenkonflikte; Patriotische Gesellschaften

Militär

Auswirkungen der europäischen Kriege

Gleichzeitig hatte die Entstehung von Bürgerwehren in Amerika die Grundlage für eine militärische Selbständigkeit gelegt, die sich bald als wichtig erweisen sollte. Dies wurde deutlich, als im Zuge der Napoleonischen Kriege in Europa eine englische Flotte 1806/07 versuchte, Buenos Aires zu erobern und von den Milizen der Stadt (verstärkt durch diejenige anderer Provinzen des Vizekönigreiches) zurückgeschlagen wurde. Auch wenn darin noch kein unmittelbarer Vorbote der Unabhängigkeit zu sehen ist, hatte dies doch auf das Selbstbewusstsein der Bevölkerung und ihr Verhältnis zum Mutterland, das sie nicht hatte schützen können, erheblichen Einfluss. Die sogenannten „englischen Invasionen" erfolgten im Rahmen europäischer Kriege, die die amerikanischen Kolonien bis dahin nur durch die massive Steigerung der Militärausgaben und die zeitweilige Unterbrechung des Handels mit dem Mutterland betroffen hatten. Mit der Besetzung der Iberischen Halbinsel durch napoleonische Truppen ab 1808 veränderte sich dann auch das politische Tableau in der iberischen Welt grundlegend.

Pombalinische Reformen

Verlagerung der Hauptstadt

Vertreibung der Jesuiten

Portugal unternahm ab Mitte des 18. Jahrhunderts unter Premierminister Marquês de Pombal Reformen, die ähnliche Ziele verfolgten wie die spanischen. Auch für Brasilien wurde das Flottensystem abgeschafft, Handelskompagnien eingerichtet, die Zuckerindustrie wiederbelebt und mit Reis und Baumwolle bzw. Viehzucht im Süden die Exportwirtschaft diversifiziert. Die Verlagerung der Hauptstadt von Salvador da Bahia nach Rio de Janeiro 1763 erleichterte die Kontrolle über die Vizekönige und die Beamten. Ins Visier Pombals gerieten allerdings auch die Jesuiten, die in Brasilien wie in Hispanoamerika nicht nur ausgedehnte Missionsterritorien kontrollierten, sondern ebenso die Erziehung und Bildung der kreolischen Eliten. 1759 wurden die Jesuiten aus Portugal und seinen Territorien, 1767 aus Spanien und seinen Besitzungen in Übersee vertrieben. Einige von ihnen entwickelten sich im europäischen Exil zu wortgewaltigen Vorkämpfern für die Unabhängigkeit. In Amerika selbst rief die Vertreibung zwar einigen Unmut unter den Eliten hervor, die Konfiszierung des Besitzes der Jesuiten und dessen anschließende Versteigerung bot diesen aber gleichzeitig eine gute Möglichkeit, ihren Landbesitz enorm zu vergrößern.

2.2 Auseinandersetzungen um die Unabhängigkeit

Der Aufstieg Englands zur beherrschenden Seemacht, der 1805 in dem Sieg über die spanische Flotte bei Trafalgar kulminierte, sowie die Napoleonischen Kriege in Europa setzten eine globalgeschichtlich bedeutsame Entwicklung in Gang, die beiderseits des Atlantiks zu gravierenden Umwälzungen führen sollte. Eric Hobsbawm hat diesen Prozess das „Zeitalter der Atlantischen Revolutionen" genannt, und in der Tat sind die staatliche Unabhängigkeit der ehemaligen amerikanischen Territorien Spaniens und Portugals (mit Ausnahme Kubas, Puerto Ricos und der Philippinen) sowie der anschließende schwierige Weg der Staats- und Nationsbildung nur in globalhistorischen Dimensionen zu verstehen.

Atlantische Revolutionen

Eine erste, für die späteren Entwicklungen in Iberoamerika wegweisende Auswirkung der Französischen Revolution betraf Frankreichs karibische Kolonie Saint-Domingue, wo sich die weltweit einzige erfolgreiche Sklavenrevolution abspielte und zum „Schreckgespenst" der Eliten Amerikas wurde. Dort hatte der Aufbau einer modernen, mechanisierten Plantagenwirtschaft, die von der massiven Einfuhr afrikanischer Versklavter lebte, die Kolonie zu einem wichtigen Faktor der französischen Wirtschaft werden lassen, allerdings auch die sozialen Spannungen verschärft. Mit der Revolution und der Deklaration der Menschenrechte geriet die Frage der Sklaverei sowie der Stellung der freien Schwarzen in den Fokus der Diskussionen, sowohl im Mutterland als auch in den Kolonien, wo die Auseinandersetzung darüber bereits ab 1789 zeitweise bürgerkriegsähnliche Formen annahm. 1791 mündeten diese in eine Rebellion der Sklaven. Es folgte ein chaotisches Hin und Her der Gesetzgebung, die durch die Ereignisse in Frankreich sowie das Eingreifen Englands und Spaniens, das den Ostteil der Insel beherrschte, noch komplexer wurde. Im August 1793 erklärte die Kolonie Saint-Domingue die Sklaverei für beendet, im Februar 1794 folgte das Mutterland. Die weißen Großgrundbesitzer, die die Revolte der Versklavten zunächst nicht als ernsthafte Bedrohung angesehen hatten, gerieten immer mehr unter Druck. Allerdings gab es auch unter den ehemaligen Sklaven sowie den *gens de couleur* („Farbigen") Differenzen, weil unter letzteren nicht wenige Sklavenhalter waren.

Die Unabhängigkeit Haitis

Menschenrechte und Sklaverei

gens de couleur

Toussaint l'Ouverture

Der afrohaitianische Befehlshaber der Revolutionäre, Toussaint l'Ouverture (1743–1803), vertrieb die Truppen der Spanier aus dem Westteil der Insel und wurde daraufhin 1797 von Frankreich als Gouverneur und militärischer Befehlshaber bestätigt. 1801 erließ er eine Verfassung, die ihn zum Gouverneur auf Lebenszeit ernannte und Frankreich nur noch nominelle Oberhoheit gewährte. Sein autokratischer Regierungsstil, die brutale Niederschlagung der aufständischen *gens de couleur* sowie der Aufstieg Napoleons (1769–1821) in Frankreich, der die reichen Zuckerrohrinseln wieder unter französische Kontrolle bringen wollte, führten zur Entsendung französischer Truppen und Gefangennahme Toussaints 1801. Die daraufhin 1802 dekretierte Wiedereinführung der Sklaverei rief alsdann eine Welle des Widerstands hervor. Die Grausamkeit der Kämpfe auf beiden Seiten schockierte die wenigen europäischen Beobachter und ließ den endgültigen Bruch als unvermeidlich erscheinen.

Unabhängigkeit

1804 proklamierte Jean Jaques Dessalines (1758–1806) die Unabhängigkeit Haitis und ernannte sich selbst zum Kaiser. Allerdings konnte dieser Schritt die Spannungen zwischen den *gens de couleur* und den Afrohaitianern nicht lösen, und nach der Ermordung Dessalines' 1806 spaltete sich der Inselstaat zusehends.

Folgen der Unabhängikeit Haitis

Die Signalwirkung der haitianischen Revolution war gewaltig. Einerseits hatte sie die Erweiterung und Radikalisierung der Menschenrechte bewirkt und gilt heute als einer der Auslöser für die Abolition der Sklaverei im Atlantikraum, andererseits verbanden nun viele Zeitgenossen die Befreiung der Versklavten mit Gewalt und Anarchie. Auf die Unabhängigkeitsbewegungen der iberoamerikanischen Staaten hatte sie ebenfalls eine ambivalente Wirkung. Einerseits war sie Fanal dessen, was möglich war in Bezug auf Freiheit und Menschenrechte, andererseits fürchteten die Eliten derjenigen Regionen, die auf Sklavenwirtschaft basierten, nun ähnliche Entwicklungen im Falle eines Ausbrechens aus dem Kolonialsystem.

Unabhängigkeit Brasiliens

Diese Sorge prägte die Haltung der brasilianischen Oberschicht und ist eine mögliche Erklärung für deren langes Festhalten an der Monarchie. Doch der brasilianische Weg in die Unabhängigkeit weist noch andere Besonderheiten auf. Die wichtigste ist sicherlich der Umstand, dass es der portugiesischen Herrscherfamilie Braganza unter dem Prinzregenten Dom João (1767–1826) gelang, 1807 vor den französischen Truppen zu fliehen. Mit Hilfe der Engländer verschiffte sie den gesamten Königshof von Lissabon nach Brasilien (1807/08). Das portugiesische Imperium mit seinen Besitzungen in Afrika, Asien und Amerika wurde fortan von Rio de Janeiro aus regiert. Allerdings war Brasilien schon seit längerem der wichtigste Teil des Kolonialreiches, vor allem durch seine wirtschaftliche Stärke. Dennoch bedeutete die Verlagerung des Regierungssitzes eine völlige Umkehr der kolonialen Raumordnung. Rio avancierte zu einem „tropischen Versailles" und die Position Brasiliens wurde durch die Erhebung zum Königreich 1815 weiter gestärkt. Mindestens ebenso bedeutend und folgenreich war die Öffnung der brasilianischen Häfen für den Handel mit anderen Nationen, die 1808 erfolgt war und die der Exportwirtschaft Brasiliens enormen Aufschwung gab. Der Prinzregent wurde nach dem Tod seiner Mutter 1816 als Dom João VI. in Rio zum König der „Vereinigten Königreiche von Portugal, Brasilien und Algarve" gekrönt, sah sich allerdings infolge einer liberalen Revolution in Portugal (August 1820) gezwungen, nach Lissabon zurückzukehren. Dort hatten die *Cortes* (Ständeparlament) inzwischen einige Rechte, die die politische und wirtschaftliche Unabhängigkeit Brasiliens stärkten, widerrufen. Joãos Sohn, Kronprinz Pedro (1798–1834), blieb in Brasilien und proklamierte dessen Unabhängigkeit mit Zustimmung des Vaters im September 1822. Als Kaiser Pedro I. regierte er fortan Brasilien, womit diesem Land ein „sanfter", paktierter Weg in die Unabhängigkeit gelungen war. Es blieb, im Gegensatz zu den hispanoamerikanischen Regionen, bis 1889 eine Monarchie.

In Spanien erzwang Napoleon 1808 zunächst die Abdankung des bourbonischen Königs Carlos IV. (1748–1819) zugunsten seines Sohnes Fernando VII. (1784–1833), setzte die Familie dann aber in Bayonne gefangen, marschierte auf der Iberische Halbinsel ein und inthronisierte seinen Bruder Joseph (1768–1844) als neuen König von Spanien. Der erzwungene Dynastiewechsel wurde von weiten Teilen der spanischen wie auch der hispanoamerikanischen Bevölkerung abgelehnt. Der Thron galt ihnen durch die Gefangenschaft Fernandos als vakant, denn gemäß spanischer Rechtstradition fiel damit die Souveränität an das Volk (vertreten durch seine korporativen Organe) zurück. In den Provinzen bildeten sich spontan sogenannte *juntas*, die sich auf gesamtstaatlicher Ebene in einer *Junta Suprema Central Gubernativa* zusammenschlossen. Jede spanische Provinz durfte zwei Vertreter dorthin entsenden, ebenso jedes der neun amerikanischen *reinos*, eine Repräsentation, die angesichts der Bevölkerungsverteilung von vielen Hispanoamerikanern als ungerecht empfunden wurde. Dennoch begann man auch in den spanischen Kolonien, Wahlen für die Entsendung von Abgeordneten vorzubereiten. Damit wurde beiderseits des Atlantiks ein Prozess eingeläutet, der eine politische Revolution in der hispanischen Welt auslöste. Dieser führte einerseits zur Transformation der spanischen Monarchie in einen modernen Nationalstaat mit konstitutioneller Monarchie und andererseits zur Entstehung von Aufstandsbewegungen in Amerika, das sich nun stärker als eigenständige Region definierte. Die Rebellionen zielten anfangs vor allem auf die Erhaltung regionaler Autonomie und Herrschaft, mündeten letztlich aber in die Entstehung einer Vielzahl von unabhängigen Republiken. Beide Prozesse sind untrennbar miteinander verbunden und haben sich gegenseitig beeinflusst. Die Unabhängigkeit der spanischen und portugiesischen Besitzungen in Amerika kann daher nicht als antikolonialer Kampf im engeren Sinne bezeichnet werden, sondern war die Folge großer politischer Umwälzungen im weltpolitischen System der damaligen Zeit.

Globale Verflechtungen

Die Krise, die durch die Vakanz des Thrones in Spanien entstanden war, manifestierte sich in Amerika jedoch in ganz anderer Weise als auf der Iberischen Halbinsel, denn die Klammer zwischen den amerikanischen Vizekönigreichen und dem Mutterland war, einem informellen „kolonialen Pakt" zufolge, die Person des Monarchen. So manifestierten sich in Amerika sehr schnell die zentrifugalen Kräfte, die während der Bourbonischen Reformen gestärkt worden waren. Nach der Besetzung Madrids 1808 folgte 1809 die weitgehende Eroberung der spanischen Halbinsel durch die Franzosen. Dies erzwang die Auflösung der *Junta Central*, die als Ersatz einen Regentschaftsrat installierte, den sowohl viele spanische als auch amerikanische Provinzen nicht anerkannten. Spätestens jetzt entstanden fast überall in Hispanoamerika ebenfalls *juntas*, zumeist in den Hauptstädten der jeweiligen übergeordneten Verwaltungseinheiten.

Thronvakanz

In einigen Teilen Amerikas wurden damit Autonomiebestrebungen eingeleitet, die in Unabhängigkeitsbewegungen mündeten. In anderen beruhigte sich die Lage wieder, als durch die Einberufung einer *Cortes* in Cádiz, das von französischer Besetzung verschont geblieben war, ein neues, als legitim angesehenes Gre-

Die Cortes von Cádiz

mium eingesetzt wurde. Auch wenn es über die Frage, wie viele Abgeordnete die amerikanischen Territorien entsenden durften und wieviel Autonomie ihnen zugestanden werden sollte, zu Dissonanzen kam, zählte die liberale Verfassung von Cádiz, die 1812 verabschiedet wurde, im Hinblick auf die individuellen Rechte zu den radikalsten der damaligen Zeit. Sie schaffte nicht nur ständische Institutionen, die Inquisition und den indigenen Tribut ab, sondern unterstellte auch die Kirche der Kontrolle des Staates. Allerdings wurde der Katholizismus als Staatsreligion beibehalten. Sodann wurde der Kreis der Wahlberechtigten auf alle erwachsenen Männer mit Ausnahme derjenigen afrikanischer Abstammung ausgeweitet. Weder Zensus- noch Alphabetisierungsvorschriften schränkten die politische Beteiligung ein, womit auch die indigene Bevölkerung in Amerika als Staatsbürger anerkannt wurde. Auch wenn die zwischen 1812 und 1814 abgehaltenen Wahlen in Teilen Hispanoamerikas nicht unbedingt problemlos von statten gingen, so ist die Tatsache, dass weite Teile der Bevölkerung durch sie mobilisiert wurden, von Bedeutung. Zudem halfen die Wahlen, eine neue politische Ordnung und die Vertretung durch gewählte Abgeordnete zu legitimieren. In denjenigen Regionen, in denen sich bereits ab 1810 Unabhängigkeitsbestrebungen durchgesetzt hatten, wie in Venezuela oder weiten Teilen der La Plata-Region, fanden eigene Wahlen statt.

Wahlen

Mit Ausnahme von Venezuela und Paraguay erklärten alle *juntas*, die Souveränität nur übergangsweise verwalten zu wollen, bis der rechtmäßige Herrscher Fernando VII. wieder in sein Amt eingesetzt würde. Dies änderte sich jedoch, als dieser 1814 auf den Thron zurückkehrte, die *Cortes* auflöste und die Verfassung von Cádiz abschaffte. Die durch die Beendigung der Kämpfe in Europa freigewordenen Truppen wurden nun zur Aufstandsbekämpfung nach Amerika gesandt. Gleichzeitig entwickelten sich die Autonomiebestrebungen in Amerika vielerorts in Richtung Unabhängigkeit, was zu internem Zwist und letztlich zu einer Art Bürgerkrieg innerhalb der kolonialen Verwaltungsbezirke führte. Die Streitigkeiten hatten sich zuvor bereits an der Haltung gegenüber den Institutionen in Spanien, vor allem dem Regentschaftsrat, entzündet und spiegelten das spannungsreiche Verhältnis von *peninsulares* und Kreolen wieder. Wo man sich für die Bildung bzw. Beibehaltung eigener lokaler Regierungsorgane entschied, kam es zu Konflikten über die Frage, ob nur die Haupt-

Rückkehr des spanischen Königs

Autonomiebestrebungen

städte der Vizekönigreiche *juntas* bilden dürften oder nicht auch diejenigen der Provinzen. Die konkrete Ausformung dieser Konflikte, die letztlich in die Frage Zentralismus oder Föderalismus mündete, variierte je nach Region.

Aufstand in Neu-Spanien

Miguel Hidalgo

Klassenkonflikt

In Neu-Spanien, dem späteren Mexiko, führten die Ereignisse auf der iberischen Halbinsel ab 1809 zu Autonomiebestrebungen in verschiedenen Städten, die zunächst vor allem eine Entmachtung der *peninsulares* zum Ziel hatten. Diese mündeten unter Führung des Priesters Miguel Hidalgo (1753–1811) in eine große Aufstandsbewegung. Hidalgo hatte neben den städtischen Unterschichten auch die ländliche, vorwiegend indigene Bevölkerung mobilisiert, die ihre Rechte auf kommunaler Ebene bedroht sah. Damit wurde jedoch ein Klassenkonflikt heraufbeschworen, der auch die kreolischen Eliten bedrohte. Königliche Truppen und amerikanische Milizen schlugen die Erhebung nieder und Hidalgo wurde exekutiert. Die Aufstandsbewegung ging jedoch unter einem anderen Kleriker, José María Morelos (1756–1815), weiter. Dieser rief in den von seinen Truppen kontrollierten Gebieten Wahlen aus und verkündete im Oktober 1814 in Apatzingán eine eigene Verfassung. Doch ein Jahr später wurde die Bewegung endgültig niedergeschlagen, nur kleine Guerillagruppen führten den Aufstand noch eine Zeit lang fort.

Unabhängigkeitsbewegungen in Südamerika

Nördliches Südamerika

In Südamerika kam es nach ersten Solidaritätsbekundungen gegenüber dem gefangenen König Fernando seitens der *cabildos* der Hauptstädte zur Gründung von lokalen *juntas*, die immer stärker eine eigenständige Lösung der Legitimitätskrise anstrebten. Dies führte, ausgehend von den eher peripheren und erst im Zuge der Reformen zu autonomen Verwaltungseinheiten erhobenen Regionen Venezuela und Río de la Plata, ab 1810 zu Entwicklungen, die nach 15 Jahren erbitterter Kämpfe die Unabhängigkeit des Subkontinents besiegeln sollten. In Caracas erklärte die 1810 von einem *cabildo* eingesetzte *junta* unter dem Druck radikaler Kräfte und der städtischen Bevölkerung im Juli 1811 die Unabhängigkeit von Spanien und rief eine Republik aus, unterlag jedoch ein Jahr später spanien- bzw. königstreuen Truppen. Auch die sogenannte „Zweite Republik" währte nur wenige Monate. Im benachbarten Vizekönigreich Neu-Granada brachen Kämpfe aus zwischen denjenigen Provinzen, die sich unter Führung der Hafenstadt Cartagena zu einer losen Konföderation zusammengeschlossen hatten und denjenigen, die mit der Hauptstadt Bogotá an ihrer Spitze weiterhin unter spanischer Kontrolle standen. Die kriegerischen Auseinandersetzungen in der als *patria boba* (dummes Vaterland) bezeichneten Zeit endeten, als Fernando VII. nach der Rückkehr auf den Thron im Mai 1815 ein massives spanisches Truppenkontingent unter General Pablo Morillo (1775–1837) nach Venezuela entsandte, das die Rebellionen ersticken sollte. Allerdings führte die repressive Politik Fernandos rasch zu einem Wiederaufleben bzw. einer Stärkung der Unabhängigkeitsbewegungen. Mit Simón Bolívar (1783–1830) war seit 1812 zudem ein neuer militärischer und politischer Führer an die Spitze der „Patrioten" getreten. Dieser sollte durch die Kombination von kompromissloser Kriegsführung und großen politischen Entwürfen schließlich zu der herausragenden Persönlichkeit der Unabhängigkeitsbewegungen werden und von der Nachwelt den Ehrentitel *el Libertador* (der Befreier) erhalten.

Rückeroberungsversuche Spaniens

Simón Bolívar

Bolívar gelang es zumindest zeitweilig, die zerstrittenen Unabhängigkeitsbewegungen Neu-Granadas zu einen und mit derjenigen Venezuelas zusammenzuführen. In Venezuela zog er die *llaneros*, kriegerisch erfahrene Viehtreiber der Orinoco-Ebenen, auf seine Seite und verstärkte das Heer durch Versklavte, denen er die Freilassung versprach, sofern sie sich der patriotischen Seite anschlossen. Dann verschärfte er die Konfrontation mit den Spaniern durch die Proklamation eines „Krieges ohne Gnade" (*guerra a muerte*), flankierte aber die militärischen Maßnahmen mit politischen Manifesten, in denen er seine Vision eines geeinten Südamerika auf der Basis unabhängiger Republiken verkündete. Der Vorbereitung dieses Ziels diente unter anderem 1819, mitten in den Kriegshandlungen, die Einberufung eines Kongresses im von spanischen Truppen befreiten Angostura am Orinoco (heute Ciudad Bolívar).

Krieg ohne Gnade

Auch in der La Plata-Region, die von Rückeroberungsversuchen seitens der Spanier verschont blieb, nahm die Unabhängigkeitsbewegung Züge eines Bürgerkrieges an. In Buenos Aires, das erst 1776 zur Hauptstadt des neu geschaffenen Vizekönigreiches Río de la Plata ernannt worden war, hatte im Mai 1810 ein erweiterter Stadtrat (*cabildo abierto*) die Absetzung des Vizekönigs verfügt und eine *junta* ernannt, die im Namen des gefangenen Königs regierte. Allerdings widersetzten sich zahlreiche Provinzen dem Führungsanspruch der Hauptstadt, beriefen eigene Stadtratssitzungen ein und erkannten teilweise den Regentschaftsrat in Spa-

La Plata-Region

nien statt der *junta* in Buenos Aires als legitime Vertretung des gefangenen Souveräns Fernando VII. an. Paraguay, Uruguay und Hochperu (das heutige Bolivien) gingen seitdem eigene Wege. Die anderen Provinzen des Vizekönigreiches schlossen sich nach langem, militärisch und politisch ausgetragenem Hin und Her Buenos Aires an und riefen 1816 die unabhängigen „Vereinigten Provinzen von Südamerika" aus, die allerdings nur eine lose Konföderation darstellten. Gleichzeitig begann der in Spanien ausgebildete General José de San Martín (1788–1850) mit dem Aufbau eines professionellen Heeres, das die spanischen Truppen, die eine Bedrohung für die unabhängigen Staaten in der Region darstellten, aus den angrenzenden Provinzen vertreiben sollte. Ab 1818 verhalf sein Heer der Unabhängigkeitsbewegung in Chile zum Durchbruch und trug diese von dort aus nach Peru, dem Zentrum der spanischen Herrschaft auf dem Subkontinent.

Derweil wendete sich das Blatt im von spanischen Truppen besetzten nördlichen Südamerika erneut. 1820 weigerten sich in Spanien liberal gesinnte Teile der Streitkräfte, die zur Aufstandsbekämpfung in den Kolonien abkommandiert waren, auszufahren und erzwangen eine Wiedereinsetzung der Verfassung von Cádiz. Dies gab den Unabhängigkeitskämpfern neuen Auftrieb, die bereits im August 1819 bei Boyacá einen entscheidenden Sieg über die Spanier errungen hatten. Der einige Monate zuvor einberufene Kongress in Angostura proklamierte die Republik (Groß-)Kolumbien, die Venezuela, Neu-Granada und die Provinz Quito umfassen sollte. Simón Bolívar wurde zum Präsidenten gewählt. Ein weiterer Kongress in Cúcuta bestätigte die Entscheidungen 1821, allerdings fehlten Vertreter Quitos auf den Kongressen. Unter der Führung Bolívars wurden die Spanier erneut geschlagen und die Provinz Quito, das heutige Ecuador, von spanischer Herrschaft befreit, während José de San Martín zwar Lima einnehmen konnte, im andinen Hochland jedoch scheiterte. Mittlerweile stießen die Truppen unter Simón Bolívar ebenfalls in Richtung Peru vor. Nach einem Treffen der beiden Hauptprotagonisten der Unabhängigkeitsbewegung zog sich San Martín zurück und überließ es Bolívar, die letzte spanische Hochburg in den Anden zu erobern. Dort waren nach der Rebellion und der erneuten Einsetzung der Verfassung von Cádiz ab 1820 Streitigkeiten zwischen den liberalen, konstitutionalistisch gesonnenen Vertretern Spaniens und dem absolutistisch eingestellten Oberbefehlshaber der spanischen

Truppen ausgebrochen, die nach der erneuten Abschaffung der Verfassung von Cádiz 1823 gewaltsam ausgetragen wurden. Dies erleichterte Simón Bolívar den endgültigen Sieg über die spanischen Truppen in der Schlacht von Ayacucho (im heutigen Peru) im Dezember 1824. *Sieg Bolívars*

Neu-Spanien (welches das heutige Mexiko und weite Teile des US-amerikanischen Südens umfasst) hingegen war nach der Niederschlagung des Aufstandes von Hidalgo und Morelos spanien- und königstreu geblieben, auch wenn die Ideen einer größeren Autonomie in Untergrundzirkeln und Geheimgesellschaften weiter tradiert wurden. Mit der erneuten Einsetzung der Verfassung von Cádiz 1820 wurden sie nun wieder in die Öffentlichkeit getragen, riefen jedoch auch Kritiker auf den Plan. Der Klerus wehrte sich vehement gegen die laizistischen Tendenzen der Verfassung, die Militärs gegen die Aufhebung ihrer Privilegien. Gleichzeitig saß bei vielen Mitgliedern der gehobenen Schichten die Angst vor sozialen Unruhen tief, so dass der Vizekönig sowie ein Vertreter der Militärs, Agustín de Iturbide (1783–1824), zusammen mit führenden kreolischen Politikern einen Kompromiss suchte, der Anfang 1821 im sogenannten „Plan von Iguala" verkündet wurde. Dieser beinhaltete drei fundamentale Prinzipien, die vom Heer garantiert werden sollten: Erstens die Unabhängigkeit Neu-Spaniens in der Form einer konstitutionellen Monarchie, nach Möglichkeit unter einem Mitglied des spanischen Königshauses, zweitens den Katholizismus als einzig wahre Religion, drittens die Einheit von Mexikanern und Europa-Spaniern sowie die Gleichberechtigung aller „mexikanischen Bürger". Zwar lehnte der amtierende Vizekönig den Plan ab, Iturbide gelang es jedoch, diesen militärisch durchzusetzen und die noch aktiven Guerillatruppen auf seine Seite zu ziehen. Ein neu aus Spanien entsandter Vizekönig sah sich daher zu Zugeständnissen gezwungen und unterzeichnete einen Vertrag mit Iturbide, der im Wesentlichen die „Drei Garantien" bestätigte, die formale Herrschaft Fernandos allerdings nicht antastete. Fernando VII., wie auch andere Mitglieder des Königshauses, lehnten die ihnen angetragene Krone jedoch ab, so dass sich schließlich Iturbide, der nach dem Tod des Vizekönigs die Regierung führte, mit Unterstützung großer Teile des Volkes 1822 zum Kaiser Mexikos ausrief. Seine Herrschaft währte allerdings nur ein knappes Jahr, da seine autoritäre Regierungsweise Monarchisten wie Republikaner verärgerte. Ge- *Neu-Spanien* *Plan von Iguala* *Kaiserreich Mexiko* stürzt wurde er vom Kommandanten von Veracruz, Antonio López de Santa Anna (1794–1876), der in den folgenden zwei Jahrzehnten mehrfach in die Politik Mexikos eingreifen sollte. Die zentralamerikanischen Staaten, die bis dahin zum Vizekönigreich bzw. Kaiserreich Mexiko gehört hatten, erklärten sich daraufhin 1823 ebenfalls für selbständig, die zunächst gegründete Konföderation zerbrach jedoch nach einem mehrjährigen Bürgerkrieg (1839–1841). Mexiko gab sich 1824 eine föderalistische republikanische Verfassung, hatte jedoch weiterhin mit internem Zwist zu kämpfen. Vor allem das Verhältnis von *peninsulares* und Kreolen blieb angespannt, bis erstere ausgewiesen wurden, was wiederum 1829 einen spanischen Invasionsversuch nach sich zog, der jedoch scheiterte.

Zentralamerika

Die Wege der lateinamerikanischen Staaten in die Unabhängigkeit, von denen hier nur einige dargestellt werden konnten, waren somit vielfältig und alles andere als geradlinig. Sie waren eng mit den Ereignissen in Europa verbunden, wurden aber auch durch eigene Dynamiken bestimmt. Brasilien stellt mit der Verlagerung des portugiesischen Regierungssitzes nach Rio de Janeiro und dem folgenden paktierten Weg in die Unabhängigkeit in Form eines Kaiserreiches einen Sonderfall dar, der sich sowohl durch die konziliante Haltung des Königshauses erklären lässt, als auch durch die Angst der brasilianischen Eliten, eine Republik könne die Beibehaltung der Sklaverei erschweren. Mexiko, von dem die zentralamerikanischen Regionen abhängig waren, blieb von kriegerischen Auseinandersetzungen ebenfalls weitgehend verschont, konnte allerdings die Gefahr eines ethnisch-sozialen Konfliktes nur mit Repression bannen. Auf Kuba, der größten Karibikinsel, setzte der Unabhängigkeitskampf erst 1868 ein, und es verblieb noch bis 1898 unter spanischer Herrschaft. In Südamerika hingegen wurde vor allem der nördliche Teil von den ständigen militärischen Zusammenstößen mit royalistischen Truppen und ihren Verbündeten verheert, die ebenfalls zeitweilig Züge einer sozialen Auseinandersetzung annahmen, während der Prozess im La Plata-Raum vor allem durch interne Streitigkeiten zwischen den Provinzen um die Rolle von Buenos Aires geprägt war. Auseinandersetzungen um die territoriale Ausdehnung der Staaten sowie die Frage der Regierungsform beeinträchtigten die Staats- und Nationsbildung in den folgenden Jahrzehnten. Sie wurden vor allem unter den Schlagworten Zentralismus vs. Föderalismus, konstitutionelle Monarchie vs. Republik, parlamentarische Repräsentation vs. *caudillismo* ausgetragen.

2.3 Staatsbildung in Hispanoamerika

Die neuen staatlichen Gebilde, die aus den Unabhängigkeitskämpfen hervorgingen, hatten zunächst einmal zwei zentrale Aufgaben zu lösen, diejenige der Grenzziehungen sowie der Staatsform. Die Frage, welche territorialen Einheiten sinnvollerweise einen Staat bilden sollten, war angesichts der Tatsache, dass es, zumindest was die Oberschicht betraf, im Hinblick auf Sprache und Religion keine offensichtlichen Unterschiede gab, schwierig. Auch ethnische Kriterien schieden weitgehend aus, da es keine evidenten ethnischen Untergliederungen mehr gab und die indigene Bevölkerung zumindest theoretisch als gleichberechtigte Bürger in die neuen Staaten integriert werden sollte.

Grenzziehungen

Allerdings hatten sich auf der Basis der spanischen Verwaltungsbezirke bereits regionale Einheiten herausgebildet, die sich als tragfähig und identitätsstiftend erweisen sollten. Die hierarchische Gliederung der politischen Instanzen und wirtschaftlichen Strukturen, die auf die Zentrale in Spanien ausgerichtet waren (mit dem Zwischenglied der *audiencia*), hatte zur Folge, dass die einzelnen Regionen wenig Bezüge zueinander entwickelten, dafür aber innerhalb eines Bezirkes Erfahrungsräume entstanden, die auch die Raumwahrnehmung beeinflussten. So bildeten – vereinfachend gesagt – die Intendantenbezirke die Grundlage der späteren nationalen Provinzen, wohingegen *audiencia*-Bezirke vielfach den Referenzrahmen für eine Staatsnation schufen. Doch zunächst waren die Zugehörigkeiten noch im Fluss, regionale Identitäten, die sich zumeist an einer Stadt mit ihrem großen Umland orientierten, koexistierten mit einem gesamtamerikanischen Zusammengehörigkeitsgefühl, wie es sich u. a. in den panamerikanischen Ideen Bolívars manifestierte. Größere regionale oder gar „nationale" Identitäten waren hingegen zu Beginn des 19. Jahrhunderts noch kaum ausgebildet. Dies erklärt die Zerfallsprozesse der ersten staatlichen Großprojekte (Großkolumbien, Mexiko und Zentralamerika), zeigt sich aber auch in den Auseinandersetzungen um föderale oder zentralistische Verfassungen.

Regionale Zugehörigkeiten

Zerfall größerer territorialer Einheiten

Unter der Führung Simón Bolívars entstand 1819 bzw. 1821 Großkolumbien, das jedoch 1829/30 bereits wieder auseinanderfiel. Weiter südlich bildeten sich ab 1825 die Republiken Bolivien und Peru, die zwischen 1836 und 1839 kurzfristig wieder vereint wurden, sowie Chile. Das ehemalige Vizekönigreich Río de la Plata hatte sich zwar 1816 für unabhängig erklärt, jedoch waren zu diesem Zeitpunkt schon die *Banda Oriental* mit Montevideo (ab 1828 *República Oriental del Uruguay*), Paraguay (ab 1811) sowie Hochperu (ab 1825 Bolivien) nicht mehr dabei. Die sogenannten „Vereinigten Provinzen Südamerikas" verstrickten sich bis Mitte des Jahrhunderts fortwährend in Kriege untereinander. Das 1821 unabhängig gewordene Mexiko blieb hiervon verschont, verlor aber bis Mitte des Jahrhunderts einen großen Teil seines Territoriums an die USA. Zentralamerika, das sich zunächst dem Kaiserreich Mexiko angeschlossen hatte, erklärte sich 1823 für selbständig, doch auch die „Vereinigten Provinzen von Zentralamerika" fielen bald wieder auseinander (1839–1841). Sieht man einmal von kleineren Veränderungen wie der Abspaltung Panamas von Kolumbien (1904) ab, so erwiesen sich die territorialen Einheiten, die sich bis Mitte des Jahrhunderts herausgebildet hatten, insgesamt als stabil. Aus den vier Vizekönigreichen und zwei Generalkapitanaten der Festlandskolonien Spaniens waren somit schließlich 15 Staaten hervorgegangen. Die karibischen Inseln Kuba und Puerto Rico blieben zunächst unter spanischer Herrschaft, während der spanische Teil der Insel Hispaniola sich 1844 als Dominikanische Republik konstituierte.

Staatsbildung

Die internen Konflikte verweisen darauf, dass kontinentale Identitäten (Amerika) mit regionalen oder lokalen konkurrierten, die erst in einem langwierigen Staats- und Nationsbildungsprozess miteinander in Einklang gebracht werden konnten. Hinsichtlich der Staatsform fiel die Entscheidung meistens zugunsten der Republik, auch wenn deren genaue Ausformung und Ausdehnung erst in langen – häufig gewaltsamen – Aushandlungsprozessen entschieden wurde. Wichtige Akteure waren dabei die *caudillos* und ihre Anhängerschaft. Diese regionalen Machthaber, die ihre Position durch persönliches Charisma und militärische Macht sowie eine entsprechende Gefolgschaft erhielten, waren während der Unabhängigkeitskämpfe aufgestiegen. Sie füllten die Lücke, die durch den Zusammenbruch der traditionellen Herrschaftslegitimation (nicht unbedingt der Herrschaft als solcher) entstanden

caudillos

war, ohne dass unmittelbar eine neue an deren Stelle getreten wäre. Dies war vor allem in den Randgebieten der Fall, wo einerseits die staatliche Präsenz ohnehin schon prekär war, andererseits aber die militärische Verteidigung von den lokalen Kräften weitgehend allein gewährleistet werden musste. So hatten die *caudillos* gerade dort zum großen Teil den Kampf gegen die Kolonialmacht aus regionalen Ressourcen bestritten, sich aber auch für regionale wirtschaftliche und politische Interessen eingesetzt, die denjenigen der Hauptstädte oft zuwiderliefen.

Besonders deutlich kann man dieses Problem in der La Plata-Region erkennen, wo sich in der ehemaligen Hauptstadt des Vizekönigreiches, Buenos Aires, die Verfechter eines radikalen Freihandels durchgesetzt hatten. Gleichzeitig aber beharrten sie auf dem Hafen- und damit Zollmonopol der Hauptstadt. Mehrere Provinzen des Landesinnern wollten hingegen zum Schutz ihrer Produkte Handelsrestriktionen aufrechterhalten, während jene entlang der großen Flüsse aufgrund ihrer wirtschaftlichen Interessen ebenfalls für eine Liberalisierung des Handels eintraten, diesen aber nicht von Buenos Aires kontrollieren und mit Zöllen belegen lassen wollten. Hinzu kamen Divergenzen über die politische Rolle der Provinzen und ihre Repräsentation in einem Gesamtstaat. Diese Fragen führten zu ständigen, oft gewaltsam ausgetragenen Konflikten zwischen den Provinzen in verschiedenen Konstellationen, die erst 1862 endeten. Auch in Buenos Aires hatte sich im Zuge der Kämpfe ein „starker Mann", der *caudillo* Juan Manuel de Rosas (1793–1877), etabliert, der die Hauptstadt und ihre Provinz über mehr als zwei Jahrzehnte dominierte. Die argentinischen Provinzen konstituierten sich in dieser Zeit als selbständige Staaten, zeitweilige Zusammenschlüsse in Form einer losen Konföderation hatten keinen Bestand, lediglich die Vertretung nach außen wurde Buenos Aires überlassen. In fast allen anderen Regionen Hispanoamerikas wurde in der ersten Hälfte des 19. Jahrhunderts ebenfalls ein Streit über „Föderalismus" oder „Zentralismus" ausgetragen, häufig noch verbunden mit der sich allmählich herausbildenden Einteilung in Liberale und Konservative, ohne dass die Positionen in beiden Lagern so klar verteilt gewesen wären, wie oft behauptet.

Besonders in den ehemaligen Randgebieten wie Venezuela und Argentinien, in denen die Unabhängigkeitsbewegungen sehr früh Fuß fassen konnten, wurden die Führungsfiguren zentral für

Staatbildungsprozess in der La Plata-Region

Föderalismus und Zentralismus

den Staats- und Nationsbildungsprozess, wohingegen in Mexiko in der Zeit der Verfassung von Cádiz bereits Vorformen parlamentarischer Vertretung und Wahlen den Weg zur Republik bereiteten. Doch auch in Peru und Mexiko spielten *caudillos* bei der Staatsbildung eine zentrale Rolle. In den Konflikten präsentierten sie sich als diejenigen, die Aufrechterhaltung bzw. Neuformierung von Ordnung und Sicherheit gewährleisten konnten. So zumindest stellten sich die *caudillos* selbst dar, und viele ihrer Zeitgenossen sind ihnen dabei gefolgt. Zwischen 1833 und 1855 wechselte die Präsidentschaft in Mexiko dreißig Mal. Der *caudillo* Antonio López de Santa Anna führte als Oberbefehlshaber die Armee mehrfach gegen ausländische Feinde sowie im Krieg um Texas an, war an verschiedenen Rebellionen *(pronunciamientos)* beteiligt und wurde wiederholt zum Präsidenten gewählt. Er übte das Amt aber selten aus.

[Marginalie: Rolle der *caudillos*]

In Mexiko zeigten sich die außenpolitischen Probleme, mit denen die jungen amerikanischen Republiken zu kämpfen hatten, besonders deutlich. Invasionsversuche seitens des ehemaligen Mutterlandes 1829 sowie Frankreichs 1838 machten dem jungen Staat ebenso zu schaffen wie die militärischen Auseinandersetzungen um Texas (1835/36 und 1846–1848). Wichtigster Verbündeter der Unabhängigkeitskämpfer in Lateinamerika waren nicht die USA sondern Großbritannien, das dort eigene politische und wirtschaftliche Interessen verfolgte. Die hispanoamerikanischen Rebellen wurden mit Waffen und nach dem Ende der Napoleonischen Kriege in Europa auch mit Söldnern unterstützt, doch blieb die diplomatische Anerkennung angesichts der Prinzipien der „Heiligen Allianz" schwierig. Mit Ausnahme Brasiliens erfolgte sie zunächst meist über den Umweg von Handels-, Schifffahrts- und Freundschaftsverträgen mit verschiedenen europäischen Nationen. Ab 1836 begann dann Spanien sukzessive, seine ehemaligen Kolonien anzuerkennen. Die Gefahr europäischer Interventionen aufgrund von Schuldenzahlungen oder strategischer Interessen war damit jedoch nicht gebannt und sollte bis Ende des Jahrhunderts mehrfach erfolgen.

[Marginalie: Außenpolitik]

[Marginalie: Diplomatische Anerkennung]

2.4 Verfassungen, Staatsbürgerschaft, Parteien

Die Unabhängigkeit der lateinamerikanischen Staaten und ihre Konstituierung als Republiken warf jeweils die Frage nach der Verfassung sowie der adäquaten Repräsentation ihrer Bürger auf. Bereits die beiden Anführer der Unabhängigkeitsbewegungen, Simón Bolívar und José de San Martín, hatten über die politische Ausrichtung der neuen Staaten gestritten, beide aber die Notwendigkeit betont, den amerikanischen Verhältnissen angepasste Verfassungen zu etablieren. Lateinamerika avancierte zu einem Laboratorium politischer Entwürfe und republikanischer Konstitutionen. Der plötzliche Verlust der anerkannten Institutionen sowie die territoriale Fragmentierung zwangen die neuen Staaten zu politischen Experimenten, zogen jedoch auch politische Instabilität und gewaltsame Auseinandersetzungen nach sich. Mexiko und Haiti suchten zeitweilig ihr Heil in Monarchien (1804–1806, 1822–1824, 1864–1867), aber nur in Brasilien war diese von längerer Dauer (1822–1889). Die Suche der lateinamerikanischen Staaten nach einer geeigneten Staatsform warf Fragen nach der Konkretisierung der Staatsbürgerschaft und Formen der politischen Partizipation auf.

Laboratorium für Verfassungen

Zunächst einmal war es wichtig, Verfassungen zu verabschieden, die auf einem möglichst breiten politischen Konsens basierten, und dieser lag in einer liberalen Substanz, selbst dort, wo keine Republik, sondern eine konstitutionelle Monarchie errichtet wurde. Die frühen Republiken zeichneten sich durch eine hohe Instabilität der formalen politischen Ordnung aus. Ecuador und Bolivien hatten bis zum Ende des Jahrhunderts bereits mehrere Verfassungen verabschiedet; in Peru wurden bis 1872 acht Verfassungen und während der „Peruanisch-Bolivianischen Konföderation" jene Nord- und Südperus „verschlissen". In Argentinien war es bis Mitte des Jahrhunderts über die Verfassungsentwürfe zu ständigen gewaltsamen Auseinandersetzungen gekommen, und viele Provinzen hatten eigene Konstitutionen ausgearbeitet. Die nationale Verfassung von 1853 hielt dann jedoch mehrere Jahrzehnte, ebenso wie diejenigen Chiles und Uruguays.

Verfassungen

Die frühen liberalen Republiken entschieden sich zunächst meist für föderale Modelle und verschiedene Formen der Gewaltenteilung, bis die um sich greifenden Machtkämpfe dazu führten, dass die Eliten wieder nach einem System mit starker zentraler

Staatsmodelle

Autorität suchten. Insgesamt kann man sagen, dass die ersten Jahrzehnte des 19. Jahrhunderts politisch und wirtschaftlich von klassischen liberalen Ideen geprägt waren, auf die in den 1830er und 1840er Jahren eine Suche nach Stabilität mit gemäßigt liberalen oder konservativen Positionen folgte. Ab der Mitte des Jahrhunderts wurden die wichtigsten liberalen Prinzipien in wirtschaftlicher wie in soziopolitischer Hinsicht durchgesetzt. Im letzten Drittel des Jahrhunderts wiederum verbanden sich klassische liberale Ideen mit denjenigen des Positivismus (siehe Kap. I.4.2). Damit wurde die Betonung individueller Freiheiten aufgegeben zugunsten von Vorstellungen, die den Einzelnen als integralen Bestandteil eines sozialen Organismus ansahen, den es zu steuern galt. Dementsprechend bildeten sich in vielen Ländern autoritärkonservative Regierungen in liberalem Gewand.

Staatsbürgerschaft

Zunächst implementierten alle lateinamerikanischen Staaten ein sehr breites und inklusives Konzept des Staatsbürgers als Wähler. Dieser wurde zumeist durch sein Alter (zwischen 17 und 25 Jahren), sein Geschlecht (männlich), sowie den Wohnort (*ius soli*) definiert. Besitzkriterien und die Alphabetisierung spielten anfangs keine oder nur eine geringe Rolle. Diese breite Definition des wahlberechtigten Bürgers wurde im Laufe des Jahrhunderts eingeschränkt. So führten Bolivien, Peru, Chile und Brasilien in der zweiten Hälfte des Jahrhunderts auf Besitz und/oder bestimmten Fähigkeiten (insbes. Alphabetisierung) basierende Restriktionen ein. In Mexiko führte man diese Bedingungen für das passive Wahlrecht ein, ansonsten sollte die Gruppe der Wähler durch indirekte Wahlen eingegrenzt werden. Insgesamt wählten im 19. Jahrhundert zwischen 5 % und 20 % der Bevölkerung. Diese im Vergleich mit Europa gar nicht so niedrige Zahl lässt allerdings außer Acht, dass in den Wahlkämpfen wesentlich breitere Schichten der Bevölkerung mobilisiert wurden, was langfristig zu deren politischen Sozialisation führte und die spätere Ausweitung der Wählergruppen sowie die Formierung programmatisch ausgerichteter Parteien einleitete.

Wahlen

Liberalismus und Konservatismus

Die unterschiedlichen politischen Vorstellungen in dieser Zeit werden zumeist mit liberalen bzw. konservativen Positionen assoziiert. Diese prägten das politische Leben und das Parteiensystem der meisten lateinamerikanischen Staaten das gesamte 19. Jahrhundert lang und in einigen Fällen sogar darüber hinaus. Die politischen Lager wurden jedoch nicht nur von ideologischen, sondern ebenso von regionalen und wirtschaftlichen Interessen bestimmt oder spiegelten die Rivalitäten zweier Städte wider. Infolgedessen gibt es auch keine allgemeine Definition des Liberalismus bzw. Konservatismus in Lateinamerika, zumal sich die Liberalen in moderate und radikale (in Mexiko *puros* genannt, in Brasilien *exaltados*) spalteten, während die konservativen Positionen von klerikal-monarchisch bis liberal-konservativ variierten.

Zwei besonders eindringliche Beispiele, in denen die Differenzen mehrfach zu Bürgerkriegen führten, sind Kolumbien und Mexiko. Besonders in Kolumbien spielten regionale Interessen bei den langwierigen und blutigen Auseinandersetzungen zwischen Liberalen und Konservativen eine wichtige Rolle und überlagerten oftmals ideologische Positionen, wohingegen diese in Mexiko deutlicher ausgeprägt waren.

In Kolumbien führten Streitigkeiten um die Rechte der Provinzen und um Liberalismus oder Konservatismus in den 1830er und 1840er Jahren unter einer zentralistisch-konservativen Verfassung und Regierung zu bürgerkriegsähnlichen Zuständen. Ab der Mitte des Jahrhunderts dominierten dann, wie auch in anderen Ländern Lateinamerikas, die Liberalen. Diese hoben wirtschaftliche Monopole und die Sklaverei auf und führten die Trennung von Staat und Kirche, Religions- und Pressefreiheit ein. Sie gewährten darüber hinaus den Provinzen große Autonomierechte, den Bürgern individuelle Freiheitsrechte und ein allgemeines (männliches) Wahlrecht. Gegen diese Politik erhob sich Widerstand von konservativer Seite, der in einen Bürgerkrieg mündete und mit dem Sieg der Liberalen endete. Die Verfassung der „Vereinigten Staaten von Kolumbien" schrieb 1863 die liberalen und föderalen Prinzipien fest und stärkte die lokalen oder regionalen Machthaber. Damit wurde das gesamtstaatliche Gewaltmonopol weitgehend aufgegeben, was wiederum die Schwelle für Gewaltanwendung senkte. Dies zeigte sich in regionalen Aufständen und weiteren Bürgerkriegen 1876 und 1885. Aus dem Aufstand von 1885 ging Rafael Núñez (1825–1894) siegreich hervor, ein ehemals radikaler Liberaler, der sich zunächst eher aus taktischen, dann aber auch aus ideologischen Gründen mit den Konservativen verbündet hatte. Eine neue Verfassung verwandelte Kolumbien 1886 in eine zentralistische Republik. Trotz einer engen Allianz mit der katholischen Kirche behielt man die Religionsfreiheit und die Trennung von Staat und Kirche bei. Die Auseinandersetzungen zwischen den

Liberalismus und Konservatismus in Kolumbien

verschiedenen Fraktionen der regionalen Eliten, die unter dem Dach der beiden Parteien kämpften, gingen allerdings weiter und führten 1899 zu dem sogenannten „Krieg der Tausend Tage", dem blutigsten Krieg, den Kolumbien bislang erlebt hatte.

Liberalismus und Konservatismus in Mexiko

Ein etwas anders gelagertes Beispiel für die Konflikte zwischen Liberalen und Konservativen ist Mexiko wo sich diese mit Konflikten und Einmischungen von außen verbanden. In dem wichtigsten und am stärksten mit Spanien verbundenen Vizekönigreich Neu-Spanien/Mexiko etablierten sich liberale und konservative Positionen analog zum Mutterland. Der Grundstein für den mexikanischen Konstitutionalismus war bereits mit den Wahlen zu den verfassungsgebenden *Cortes* von Cádiz gelegt worden, die in Mexiko flächendeckend durchgeführt wurden. Die Verfassung selbst wurde wegen der Verankerung individueller Freiheitsrechte von den Liberalen begrüßt, und genau deshalb von den Konservativen abgelehnt. Diese und andere Diskrepanzen wurden bald von den Interessengegensätzen zwischen den kreolischen und spanischen Eliten in der Frage der gleichwertigen Repräsentation überlagert, was schließlich dazu führte, dass auch die Konservativen die Unabhängigkeit anstrebten, wenn auch unter anderen Bedingungen als die Liberalen. Der Aufstand der ländlichen Bevölkerung von 1810 unter der Führung von Miguel Hidalgo, einem Priester, Freimaurer und Vertreter liberaler Ideen, hatte die Wohlhabenden verschreckt, so dass diese 1821 bei der Ausrufung der Unabhängigkeit unter konservativen Vorzeichen die Religion im „Plan von Iguala" zu einem zentralen Element des gesellschaftlichen Konsenses machten.

Moderierende Gewalt

Der moderate Liberalismus, der die mexikanische Republik nach dem Sturz des Kaisers Iturbide auszeichnete, wich – wie in anderen lateinamerikanischen Ländern – in den 1830er und 1840er Jahren einem Konservatismus, der durch die Zentralisierung des Staates und die Stärkung der Exekutive die politische Instabilität beseitigen wollte. Hinzu kam, ähnlich wie in Brasilien, die Schaffung einer vierten, „moderierenden" Gewalt (*poder moderador*), die zwischen den drei klassischen Gewalten ausgleichen und so für Stabilität sorgen sollte. Auch die Rolle der katholischen Kirche wurde gestärkt. Dieser teilweise von gemäßigten Liberalen mitgetragene Kurs geriet jedoch im Zuge der kriegerischen Auseinandersetzungen mit den USA sowie verschiedener Rebellionen an den Rändern des Staates (Abspaltung von Yucatán, Yaquikriege) ins Wanken. Es formierte sich militanter liberaler Widerstand, der schließlich unter Benito Juárez (1806–1872) die Oberhand gewann. Verschiedene unter dem Schlagwort *La Reforma* zusammengefasste Gesetze leiteten ab 1855 eine Phase des radikalen Liberalismus ein. Dieser wollte unter anderem die Privilegien der Kirche abschaffen, laizistische Bildung und die Marktwirtschaft fördern sowie die Wirtschaft von korporativistischen Hindernissen befreien. Letzteres führte zur Abschaffung des indigenen kommunalen Landbesitzes und kirchlicher Pfründe. Als 1857 dann auch die Verfassung nach liberalen Grundsätzen verändert wurde, kam es zu einem Bürgerkrieg zwischen Liberalen bzw. Konservativen, den Napoleon III. für seine Pläne ausnutzte. Er sandte 1864 Truppen nach Mexiko um, mit anfänglicher Zustimmung der Konservativen, Maximilian von Habsburg (1832–1867) als Kaiser von Mexiko einzusetzen. Die Vertreibung der Besatzer unter liberaler Führung und eine erneute Verfassungsreform brachten allerdings keine Ruhe, sondern Zerwürfnisse innerhalb der verschiedenen liberalen Gruppierungen. Der daraus resultierende politische Niedergang des Liberalismus mündete 1876 in der Etablierung eines personalistischen autoritären Regimes nach positivistischen Vorstellungen unter Porfirio Díaz (1830–1915).

In anderen Ländern verliefen die Auseinandersetzungen zwischen Liberalen und Konservativen weniger gewaltsam, so z. B. in Argentinien und Chile, wo ebenfalls zwischen ca. 1850 und 1880 der Liberalismus triumphierte. In Peru konnte der im Jahr zuvor gegründete liberale *Partido Civil* 1872 die Wahlen gewinnen, die bis dahin während Vorherrschaft militärischer *caudillos* brechen und erstmals in der Geschichte des Landes einen zivilen Präsidenten stellen. Venezuela, Kolumbien, Ecuador, Peru, Argentinien, Paraguay und Uruguay schafften um 1850 beinahe zeitgleich die Sklaverei ab, die durch die Gesetze der „freien Geburt" (wörtlich: *vientre libre*, „freier Bauch"), allerdings bereits an Bedeutung verloren hatte. In den meisten Ländern wurden um diese Zeit Religionsfreiheit sowie die Trennung von Staat und Kirche durchgesetzt, die Privilegien der Kirche beschnitten und der kommunale Landbesitz der indigenen Bevölkerung aufgehoben. Varianten dieses Bildes findet man in Brasilien, wo eine Reihe von liberalen Reformen wie z. B. die Religionsfreiheit und später die Abschaffung der Sklaverei erfolgten, oder in Guatemala, wo die liberalen Reformen erst ab den 1860er Jahren griffen. In Ecuador kam es hingegen zwischen 1860 und 1875 zu einem „Rückfall" unter dem konservativ-klerikalen Diktator Gabriel García Moreno (1821–1875). Gegen Ende des Jahrhunderts hatten sich jedoch überall liberale republikanische Ideen als legitimierende Grundlage des Staates etabliert, auch wenn es mit deren Umsetzung zumeist noch haperte. Die Reformen erfolgten nach einer Periode relativer politischer Stabilität und intensivierter Exportwirtschaft und stärkten so gleichzeitig den Elitenkonsens über die Notwendigkeit politischer und wirtschaftlicher Modernisierung. Eine Ausnahme stellt Paraguay dar, das sich seit der Unabhängigkeit politisch und wirtschaftlich weitgehend isoliert hatte und erst durch die Niederlage im Tripel-Allianz Krieg (1864–1870) dem Muster der anderen Staaten folgte.

Ausnahme Paraguay

Die Modernisierungspolitik wurde ab 1870/80 von konservativ-autoritären Regimen weitergeführt. Exportorientiertes wirtschaftliches Wachstum, Ausbau der Infrastrukturen, Urbanisierung und Anwerbung ausländischer Investitionen und Immigranten bestimmten die Politik dieser Jahre. Dies ging einher mit der Schaffung nationaler Institutionen (Armee, Bildungssystem, Post), aber auch mit dem Vordringen des militarisierten und gut gerüsteten Staates in die bis dahin kaum kontrollierten ländlichen Regionen sowie in die Grenzregionen. In den meisten Ländern kam es dabei zu blutigen Auseinandersetzungen und internen Eroberungskriegen, in deren Folge die traditionellen indigenen oder mestizischen Gesellschaften zur Anpassung an die „moderne Nation" gezwungen wurden.

Staatsbildung und Modernisierung

2.5 Die indigene Bevölkerung

In der Frage, welchen Platz die indigene Bevölkerung in den jungen unabhängigen Republiken einnehmen sollte, oszillierten die Vorstellungen zwischen dem Wunsch nach Inklusion in die Nation und der Beibehaltung soziokultureller und ökonomischer Autonomie, wie sie die korporativen Dorfgemeinden der Kolonialzeit ermöglicht hatten. In allen Republiken wurden die Indigenen seit deren Gründung formal zu freien und gleichberechtigten Bürgern der Nation, *de facto* jedoch spielte sich die Politik innerhalb einer kleinen, (weißen) städtischen Elite ab. Gesetzliche Maßnahmen, die u. a. den als koloniales Relikt geltenden despektierlichen Be-

Formale Inklusion

griff *indio* durch denjenigen des *ciudadano* (Bürger) ersetzen sollten, fruchteten wenig. Die liberalen Reformer gingen davon aus, dass Indigene durch die Aufhebung ihres rechtlichen Sonderstatus automatisch zu gleichberechtigten Staatsbürgern in einer als homogen gedachten Nation würden. Die Desamortisierung und Versteigerung des traditionellen kommunalen Besitzes führte allerdings selten – wie in der Theorie vorgesehen – zur Entstehung einer Schicht von produktiven Kleinbauern, sondern leistete vor allem in den wirtschaftlichen Kerngebieten der Ausbreitung des Großgrundbesitzes Vorschub. Ein besonders extremes Beispiel ist die Entwicklung in Zentral- und Südmexiko, wo zu Beginn des 19. Jahrhunderts ungefähr 40 % der landwirtschaftlich nutzbaren Fläche im Besitz indigener Gemeinden war. Infolge der liberalen Reformgesetze und der beschleunigten Ausbreitung des Großgrundbesitzes verloren sie jedoch einen großen Teil ihrer Ländereien. Am Vorabend der Mexikanischen Revolution zu Beginn des 20. Jahrhunderts waren nur noch ca. 5 % der landwirtschaftlichen Flächen in der Hand indigener Bevölkerung.

Auflösung des kommunalen Landbesitzes

In Bolivien und Peru änderte sich hingegen für die autochthone Bevölkerung nach der Erlangung der Unabhängigkeit wenig. Hier entfernte man sich relativ rasch von der Vorstellung, die Indigenen wie normale Bürger zu behandeln und kehrte stillschweigend zur kolonialen Praxis der separaten Gemeinschaften zurück. Der neo-koloniale Pakt zwischen Indigenen und kreolisch-mestizischen Eliten beruhte auf Tributzahlungen, die lange Zeit eine Haupteinnahmequelle des Staates darstellten. Im Gegenzug erhielten die indigenen Gemeinden Landgarantien. Erst als ab der Mitte der 1870er Jahre die wirtschaftliche Entwicklung in eine neue, exportorientierte Wachstumsphase eintrat, begannen die Staaten, die Gemeinden aufzulösen und das Land zu versteigern. Gleichzeitig ließ sich auch in Bolivien ein starker Rückgang der von den indigenen Gemeinden genutzten landwirtschaftlichen Fläche von 50 % (1880) auf 30 % (1930) beobachten.

Neo-Koloniale Beziehungen im Andenraum

Das Ende der korporativ verfassten Gemeinden samt Landbesitz ermöglichte gleichzeitig, den Arbeitskräftemangel der exportorientierten landwirtschaftlichen Produktion zu beheben, da die verarmte und ihres Landes beraubte indigene Bevölkerung gezwungen war, sich als Lohnarbeiter zu verdingen. Wo dies nicht ausreichte, griffen die Regierungen zu Vagantengesetzen, um die Reihen der günstigen Arbeitskräfte und der neuen nationalen

Indigene als Arbeitskräfte und Soldaten

Heere aufzufüllen. Diese Politik führte im Andenraum am Ende des 19. Jahrhunderts und noch zu Beginn des 20. Jahrhunderts zu verschiedenen Aufständen, die allerdings nicht die Ausmaße der großen Rebellion am Ende des 18. Jahrhunderts annahmen. In Mexiko trugen sie erheblich zur Mobilisierung der indigenen Bevölkerung der südlichen Landesteile unter Emiliano Zapata (1879–1919) im Rahmen der Revolution ab 1910 bei.

Vordringen des Staates

Gegen Ende des 19. Jahrhunderts hatten die meisten lateinamerikanischen Staaten die Kontrolle über die indigenen Territorien und Gemeinden übernommen und waren auch in Regionen vorgedrungen, die bis dahin noch nicht unter europäische Herrschaft gezwungen worden waren. Dies war keine geradlinige Entwicklung, bei der der Verlust politischer Autonomie und der Kontrolle über das Gemeindeland unmittelbar das allgemeine wirtschaftliche Elend nach sich zog, sondern ein komplexer und oftmals widersprüchlicher und gewaltsamer Aushandlungsprozess zwischen indigener und europäisch-kreolischer Bevölkerung. Am Ende standen jedoch fast immer Marginalisierung und Armut der Indigenen. Die Alternative, Integration, konnte letztlich nur durch einen Verlust der eigenen kulturellen Identität erlangt werden. In Staaten mit einem Großteil indigener Bevölkerung wie den Andenländern, Guatemala und Mexiko führte dies zu Beginn des 20. Jahrhunderts zu einer verstärkten Assimilationspolitik seitens des Staates im Rahmen des sogenannten Indigenismus.

Moderne Republiken in traditionellen Gesellschaften

Zusammenfassend lässt sich also festhalten, dass die hispanoamerikanischen Republiken keine schlechten Kopien liberaler europäischer Verfassungen waren, wie oft behauptet wird, sondern politische Gebilde, die versuchten, moderne repräsentative Regierungen in traditionellen Gesellschaften zu etablieren. Gegen Ende des 19. Jahrhunderts gab es durchaus Erfolge vorzuweisen. Gewaltenteilung, Gesetzestreue und individuelle Rechte waren als grundlegende, politisch legitimierende Ideen anerkannt, wurden allerdings nicht konsequent beachtet. Die Fragmentierung der Region, die aus dem Zerfall des spanischen Imperiums folgte, hatte Konflikte innerhalb der regionalen und lokalen Eliten heraufbeschworen, die sich in den oftmals gewaltsam ausgetragenen Debatten um Föderalismus oder Zentralismus niederschlugen. Gegen Ende des Jahrhunderts waren diese weitgehend beigelegt. Allerdings hatte die von den nationalen Eliten bestimmte Entwicklung die sozio-politische und ökonomische Marginalisierung der indigenen und afroamerikanischen Bevölkerung zumeist noch verstärkt.

2.6 Sklaverei und Abolition

Zwischen dem 16. und 19. Jahrhundert erreichten etwa zwölf Millionen Afrikaner unter schlimmsten Konditionen über die *middle passage* (span. *trata*), den Sklaventransport über den Atlantik, lebend Nord- und Südamerika und die Karibik. Das Modell der gewinnträchtigen Massensklaverei, das sich im Laufe des 18. Jahrhunderts in Brasilien (Zucker und später Kaffee), Kuba und Nordamerika (Baumwolle) etablierte, erfuhr dort im 19. Jahrhundert seinen Höhepunkt. Aber auch in anderen Regionen entlang der Atlantik- und Pazifikküste gab es Plantagenwirtschaften, etwa in Peru, Venezuela und Kolumbien. Versklavte wurden außerdem in den Silber- und Goldminen und in den Viehzuchtgebieten des Kontinents eingesetzt, in urbanen Räumen auch als Arbeiter, Handwerker oder Hausangestellte beschäftigt. Dort entstand relativ früh eine Schicht freier Afroamerikaner. Bis zum Verbot des Menschenhandels im Atlantik 1807 durch das englische Parlament betrieben neben portugiesischen vor allem englische Kaufleute dieses Geschäft. Die Abschaffung der Sklaverei im Zuge der hispanoamerikanischen Unabhängigkeitsbewegungen und insbesondere die Sklavenrevolution auf Saint-Domingue/Haiti (1791–1804) schwächten die Institution der Sklaverei, trotzdem wurden bis 1870 immer noch geschätzte 2–3 Millionen Menschen durch illegalen Handel zur Zwangsarbeit in die Plantagengebiete Brasiliens und Kubas verschleppt. Die letzten Länder, die die Sklaverei abschafften, waren Kuba (1886) und Brasilien (1888).

 In Lateinamerika war die Unabhängigkeit nicht direkt mit der Abolition der Sklaverei verknüpft. Trotzdem wirkten die Unabhängigkeitsrevolutionen und -prozesse als Katalysatoren. Abgesehen von den Plantagenzonen, zumeist an den Küsten des Atlantiks oder Pazifiks gelegen, lag der Anteil der afrikanisch-stämmigen versklavten Bevölkerung im Innern des Kontinents zumeist nicht höher als 10 %. Mit England oder Frankreich vergleichbare abolitionistische Bewegungen existierten in Spanien und Portugal nicht und die dort eingeleiteten liberalen Reformen hatten wenig Auswirkung auf die Haltung in der Frage der Sklaverei. Die kreoli-

(Marginalien: Transatlantischer Sklavenhandel; 1807 Englisches Sklavenhandelsverbot; Unabhängigkeit und Abolition)

schen Eliten der unabhängigen Gesellschaften Lateinamerikas waren häufig selbst in die Plantagenwirtschaft und die Sklaverei verwickelt, so dass sie in der Regel kein besonderes Interesse an ihrer Abschaffung hatten. In Spanisch-Amerika, aber auch in Brasilien wurde die Abolition hauptsächlich von den Versklavten selbst erkämpft und über die Gesetzgebung durchgesetzt. Eine Selbstbefreiung wie in Saint-Domingue wäre aufgrund der demographischen Verhältnisse bestenfalls noch in Kuba und Brasilien möglich gewesen, aber gerade dort hielt sich die Sklaverei am längsten.

Die lateinamerikanischen Unabhängigkeitsrevolutionen führten allerdings überall zu einer Statusverbesserung der Versklavten gegenüber ihren Herren. Das hatte unter anderem mit den teilweise massiven Verwüstungen der Plantagenzonen während der Unabhängigkeitskriege zu tun und dem damit verbundenen Verschwinden eines Teils der Pflanzeraristokratie. Ein anderer Grund war die Rekrutierung vieler Versklavter für die Unabhängigkeitsheere bzw. für die Armeen der Kolonialmächte. Die Verpflichtung zu Kriegsdiensten war immer mit der Aussicht auf Freilassung nach Beendigung des Kampfeinsatzes verbunden. In vielen Ländern Lateinamerikas erfolgte die Abolition graduell durch verschiedene Möglichkeiten der Manumission (Freilassung), die etwa eine temporäre Arbeitsverpflichtung (Patronat) bei den ehemaligen Herren zur Voraussetzung machten. Einen anderen Weg eröffneten die „Gesetze des freien Bauches", denen zufolge die Kinder von Sklavinnen frei geboren wurden, aber beispielsweise noch bis zum Erwachsenenalter beim Herrn ihrer Mutter gegen ein Entgelt dienstverpflichtet waren.

Tab. 1: Abschaffung des Sklavenhandels und der Sklaverei in Lateinamerika 1810–1888

Land	Sklavenhandel	Sklaverei	
		Gesetz des „freien Bauches"	Endgültige Abschaffung
Dominikanische Republik	1822		1822
Chile	1811	1811	1823
Zentralamerika	1824		1824
Mexiko	1824		1829

Land	Sklavenhandel	Sklaverei	
		Gesetz des „freien Bauches"	Endgültige Abschaffung
Uruguay	1825 (1838)	1825	1842
Ecuador	1821	1821	1851
Kolumbien	1821	1821	1852
Argentinien	1813 (1838)	1813	1853
Peru	1821	1821	1854
Venezuela	1821	1821	1854
Bolivien	1840	1831	1861
Paraguay	1842	1842	1869
Puerto Rico	1820, 1835 (1842)	1870	1873
Kuba	1820, 1835 (1866)	1870	1886
Brasilien	1830, 1850 (1852)	1871	1888

Nach: G. R. ANDREWS: Afro-Latin America 1800–2000, Oxford, New York 2004, S. 57. [2.1]

Anmerkung zur Tabelle: Die Jahreszahlen beziehen sich auf das Datum, an dem der Sklavenhandel und die Sklaverei gesetzlich abgeschafft wurden. Die Daten in den Klammern verweisen auf das tatsächliche Ende des Handels, sofern dieser noch nach der gesetzlichen Abschaffung weitergeführt wurde. 1817 unterschrieb Spanien Verträge mit Großbritannien, die 1820 in Kraft traten, und erneut 1835, um den Sklavenhandel mit Kuba und Puerto Rico abzuschaffen. Brasilien unterzeichnete 1826 einen ähnlichen Vertrag mit Großbritannien, der 1830 in Kraft trat, und schaffte den Menschenhandel formell 1850 ab. Die Dominikanische Republik, Zentralamerika und Mexiko erließen keine Gesetze des „freien Bauches".

Während in den übrigen Staaten beider Amerikas die Sklaverei zumeist bis zur Jahrhundertmitte abgeschafft worden war, erreichte sie in Kuba, Brasilien und Puerto Rico, ähnlich wie in den Südstaaten der USA, erst im 19. Jahrhundert ihren Höhepunkt, und zwar im Rahmen einer höchst effektiven, modernisierten und kapitalistischen Plantagenökonomie; auf den Karibikinseln und in Brasilien ging sie weiterhin mit massiven (illegalen) Sklavenimporten einher. Ein Phänomen, das in der Forschung auch als *second slavery* bezeichnet wird. Die kreolischen Oberschichten Kubas und Puerto Ricos blieben insbesondere aufgrund der großen

Kuba und Puerto Rico

second slavery

Furcht vor Sklavenaufständen und „Afrikanisierung"

Furcht vor Sklavenaufständen loyal zum Mutterland. Aufklärerische Gedanken, die auch die Überwindung der Sklaverei implizierten, bezogen sich hauptsächlich auf die ökonomische Effektivierung des Zuckerkomplexes. Außerdem waren sie von einer tiefsitzenden Furcht einer „Afrikanisierung" der Gesellschaft geprägt. Als Gegengewicht zur versklavten afrikanischen Bevölkerungsmehrheit wurde die freiwillige Immigration von weißen Spaniern zur „Aufweißung" der Gesellschaft befördert und ab Mitte des 19. Jahrhunderts außerdem die Einfuhr von chinesischen Kontraktarbeitern (*coolies*). In Kuba waren Versklavte ebenfalls massiv an den ersten Unabhängigkeitskriegen (1868–1880) beteiligt, was ihre Chancen auf individuelle Freilassungen erhöhte und die Maßnahmen zur graduellen Freilassung beschleunigte. Das „Gesetz des freien Bauches" wurde in Kuba 1870 erlassen, zehn Jahre später ein Patronatsgesetz, und die Sklaverei wurde schließlich 1886 abgeschafft.

Chinesische Kontraktarbeiter

Brasilien

In Brasilien betrug die jährliche Sklaveneinfuhr 1820, zwei Jahre vor der Unabhängigkeit, mehr als 50.000 Afrikaner, die vor allem aus dem direkten Handel mit dem südwestlichen Zentralafrika stammten, insbesondere aus dem portugiesischen Einflussgebiet, dem heutigen Angola. Mit der Ausbreitung der Plantagenwirtschaft und der verstärkten Einfuhr von Afrikanern stieg auch das Widerstandspotenzial. In der Region um Salvador da Bahia, wohin zu Beginn des 19. Jahrhunderts die meisten Sklaven verschleppt wurden, setzte um 1809 eine Welle von Aufständen ein, die bis 1835 immer wieder aufflammten. Anders als in anderen Plantagenzonen Amerikas und der Karibik waren die Rebellionen in Brasilien kontinuierlicher und vor allem koordinierter, denn die Aufständischen handelten – angesichts ihres hohen Bevölkerungsanteils in den Plantagenzonen und sehr wahrscheinlich auch aufgrund ihres einheitlicheren ethnisch-kulturellen Hintergrunds – weitaus weniger isoliert voneinander.

Illegaler Sklavenhandel

Nach dem Umzug des portugiesischen Hofes von Lissabon nach Salvador da Bahia verzichtete die englische Regierung darauf, im portugiesischen Einflussgebiet in Afrika das Verbot des Sklavenhandels durchzusetzen, weshalb die massive Einfuhr von Sklaven nach Brasilien auch nach 1807 aufrechterhalten werden konnte. Trotzdem hörte der Druck der englischen Regierung auf die portugiesische Krone, Sklavenhandel und Sklaverei einzuschränken, nicht auf.

Als sich der portugiesische Prinzregent 1822 an die Spitze der Unabhängigkeitsbewegung in Brasilien setzte, verurteilte er zwar die Sklaverei, dessen ungeachtet führten die portugiesischen Sklavenhändler aber weiterhin jährlich ein Mehrfaches an Afrikanern als zuvor ins Land ein. Die Profite, die auf den brasilianischen Zucker- und Kaffeeplantagen erzielt wurden, waren enorm und die Abolitionsbewegung fand – ganz ähnlich wie im (ehemaligen) spanischen Kolonialreich – auch in der brasilianischen Elite kaum Widerhall. Auf englischen Druck wurde 1831 das Verbot des Sklavenhandels in Brasilien gesetzlich festgelegt, er kam aber erst nach 1850 zum Erliegen. Die graduelle Abolition wurde 1871 mit einem „Gesetz des freien Bauches" eingeleitet, flankiert durch das Aufkommen einiger Antisklaverei-Gesellschaften, die aber relativ einflusslos blieben. Allerdings gelang es ihnen Anfang der 1880er Jahre, die Schließung des Hafens Ceará im Nordosten Brasiliens durchzusetzen und die Region um Ceará zum „sklavenfreien Territorium" zu erklären. Diese Maßnahme befeuerte die Diskussionen in der brasilianischen Öffentlichkeit. Überall im Land entstanden nun „befreite Zonen", in denen immer mehr flüchtende Sklaven aufgenommen wurden. 1885 wurden per Gesetz in ganz Brasilien alle Versklavten über 60 Jahre freigelassen. Die Institution der Sklaverei begann zu bröckeln. 1886 war es den brasilianischen Abolitionisten gelungen, eine breite Antisklaverei-Bewegung zu etablieren, deren Aktivisten die Versklavten auf ihren Plantagen „abholten" und in die Freiheit eskortierten. Auch viele Milizen weigerten sich jetzt, auf geflohene Sklaven zu schießen und die Kaffeepflanzer im Süden Brasiliens stellten vermehrt weiße europäische Einwanderer als Arbeitskräfte ein. Unter den 13,5 Millionen Einwohnern Brasiliens waren Ende der 1880er Jahre nur noch 500.000 Versklavte. Die Bedeutung der Sklavenarbeit war somit bereits drastisch gesunken, als das brasilianische Parlament am 13. Mai 1888 die *Lei Áurea*, das „Goldene Gesetz", verabschiedete, das die endgültige Abschaffung der Sklaverei verbriefte.

Ende des Sklavenhandels

Graduelle Abolition

„Goldenes Gesetz"

2.7 Das Kaiserreich Brasilien

Die Geschichte des unabhängigen Brasilien stellt im Kontext der Atlantischen Revolutionen einen Sonderfall dar. Die Verlagerung des gesamten Hofes nach Rio de Janeiro führte zu einer „Umkehr"

Atlantische Verflechtungen

der imperialen Verhältnisse. Das multi-kontinentale portugiesische Kolonialreich wurde fortan von Brasilien aus regiert. 1815 avancierte die ehemalige Kolonie zu einem gleichberechtigten Teil der „Vereinigten Königreiche Portugal, Brasilien und Algarve", und die politischen Entwicklungen beiderseits des Atlantiks blieben in den folgenden Jahrzehnten eng miteinander verflochten. Dom João (von 1816 bis zu seinem Tod 1826 König von Portugal, von 1816 bis 1822 auch König von Brasilien) kehrte 1821 infolge der iberischen politischen Entwicklungen nach Portugal zurück und übertrug die Regentschaft über Brasilien seinem Sohn Pedro. Dieser erklärte nach Absprache mit seinem Vater am 7. September 1822 mit dem *Grito do Ipiranga* (Ruf von Ipiranga) die Unabhängigkeit Brasiliens. Am 12. Oktober, dem Jahrestag der „Entdeckung" Amerikas, wurde er zum verfassungsmäßigen Kaiser proklamiert und am 1.12.1822 als Kaiser Pedro I. (1822–1831) gekrönt. Innerhalb der nächsten zwei Jahre gelang ihm die internationale Anerkennung und nationale Konsolidierung des Kaiserreichs Brasiliens. Zwar gab es auch zwischen Brasilien und dem Mutterland Unstimmigkeiten, sie wurden aber durch britische Vermittlung beigelegt. Aufstände in abtrünnigen Gebieten in Brasilien konnten rasch niedergeschlagen werden.

Verkündung der Unabhängigkeit

Der komplexe Prozess der nationalen Konsolidierung hing nicht nur mit der einigenden Funktion der Monarchie zusammen, sondern ebenso mit der Einigkeit der Sklavenhalterelite über die Beibehaltung der Sklaverei, die auch regionale Differenzen zu überbrücken vermochte. Dabei spielte die Angst vor einer möglichen Entwicklung ähnlich derjenigen in Haiti eine wichtige Rolle. Die Fragen der Sklaverei und des Sklavenhandels waren neben jenen nach der Regierungsform und der Rolle der Regionen die wichtigsten politischen Konfliktfelder. Ein ebenfalls wichtiger Aspekt des „reibungslosen" Übergangs in ein unabhängiges Kaiserreich war die Übernahme der 1808 in Brasilien geschaffenen Verwaltungsinstitutionen sowie der ständige Austausch von Ideen über Verfassungen und die Legitimierung der Monarchie zwischen Portugal und Brasilien. Der 1823 einberufene Kongress wurde nach kurzer Zeit vom Kaiser aufgelöst, die neue 1824 vom Staatsrat ausgearbeitete Konstitution trug liberale Züge im Hinblick auf Bürgerrechte und Religionsfreiheit, nicht jedoch auf das Regierungssystem. Brasilien wurde eine konstitutionelle Erbmonarchie. Diese etablierte ein Zweikammerparlament mit vom Kaiser

Monarchie und Sklaverei

Konstitutionelle Monarchie

ernannten Senatoren. Dessen Macht konzentrierte sich in der Exekutive. Hinzu kam eine ausgleichende und ggf. entscheidende vierte Gewalt, die „vermittelnde" *poder moderador*. Sie stand allein dem Kaiser zu und gewährte Schiedsrechte über die anderen Gewalten. Ferner verfügte dieser über weitgehende Interventionsrechte in den Provinzen. — Moderierende Gewalt

Während Pedros Regierungszeit kam es zur völkerrechtlichen Anerkennung seitens des Mutterlandes und der europäischen Mächte, allerdings auch zu ersten Auseinandersetzungen mit Großbritannien um die Einstellung des transatlantischen Sklavenhandels zwischen der afrikanischen Westküste und Brasilien. Hinzu trat der kostspielige Konflikt um die *Provincia Cisplatina/Banda Oriental*, die 1828 schließlich durch britische Vermittlung in der Schaffung des unabhängigen Staates Uruguay endete. — Außenpolitische Aspekte

Als in Portugal dem 1826 verstorbenen „liberalen" João VI. nach zwei Jahren Pedros jüngerer Bruder Miguel (1802–1866) als Regent für Pedros Tochter María da Gloria (1819–1853) folgte, kam es zu einer Auseinandersetzung zwischen der absolutistisch-klerikalen Fraktion um Miguel und den Liberalen, die von Pedro unterstützt wurden. Dieser dankte 1831 als Kaiser von Brasilien ab und kehrte nach Portugal zurück, sein fünfjähriger Sohn Pedro (1825–1891) wurde unter Vormundschaft eines Regentschaftsrates zum neuen Herrscher von Brasilien proklamiert. — Abdankung Pedros I.

Die Phase der Regentschaft von 1831 bis 1840 war die unruhigste und blutigste innenpolitische Zeitspanne des Kaiserreichs Brasilien. Neben Streitigkeiten und Machtkämpfen zwischen Konservativen und Liberalen kam es nicht nur zu zahlreichen lokalen und regionalen Rebellionen von Versklavten, sondern auch zu separatistischen Aufständen im Norden und Süden. Die große Dichte an Revolten, die vor allem in Rio Grande do Sul und Pará in einen langwierigen Bürgerkrieg übergingen, kombiniert mit der innenpolitischen Zerstrittenheit der Eliten, führte 1840 zu einer Kampagne der herrschenden moderaten Liberalen, um den 14-jährigen Pedro vorzeitig für volljährig zu erklären. — Regentschaft für Pedro II.

Die Thronbesteigung Pedros II. ging mit einer Neustrukturierung der politischen Machtverhältnisse einher, die wiederum verschiedene Aufstandsversuche nach sich zog. Letztlich gelang es dem jungen Kaiser, die territoriale Integrität Brasiliens zu erhalten, und er konnte mit Hilfe des geschickten Einsatzes des *poder moderador* seine zentrale politische Rolle sichern und den Staat — Regierung Pedros II.

Konsolidierung des Staates konsolidieren. Die dezentralen Reformen der Regentschaftszeit wurden zugunsten der Stärkung der Zentralgewalt rückgängig gemacht. 1850 wurde eine nationale Armee, die *Guarda Nacional*, geschaffen, das Landrecht geändert und die Einfuhr von Sklaven verboten. Dies verhinderte allerdings nicht, dass der Sklavenhandel innerhalb Brasiliens weiterging. Zur Sicherung seiner Herrschaft erhob Pedro II. Mitglieder der regionalen Eliten in den Adelsstand und vergab neue Titel an die bestehende Aristokratie. Die allmähliche Konsolidierung des Staates machte auch einen Ausgleich zwischen den politischen Fraktionen der Konservativen und Liberalen möglich. Außenpolitisch kam es 1850 zu einem kurzen Krieg mit Argentinien und 1862–1865 zum Abbruch der diplomatischen Beziehungen mit Großbritannien wegen der nicht konsequenten Unterbindung des Sklavenhandels. Doch insgesamt war die Zeitspanne von 1850 bis 1865 durch politische Stabilität und wirtschaftliches Wachstum geprägt.

Veränderungen im Militär Ein Einschnitt in den friedlichen und dynamischen Wachstumsprozess erfolgte durch außenpolitische Streitigkeiten mit den republikanischen Nachbarn. Der Konflikt mit Uruguay eskalierte 1864 und mündete in den verlustreichen und kostspieligen Tripel-Allianz Krieg (1864–1870) gegen Paraguay (siehe Kap. I.3.2). Durch die Beteiligung von Versklavten als Soldaten im brasilianischen Heer, denen für ihre Dienste die Freilassung versprochen wurde, verlor die Institution der Sklaverei weiter an gesellschaftlicher Akzeptanz. Innerhalb des Militärs hatten im Laufe des Krieges zudem republikanische Ideen immer mehr Anklang gefunden, gefördert nicht zuletzt durch die Verbreitung positivistischer Ideen in den Militärakademien und höheren Bildungseinrichtungen (siehe Kap. I.4.2). Das Militär sollte dann auch maßgeblich an der Ausrufung der Republik 1889 mitwirken.

Aufhebung der Sklaverei Gegen Ende der Kaiserzeit beschäftigte die Politik vor allem die Frage der Sklaverei, die republikanische Bewegung, die Ansiedlung und Steuerung der europäischen Immigration, die Rolle des Militärs sowie der Streit zwischen Kirche und Freimaurern. Zudem prägten, ähnlich wie in Hispanoamerika, wirtschaftliche Modernisierungsansätze und der Ausbau des Verkehrs- und Kommunikationsnetzes zur Unterstützung der einsetzenden Industrialisierung die Zeit. Der Kaffee- und Kautschukboom schwächte dagegen die traditionelle Aristokratie der Zuckerpflanzer. Die 1888, während einer reisebedingten Abwesenheit Pedros II., von seiner

Tochter Isabel (1846–1921) verfügte endgültige Abschaffung der Sklaverei weist auf die inzwischen erfolgten gesellschaftlichen und wirtschaftlichen Veränderungen hin, sie leitete aber zudem, wenn auch nicht ursächlich, das Ende der Monarchie ein. Selbst die bisher den Kaiser stützenden konservativen Eliten wandten sich nun der republikanischen Bewegung zu. In der Nacht vom 14. auf den 15. November 1889 kam es zum Militärputsch und zur Ausrufung der Republik.

Ausrufung der Republik

2.8 Kuba: Kolonie bis 1898

Während sich die meisten der Kolonien Spaniens und Portugals im Zeitraum zwischen 1810 und 1830 emanzipierten, verblieben die Karibikinseln Kuba und Puerto Rico (neben den Philippinen) bis 1898 weiterhin Teil des spanischen Herrschaftsbereichs. In Kuba war die Frage der Aufrechterhaltung der Sklaverei entscheidend für diese Sonderentwicklung. Nach der Sklavenrevolution in Saint-Domingue (1791–1804), wo es die bis dahin größte Zuckerproduktion in der damaligen Welt gab, und der damit einhergehenden Zerstörung der dortigen Plantagen flohen die französischen Zuckerpflanzer auf die Nachbarinsel Kuba. Sie brachten ihr Können und die neuesten Technologien mit und schufen damit die Voraussetzungen für den rasanten Aufschwung der kubanischen Erzeugung des „weißen Goldes". Bis 1840 stieg die Insel zum größten Zuckerproduzenten der Welt auf, wodurch die kreolische Oligarchie zunehmend selbstbewusster gegenüber dem Mutterland wurde, das ihr Steuern, Zölle und politischen Gehorsam abverlangte. Zwar prägten auch hier Interessensgegensätze das politische Leben, aber gleichzeitig einte Kreolen und Spanier die Furcht vor Aufständen der versklavten Bevölkerung, die die Mehrheit der Inselbewohner darstellte. Dies war letztendlich entscheidend für die politische Stabilität der „ewig treuen Insel".

Sonderrolle Kubas

Der Weg zur Abolition der Sklaverei auf Kuba war langwierig. Ein Vertrag zwischen den Regierungen Spaniens und Englands verbot 1817 den atlantischen Menschenhandel, was – ebenso wie in Brasilien – in der Praxis jedoch nie umgesetzt wurde. Vielmehr boomte mit dem Aufschwung der nach kapitalistischen Produktionsprinzipien arbeitenden Zuckerplantagen der *second slavery*, der illegale Menschenhandel. Erst als im US-amerikanischen Bür-

Langer Weg zur Abolition

gerkrieg 1865 der sklavenhaltende Süden von den Nordstaaten besiegt, die Sklaverei abgeschafft wurde und sich die Gegner der Sklaverei auch in Kuba aus Angst vor Aufständen und einer „Afrikanisierung" formierten, kam der Handel langsam zum Erliegen. Als das letzte Sklavenschiff 1873 in Kuba anlegte, waren etwa eine Million afrikanischer Zwangsarbeiter nach Kuba verschleppt worden. Die graduelle Abolition (1870) mündete in die endgültige Abschaffung der Sklaverei 1886. Die Plantagenbesitzer warben nun um arme weiße Spanier und heuerten schon seit der Jahrhundertmitte etwa 150.000 sogenannte Kontraktarbeiter aus China (*coolies*) an, die die Sklavenarbeit ersetzen sollten. Mit ihrem absehbaren Ende wuchs der Druck, die Wirtschaft des Landes neu zu organisieren und die kreolische Oberschicht versuchte erfolglos, Spanien eine größere Handelsfreiheit und mehr politische Autonomie abzuringen. 1868 begann deshalb der erste Unabhängigkeitskrieg. Den Auftakt machte der Plantagenbesitzer Carlos Manuel de Céspedes (1819–1874), der mit seinen freigelassenen Sklaven ein Unabhängigkeitsheer gründete. Die erste Etappe dieses Kriegs dauerte zehn Jahre und endete mit der Niederlage der Unabhängigkeitskämpfer, die von Spanien, das ein großes Truppenkontingent entsandt hatte, nicht mehr als die vage Zusage von mehr Autonomie erhielten.

Erster Unabhängigkeitskrieg

Das Erbe des ersten Unabhängigkeitskriegs war gemischt. Einerseits hatten die Unabhängigkeitskämpfer verloren, das halbe Land war zerstört und die Wirtschaft lag am Boden; andererseits hatte sich jedoch ein Nationalbewusstsein herausgebildet. Ehemalige Sklavenhalter und ehemalige Versklavte hatten zusammen um *Cuba Libre* gekämpft. Zum bedeutendsten Visionär dieses freien Kuba wurde der spanischstämmige Journalist und Poet José Martí (1853–1895). Er organisierte vom US-amerikanischen Exil aus die zweite Etappe des Unabhängigkeitskampfes, die 1895 begann, wofür er die Generäle des ersten Unabhängigkeitskriegs, Máximo Gómez (1836–1905) und Antonio Maceo (1845–1896), gewinnen konnte. 1898 mischte sich die US-Regierung in den Kampf ein und siegte mühelos. Damit war die 400-jährige koloniale Umklammerung zwar beendet, aber keine Selbstbestimmung erreicht: der Frieden von Paris wurde zwischen Spanien und den USA ohne Beteiligung der kubanischen Unabhängigkeitskämpfer ausgehandelt. Am 1. Januar 1899 wurde der US-Regierung die Oberhoheit über die Insel übertragen. Diese letzte Phase ging als

José Martí

Zweiter Unabhängigkeitskrieg

„Spanisch-Amerikanischer Krieg" in die Geschichtsbücher ein. Da diese Benennung aber die Beteiligung der Unabhängigkeitskämpfer unterschlägt, ist die Bezeichnung „Kubanisch-US-amerikanisch-Spanischer Krieg" angemessener. Er wurde sowohl für Kuba als auch für Spanien zum nationalen Trauma und besiegelte dessen endgültigen Niedergang als Kolonialmacht auf dem Kontinent. Zugleich begann damit der Aufstieg der 1776 unabhängig gewordenen USA zur Hegemonialmacht. Durch den Erwerb Floridas von Spanien waren sie schon 1819 direkte Nachbarn geworden und meldeten früh ihre Ansprüche auf die Insel an, die sie als ein „natürliches Anhängsel des nordamerikanischen Kontinents" ansahen, wie es schon 1823 der Außenminister und spätere Präsident der USA, John Quincy Adams (1767–1848), formuliert hatte. Die Insel blieb 1898 vier Jahre unter US-amerikanischer Militärverwaltung, bevor 1902 die Republik ausgerufen wurde. Die Unabhängigkeit blieb allerdings stark eingeschränkt, denn die US-Regierung hatte mit dem *Platt Amendment* einen Verfassungszusatz verankert, der ihr jederzeit das Interventionsrecht einräumte und zum Inbegriff neo-kolonialer Herrschaft wurde.

Kubanisch-US-amerikanisch-Spanischer Krieg

Ende des spanischen Kolonialreichs

US-Militärverwaltung

2.9 Die Wirtschaft des unabhängigen Lateinamerika

Mit der Unabhängigkeit verbanden sowohl Lateinamerikaner als auch Ausländer hohe Erwartungen, weil sich mit dem Ende der Kolonialzeit und des Monopolhandels auch ein Ende der ökonomischen und handelspolitischen Isolation des Kontinents abzeichnete. Andererseits endete mit der Unabhängigkeit auch die größte Währungsunion der damaligen Welt. Die spanische Krone hatte eine Gold- und Silberwährung etabliert, die nicht nur in der Metropole gültig war, sondern in ganz Spanisch-Amerika und auf den Philippinen. Der Silberpeso (*peso de plata*) war das weltweit gebräuchlichste Zahlungsmittel. Außer in Europa und ganz Amerika zirkulierte er auch in China und Südasien. Zudem brach das sich über den Atlantik erstreckende Steuer- und Finanzsystem zusammen, das Adam Smith 1776 als die „weltweit effektivste Extraktionsmaschine" bezeichnet hatte. Der fiskalische und finanzielle Übergang der Kolonien hin zu souveränen Nationen und der Aufbau von nationalen Ökonomien war entsprechend komplex und schwierig, sowohl in Brasilien als auch in Spanisch-Amerika.

Ende des kolonialen Wirtschaftssystems

Staatsverschuldung   Zu den schwersten Hypotheken der lateinamerikanischen Staaten nach der Unabhängigkeit gehörte die zerrüttete finanzielle Situation und die damit einhergehende Außenverschuldung. Auslöser dafür waren die Unabhängigkeitskriege, die massive Kapitalflucht, der Zusammenbruch der Finanzsysteme und die schwierige politische und institutionelle Umgestaltung der kolonialen Verwaltung zu einer republikanischen. Sämtliche Staaten mussten mehr ausgeben, als sie einnahmen, und in der Regel verschlang das Heer die Hälfte der Ausgaben. Außerdem stand der Aufbau der Infrastruktur im Vordergrund, denn für die Exportwirtschaft mussten die Transportmöglichkeiten erheblich verbessert werden. Für alle Regierungen stellte sich deshalb in erster Linie die Frage, wie die Einnahmen gesteigert werden konnten, ohne die heimische unternehmerische Aktivität durch hohe Steuern von vorne herein zu behindern. Die meisten entschieden sich

Staatsanleihen   für eine vorübergehende Verschuldung und nahmen während des Londoner Börsenbooms zwischen 1822 und 1825 umfangreiche Staatsanleihen am britischen Kapitalmarkt auf. Dies kulminierte allerdings in einer ersten Schuldenkrise. Für Mexiko und Großkolumbien hätte der Schuldendienst mehr als die Hälfte des Gesamt-

Schuldendienst   haushalts betragen – wäre er regelmäßig geleistet worden. Die Rückzahlungen mussten aufgrund der enormen Belastung und der Vielfältigkeit der Ausgaben immer wieder ausgesetzt werden, was mit den als *British Bondholders* zusammengeschlossenen Gläubigern zu permanenten Auseinandersetzungen führte und sogar militärische Interventionen nach sich zog, wie beispielsweise in Mexiko zu Beginn der 1860er Jahre. Von wenigen regionalen Ausnahmen abgesehen, zeichnete sich eine Erholung erst nach der Jahrhundertmitte ab, als die Exporte zunahmen. Einen Sonderfall stellt Paraguay dar, das sich bis Mitte des Jahrhunderts vom globalen Produkt- und Finanzmarkt fernhielt.

Probleme der wirtschaftlichen Konsolidierung   Mit der Unabhängigkeit beanspruchte jeder der neuen Staaten politische und finanzielle Souveränität. Eine enorme Hürde für den Aufbau stabiler und zahlungsfähiger Regierungen war die Durchsetzung von Reformen im Finanz- und Steuerwesen. Der Übergang von einem gut organisierten, wenngleich ausbeuterischen kolonialen Finanzsystem zu einem Besteuerungssystem, das um 1825 in den meisten neuen Staaten zwischen zentralistischen und föderalen Elementen oszillierte, war eine extreme Herausforderung. Weitere Probleme lagen beispielsweise in der Anpassung des Geldstandards. In den alten Silberzentren Mexiko, Peru, Bolivien und Chile wurde die Währung an den Silberpreis gekoppelt, in anderen Staaten wie Argentinien oder Brasilien an das Papiergeld. Schwache Währungen und Inflationen, Staatsverschuldung, Kapitalflucht aufgrund kriegerischer Auseinandersetzungen oder hohe Reparationsforderungen konterkarierten die Konsolidierung der Finanzen der Staaten über Jahrzehnte hinweg. Der Lebensstandard war überall in Lateinamerika niedrig, aber nicht unbedingt niedriger als in Nordamerika, teilweise sogar vergleichbar mit demjenigen einiger europäischer Regionen, und zumeist höher als in Afrika und Asien. Was fehlte, waren Kapital und gut ausgebildete Arbeitskräfte, um die Rohstoffe in den riesigen, noch weitgehend unerschlossenen Gebieten des Kontinents zu heben und sie jetzt, wo der Zugang auf die wachsenden europäischen Märkte nicht mehr beschränkt war, dort zu vermarkten.

Die Binnenstruktur der lateinamerikanischen Wirtschaft änderte sich in den ersten drei Jahrzehnten des 19. Jahrhunderts zunächst wenig. Sowohl bei den Produktions- und Vermarktungsmethoden als auch den Besitz- und Arbeitsverhältnissen setzten sich die im letzten Drittel des 18. Jahrhunderts etablierten Grundmuster fort, insbesondere im Agrarsektor: Ausgedehnte Plantagen und riesige Ländereien, auf denen extensive Viehwirtschaft betrieben wurde und die in den Händen weniger Besitzer lagen, trugen im 19. Jahrhundert zur Stereotypenbildung bezüglich der lateinamerikanischen Agrarproduktion bei.

Koloniales Erbe

Bis in die ersten Jahrzehnte des 20. Jahrhunderts hinein blieb der Boden der bedeutendste Produktionsfaktor der lateinamerikanischen Volkswirtschaften, nicht nur für die Produktion der wichtigsten Exportgüter (von den Rohstoffen bis hin zu den Nahrungs- und Genussmitteln), auch die Mehrzahl der Bevölkerung lebte von Ackerbau und Viehzucht. Der tiefgreifendste Wandel der ökonomischen Verhältnisse vollzog sich durch den großen Zuwachs an Boden für den landwirtschaftlichen Anbau. Das für die Exportproduktion benötigte Land wurde durch private Ankäufe bisher brachliegender Flächen geschaffen. Die physische Aneignung des Bodens ging einher mit der Schaffung einer auf liberalen Prinzipien beruhenden Gesetzgebung (z. B. das *Lei da terra*, Brasilien 1850 oder das *Ley Lerdo*, Mexiko 1856), die privaten Grundbesitz beförderte und seine Vermarktung ermöglichte. Ab Mitte des 19. Jahrhunderts fand eine massive Privatisierung von Land statt,

Exportproduktion

Agrarwirtschaft

Privatisierung von Land

das entweder brach lag, von der ländlichen und indigenen Bevölkerung kommunal bewirtschaftet wurde oder Eigentum der katholischen Kirche war.

Neue wirtschaftliche Abhängigkeiten

Hinsichtlich der Beziehung des lateinamerikanischen Subkontinents zu den sich entwickelnden Industriestaaten Nordamerikas bzw. Europas wird das 19. Jahrhundert häufig als ein Zeitraum zwischen „altem" und „neuem" Imperialismus bezeichnet, vor allem Großbritanniens Handelsdominanz im 19. Jahrhundert

informal imperialism

als *informal imperialism*. Die spanische bzw. portugiesische Kolonialherrschaft waren zwar beendet und die politische Unabhängigkeit erreicht worden, aber Lateinamerika war in eine neue,

Rolle Englands, Frankreichs und Deutschlands

jetzt vor allem wirtschaftliche Abhängigkeit geraten: Die aufsteigenden Mächte Europas, allen voran England aber auch Frankreich und in geringerem Maße Deutschland, erschlossen sich dort neue Märkte und wurden erst nach dem Ersten Weltkrieg von den USA als dominanter Partner in den lateinamerikanischen Wirtschaftsbeziehungen abgelöst. Kurz vor Kriegsbeginn stammten 43,5 % der Auslandsinvestitionen aus Großbritannien, 20 % aus den USA, 14,1 % aus Frankreich und 10,6 % aus dem Deutschen Reich. Hauptempfängerländer waren Argentinien, Brasilien und Mexiko.

Einbindung in den Weltmarkt

Warum die wirtschaftliche Entwicklung Lateinamerikas nach der Unabhängigkeit im Vergleich zu Europa und den USA auf lange Sicht ins Hintertreffen geriet, bzw. die Einbindung Lateinamerikas in den Weltmarkt nicht zu einer ähnlich gearteten Prosperität führte, ist seit Jahrzehnten Gegenstand kontroverser Diskussionen in der Forschung. Unumstritten ist, dass insbesondere das turbulente halbe Jahrhundert nach der Unabhängigkeit, gekennzeichnet durch Instabilität, Bürgerkriege, Verschuldung und Wirtschaftskrisen die weitere Entwicklung vieler Staaten entscheidend

Europäische Interessen

prägten. Europäisches Kapital und europäische Wirtschaftsinteressen hatten insbesondere nach Durchsetzung der liberalen Reformen in vielen der neuen Staaten Lateinamerikas entscheidenden Einfluss auf deren Ökonomien. Viele Regierungen gerieten aufgrund der großen finanziellen Schwierigkeiten in die Abhängigkeit europäischer Großmächte und hatten nur sehr eingeschränkt Kontrolle über ihre wirtschaftliche Zukunft. Dabei stellte sich die Frage, warum die neuen Regierungen Lateinamerikas ihre Binnenproduktion nicht geschützt und ausländische Investoren und Handelsunternehmen ermöglicht hätten, einen solch großen Einfluss auf die Wirtschaftspolitik zu nehmen. Einerseits waren die Regierungen der neuen lateinamerikanischen Staaten gerade in der Anfangszeit zu instabil, um sich wirksam gegen die politische und ökonomische Stärke der europäischen Mächte und der Vereinigten Staaten durchzusetzen. Andererseits fanden ausländische Investoren, die Vertreter des Freihandelsprinzips waren, in der ökonomisch aktiven, liberalen Oberschicht willige Kooperationspartner, die ihnen den finanziellen und wirtschaftlichen Zugriff erleichterten. Für viele der einheimischen Eliten war Freihandel gleichbedeutend mit wirtschaftlicher Prosperität. Sie akzeptierten deshalb die Rolle Lateinamerikas als Rohstofflieferant für die wachsenden Weltmärkte und als Absatzgebiet für europäische Konsum- und Verbrauchsgüter.

Absatzmärkte
Rohstoffexporte

Unbestritten ist, dass Lateinamerika während der Kolonialzeit stärker von den europäischen Metropolen abhängig war als die dreizehn Kolonien Großbritanniens in Nordamerika. Darüber hinaus wurde seine Binnenentwicklung noch durch andere, aus der Kolonialwirtschaft erwachsene Faktoren behindert, da der Kontinent einerseits Rohstoffe und Agrargüter exportierte und andererseits ein bedeutender Absatzmarkt für die Produkte der Metropolen war. Deshalb trat ein großer Teil der Bevölkerung wirtschaftlich kaum in Erscheinung und die daraus resultierende mangelnde Kaufkraft bot auch nach der Unabhängigkeit wenig Anreize zum Aufbau einer eigenen produzierenden Industrie. Auch der Kapitalmangel wurde immer wieder als ein ernsthaftes Hindernis bei der industriellen Entwicklung ins Feld geführt, weshalb sich wirtschaftliche Abhängigkeit und Außenorientierung fortsetzen konnten.

Vergleich USA -Lateinamerika

Die wirtschaftlichen Entwicklungsmöglichkeiten des Kontinents waren in intellektuellen und wirtschaftlich aktiven Kreisen im 19. Jahrhunderts ein kontrovers diskutiertes Thema. Die einen plädierten für Freihandel und Exportorientierung, die anderen für Neomerkantilismus, also Protektionismus bzw. Importbeschränkungen. Da der Unabhängigkeitskampf von Anfang an auch ein Kampf gegen die von den kolonialen Metropolen auferlegten Handelsbeschränkungen war, sprach sich die Mehrheit der Wirtschaftseliten und Intellektuellen für Freihandel als unabdingbaren Bestandteil der gerade errungenen politischen Freiheit aus. Ungeachtet dessen war ihr bewusst, dass die Schutzzölle nicht nur dazu dienten, einheimische Handwerker und Manufakturen

Freihandel vs. Protektionismus

zu schützen, sondern auch die Haupteinnahmequelle für die Staatskassen darstellten.

Wirtschaftsliberalismus und Wirtschaftsnationalismus

Vertreter wirtschaftsliberaler Positionen setzten sich für eine möglichst weitreichende Liberalisierung des Außenhandels ein. Quellen privaten und gesellschaftlichen Reichtums lagen ihrer Ansicht nach weniger in der Entwicklung der Produktivkräfte, sondern vielmehr in der Fähigkeit zum Austausch von Waren. Demzufolge galt Freihandel als Garant für wirtschaftlichen Fortschritt. Wirtschaftliche Konkurrenz, das freie Spiel der Marktkräfte und der Ausgleich der Individualinteressen sollten weder durch Gesetze noch durch Privilegien behindert werden. Diese auf Adam Smith zurückgehende Doktrin der „unsichtbaren Hand" sollte individuelle mit gesamtgesellschaftlichen Interessen in Einklang bringen. Die Gegenposition vertraten jene, die in die Herstellung einheimischer Güter involviert waren, wie etwa die Handwerker. Sie verteidigten wirtschaftsnationalistische Positionen und fürchteten mit steigendem Import ausländischer Waren den Ruin regionaler und lokaler Produktionsstätten. Der Aufbau einer einheimischen Industrie und deren Schutz war für sie der Garant für die Entwicklung der Nation und der Schlüssel für die ökonomische Befreiung von ausländischen Interessen.

Modernisierungsstrategien

Die Vertreter beider Seiten zogen trotzdem die Einführung von Schutzzöllen und Einfuhrverboten in Erwägung, auch wenn es sich teilweise nur um temporäre Maßnahmen handelte: Sie sollten keine dauerhafte Abschottung von internationalen Märkten darstellen, sondern nur solange aufrecht erhalten bleiben, bis die Entwicklung der nationalen Wirtschaft weit genug fortgeschritten war, um symmetrische Austauschbeziehungen mit den vormals überlegenen Handelspartnern zu ermöglichen. Diese Diskussion um eine neue Wirtschaftsordnung des unabhängigen Lateinamerika, d. h. eine kapitalistische Entwicklungsstrategie, die eine Modernisierung von Industrie und Infrastruktur ebenso umfasste wie die beschleunigte Integration in den Weltmarkt, speiste sich neben dem Liberalismus auch aus dem gegen Ende des 19. Jahrhunderts weit verbreiteten Positivismus, (siehe hierzu Kap. I.4.2).

Positivismus

Lateinamerikanische Positivisten, deren Vorstellungen auf den Ideen Auguste Comtes (1798–1857) basierten, waren überzeugt davon, dass gesellschaftlicher Fortschritt mit wissenschaftlich-technischem Fortschritt gleichzusetzen war, unterstützt durch eine „wissenschaftliche" Politik mit positiv „messbaren"

Ergebnissen. Die Basis für den ökonomischen Fortschritt bedeutete für sie soziale Stabilität unter der Leitung von konservativen Eliten und autoritären Regimen.

In den meisten Ländern Lateinamerikas verlor die liberale Wirtschaftsdoktrin in den ersten Jahrzehnten nach der Unabhängigkeit in der Öffentlichkeit ihre Überzeugungskraft. Die großen finanziellen Zwänge vieler junger lateinamerikanischer Staaten führten dazu, dass das Konzept einer völlig ungehinderten Waren- und Güterzirkulation ohne Zollschranken aufgegeben wurde. Bis zur Jahrhundertmitte wurden wirtschaftspolitische Entscheidungen mehrheitlich von konservativen Pragmatikern beeinflusst und die entsprechenden Maßnahmen schwankten – je nach Bedarf – zwischen Protektion und Importverbot. Eine deutliche Abkehr von diesem Konzept erfolgte erst zwischen 1850 und 1870, als das Modell einer vorwiegend agrarisch orientierten Exportwirtschaft für den Weltmarkt verdrängt wurde von Bemühungen um den Aufbau nationaler Produktionszweige. Bis dahin war es in fast keinem lateinamerikanischen Land gelungen, eine erfolgreiche, eigenständige Industrie zu begründen, um von der Einfuhr ausländischer Produkte unabhängig zu werden. Deshalb erschien die Integration in den Weltmarkt durch agrarisch basierte Exportwirtschaft jetzt als eine gangbare Alternative. Die Entscheidung wurde durch weltpolitische und weltwirtschaftliche Faktoren maßgeblich beeinflusst: Die Doktrin des Freihandels hatte sich im Weltmaßstab durchgesetzt. Die Industrialisierung Europas und der USA dynamisierte die Nachfrage nach Rohstoffen und tropischen Erzeugnissen. Damit verbunden war die Schaffung neuer legaler Rahmenbedingungen, etwa durch die Gründung von Banken, der Erlass von Handelsordnungen, die weitere Privatisierung von Grund und Boden sowie eine Reform des Zoll- und Verwaltungssystems. Die Revolution im Transportwesen, die einherging mit der Einrichtung des regelmäßigen Dampfschiffverkehrs über den Atlantik, eröffnete ganz neue Absatzmöglichkeiten für Rohstoffe und Agrarexportgüter. Die lateinamerikanischen Staaten akzeptierten letztlich ihre wirtschaftliche Eingliederung in ein System der internationalen Arbeitsteilung. Diese Phase der „Entwicklung nach außen" dauerte bis zur Weltwirtschaftskrise.

Exportwirtschaft und Aufbau nationaler Produktion

Steigerung der Nachfrage in den USA und Europa

Transportrevolution

3 Diplomatie und Kriege

3.1 Grenzziehungen

Kriege und Bürgerkriege

Das Junktim von Kriegen und Staatsbildung, wie es Charles Tilly für Europa herausgearbeitet hat, findet sich auch in Lateinamerika, wenn auch in anderer Weise. Insgesamt gab es dort im 19. und 20. Jahrhundert relativ wenige große internationale Kriege, wohl aber eine Vielzahl an gewalttätigen internen Auseinandersetzungen, die sowohl bürgerkriegsähnliche als auch Züge eines internen Kolonialismus trugen. Die Unabhängigkeitskämpfe hatten zu einer Militarisierung der Gesellschaft geführt, und die Rolle der Militärs manifestierte und festigte sich in den gewaltsamen Auseinandersetzungen, die vor allem in der zweiten Hälfte des 19. Jahrhunderts die Staats- und Nationsbildung sowie die Durchsetzung des staatlichen Gewaltmonopols begleiteten.

Staatliche Außengrenzen

Die Grenzziehungen zwischen Staaten erfolgten in Lateinamerika nach den Unabhängigkeitskriegen gemäß dem Prinzip des *uti possidetis* (Anerkennung bestehenden Besitzes und kolonialer Grenzziehungen). Jedoch waren die Grenzen in den Randgebieten sowie den nicht erschlossenen und unterworfenen Regionen zumeist unklar. Zu Beginn des 19. Jahrhunderts war es zu relativ wenigen Konfrontationen um den genauen Verlauf kolonialer Trennlinien gekommen. Lediglich der Konflikt zwischen Argentinien und Brasilien um die Region des heutigen Uruguay kann als solcher gelten. Er führte 1828 unter britischem Druck schließlich zur Konstituierung der unabhängigen Republik Uruguay als „Pufferstaat". Im Norden gewannen wenig später Chile und Argentinien einen Krieg gegen die bolivianisch-peruanische Konföderation (1836–1839), wodurch die Schaffung eines größeren Machtblocks im nördlichen Andenraum verhindert wurde. In nicht markierten und schwer zugänglichen Grenzregionen wie dem Amazonasgebiet oder Patagonien lebten alte Konflikte fort und flammen bis heute immer wieder auf. Dennoch wurde der Großteil der Grenzkonflikte letztlich friedlich beigelegt, oft durch Schiedsspruch einer neutralen Macht. Seit Errichtung des Haager Schiedsgerichtes haben sich mehrere lateinamerikanische Staaten bei Grenzstreitigkeiten dessen Urteil unterworfen.

Schiedgerichtsbarkeit

Im Gegensatz zu der *frontier* in den USA waren die spanisch-portugiesischen Grenzregionen zu den indigenen Territorien bis Mitte des 19. Jahrhunderts eher inklusiv, geprägt von lokal jeweils unterschiedlichen Austausch- und Handelsbeziehungen. Kriegerische Auseinandersetzungen wechselten mit Verhandlungen und friedlichem Austausch ab und machten die Grenze in beide Richtungen durchlässig. Typische Grenzregionen finden sich in Lateinamerika im Norden Mexikos, in den venezolanischen Ebenen (*llanos*) sowie im *Cono Sur*. Hinzu kommen die bis weit ins 20. Jahrhundert schwer zugänglichen Regionen Amazoniens und des Chaco.

Grenzen zu indigenen Gebieten

Doch diese Grenzräume verschoben und veränderten sich ab der Mitte des 19. Jahrhunderts durch ein Wiederaufleben der Kolonisationsbewegungen, sowohl aus ökonomischen als auch aus nationalstaatlichen Gründen. Im Prinzip lassen sich zwei Typen der Verschiebung der Siedlungsgrenze feststellen: Teils korrespondierten Siedlungsgründungen entlang der Randzonen der bewohnten Gebiete exakt mit der Ausdehnung der agrarischen Exportproduktion, wie die „Kaffeegrenze" im Süden Brasiliens oder die „Wollgrenze" in Patagonien. Teils verschoben sich anbaubedingte Grenzlinien aber auch im Innern, so etwa in Zentralamerika im 19. Jahrhundert, wo die Viehzucht mit Aufkommen des Kaffeeanbaus in entlegenere Regionen wanderte. In Peru dehnten sich die Gebiete der kommerziellen Landwirtschaft mit dem Aufkommen neuer Bewässerungsmethoden aus, so entstanden auch im Hochland Anbauflächen und neue Siedlungszonen. Im Amazonasgebiet rückte die Siedlungsgrenze mit dem Kautschukboom immer weiter vor. In Chile wurde mit dem Beginn des Salpeterabbaus die Siedlungsgrenze bis in die nordöstlichen Wüstengebiete vorgeschoben. Ähnlich gelagerte Beispiele lassen sich fast überall auf dem Kontinent finden. Insgesamt wurde durch den kommerziellen Anbau von Exportprodukten bzw. die Förderung von Rohstoffen ab dem 19. Jahrhundert die infrastrukturelle Landkarte Lateinamerikas grundlegend verändert.

Ausweitung der Kolonisation

Das Vordringen der Siedler führte jedoch nicht nur zu Konflikten mit der indigenen Bevölkerung, die die Territorien bis dahin kontrolliert hatte, sondern auch mit den Nachbarstaaten, und untermauerte zugleich eigene Ansprüche auf die Region. Das ökonomisch motivierte Vordringen in nicht erschlossene Grenzregionen, das politische Bestreben, ungenaue koloniale Grenzen zu fixieren sowie der Anspruch, das noch nicht kontrollierte Territorium zu beherrschen, gingen Hand in Hand und führten zu einer Reihe von gewalttätigen Auseinandersetzungen sowohl interner als auch externer Natur.

3.2 Paraguay-, Pazifik- und Chacokrieg

Grenzfragen, verbunden mit Konflikten um die wirtschaftliche und politische Vormachtstellung in der Region, können als Auslöser für die drei großen internationalen Konflikte in Lateinamerika angesehen werden. Diese hatten jedoch immer auch eine innenpolitische Komponente. Der Paraguay- oder Tripel-Allianz Krieg (1864/5–1870) gilt bis heute als blutigster Krieg Lateinamerikas. Ausgelöst wurde er durch politische Umwälzungen in Uruguay, wo Argentinien und Brasilien noch immer um Einfluss rivalisierten. Paraguay sah sich dadurch bedroht, verfolgte aber auch eigene geopolitische Interessen. Der Krieg begann 1864, als Brasilien aufgrund von Streitigkeiten mit der uruguayischen Regierung in das Nachbarland einmarschierte. Paraguay sah das Gleichgewicht in der Region in Gefahr, zudem verband die beiden Staaten ein gegenseitiges Hilfsabkommen. Daher erklärte Paraguay Brasilien den Krieg und sandte ebenfalls Truppen nach Uruguay, musste dafür jedoch argentinisches Territorium durchqueren. Als es dies trotz fehlender Erlaubnis tat, schlossen sich Argentinien und Uruguay, wo inzwischen ein Regierungswechsel zugunsten der brasilienfreundlichen Kräfte stattgefunden hatte, 1865 mit Brasilien zu einem Dreibund zusammen. Diese Allianz wurde allerdings militärisch und politisch von Brasilien dominiert. Nach ersten Niederlagen in Uruguay zogen sich die Paraguayer Ende 1865 auf ihr Territorium zurück, und es entwickelte sich an der Grenze zwischen Argentinien und Paraguay ein langwieriger Stellungskrieg. Als die Alliierten schließlich 1868 die Hauptstadt Asunción besetzten, war der Krieg noch nicht beendet. Dieser bezog vor allem in seiner zweiten Phase die gesamte paraguayische Bevölkerung mit ein, viele Forscher bezeichnen ihn daher als einen totalen Krieg. 1870 gingen die Auseinandersetzungen mit dem Tod des Präsidenten Francisco Solano López (1827–1870) schließlich zu Ende mit einer grausamen Bilanz: Etwa die Hälfte der paraguayischen Bevölkerung und der überwiegende Teil der paraguayischen Männer hat-

Paraguay- oder Tripel-Allianz Krieg

ten ihr Leben gelassen. Das soziale, wirtschaftliche und politische Leben war völlig zum Erliegen gekommen. Das Land verlor im Norden Territorium an Brasilien, im Süden und Westen an Argentinien. Der nördliche Teil des Chaco, der zunächst auch an Argentinien abgetreten werden musste, wurde Paraguay später in einem Schiedsspruch wieder zugesprochen.

Der andere große Krieg des Subkontinents, der Pazifik- oder Salpeterkrieg zwischen Chile, Peru und Bolivien, spielte sich zwischen 1879 und 1883 in der Atacama-Region und im Andenraum ab. Der Grenzverlauf zwischen Chile und Bolivien in der gleichnamigen Wüste war nie klar fixiert worden, erst durch die Entdeckung umfangreicher Vorkommen von Nitrat (Salpeter), einem wichtigen Rohstoff zur Herstellung von Düngemitteln und Sprengstoffen, geriet die Region in den Fokus. Bolivien und Chile einigten sich 1866 und 1874 auf den 24. Breitengrad als Grenzlinie sowie auf die weitgehende Steuerfreiheit der auf bolivianischem Gebiet tätigen chilenischen Unternehmen, die zumeist mit britischer Beteiligung arbeiteten. Hinzu kamen Regelungen über die Ausfuhrzölle, die jedoch vom bolivianischen Kongress nicht ratifiziert wurden. Ein bolivianischer Vorstoß, die Besteuerung der Unternehmen zu erhöhen und diejenigen Firmen, die sich weigerten zu zahlen, zu enteignen, veranlasste Chile 1879, die Hafenstadt Antofagasta zu besetzen. Aufgrund eines Beistandspaktes aus dem Jahr 1873 weitete sich der Konflikt auf Peru aus, das ebenfalls einen Teil der Region beanspruchte. Die bolivianisch-peruanische Armee wurde rasch geschlagen, Bolivien zog sich daraufhin aus dem Krieg zurück, der Präsident wurde im Dezember 1879 von Militär und Volk gestürzt. Die Auseinandersetzungen zwischen Peru und Chile dauerten noch bis 1883 an. Nach der Besetzung Limas durch die Chilenen entwickelte sich im peruanischen Hochland ein Guerillakampf gegen die Eindringlinge. Letztlich räumte Chile das peruanische Kerngebiet, ging jedoch als eindeutiger Sieger aus dem Krieg hervor (Verträge von Ancón 1883 und Valparaíso 1884). Peru musste die Provinzen Tarapacá, Arica und Tacna an Chile abtreten, letztere wurde allerdings später zurückgegeben. Bolivien verlor die Region um Antofagasta. Damit wurde das Land zu einem Binnenstaat, woraus die Frage des bolivianischen Zugangs zum Meer erwuchs, die die Beziehungen zwischen beiden Ländern bis heute schwer belastet. Eine weitere andauernde Hy-

Pazifik- oder Salpeterkrieg

pothek, die an internationalen Gerichten anhängig ist, stellt die ungeklärte maritime Grenzziehung zwischen Chile und Peru dar.

Chaco-Krieg — Paraguay und Bolivien verstrickten sich einige Jahrzehnte später erneut in einen extrem opferreichen Krieg um die umstrittene Grenzregion des Gran Chaco (1932–1935). Der Konflikt hatte sich seit längerem angedeutet, da Bolivien seinen Anspruch auf Teile des Chaco durch ein allmähliches Vorrücken seiner Forts bekräftigen wollte. Entgegen der häufig geäußerten Vermutung, es habe sich bei dem Krieg um einen Stellvertreterkrieg zweier Ölfirmen gehandelt, die in der Region reiche Vorkommen vermuteten, muss das Verhalten der bolivianischen Regierung eher in den Kontext einer wirtschaftlichen und politischen Krise eingeordnet werden, der man mit einem schnellen militärischen Erfolg entkommen wollte. Paraguay, das sich noch nicht von dem desaströsen Krieg gegen die Tripel-Allianz erholt hatte, sah sich schließlich zur Reaktion gezwungen und konnte trotz technischer Unterlegenheit den Krieg gewinnen. Allerdings forderte der in dem unwirtlichen und dünn besiedelten Chaco erneut hohe Verluste an Menschenleben auf beiden Seiten. Bolivien konnte den im Pazifikkrieg verlorenen Zugang zum Meer über die Flüsse des La Plata-Systems nicht erlangen. Auch die im bolivianischen Teil des Chaco vermuteten Ölreserven stellten sich als Illusion heraus.

3.3 Kriege gegen die „internen Anderen" im Namen der „Zivilisation"

Im Zuge der allmählichen Konsolidierung der Nationalstaaten sowie der wirtschaftlichen Expansion gerieten bis ins 19. Jahrhundert jene Regionen zunehmend unter Druck, die noch kaum erschlossen und von bisher nicht unterworfenen oder rebellierenden indigenen (und anderen subalternen) Gruppen kontrolliert wurden. Die Expansion der Agrarexportwirtschaft, der Ausbau der Infrastruktur durch Eisenbahnen, der Aufbau stehender nationaler Heere sowie die in diesen Regionen ungeklärten Grenzziehungen führten zu Eroberungs- und Ausrottungskriegen in Nordmexiko und dem *Cono Sur*, während die Amazonasregion und Teile des Chaco noch bis weit ins 20. Jahrhundert hinein nur nominell unter nationalstaatlicher Herrschaft standen.

In Chile und Argentinien folgte auf die Konsolidierung des Nationalstaates die Expansion nach Süden. Ab Mitte des Jahrhunderts führten die sozioökonomische Entwicklung, aber auch die Verbreitung positivistischer und evolutionistischer Vorstellungen dazu, dass das Mit- und Gegeneinander von Indigenen und Chilenen bzw. Argentiniern einer Eroberungs- und Ausrottungspolitik wich. Dieser zufolge sollte das „ungenutzte" Land, die „Zivilisationswüste" nun von Viehzüchtern und „arbeitsamen" europäischen Einwanderern in Wert gesetzt werden. In Chile hatten die Mapuche der Eroberung durch die Europäer seit Beginn der Kolonialzeit erbitterten Widerstand entgegengesetzt. Das Territorium südlich des Bío Bío-Flusses galt bis Mitte des 19. Jahrhunderts unangefochten als ihr Herrschaftsgebiet. Dann jedoch begann die chilenische Regierung, nicht zuletzt mit Hilfe deutscher Einwanderer, zunächst in Form von Enklaven in das Mapuche-Territorium vorzudringen. 1861 besetzten chilenische Truppen das Gebiet gewaltsam, 1883 wurde es formal dem chilenischen Staat angegliedert.

Auf der anderen Seite der Kordillere, in Argentinien, war die Grenze zu den von den Indigenen kontrollierten Gebieten seit der Unabhängigkeit sukzessive nach Süden verschoben worden, auch wenn es immer wieder zu Rücknahmen gekommen war. Nach dem siegreichen Krieg gegen Paraguay und territorialen Gewinnen im Norden begann die argentinische Regierung einen Vernichtungsfeldzug mit modernsten Waffen und Techniken. Neben wirtschaftlichen Interessen spielte auch der schwelende Grenzkonflikt mit Chile eine wichtige Rolle. Chile hatte 1843 einen Militärstützpunkt an der Magellanstraße gegründet und erhob Ansprüche auf Ostpatagonien. Während das Land in den Pazifikkrieg verstrickt war, startete Argentinien 1879 einen als „Eroberung der Wüste" bekannt gewordenen Feldzug gegen die Mapuche und Tehuelche und gliederte Ostpatagonien und Feuerland seinem Territorium ein. 1881 legte ein Abkommen zwischen Argentinien und Chile die Grenze bis zum 52. Breitengrad entlang des Gebirgskamms der Anden fest. Im äußersten Süden sollte die neutralisierte Magellanstraße als Trennlinie dienen. Weitere Abkommen und Säbelrasseln zwischen Argentinien und Chile im 20. Jahrhundert folgten, konnten aber immer wieder mit Hilfe von Schlichtern beigelegt werden.

Expansion im Cono Sur

„Zivilisationswüste"

„Eroberung der Wüste"

Der argentinische Chaco

Nach der Eroberung Patagoniens unternahm die argentinische Armee ab 1880 Feldzüge im nördlichen Chaco-Territorium, die 1884 ebenfalls zu einer Großoffensive führten. Dort konnten die in kleinen Gruppen verstreut lebenden Völker allerdings nicht völlig besiegt werden und die Kämpfe zogen sich noch bis in die 1920er Jahre hin.

Kriege gegen Yaqui und Mayo

Im Norden Mexikos fanden ebenfalls ab Mitte des 19. Jahrhunderts zunehmend gewalttätige Auseinandersetzungen mit der indigenen Bevölkerung statt, die auf einer Vermischung von internen und externen Problemlagen beruhten. So wichen nordamerikanische indigene Völker aufgrund der Vernichtungsfeldzüge in den USA nach Süden aus, und es kam vor allem in den 1840er und 1850er Jahren zu einer Neuauflage der sogenannten Apachenkriege. Zur Sicherung des Territoriums errichtete die mexikanische Regierung ab den 1860er Jahren zahlreiche Militärkolonien entlang der nördlichen Grenzen, deren Siedler für die Bekämpfung der teilweise halbnomadisch lebenden feindlichen indigenen Gruppen finanziell entlohnt wurden. In Sonora erhoben sich ab 1867 die Yaqui und die Mayo. Die Rebellion wurde rasch niedergeschlagen, allerdings gingen die Yaqui, die bereits in der Kolonialzeit mehrfach aufbegehrt hatten, zu einem Guerillakrieg über, der bis zum Beginn des 20. Jahrhunderts schwelte. Letztlich griff der mexikanische Staat zum Mittel der Deportation und verschiffte zwischen 1885 und 1909 Tausende von Yaqui und Mayo nach Yucatán, wo sie auf den Sisalplantagen Zwangsarbeit leisten mussten.

Guerra de Castas in Yucatán

Dort hatte wenige Jahrzehnte zuvor, gleichzeitig mit dem Krieg gegen die USA, 1847/48 ein blutiger Aufstand der Mayabevölkerung begonnen, der sowohl wirtschaftliche als auch soziopolitische Ursachen hatte und in der späteren Phase zudem religiöse Züge annahm. Trotz der Bezeichnung als „Kastenkrieg" handelt es sich neueren Forschungen zufolge weniger um einen ethnischen, als vielmehr um einen von ökonomischen, sozialen und regionalen Auseinandersetzungen geprägten Konflikt, der in der späteren Phase zudem religiöse Züge annahm. Nach dem Höhepunkt der Konfrontationen 1847/48 und dem Zusammenbruch der indigenen Widerstandsstrukturen gab der Kult des „Sprechenden Kreuzes" den Rebellen neue Kohäsion und Hoffnung. Diese chileastisch-nativistische Bewegung der *Kruso'b* hielt sich in einem Teil der Halbinsel noch bis zum Ende des 19. Jahrhunderts.

Ähnliche Auseinandersetzungen, bei denen oftmals nicht klar zwischen ethnischen, ökonomischen und politischen Ursachen zu unterscheiden ist, sind auch in vielen anderen lateinamerikanischen Staaten für den genannten Zeitraum zu beobachten. So kam es Ende des 19. / Anfang des 20. Jahrhunderts auch im nördlichen Andenraum zu Aufständen (z. B. der Rumi Maqui Rebellion 1915/16 im südperuanischen Departament Puno), die neben soziopolitischen Ursachen vor allem eine Reaktion auf die Ausbreitung der Agrarexportwirtschaft waren, deren Großgrundbesitze die Land- und Wasserrechte der Indigenen bedrohten.

Rumi Maqui Rebellion

Die Grenzen zu einem Bürgerkrieg sind bei diesen Kriegen fließend. Der entscheidende Unterschied liegt jedoch darin, dass hier nicht, wie bei den Auseinandersetzungen zwischen Konservativen und Liberalen, Föderalisten oder Zentralisten, zwei politische Gruppierungen gegeneinander kämpften, sondern mit modernster Technik ausgestattete nationale Armeen gegen „rückständige", marginalisierte Bevölkerungsgruppen vorgingen. So wurde denn auch in der damaligen Zeit selten von einem Bürgerkrieg, sondern fast immer von einem Krieg gesprochen.

Krieg oder Bürgerkrieg?

Wie sehr die marginalisierte indigene oder mestizische Bevölkerung an den territorialen Rändern auch zu dem „internen Anderen" wurde, zeigt sich bei der blutigen Niederschlagung der Bewegung von Canudos in Brasilien. Wenige Jahre nach Ausrufung der Republik Brasilien zog sich 1893 der charismatische Laienprediger Antônio Vicente Mendes Maciel (1830–1897), genannt Antônio „Conselheiro" (Ratgeber), mit einigen tausend Anhängern in den abgelegenen und von Armut und Strukturproblemen gebeutelten nördlichen *sertão* (heutige Bundesstaaten Bahia und Sergipe) zurück. Die auf religiösen Prinzipien aufgebaute Gemeinschaft, die sich in dem Ort Canudos ansiedelte, lehnte die Republik wegen ihrer säkularen Reformen ab. Der Konflikt stand darüber hinaus im Zusammenhang mit der extremen Armut und Entwurzelung der Bevölkerung des Nordostens sowie internen Auseinandersetzungen zwischen verschiedenen politischen Fraktionen in Rio. 1896/97 spitzten sich die Kämpfe zu, als mehrere Angriffe ganzer Infanteriebataillone abgewehrt werden konnten. Vor allem dieser Umstand ließ den Aufstand zu einem nationalen Ereignis werden. Es wurde durch die 1902 veröffentlichen Schilderungen des Schriftstellers Euclides da Cunha (1866–1909), der die letzte Phase miterlebt hatte, zu einem zentralen Text der brasilianischen Natio-

Der Aufstand von Canudos

nalliteratur. Nach Ende des Krieges begannen auch einige Brasilianer, die Legitimität der im Namen des Fortschritts und der Zivilisation begangenen Grausamkeiten zu hinterfragen und die Bewohner des *sertão* als Symbol authentischer brasilianischer Kultur zu idealisieren, ähnlich wie es parallel dazu in Argentinien mit den inzwischen „zivilisierten" *gauchos* geschah.

3.4 Die Falkland/Malvinas-Inseln

Erste Besiedlungen

Einen Sonderfall stellen die bis heute zwischen Argentinien und Großbritannien umstrittenen Falkland oder Malvinen-Inseln dar. Die Inselgruppe war seit dem Ende des 16. Jahrhunderts mehrfach von Seefahrern verschiedener Nationen besucht, aber nicht besiedelt worden. Französische Seefahrer aus St. Malo gaben ihnen den Namen *Iles Malouvines,* welcher von den Spaniern als *Islas Malvinas* übernommen wurde. Die Engländer hingegen bezeichneten sie als Falkland Inseln. 1764 errichtete eine französische Flotte auf der östlichen Insel eine Niederlassung, ein Jahr später folgten die Engländer auf der westlichen Insel. Während sich die Franzosen in den Verhandlungen mit Spanien 1767 gegen eine Entschädigung zur Aufgabe ihrer Siedlung bereitfanden, verliefen die Verhandlungen zwischen Spanien und Großbritannien erfolglos, so dass 1770 eine Flotte aus Buenos Aires die Briten vertrieb. 1771 konnte die Regierung in London aber durchsetzen, dass Spanien die Siedlung zurückgab. 1774 zogen die Briten ab und die Inseln blieben, mit Ausnahme einer kleinen spanischen Garnison, unbewohnt. Zu Beginn der Unabhängigkeitsbewegung 1811 wurde auch diese Siedlung aufgelöst.

Legitimität der britischen Niederlassungen?

1833 gründeten Briten erneut eine Niederlassung auf den Inseln, und im Laufe der Jahrzehnte wuchs die Anzahl der *Kelpers* genannten britischen Siedler, obgleich die Legitimität der britischen Besiedlung von Seiten Argentiniens stets in Zweifel gezogen wurde. Neben prinzipiellen nationalistischen Überlegungen wurde der Konflikt nach dem Zweiten Weltkrieg dadurch angeheizt, dass die Souveränität über die Inseln nicht nur Fischfangrechte, sondern auch Einfluss auf einen Teil der Antarktis mit sich brachte, und zudem größere Erdölvorkommen in der Region vermutet wurden. Neuerdings beansprucht Argentinien darüber hinaus die Ausdehnung der 200-Meilen-Wirtschaftszone mit dem Argument, dass der argentinische Festlandssockel bis in die Region der Malvinen reicht.

Wie emotional aufgeladen die Frage der Souveränität über die Falkland-/Malvinen-Inseln in Argentinien war (und noch immer ist), zeigte sich, als Anfang April 1982 die argentinische Militärregierung in einem Überraschungscoup die Inseln besetzte. Die Operation kann als verzweifelter Ablenkungsversuch eines autoritären Regimes angesehen werden, dessen Position immer prekärer wurde (siehe OGG 49: Lateinamerika seit 1930). Sie basierte aber auch auf einer Fehlkalkulation im Hinblick auf die internationalen Reaktionen. Großbritannien beantwortete die Besetzung mit einem massiven Militärschlag, und weder die USA noch die anderen Staaten Lateinamerikas unterstützten Argentinien militärisch. Vermittlungsversuche im UN-Sicherheitsrat lehnten die Diktatoren ab. Der Krieg endete nach 74 Tagen mit der Niederlage Argentiniens. Verschiedene Verhandlungen und Vermittlungsversuche der UNO scheiterten bislang unter anderem daran, dass sich beide Seiten auf konkurrierende völkerrechtliche Prinzipien berufen, nämlich einerseits das *uti possidetis* (Argentinien) und andererseits das Selbstbestimmungsrecht der Bewohner der Inseln (Großbritannien).

Falkland-/ Malvinen-Krieg

Konkurrierende völkerrechtliche Prinzipien

3.5 Neue und alte Herren: Lateinamerika, Europa und die USA

Aus atlantischer Perspektive war die Epoche der Unabhängigkeit Lateinamerikas durch internationale Rivalität und Machtpolitik gekennzeichnet. Nach Erlangung der politischen Unabhängigkeit gerieten die Staaten Lateinamerikas im Laufe des 19. Jahrhunderts in neue Abhängigkeiten – zunächst insbesondere von England, später auch von Frankreich und in geringerem Maße von Deutschland. Diese Abhängigkeiten waren primär wirtschaftlicher Natur und wurden entweder als „neokoloniale" Abhängigkeit oder auch als *informal imperialism* bezeichnet.

„Neokolonialismus"

Zwischen 1830 und 1890 kam es wiederholt zu militärischen Interventionen Frankreichs und Englands in Lateinamerika. So intervenierten beide mehrmals zwischen 1836 und 1850 in Argentinien und Frankreich, 1838 und 1861 in Mexiko, um Schulden einzutreiben und politische Ansprüche zu manifestieren. Napoleon III. installierte den Habsburger Erzherzog Maximilian von Öster-

Militärische Interventionen europäischer Mächte

Maximilian von Österreich als Kaiser von Mexiko

reich 1864 als Kaiser von Mexiko. Seine Regentschaft war jedoch nur durch die massive Präsenz von französischem Militär aufrecht zu erhalten. Als diese 1867, nach dem Ende des Bürgerkriegs in den USA und der daraus resultierenden neuen militärischen Präsenz nordamerikanischer Truppen, aus Mexiko abgezogen wurden, konnte sich Maximilian nicht länger gegen den populären liberalen Politiker Benito Juárez (1806–1872) behaupten, wurde entmachtet und hingerichtet. Während des US-amerikanischen Bürgerkriegs versuchte auch Spanien noch einmal, seine imperiale Rolle auf dem Kontinent zurückzugewinnen, unter anderem mit der militärischen Besetzung Santo Domingos (1861–1865), der Besetzung der peruanischen Chincha-Inseln im Pazifik 1864, der Bombardierung von Valparaíso an der chilenischen Küste und der peruanischen Hafenstadt Callao 1866. In diesem Spanisch-Südamerikanischen Krieg verbündeten sich Bolivien und Ecuador mit Peru und Chile. Gegen Ende des 19. Jahrhunderts wurden die europäischen Mächte allerdings immer stärker durch die Vereinigten Staaten verdrängt, die sich nun als neuer hegemonialer Partner der lateinamerikanischen Außen- und Wirtschaftsbeziehungen entpuppten.

_{Benito Juárez}

Bereits die Unabhängigkeitskriege in Lateinamerika hatten das Interesse der Vereinigten Staaten an der Südhälfte des Kontinents geweckt. Die beiden Teilkontinente waren sich nicht nur geographisch nah, sondern teilten auch die koloniale Erfahrung durch europäische Mächte. Entscheidender für die Beziehungen waren aber die Unterschiede, etwa die ethnisch-kulturelle und religiöse Prägung der Bevölkerung, die unterschiedlichen politischen Institutionen und die verschiedenen wirtschaftlichen Schwerpunkte. Diese prägten sich im Laufe des 19. Jahrhunderts weiter aus und waren von zahlreichen Widersprüchlichkeiten gekennzeichnet. Als Präsident Monroe (1758–1831) und Außenminister John Quincy Adams (1767–1848) im Jahr 1822 die Unabhängigkeit etlicher lateinamerikanischer Staaten (Großkolumbien, Mexiko, Peru, Chile und Argentinien) anerkannten, war dies für die Lateinamerikaner ein deutliches Zeichen der Solidarität und eine Willensbekundung zur Einheit Amerikas. Der Regierung der Vereinigten Staaten ging es damit allerdings vor allem darum, eine Restauration der alten kolonialen Ordnung des politischen Autoritarismus und ökonomischen Merkantilismus auf dem gesamten Kontinent zu verhindern. Präsident Monroe manifestierte in seiner

Hegemoniale Interessen der USA

Monroe-Doktrin

Erklärung zur Außenpolitik der Vereinigten Staaten im Dezember 1823 die irreversible Unabhängigkeit der Staaten Amerikas von den europäischen Mächten. Diese Erklärung, die als „Monroe-Doktrin" in die Geschichte eingegangen ist, war zu diesem Zeitpunkt allerdings weniger ein außenpolitischer Aktionsplan, als vielmehr zunächst vor allem eine Reaktion auf die Wiedereroberungsversuche Englands in Nordamerika und die nach dem Wiener Kongress erfolgte Restauration der europäischen Mächte gegen republikanische und liberale Ideen und Institutionen. Monroe formulierte in seiner Erklärung auch die Existenz zweier politischer Sphären, betonte das Prinzip der Nicht-Einmischung der USA in europäische Konflikte und forderte das Ende sämtlicher Kolonialisierungsbestrebungen in der westlichen Hemisphäre. Ein Eingreifen der USA kündigte er für den Fall an, dass die europäischen Mächte diese Grundsätze ignorierten. Damit manifestierte er ein neues Grundverständnis in den Beziehungen zu Lateinamerika, die Berechtigung zur Intervention, sollte dies aus Sicherheitsgründen erforderlich sein, und schloss territoriale Annexionen seitens der Europäer innerhalb der Hemisphäre aus.

<small>Ausschluss europäischer Annexionen in der westlichen Hemisphäre</small>

Schon in den ersten Jahrzehnten nach der Unabhängigkeit spitzten sich die Beziehungen zwischen den Vereinigten Staaten und Lateinamerika krisenartig zu. Während sich die USA zunächst auf die territoriale Expansion westwärts konzentrierte, dehnten sie sich zur Mitte des Jahrhunderts dann auch südwärts in Richtung Mexiko aus. 1846 entbrannte aufgrund der US-Annexion des sich 1836 von Mexiko losgesagten Texas und weiteren strittigen Fragen zum Grenzverlauf ein Krieg zwischen den USA und Mexiko. Dieser endete 1848 mit dem Frieden von Guadalupe Hidalgo, durch den Mexiko etwa die Hälfte seines Staatsterritoriums (die heutigen Bundesstaaten Kalifornien, Nevada, New Mexico, Utah, Arizona und Teile von Wyoming und Colorado) an die USA verlor. Der hegemoniale Expansionswille der USA war gepaart mit der Vorstellung einer schicksalhaften Bestimmung, die führende Nation innerhalb der Hemisphäre zu sein. Der Journalist John L. O'Sullivan prägte dafür 1845 den Begriff *Manifest Destiny* („offensichtliche Bestimmung"). Diese Vorstellung basierte auf der Überzeugung von einer vermeintlich ethnischen und kulturellen Überlegenheit und der daraus resultierenden Aufgabe, die „minderwertigeren" Bevölkerungen Lateinamerikas durch die Verbreitung des Protestantismus, angloamerikanischer Zivilisati-

<small>Territoriale Expansion der USA</small>

<small>US-Annexionen in Mexiko</small>

<small>*Manifest Destiny*</small>

on und republikanischer Regierungsprinzipien zu „retten". Die ethnische Komponente dieser Thesen stärkte die Befürworter der Sklaverei, war doch nach deren Abschaffung in Mexiko auch die Annexion von Texas durch die USA auf Betreiben der texanischen Sklavenhalter erfolgt.

Zahlreiche kubanische Sklavenhalter wünschten ebenfalls eine Annexion der Insel, weil sie fürchteten, die britische Kampagne gegen den Menschenhandel würde über kurz oder lang zur Abolition führen. Auch die gescheiterte Invasion des Abenteurers William Walker (1824–1860) in Zentralamerika im Jahre 1856 war der zivilisatorischen Mission des *Manifest Destiny* verbunden.

<small>Wachsender US-Einfluss in Zentralamerika und der Karibik</small>

US-amerikanische Unternehmen begannen erst gegen Ende des 19. Jahrhunderts verstärkt, sich in Lateinamerika zu engagieren, die europäischen Investitionen blieben bis zur Jahrhundertwende vorherrschend. Der Wettlauf zwischen Europa und den USA um das ökonomische und politische Primat spitzte sich nach 1880 erheblich zu. Afrika wurde unter den europäischen Nationen „aufgeteilt" und Asien schien kurz davor, ein ähnliches Schicksal zu teilen. In dieser Phase des Hochimperialismus befürchteten US-amerikanische Unternehmen und Politiker auch in Lateinamerika gegenüber der europäischen Konkurrenz ins Hintertreffen zu geraten – aber auch gegenüber den Staaten Lateinamerikas. Eine interamerikanische Konferenz in Washington, die 1889 einberufen wurde, um den US-amerikanischen Anspruch auf Vormacht in Lateinamerika in politischer und wirtschaftlicher Hinsicht zu manifestieren und eine verlässliche Gemeinschaft aller Amerikaner mittels hemisphärischer, panamerikanischer Institutionen zu schaffen, brachte nicht den erhofften Durchbruch. Sie verstärkte aber das Bestreben der Vereinigten Staaten, die europäische Kon‐

<small>Konkurrenz USA-Großbritannien</small>

kurrenz endgültig vom Kontinent zu verdrängen. Bis zum Ersten Weltkrieg blieb Großbritannien der bedeutendste Konkurrent, der insbesondere die weitere Ausdehnung der USA in Zentralamerika und der Karibik zu behindern suchte. Diese Region wurde ab der Jahrhundertmitte von Seiten der US-Regierung als Sicherheitszone erachtet, in der ihr Einfluss geltend gemacht werden sollte, um im eigenen Interesse die Stabilität und den Frieden in der westlichen Hemisphäre aufrechtzuerhalten.

Um diese Politik umzusetzen, sollte durch die Landenge Zentralamerikas ein von den Vereinigten Staaten kontrollierter Kanal gebaut werden. Er war von enormer geostrategischer und wirtschaftlicher Bedeutung für die künftige hegemoniale Rolle, die die USA in Lateinamerika, aber auch in Asien zu übernehmen gedachten. Allerdings konnte die US-Regierung 1850 mit dem Clayton-Bulwer-Vertrag lediglich einen Kompromiss mit der britischen Regierung erzielen, in dem sich beide Mächte verpflichteten, Zentralamerika weder zu okkupieren noch in irgendeiner Weise zu dominieren und vor allem keinen interozeanischen Kanal zu bauen. Bezeichnend für diese hegemoniale Politik beider Mächte war die Tatsache, dass kein einziger zentralamerikanischer Regierungsvertreter in diese Übereinkunft mit einbezogen wurde.

Clayton-Bulwer-Vertrag

Nach dem Ende des amerikanischen Bürgerkriegs wuchs der US-amerikanische Einfluss in Lateinamerika erheblich. Die französische Machtpolitik war mit der Hinrichtung Maximilians 1867 in Mexiko gescheitert, auch die Okkupation der Dominikanischen Republik und der peruanischen Inseln im Pazifik durch Spanien war beendet. Die US-Regierung vertrat nun mit Vehemenz den Standpunkt, dass ein künftiges imperiales Eingreifen europäischer Mächte in Lateinamerika eine nicht zu tolerierende Einmischung in amerikanische Angelegenheiten war. Viele lateinamerikanische Regierungen hofften jetzt, dass ihr nördlicher Nachbar auch in ihrem Interesse als Schutzmacht gegen europäische Übergriffe auftreten würde. In der Folgezeit wurden US-Regierungen wiederholt ersucht, in Konflikte zwischen europäischen Mächten und lateinamerikanischen Staaten einzugreifen, wie etwa 1876 im Grenzstreit zwischen Venezuela und Britisch-Guayana. Trotzdem war das Verhältnis zur aufstrebenden nördlichen Hegemonialmacht gespalten. Obwohl die Lateinamerikaner die großen Fortschritte Nordamerikas in der Entwicklung von Industrie, Landwirtschaft und im Bildungswesen bewunderten und ein enormes Interesse an Handelsbeziehungen und Investitionen zeigten, herrschten große Vorbehalte gegen den Materialismus der nordamerikanischen Kultur vor. Für US-amerikanische Unternehmen und Regierungen, die auf der anderen Seite Vorbehalte gegen die „Rückständigkeit" der Lateinamerikaner hegten, stand jetzt nicht nur die strategische Bedeutung des südlichen Subkontinents im Vordergrund, sondern auch sein enormes Potenzial als Rohstofflieferant und Absatzmarkt. Panamerikanismus war aus US-amerikanischer Perspektive zunehmend gleichbedeutend mit dem Ausbau der Handelsbeziehungen, und zwar dergestalt, dass die lateinamerikanischen Partner Rohstoffe und Halbfertigprodukte

Panamerikanismus aus US-Perspektive

Vorbehalte gegen US-Hegemonie

Ausbau der Handelsbeziehungen und zunehmende US-Investitionen

und die US-Unternehmen Konsum- und Industriegüter lieferten. Zwischen 1880 und 1890 erweiterten diese ihren Einfluss in Lateinamerika systematisch: etwa durch direkte Investitionen in den Ausbau des Eisenbahnnetzes und in den Bergbau, vor allem in Mexiko und Zentralamerika, später auch in Peru, Chile und Bolivien. In Kuba investierten sie in die Zuckerwirtschaft, in Zentralamerika in den Aufbau von Bananenplantagen.

US-Kontrolle über die Karibikregion

Als die spanische Herrschaft in Lateinamerika 1898 durch den *splendid little war*, wie US-Präsident Theodore Roosevelt (1858–1919) den auf Kuba ausgetragenen Kubanisch-US-amerikanisch-Spanischen Krieg bezeichnete, beendet wurde, bedeutete dies auch das Ende des europäischen Gegengewichts zur US-amerikanischen Hegemonie in der Karibik. Gleichzeitig gingen die Vereinigten Staaten daraus als aufsteigende Weltmacht auf der internationalen Bühne hervor. Die Kontrolle über die Karibikregion stand nun unter deren Aufsicht und ein künftiger Kanal durch die Landenge Zentralamerikas war jetzt bereits im Vorfeld abgesichert. Mit

Puerto Rico

dem *Foraker Act* von 1900 bemächtigte sich die US-Regierung Puerto Ricos, das fortan zu den USA gehörte, allerdings ohne den Status eines Bundesstaates zu erhalten. Auch die Pazifikseite war durch einen Ring zahlreicher Inseln, darunter Alaska und die Aleuten (1867), die Philippinen, Guam und Hawaii (1898) sowie Samoa (1899) abgesichert worden. Diese militärische Flankierung des Panamerikanismus folgte den Seemachttheorien Alfred Thayer Mahans (1840–1914), dessen geopolitisch ausgelegte Strategien sich auf auswärtige Stützpunkte konzentrierten. Eine vorrangige Rolle in Mahans Überlegungen spielte ein US-beherrschter transisthmischer Kanal. Die britische Regierung, die unter dem Druck der USA bereits im Konflikt zwischen Britisch-Guayana und Venezuela hatte nachgeben müssen und vor einer Auseinandersetzung um Nicaragua zurückschreckte, fügte sich im Hay-Pauncefote-Vertrag 1901 in die veränderte Situation und überließ der US-Regierung den Bau des künftigen Kanals in Zentralamerika.

Panamakanal

Präsident Theodore Roosevelt, der ein explizites Interesse an einem weiteren Ausbau der US-Hegemonie in der Region hatte und das wirtschaftliche Potenzial einer solchen Verbindung sah, unterstützte das Großprojekt. Er trieb den Entscheidungsprozess maßgeblich voran und verfocht mit Nachdruck den Plan eines künstlichen Wasserwegs durch die Landenge von Panama. Als sich die kolumbianische Regierung weigerte, den Kanal unter US-

Hoheit zu akzeptieren, unterstützte die Regierung Roosevelt eine Aufstandsbewegung in der Isthmus-Region, nachdem sie um entsprechende militärische Hilfe ersucht worden war. Am 3. November 1903 erklärte die kolumbianische Provinz Panama unter massiver Präsenz des US-Militärs ihre Unabhängigkeit. Zwei Wochen später unterzeichnete der unabhängige Staat Panama den Kanalvertrag mit der US-Regierung, der alle Bedingungen erfüllte, die die USA an den Kanalbau gestellt hatten. Der Kanal wurde innerhalb eines Jahrzehnts errichtet, und zwar unter Einsatz von zehntausenden von Arbeitern, mehrheitlich afrokaribischer Herkunft. Er stand einschließlich einer zehn Meilen breiten Kanalzone unter Aufsicht der US-Regierung. Die wirtschaftliche und politische Entwicklung Panamas war in hohem Maße von den USA abhängig. Allerdings hatte diese weitgehende Fremdbestimmung nicht nur negative Auswirkungen. Das in vieler Hinsicht rückständige Panama wurde durch den Kanal an die Weltwirtschaft angeschlossen und entsprechend modernisiert. Dadurch konnte nicht nur der Lebensstandard der Eliten, sondern der gesamten Bevölkerung Panamas erheblich gesteigert werden. Die politischen Kräfte, die in einer dauerhaften Bindung an die USA deshalb erhebliche Vorteile sahen, versahen die Verfassung Panamas mit einem Passus, der dem des kubanischen *Platt Amendments* entsprach und der US-Regierung Interventionsrechte im Falle politischer Unruhen einräumte.

Unabhängigkeit Panamas

Kanalbau

Die Entwicklungen in Panama ab 1903 waren der Beginn eines Prozesses politischer, wirtschaftlicher und militärischer Interventionen, der den ursprünglich defensiven Rahmen der Monroe-Doktrin sprengte. Was im Grunde als Abwehrmechanismus gegen das Eindringen „fremder" (europäischer) Mächte in die amerikanische Hemisphäre gedacht war, entwickelte sich jetzt zu einem Instrument der Rechtfertigung US-amerikanischer Expansionen im karibischen und zirkum-karibischen Raum. Der sogenannte Roosevelt-Zusatz (*Roosevelt Corollary*) veranschaulicht diese neue, globalstrategische Orientierung. Mit dem Ziel, den außenpolitischen Handlungsspielraum erheblich zu vergrößern, erhob die US-Regierung seit 1904 den Anspruch auf präventives militärisches Eingreifen, falls ein Staat in dieser Region „dauerhaftes politisches Fehlverhalten" („*chronic wrongdoing*") an den Tag legen sollte.

Globalstrategische Bedeutung des zirkum-karibischen Raums

Roosevelt Corollary

Politische und militärische Interventionen

Die USA befanden sich hier in einem Dilemma. Einerseits war die Praxis, die Begleichung von Schulden auch militärisch zu erzwingen, völkerrechtlich akzeptiert und hatte wiederholt zu Interventionen europäischer Mächte im karibischen Raum geführt, zuletzt 1902–1903 bei der Seeblockade Venezuelas durch Großbritannien, Italien und Deutschland. Dem gegenüber stand allerdings der völkerrechtlich zwar nicht bindende, aber für die US-Regierung bedeutende Grundsatz der „Nicht-Intervention" im Rahmen der Monroe-Doktrin. Das Beispiel Venezuelas hatte den argentinischen Außenminister Luis María Drago veranlasst, die „Kanonenbootdiplomatie" europäischer Mächte zu verurteilen. Dieses als „Drago-Doktrin" bezeichnete Plädoyer gegen ausländische Interventionen wurde von der Roosevelt-Regierung nicht geteilt, die sich einen Handlungsspielraum in Lateinamerika offenhalten wollte, beispielsweise mit der Möglichkeit eines präventiven Eingreifens, noch ehe andere Mächte zum Zug kamen. Obwohl der US-Senat den Roosevelt-Zusatz ablehnte, blieb die Außenpolitik der Vereinigten Staaten gegenüber Lateinamerika im Zeitraum zwischen dem Kubanisch-US-Amerikanisch-Spanischen Krieg und der Weltwirtschaftskrise durch ständige Einmischungen in die inneren Angelegenheiten (bewaffnete Interventionen, Zwangsverwaltungen zur Schuldeneintreibung, Nichtanerkennung unliebsamer Regierungen etc.) gekennzeichnet. Für diese hat sich der Begriff der *Big Stick Policy*, durchgesetzt, der auf ein von Roosevelt 1900 geäußertes, außenpolitisches Handlungsmotto *speak softly and carry a big stick* zurückgeht.

Big Stick Policy

Dollardiplomatie

Zur effektiven Absicherung US-amerikanischer Investitionen erweiterte sein Nachfolger William Taft (1909–1913) das von Roosevelt etablierte außenpolitische Instrumentarium um die *Dollar Diplomacy* und verpflichtete das diplomatische Korps auf die Wahrung der Außenwirtschaftsinteressen ihres Landes. Dahinter stand einerseits die Überzeugung, dass finanzielle Stabilität der Schlüssel für wirtschaftliche Entwicklung Lateinamerikas war, andererseits ging es wie bereits zuvor darum, die europäische Konkurrenz dauerhaft vom Kontinent fernzuhalten. Die US-Regierung ermunterte US-Banken, die Anleihen lateinamerikanischer Staaten zu refinanzieren, um einer europäischen Eintreibung zuvorzukommen. Die Dollardiplomatie implizierte aber darüber hinaus die Kontrolle der Staatsfinanzen durch US-Behörden, so geschehen in der Dominikanischen Republik (1916–1924), in Nicaragua

Kontrolle von Staatsfinanzen

(1909–1925) oder in Haiti (1915–1934). Sie reflektierte die wachsende Hegemonie der USA über den Kontinent und den Aufbau einer unangefochtenen Einflusssphäre insbesondere in der Karibik und Zentralamerika. Sie verfolgte damit aber auch das Ziel eines langfristigen Schutzes US-amerikanischer Bürger und ihres Eigentums, die Vermeidung politischer Turbulenzen, die europäische Interventionen hätten hervorrufen können, und schließlich den Schutz des Panamakanal. Die Politik der Etablierung von Protektoraten durch direkte militärische Interventionen blieb allerdings auf den karibischen und zentralamerikanischen Raum beschränkt. Vergleichbare Operationen gab es auf dem südamerikanischen Kontinent nicht, wo die meisten Staaten ungleich größer und dabei politisch und wirtschaftlich ungleich stabiler waren und einem US-Eingriff erfolgreichen Widerstand hätten entgegensetzen können. Die Regierungen von Roosevelt und Taft bemühten sich vielmehr um engere Beziehungen zu Argentinien, Brasilien und Chile, den politisch und ökonomisch führenden „ABC-Staaten".

Etablierung von Protektoraten

4 Gesellschafts- und Identitätsentwürfe im 19. Jahrhundert

Seit Beginn der Unabhängigkeitskämpfe war die Suche nach einer neuen kulturellen Identität und die Formulierung eines neuen nationalen bzw. „amerikanischen" Selbstverständnisses eine der zentralen Fragen der Nationsbildung. In dem Jahrhundert zwischen der Unabhängigkeit Haitis (1804) und der Unabhängigkeit Panamas (1903) initiierten die Eliten Lateinamerikas Staats- und Nationsbildungsprozesse, die auf imaginierten Gemeinschaften basierten und durch gemeinsame Symbole, erfundene Traditionen und Werte konstruiert wurden. Diese orientierten sich zwar an europäischen Modellen, führten aber im Falle Hispanoamerikas zu einem radikalen Bruch mit dem Mutterland, das als rückständig erachtet wurde. Während im Ablösungsprozess von den kolonialen Metropolen und im Unabhängigkeitskampf die indigene Vergangenheit zur Abgrenzung eine Rolle gespielt hatte, war die Staats- und Nationsbildung fast überall durch die Negierung der linguistischen, ethnischen, kulturellen und sozialen Diversität

Imaginierte Gemeinschaften

Neue Identitäts-politiken

des Kontinents gekennzeichnet. Doch ab dem frühen 20. Jahrhundert öffnete sich in den meisten neuen Staaten Lateinamerikas die auf Homogenisierung ausgerichtete Identitätspolitik für Visionen, die sich nun ganz explizit auf das diverse ethnisch-kulturelle Erbe beriefen und Gegenmodelle zu den auf die weißen, spanisch- oder portugiesisch-stämmigen Eliten ausgerichteten Nationen entwarfen. Führende lateinamerikanische Intellektuelle definierten sich im Laufe des 19. Jahrhunderts als „Amerikaner", proklamierten die kulturelle Eigenständigkeit von Europa und grenzten sich gleichzeitig von der angelsächsisch geprägten Kultur Nordamerikas ab.

Probleme der nationalen Identitätsbildung

Die Nationsbildung der lateinamerikanischen Staaten stand vor dem für ehemalige Kolonien besonders schwierigen Problem, welche Teile der Geschichte der nationalen Identitätsbildung dienen und welche ausgeblendet werden sollten. Der Kampf um die Unabhängigkeit ging mit einer Delegitimierung der Kolonialmacht einher und die vorkolonialen indigenen Kulturen, vor allem diejenigen der Azteken und Inka, boten zunächst einen vermeintlichen Gegenpol. Andererseits entstammten die neuen Eliten und die Helden der Unabhängigkeitskämpfe eben dieser iberischen Kultur, und die Konzentration auf die vorkolonialen Kulturen barg die Gefahr in sich, rückwärtsgewandt und „unmodern" zu erscheinen. Sowohl der liberale Fortschrittsoptimismus als auch der stark katholisch geprägte Konservatismus begannen daher ab den 1840er Jahren, die Kolonialherrschaft und die spanische Kultur in Teilen zu rehabilitieren. Diese stellte zudem durch den Machtverlust des ehemaligen Mutterlandes keine Gefahr mehr da. Hinzu kam im kulturellen Bereich eine starke Orientierung an Frankreich. Sowohl politisch als auch im Hinblick auf Ästhetik und Formsprache blieb die Orientierung an Europa bis zum Ersten Weltkrieg unhinterfragt.

Orientierung an Europa

4.1 „Zivilisation und Barbarei"

Das Problem der Staats- und Nationsbildung, so wie es sich in den Augen der politischen Eliten darstellte, formulierte der argentinische Intellektuelle und spätere Präsident Domingo Faustino Sarmiento (1811–1888) im Titel seines 1845 veröffentlichten Buch *Civilización y Barbarie. La vida de Juan Facundo Quiroga*. Der Gegensatz zwischen bzw. die vermeintliche Gleichzeitigkeit von „Zivilisation" und „Barbarei" prägten das Selbstverständnis der lateinamerikanischen Eliten in der zweiten Hälfte des 19. Jahrhundertsnachhaltig. Der Begriff der „Zivilisation" avancierte zum wichtigsten Referenzpunkt der Politiker und Intellektuellen des 19. Jahrhunderts. Er umfasste vor allem die republikanischen Ideale der europäischen Aufklärung und deren Fortschrittstheorien und Modernisierungsvorstellungen. Die „Barbarei" hingegen bezog sich auf all jene Zustände, die dieser Form der Zivilisation im Wege standen, wie z. B. Unfreiheit und Feudalismus, aber auch mangelnde Bildung und vom bürgerlichen abweichende Lebensstile. Das Gegensatzpaar baute auf älteren Vorstellungen auf, die sich bereits in der Conquista entwickelt hatten. So waren Indigene und Schwarze aufgrund von Nacktheit und „wilden" religiösen Ritualen sowie Hautfarbe zu den Verkörperungen des „barbarischen Anderen" geworden. Diese Gedanken vermischten sich seit dem 18. Jahrhundert mit Vorstellungen von einer hierarchischen Ordnung menschlicher „Rassen", wie sie zunächst anhand der Klimatheorien von C. de Pauw (1739–1799) und Montesquieu (1689–1755) entwickelt worden waren. Diese gingen von einer Prägung des Menschen durch Klimazonen und Umweltbedingungen aus, die die Europäer der Aufklärung zu einer Abwertung der Bevölkerung in Amerika veranlassten. Sarmiento griff solche Vorstellungen auf und wandte sie auf die ländliche mestizische Bevölkerung und deren politische Führer, die *caudillos*, an. Ziel seiner Politik war es, die Nation nach europäischem Vorbild zu „zivilisieren" und zu homogenisieren. Dies sollte durch die Ausrottung der „Barbarei" mittels Bildung und staatlicher Kontrolle geschehen sowie durch eine „Verbesserung" der Bevölkerung mittels der Einwanderung weißer (Nord-)Europäer. Der Text Sarmientos wurde jedoch nicht nur wegen seines Inhaltes zu einem Klassiker der lateinamerikanischen Literatur, sondern etablierte gleichzeitig das Genre des Essays mit seiner Verbindung von Literatur und Politik als eine der wichtigsten Formen der lateinamerikanischen Identitätssuche.

Auch in der bildenden Kunst dominierte – nach einem kurzen Zwischenspiel während der Unabhängigkeitsepoche – die Orientierung an den Leitbildern der vermeintlich überlegenen europäischen Zivilisation, obwohl die religiöse Ikonografie einer republikanischen wich. Europäische Reisende in der Nachfolge Alexan-

Zivilisation

Barbarei

Rassismus

Bildende Kunst

der von Humboldts (1769–1859) förderten die Genre- und Landschaftsmalerei, die dann später von einheimischen Künstlern übernommen wurde. Im Laufe des 19. Jahrhunderts gründeten die größeren Staaten eigenständige Akademien, in denen Professoren aus Europa unterrichteten. Bildende Künstler und Schriftsteller verbrachten ihre „Lehrjahre" in den europäischen Metropolen, vor allem in Paris. Sie übernahmen die Vorgaben der dortigen Akademien und trugen diese in die Heimat zurück. Auch die immer weitere Verbreitung von Zeitschriften mit Lithografien und später Fotografien trugen hierzu bei.

Historienmalerei   Europäische Vorstellungen von nationaler Geschichte passten zudem zu der Glorifizierung der *próceres* (Gründerväter) der Nationen, vor allem der beiden kontinentalen Helden Simón Bolívar und José de San Martín. Historienmalerei stand hoch im Kurs, aber auch Motive, die die indigene Vergangenheit oder die „Zivilisierung" durch das Christentum idealisierten, fanden weite Verbreitung, so z. B. bei Victor Meirelles (1832–1903) *A primeira Missa no Brasil*, 1861, oder in Mexiko bei Leandro Izaguirres (1867–1941), *Tortura de Cuauhtémoc*, 1892.

Musik und Nationsbildung   In der Musik spielte neben den jeweiligen Nationalhymen die Oper eine besondere Rolle für die Kultur. In der Tradition der europäischen Romantik wurden Themen der indigenen Vergangenheit idealisiert und für die Nationsbildung fruchtbar gemacht, so z. B. in Brasilien die Oper *Il Guarany* von Antônio Carlos Gomes (1836–1896) oder Melesio Morales' (1838–1908) *Ildegonda*. Internationale Berühmtheit erlangten die Opernhäuser in Manaus (1896) und das *Teatro Colón* (1908) in Buenos Aires.

Denkmäler   In allen Metropolen Lateinamerikas entstanden im Zuge des Umbaus und der Modernisierung ab Ende des 19. Jahrhunderts Prachtbauten, und die Straßen wurden mit Denkmälern geschmückt, die Staatsmänner und Militärs verherrlichten und eine bestimmte Lesart der nationalen Geschichte vorgaben. Auch Straßennamen und Briefmarken dienten der Verbreitung einer heroischen Sicht auf die Geschichte, zu der interessanter Weise auch Christoph Kolumbus (1451–1506) gehörte, dessen Entdeckung Amerikas sich 1892 zum vierhundertsten Mal jährte und auf der Weltausstellung in Chicago entsprechend gefeiert wurde.

Weltausstellungen und Jubiläen   Gerade die Weltausstellungen, an denen sich die größeren lateinamerikanischen Länder zunehmend beteiligten, verdeutlichten die Schwierigkeiten, sich zwischen europäisch orientierter

Moderne und lateinamerikanischem Eigenprofil, das sich allerdings zumeist in Exotisierung erschöpfte, zu positionieren. Erst die sozioökonomischen Veränderungen in Europa und den USA sowie die fortschreitende Nationsbildung führten zu Beginn des 20. Jahrhunderts zu einer Suche nach eigenen kulturellen und ästhetischen Profilen. Auch diese manifestierte sich in den nationalen und internationalen Feierlichkeiten. Hatte man 1892 in den 400 Jahrfeiern der Entdeckung Amerikas noch ganz unkritisch die Weitsicht und Durchsetzungskraft eines Christoph Kolumbus und die Prägung Lateinamerikas durch die europäische Zivilisation gefeiert, so standen die Vorbereitungen zu den Jahrestagen der Erlangung der Unabhängigkeit ab 1910 unter neuen Prämissen.

4.2 Positivismus und „Aufweißung"

Die in aufgeklärten Vorstellungen des 18. Jahrhunderts wurzelnden Vorstellungen von der Überlegenheit der europäischen Kulturen wurden ab der Mitte des 19. Jahrhunderts durch die Übernahme positivistischer Vorstellungen verstärkt und biologisiert. Besonders die Ideen des französischen Philosophen Auguste Comte und des englischen Denkers Herbert Spencer (1820–1903) beeinflussten die politischen Vorstellungen. Comtes Abwendung von der Metaphysik und Hinwendung zu den Wissenschaften war nicht nur geeignet, die Deutungshoheit der Kirche zugunsten derjenigen der empirischen (positiven) Wissenschaft zu verdrängen, sondern auch den Fortschrittsglauben der Eliten zu stützen. Hinzu kam, dass seine Vision der Gesellschaft als ein sich entwickelnder Organismus der korporativistischen Tradition in Lateinamerika entgegenkam. Spencer wiederum bot mit seinem ausgefeilten System der sozialen Evolution eine Legitimierung der Verdrängung oder Ausrottung der „niederen" Bevölkerungssegmente wie den Indigenen oder den ländlichen Mestizen. Der mexikanische Schriftsteller und Nobelpreisträger Octavio Paz (1914–1997) umriss die Essenz des Positivismus folgendermaßen: „Der Positivismus legitimierte soziale Hierarchien auf eine ganz neue Art, nicht durch ethnische Herkunft, kulturelles Erbe oder Religion, sondern wissenschaftlich."

Positivismus

Die Idee einer „natürlichen" Entwicklung der Gesellschaft war darüber hinaus geeignet, die Gesetze der Wissenschaft und

„Wissenschaftliche" Regierungspraxis

des Glaubens miteinander zu vereinen, womit ein Kompromiss zwischen konservativen und liberalen Positionen möglich wurde. Allerdings kollidierte der starke Ordnungsgedanke der Positivisten, die eine autoritäre, von Technokraten geleitete Regierung anstrebten, mit den klassischen liberalen Ideen. Entsprechend unterschiedlich waren die konkreten politischen Folgen dieser Ideologie in den verschiedenen Staaten. Während sie in Mexiko, Zentralamerika und dem nördlichen Südamerika zu autoritären Diktaturen führten, kam es in Argentinien, Chile, Uruguay und Costa Rica zu einer Verbreiterung der Wählerschaft, auch wenn der oligarchische Charakter der Regierenden erhalten blieb. In Mexiko und Chile wurden „wissenschaftliche" Prinzipien explizit in die Regierungspolitik aufgenommen; in Brasilien ziert das Motto „Ordnung und Fortschritt" seit der Ausrufung der Republik die Nationalflagge. Überall in Lateinamerika prägte jedoch der Glaube an Fortschritt durch Wissenschaft, Technologie, Industrialisierung, Urbanisierung und europäische Einwanderung die Politik der Regierungen. Und überall gehörten die ländlichen Unterschichten und die indigene Bevölkerung, deren Kultur und Lebensweise ausgerottet werden sollte, zu den Verlierern dieser Entwicklung. Die Eliten und die städtischen Mittelschichten jedoch profitierten.

Ordnung und Fortschritt

Die Vorstellung von der kulturellen „Barbarei" der ländlichen Indigenen und Mestizen sowie der afroamerikanischen Sklaven und Freien wandelte sich unter dem Einfluss positivistischen Gedankengutes zu einem „wissenschaftlich" untermauerten Rassismus, der versuchte, diese Bevölkerungsgruppen zu marginalisieren, wenn nicht gar physisch oder symbolisch aus der Nation „verschwinden" zu lassen. Rassistisch aufgeladene Vorstellungen einer homogenen Bevölkerung, idealerweise weiß und zivilisiert, bestimmten die Nationsvorstellungen der Eliten in fast allen Staaten. Diese versuchten allerdings zumeist nicht, wie die USA, ihr Ziel über Segregation und negative Eugenik zu erreichen, auch wenn es einzelne Stimmen gab, die dies propagierten, sondern vielmehr über vermehrte Immigration und Vermischung. *Blanqueamiento* oder portugiesisch *branqueamento*, „Aufweißung", wurde zur Maxime. In einigen Staaten bestimmte diese sowohl die staatliche Politik als auch das nationale Selbstverständnis bis weit ins 20. Jahrhundert hinein.

„Wissenschaftlicher" Rassismus

„Aufweißung"

Am Beispiel Brasiliens lassen sich Wandel und Kontinuität der Vorstellungen gut illustrieren. Die Frage, wie man angesichts der sozialen und ethnischen Heterogenität der Bevölkerung sowie der kolonialen Vergangenheit zu einer homogenen Nation und einer „tropischen Zivilisation" finden könnte, bestimmten die Diskurse der Eliten. Diese drehten sich vor allem um die Begriffe „Zivilisation", „Fortschritt" und „Rasse". War man zunächst noch davon ausgegangen, dass alle drei „Rassen", also die „schwarze", die „rote" und die „weiße" einen Beitrag zur Bildung der Nation geliefert hätten, letztere allerdings den wichtigsten und zivilisatorisch maßgebenden, so wandelte sich diese Vorstellung unter dem Einfluss des Positivismus und sozialdarwinistischer Theorien. Nun wurde es Ziel der Politik, im Sinne einer eugenischen Bevölkerungspolitik die afrikanische und, in geringerem Maße, die indigene und asiatische Bevölkerung zurückzudrängen. Über den richtigen Weg dorthin gab es allerdings unterschiedliche Ansichten.

„Tropische Zivilisation"

Während der Mediziner Raimundo Nina Rodrigues (1862–1906), der afrikanische und portugiesische Elternteile hatte, in Anlehnung an die Theorie vom „geborenen Verbrecher" Cesare Lombrosos (1835–1909) Forschungen an Schädeln von Afrobrasilianern unternahm und meinte, Degenerationsmerkmale entdecken zu können, wiesen andere solche Thesen und die daraus gezogenen Schlüsse zurück. So propagierte der Anthropologe und Direktor des *Museu Nacional* João Batista de Lacerda (1846–1915) eine „Aufweißung" durch Migration als bessere Lösung. Seine Vorstellungen sollten sich letztlich auch politisch durchsetzen.

Auch andere Länder versuchten um die Jahrhundertwende, ihre gesellschaftliche und wirtschaftliche Modernisierung durch Einwanderung zu fördern und dabei den europäischen Charakter ihrer Bevölkerung zu stärken, wenn auch unter weniger rassistisch aufgeladenen Prämissen als in Brasilien.

4.3 Kontinentale Identitäten

Als die koloniale Herrschaft der iberischen Metropolen zusammenbrach, existierte die heute geläufige Bezeichnung „Lateinamerika" noch gar nicht. Sie entstand erst im Verlauf des 19. Jahrhunderts im Zuge der Desillusionierung über die schwierige, häu-

Lateinamerika

fig gewaltsam verlaufende und fragmentierte Staats- und Nationsbildung und die damit verbundenen Debatten über Wesen und Zukunft der neuen Nationen. Lateinamerika bezeichnet bis heute keinen primär geographisch definierten, sondern einen historisch und kulturell konstruierten Raum und ist somit in erster Linie ein diskursives Phänomen, das aber nicht zuletzt aufgrund seiner Persistenz zu einer historischen Realität wurde. Hinter dem Begriff Lateinamerika verbirgt sich eine ausgesprochene Vielfalt, allein schon mit Blick auf die große Anzahl indigener Kulturen, spanischer und portugiesischer Einwanderer, aufgrund der massiven Einfuhr afrikanischer Sklaven sowie durch die zahlreichen Einwanderer aus Süd-, Mittel- und Osteuropa – unter ihnen auch viele Deutsche. Hinzu kommen die Einwanderer aus Asien, vor allem aus Japan und China, aber auch aus Indien. Sie alle brachten eigene kulturelle Identitäten aus ihren Herkunftsregionen mit. Darüber hinaus vermischten sich diese unterschiedlichen Bevölkerungsgruppen im Laufe der Jahrhunderte stark. Bevölkerungsstruktur und -zusammensetzung Lateinamerikas sind insgesamt regional extrem unterschiedlich, die Bedeutung der indigenen Bevölkerung ist beispielsweise aufgrund der demographischen Katastrophe bereits in der frühen Kolonialzeit drastisch zurückgegangen, auch wenn es ab dem 17. Jahrhundert zu einer Erholung kam. Darüber hinaus ist die indigene Einheit Amerikas nichts Anderes als eine in der Kolonialzeit geprägte Fiktion, die auf einer rechtlichen und fiskalischen Kategorisierung der Ureinwohner beruht. Die Nation lässt sich infolgedessen nirgendwo in Lateinamerika glaubwürdig als ethnisch, kulturell oder sozial homogene Einheit vertreten, weshalb häufig die Geschichte zur Schaffung eines gemeinsamen Nenners herhalten musste. Eine große Rolle spielten dabei Helden und Märtyrer aus dem Unabhängigkeitskampf, die zu (supra)nationalen Identifikationsfiguren umgedeutet wurden und denen bis heute ungeteilte öffentliche Verehrung zuteil wird.

Lateinamerika hat sich nach der Unabhängigkeit in achtzehn unabhängige Staaten aufgeteilt, innerhalb derer sich wiederum ganz verschiedene nationale und regionale Identitäten herausgebildet haben. Darüber hinaus waren die nach der Unabhängigkeit entstandenen Staaten im Innern von Beginn an durch eine extreme ökonomische und soziale Ungleichheit charakterisiert, die die friedliche Integration aller Bevölkerungsgruppen erheblich erschwerte. Eine Kontinuität stellte die hierarchische Gesellschaftsgliederung der Kolonialzeit dar, in der die ethnisch-kulturelle Herkunft weiterhin bedeutend für den gesellschaftlichen Status einer Person war. Dagegen wurde die Vorstellung einer religiösen Einheit durch den katholischen Glauben, der während der Kolonialzeit eine wichtige gesellschaftliche Klammer gebildet hatte, durch den liberalen Antiklerikalismus und den laizistischen und positivistischen Zeitgeist des 19. Jahrhunderts geschwächt, selbst dort, wo in der Verfassung der Katholizismus als Staatsreligion beibehalten wurde. *[Religion als Klammer]*

Darüber hinaus gab es parallel zum Staats- und Nationsbildungsprozess Versuche, eine kontinentale, lateinamerikanische oder zumindest hispano-amerikanische Einheit zu schaffen, basierend auf einer gemeinsamen Sprache und Kultur. Sie gehen vor allem auf Simón Bolívar zurück. Als dieser 1826 die Staatsoberhäupter des Kontinents zu einem entsprechenden Kongress nach Panama einberief, wurde allerdings das Scheitern dieser Vision offensichtlich. Zwar lebte der Wunsch nach Einheit weiter, aber die lateinamerikanischen Politiker und Intellektuellen waren zu sehr durch die enormen internen Schwierigkeiten der Staats- und Nationsbildung absorbiert, als dass sie es vermocht hätten, eine Vorstellung von Einheit zu entwickeln. Infolgedessen wurden die ersten konkreteren Konzeptionen von Einheit von außen herangetragen und eine Einheit formuliert, die über den Kontinent hinausreichte. In Frankreich wurde die Idee der *latinité* entwickelt, als das Land unter dem zweiten Kaiserreich ab Mitte des 19. Jahrhundert neue imperiale Ambitionen entwickelte. Der zufolge würde der Wettstreit um die Weltherrschaft zwischen den angelsächsisch-germanisch geprägten Nationen und den lateinisch-romanischen ausgetragen werden. Sie konkurrierten nicht nur auf politischer Ebene miteinander, sondern seien auch durch ganz unterschiedliche kulturelle und mentale Charakteristika geprägt. Den angelsächsisch-germanischen Staaten wurden Materialismus und Utilitarismus unterstellt, während sich die lateinisch-romanischen Staaten durch ihre Intuition, Phantasie und Sinnlichkeit auszeichneten. An der Spitze dieser panlateinischen Union von Ländern diesseits und jenseits des Atlantiks sah sich Frankreich selbst. Die französische Invasion Mexikos 1861 stand ganz unter dem Zeichen dieser neuerwachten Ambitionen. In diesem Klima war der Begriff Lateinamerika kurz zuvor im Zusammenhang der *[Kontinentale Einheitsentwürfe]*

latinité

[Abwehr gegen US-amerikanische Einflüsse]

US-amerikanischen Freibeuterexpedition (Filibusterinvasion) William Walkers in Zentralamerika geprägt worden, und zwar von in Paris im Exil lebenden lateinamerikanischen Intellektuellen. Für diese war Frankreich als Wiege der Aufklärung, Schauplatz der großen Revolution und Heimat Victor Hugos der Hort abendländischer Kultur und das Leitbild für die geistige Erneuerung, durch die das Erbe des „rückständigen" und „dekadenten" Spanien überwunden werden sollte. Parallel dazu gab es unter den Lateinamerikanern, ungeachtet aller Kritik an der Kultur Englands und der USA, weiterhin eine große Bewunderung für die dort herrschende politische Stabilität und den materiellen Fortschritt.

Kurz darauf schufen zwei herausragende Figuren der Epoche Identifikationsmodelle für eine ganze Generation Lateinamerikaner: der kubanische Schriftsteller, Journalist und Unabhängigkeitskämpfer José Martí (1853–1895) mit seinem Essay „Nuestra América" (1891) und der uruguayische Philosoph José Enrique Rodó (1872–1917) mit seiner Abhandlung „Ariel" (1900). Martí verbrachte ab 1880 ein Großteil seines Lebens im US-amerikanischen Exil, wo er vor allem in New York für die spanischsprachige Presse tätig war. „Im Herzen der Bestie" lebend, kannte er die Vereinigten Staaten sehr gut und analysierte kritisch ihren unaufhaltsamen politischen und ökonomischen Aufstieg, demgegenüber er eine selbstbestimmte Identität der Länder Lateinamerikas forderte. Auch der junge Philosoph Rodó war schockiert über den schnellen Sieg der USA im Kubanisch-US-amerikanisch-Spanischen Krieg. Die Furcht vor dem wachsenden Einfluss des nördlichen Nachbarn drückte er in seinem Essay „Ariel" aus, einem Plädoyer an die Jugend Lateinamerikas, sich dem zu widersetzen. Rodó identifizierte die USA mit Caliban, dem monströsen Sklaven in Shakespeares Theaterstück *The Tempest*. Der Erzähler des Essays, Próspero, verkörpert Materialismus und Utilitarismus. Zwar bewunderte Rodó den materiellen Fortschritt der USA, kritisierte aber die Massenkultur und die vermeintliche Mediokrität der nordamerikanischen Gesellschaft. Die wahren Wurzeln Lateinamerikas lagen für Rodó im „lateinischen" Erbe. Er bewunderte die französische Kultur und die griechische Antike und forderte die Jugend Lateinamerikas auf, dem Luftgeist Ariel zu folgen, einer weiteren Figur des Shakespeare'schen Theaterstücks, um Schönheit, Tugend und Wahrheit anzustreben. Diese stereotype Dichotomie der materialistischen und imperialistischen Vereinigten Staaten gegenüber dem Idealismus und Humanismus Lateinamerikas ist bis heute eine Konstante intellektueller Diskussionen in Lateinamerika. Rodós *Ariel* ist ein Meilenstein in der Identitätsfindung des Kontinents, das „lateinische Amerika" wurde nun endlich zu „Lateinamerika" und die „Latinität" zu einem entscheidenden Argument der Selbstbestimmung gegen den expansiven Panamerikanismus der USA.

Panamerikanismus

Der Panamerikanismus US-amerikanischer Herkunft dagegen stand für die hegemonialen Ansprüche der USA, den gesamten Kontinent, die *Western Hemisphere*, unter ihrer Führung zu vereinigen. Bereits in der von Präsident Monroe 1823 verkündeten außenpolitischen Doktrin wurde die Gemeinsamkeit des amerikanischen Kontinents in Abgrenzung zu den europäischen Mächten formuliert. Das, was später zur Gründungsdoktrin des Anspruchs auf Vormachtstellung auf dem Kontinent wurde, basierte auf einem mit rassistischen Elementen angereicherten Nationalismus, einem aggressiven Sendungsbewusstsein und der Überzeugung von der zivilisatorisch-kulturellen Überlegenheit der USA, ausgedrückt in der Idee des *Manifest Destiny*.

Hispanismus

Ein weiterer Identitätsentwurf lag in der Vorstellung einer *Hispanidad*. Diese manifestierte sich 1884 in der Gründung einer „Paniberischen Union", die eine Solidarisierung der lateinamerikanischen Staaten mit dem Unabhängigkeitskampf der letzten Bastionen des Kolonialreichs, Kuba und Puerto Rico, zu erreichen versuchte, damit allerdings scheiterte. Erfolgreicher waren hingegen 1892 die Feiern zum 400. Jahrestag der Entdeckung Amerikas, seitdem wurde – zunächst inoffiziell – der 12. Oktober, der Tag, an dem Kolumbus erstmals amerikanischen Boden betrat, als *Día de la Raza* zum Feiertag erhoben. Der Ausgang des Kubanisch-US-amerikanisch-Spanischen Kriegs 1898, der Verlust der letzten Kolonien und die US-amerikanische Intervention auf Kuba und Puerto Rico bewirkten unter den lateinamerikanischen Intellektuellen, die gegen die als übermächtig empfundene USA opponierten, eine Rückbesinnung auf die „spanische" bzw. „lateinische" oder auch iberische Kulturtradition, die Portugal und Brasilien mit einbezog.

Weitere kontinentale Identitätsentwürfe

Damit waren bis zum Ende des 19. Jahrhunderts drei Interpretationen über die Zugehörigkeit Lateinamerikas zu einem übergreifenden Ganzen formuliert worden, die ihren Ausdruck in den Bezeichnungen der Region fanden: „Lateinamerika", „Hispanoamerika", „Iberoamerika" oder im Sinne des Panamerikanismus auch „Amerika". Seit Mitte des 20. Jahrhunderts spricht man vermehrt von „den Amerikas", und in den 1970er Jahren schlug ein Kongress indigener Völker den aus der Kuna-Sprache stammenden Begriff „Abya-Yala" vor. Die kontinentale Ausweitung des Blickfelds der lateinamerikanischen Intellektuellen durch die verschiedenen supranationalen Interpretationen beförderte das Bestreben, sich Gedanken über das gemeinsame Schicksal, seine Inhalte, seine Grenzen und seine Zukunft zu machen. Zudem ließen die zum Ende des 19. Jahrhunderts bereits deutlich verbesserten Kommunikationsmöglichkeiten grenzüberschreitende intellektuelle Netzwerke entstehen.

5 Globalisierungsschübe und Aufbruch ins 20. Jahrhundert

5.1 Lateinamerika und die USA seit 1900

Erster Weltkrieg und die Folgen

Die ersten drei Jahrzehnte des 20. Jahrhunderts waren im Hinblick auf das Verhältnis zwischen Lateinamerika und dem nördlichen Nachbarn sehr problematisch. Zwischen 1898 und 1933 intervenierten US-amerikanische Truppen häufiger in Lateinamerika und der Karibik, als in den gesamten einhundert Jahren zuvor. Diese Phase war gekennzeichnet durch eine aggressive, imperiale, *Big Stick* und Kanonenbootpolitik und vor allem durch „schlechte Nachbarschaft". Der Erste Weltkrieg, durch den Kommunikation und transatlantischer Handel eingeschränkt wurden, war ein Wendepunkt für die lateinamerikanisch-europäischen Beziehungen. Er bedeutete das Ende des dynamischen Wachstums des europäischen Einflusses in Lateinamerika und begünstigte den Aufstieg der USA zur führenden politischen und wirtschaftlichen Macht auf dem amerikanischen Kontinent. Allerdings behielt Großbritannien noch bis weit ins 20. Jahrhundert hinein seine Kolonien in der Karibik und pflegte weiterhin enge wirtschaftliche und politische Beziehungen zu Chile und Argentinien. Die häufig vertretene These, die Folgen des Ersten Weltkrieges für Lateinamerika seien hauptsächlich ökonomischer Natur gewesen, konnten durch neuere Forschungen widerlegt werden. Die politischen

5 Globalisierungsschübe und Aufbruch ins 20. Jahrhundert — 83

Debatten über den Krieg wurden in Lateinamerika hitzig geführt, insbesondere in den Einwanderergesellschaften. Darüber hinaus bewirkte die grausame Kriegsführung eine Abkehr von der bis dahin kaum hinterfragten Orientierung an den politischen und kulturellen Modellen des alten Kontinents.

Seit dem Ende des 19. Jahrhunderts hatten sämtliche US-Regierungen unter dem Vorzeichen des Panamerikanismus in der Karibik und in Zentralamerika eine wirtschaftlich und strategisch motivierte Interventionspolitik betrieben und dehnten diese nach dem Ersten Weltkrieg sukzessive auch auf Südamerika aus. Es war allerdings nicht nur der Krieg, der das internationale und interamerikanische Gefüge nachhaltig veränderte, vielmehr hatte auch die Revolution im südlichen Nachbarstaat Mexiko, die auf dem gesamten Kontinent eine enorme Ausstrahlung entwickelte, erhebliche und nachhaltige Auswirkungen auf die Beziehungen zwischen den USA und Lateinamerika.

Mit der Wahl des Demokraten Woodrow Wilson (1856–1924) zum US-Präsidenten, einem erklärten Gegner der Dollardiplomatie, begann 1913 eine neue Phase der Außenpolitik gegenüber Lateinamerika. Wilson lehnte den Interventionismus zwar nicht ab, verband ihn aber mit dem Willen, die Demokratie in Lateinamerika zu verankern. Demzufolge sollten lediglich Regierungen anerkannt werden, die auf legalem Wege – also durch Wahlen – an die Macht gekommen waren. Um dies außenpolitisch zu legitimieren, bezog sich Wilson auf ein Abkommen, das zur Schlichtung eines Grenzkonflikts zwischen den zentralamerikanischen Republiken El Salvador, Guatemala und Honduras geführt hatte. Hiernach sollten künftig keine Regierungen mehr anerkannt werden, die durch einen Putsch an die Macht gekommen waren. Die US-Regierungen anerkannten für einige Jahrzehnte diesen völkerrechtlich verankerten Grundsatz, der nach dem Ecuadorianischen Juristen Carlos R. Tobar (1853–1920) Tobar-Doktrin genannt wurde. Wilson beabsichtigte zu Beginn seiner Amtszeit, eine aggressive, imperiale Politik gegenüber Lateinamerika durch eine Politik der Vernunft und des Vertrauens zu ersetzten. Er entsandte allerdings in den nächsten sieben Jahren zur Durchsetzung seiner Politik fast ebenso viele Interventionstruppen wie einst Theodore Roosevelt. Bis zum Eingreifen der USA in den Weltkrieg im Frühjahr 1917 schickte seine Regierung unter dem Vorwand, die Sicherheit von US-Bürgern und deren Eigentum zu schützen, mehr-

Vernunft statt Aggression?

militärische US-Interventionen

fach Truppen ins revolutionäre Nachbarland Mexiko, in die Dominikanische Republik, nach Haiti, Nicaragua, Panama und Kuba. 1919 waren US-Marines auch in Honduras und Guatemala präsent.

Intervention in Mexiko

Ein erster Testfall für Wilsons Politik gegenüber Lateinamerika war der Sturz von General Porfirio Díaz im Mai 1911 in Mexiko. US-amerikanische Investoren hatten unter Díaz' Herrschaft, die politische Stabilität und wirtschaftliches Wachstum garantiert hatte, jahrzehntelang profitiert. Auch aufgrund seiner Größe, der geographischen Nähe und seines politischen Gewichts war Mexiko stets ein Sonderfall in der US-Außenpolitik. Auslöser für mehrere Interventionen ins revolutionäre Mexiko waren der Sturz und die Ermordung des demokratisch gewählten Nachfolgers Díaz', Francisco I. Madero (1873–1913) durch General Victoriano Huerta (1850–1916), kurz bevor Wilson sein Amt antrat. Er beantwortete den Huerta-Putsch mit der Entsendung von *Marines* und einem Bombardement der Hafenstadt Veracruz im Golf von Mexiko unter dem Vorwand, die Lieferung von deutschen Waffen an das Huerta-Regime zu verhindern. Diese Aktion mündete fast in einen offenen Krieg zwischen Mexiko und den USA, was nur durch eine konzertierte diplomatische Initiative der drei führenden Länder Südamerikas, Argentinien, Brasilien und Chile, verhindert werden konnte.

Erster Weltkrieg und Revolution in Mexiko

Zimmermann-Telegramm

Im Jahre 1917 wurden die mexikanisch-US-amerikanischen Beziehungen gleich mehrfach auf die Probe gestellt: Zu Beginn des Jahres entschlüsselte der britische Geheimdienst ein Telegramm des deutschen Außenministers Arthur Zimmermann (1864–1940), das die mexikanische Regierung zum Kriegseintritt auf Seiten Deutschlands aufrief. Der Aufruf war flankiert von dem Versprechen, Mexiko bei der Rückeroberung seines 1848 an die USA abgetretenen Territorium zu unterstützen. Die damit einhergehende Ausweitung des deutschen U-Boot-Kriegs veranlasste die USA zum Abbruch der diplomatischen Beziehungen mit dem Deutschen Reich und in letzter Konsequenz zum Eintritt in den Ersten Weltkrieg. Acht lateinamerikanische Staaten folgen ihrem Beispiel und erklärten Deutschland den Krieg und fünf weitere brachen die diplomatischen Beziehungen ab. Mexiko, Argentinien, Kolumbien und Chile blieben neutral. Diese Entscheidung war allerdings weniger einer „Germanophilie" geschuldet, wie von

Zeitgenossen unterstellt wurde, sondern sollte die eigene Souveränität gegenüber den Vereinigten Staaten demonstrieren.

Eine noch größere Erschütterung für die bilateralen Beziehungen bedeutete die im Januar 1917 verabschiedete Revolutionsverfassung Mexikos. Artikel 27 bestimmte die Nationalisierung von Bodenschätzen, Rohstoffen und Wasserressourcen und schränkte ausländische Investitionen ebenso wie die Vergabe von Konzessionen erheblich ein. Das rief insbesondere die US-amerikanischen (und britischen) Unternehmer auf den Plan, die in die mexikanische Erdölförderung investierten und nun Befürchtungen hegten, dass sich Mexikos Revolution zu einem Brandherd des „Bolschewismus" entwickeln könnte. Diese radikale Verfassungsreform wurde allerdings vom Kriegseintritt der USA überschattet, darüber hinaus wurde sie erst in den 1930er Jahren konsequent umgesetzt.

Eine der bekanntesten längerfristigen US-Militäroperationen in Lateinamerika betraf Nicaragua. Seit Mitte des 19. Jahrhunderts gab es in Nicaragua militärische Übergriffen seitens der USA. Seit 1912 hatten US-Truppen mittels ihrer „Dollar- und Kanonenbootdiplomatie" das Land de facto in ein Protektorat verwandelt. Gegen diese Übergriffe richtete sich der Guerillakampf des liberalen Bürgerkriegsgenerals Augusto César Sandino (1895–1934), der für ein souveränes Nicaragua eintrat. Auslöser für sein militärisches Eingreifen war ein zwischen den Anhängern der Liberalen und der Konservativen Partei ausgebrochener Bürgerkrieg, woraufhin US-Präsident Calvin Coolidge (1872–1933) im Jahr 1926 erneut *Marines* nach Nicaragua sandte, um den von seiner Regierung unterstützten Konservativen zum Sieg zu verhelfen. Anders als bei den vorangegangenen Militäroperationen ging es jetzt nicht mehr um die Abwehr europäischer Konkurrenten, sondern auch um die Zurückdrängung des mexikanischen Einflusses. Die revolutionäre Regierung unter Plutarco Elías Calles unterstützte die Liberalen Nicaraguas unter anderem auch mit Waffenlieferungen. Durch die US-Militäroperation sollten die verfeindeten Parteien 1927 entwaffnet und ein politischer Kompromiss ausgehandelt werden. Sandino und sein „kleines verrücktes Heer" (Gregorio Selser) verweigerten allerdings die Entwaffnung und führten mit ein paar hundert schlecht ausgerüsteten Männern fortan einen Bürgerkrieg gegen die Besatzungsmacht, der weltweit Aufsehen erregte: ungeachtet des Einsatzes modernsten Kriegsgeräts, eine schlagkräftige

_{US-Intervention in Nicaragua}

_{Augusto César Sandino}

_{Bürgerkrieg}

Luftwaffe miteingeschlossen, gelang es den *Marines* nicht, Sandinos Rebellen militärisch zu besiegen. Überall in Lateinamerika, aber auch in den USA und sogar in Europa gründeten sich Unterstützungskomitees, die sich solidarisch mit Sandinos Befreiungskampf erklärten und aktiv gegen den US-Imperialismus agitierten. 1932 trat der Liberale Juan B. Sacasa (1874–1946) die Präsidentschaft in Nicaragua an. Er konnte den Abzug der *Marines* aushandeln und gleichzeitig die Entwaffnung des Guerillaheers Sandinos. In der Nacht nach der Unterzeichnung eines Friedensvertrags zwischen Sacasa und Sandino im Februar 1934 wurde Sandino in einen Hinterhalt gelockt und auf Befehl des Kriegsministers Anastasio Somoza (1896–1956) ermordet.

Antiimperialismus

Die US-amerikanischen Übergriffe auf Lateinamerika und die skizzierte aggressive US-Politik rief organisierten Protest hervor, der bereits in der ersten Jahrhunderthälfte manchmal – wie im Falle Sandinos – in bewaffneten Widerstand mündete. Nach seinem Tod wurde Sandino zur Symbolfigur des antiimperialistischen Befreiungskampfes in Lateinamerika und sein Guerillakampf nach dem Zweiten Weltkrieg zur Inspirationsquelle für zahlreiche lateinamerikanische Revolutionäre wie Fidel Castro (1926–2016) oder Che Guevara (1928–1967). Er inspirierte außerdem die Namensgebung der *Frente Sandinista de Liberación Nacional* (FSLN), die 1979 die Revolution in Nicaragua anführte. Neben den Schriften von José Martí und José Enrique Rodó waren die Studentenbewegung des Jahres 1918 und Víctor Raúl Haya de la Torres neue Partei *Alianza Popular Revolucionaria Americana* (APRA) weitere Quellen für die Kritik an der US-Hegemonie über Lateinamerika.

5.2 Wirtschaftliche Entwicklungen zwischen den 1870er Jahren und dem Ersten Weltkrieg

Globale Wirtschaftsintegration und Aufschwung

Ein ökonomischer Aufschwung der Jahre zwischen 1870 und dem Ersten Weltkrieg, der durch steigende Agrar- bzw. Rohstoffexporte ausgelöst wurde, war in allen Ländern Lateinamerikas der zunehmenden Integration in die atlantische und globale Wirtschaft geschuldet. Damit einher ging die finanzielle Verflechtung ihrer Ökonomien mit Europa und den USA, gestützt durch eine enge Bindung an die globalen Leitwährungen, vor 1914 war dies das britische Pfund. Da sich die Exportkonjunkturen als instabil erwiesen, traf die erste globale Finanzkrise zu Beginn der 1890er vor allem Argentinien. Die Gläubiger reagierten mit einem direkten Eingriff in das argentinische Wirtschaftssystem und schufen damit ein Grundmuster, das sich in den nächsten Jahrzehnten in unterschiedlichen Ländern Lateinamerikas und der Karibik wiederholen würde.

US-amerikanisches Kapital gelangte mehrheitlich in Form von Direktinvestitionen in Unternehmen in die lateinamerikanischen Volkswirtschaften, während europäische Kapitalgeber zwar auch Staatsanleihen vergaben, darüber hinaus aber auch einen beträchtlichen Anteil an Portfolioinvestitionen, also Wertpapiere privater Anleger, einbrachten. Aufgrund seiner industriellen Vormachtstellung und seiner Handelsflotte war Großbritannien bis zum Ersten Weltkrieg der größte Investor, und zwar vor allem in Argentinien, Brasilien und Mexiko sowie in Peru. So gestand etwa die Peruanische Regierung britischen Investoren mit dem 1890 ratifizierten Grace-Vertrag weitreichende Privilegien zu. Im 19. Jahrhundert investierte Großbritannien mehr langfristiges Kapital in Lateinamerika als in irgendeine andere Weltregion außerhalb Europas. Bis 1914 flossen rund 20 % der britischen Auslandsinvestitionen nach Lateinamerika. Der Wettbewerb um Märke im Hochimperialismus führte allerdings dazu, dass jetzt auch Frankreich und das Deutsche Reich verstärkt in Lateinamerika investierten, und zwar ebenfalls vor allem in Argentinien, Brasilien und Mexiko. Daneben spielten europäische Handelsniederlassungen, Industrieunternehmen und Banken, wiederum vor allem britische, eine bedeutende Rolle als Scharnier von Import-Exportaktivitäten bzw. Investitionen. Demgegenüber waren Umfang und Reichweite US-amerikanischen Kapitals, das sich vor allem auf Mexiko und Kuba konzentrierte, vergleichsweise noch recht bescheiden.

Zu Beginn des 20. Jahrhunderts hatte Lateinamerika seine Position in der Weltwirtschaft eingenommen als Lieferant von Rohstoffen für den wachsenden Bedarf durch die Industrialisierung des Nordens sowie als Exporteur von Nahrungs- und Genussmitteln nach Europa und in die USA. Im Zeitraum von der Mitte des 19. Jahrhunderts bis zum Ersten Weltkrieg waren die ökonomischen Wachstumsraten Chiles, Mexikos, Argentiniens und Perus sogar vergleichbar mit denen Europas oder denen der Vereinigten

Ausländische Investitionen

Wirtschaftswachstum

Anteil am Welthandel

Staaten. In den vier Dekaden nach 1870 wuchs der Anteil Lateinamerikas am Welthandel um 40 %. Er lag in den späten 1870er Jahren insgesamt bei 5,4 % und steigerte sich im Jahr 1913 auf 7,6 %. Für die Zeit zwischen 1890 und 1912 wuchsen die Exporte jährlich insgesamt um durchschnittlich 4,5 %. Keine andere Weltregion konnte in diesem Zeitraum einen größeren Zuwachs im Welthandel, im globalen Finanzsystem und in der Bevölkerungsentwicklung vorweisen.

Exportschwerpunkte der Agrar- und Rohstoffwirtschaft

Die Exportschwerpunkte des Kontinents lassen sich für den skizzierten Zeitraum grob in drei Ländergruppen unterteilen: 1) Länder mit einem hauptsächlich agrarischen Exportsektor; 2) Länder mit einem dominierenden Bergbausektor und 3) Länder mit gemischten Exportwirtschaften. Zur ersten Gruppe zählten insbesondere Argentinien, Uruguay und Brasilien. Bei den beiden erstgenannten herrschten Viehzucht und Getreideanbau vor, in Brasilien hingegen Kaffee und Zucker, aber auch Kautschuk aus dem Amazonasgebiet. Die Industrialisierung in Europa und in den USA steigerte die Nachfrage nach Kautschuk immens, so dass dies in einen regelrechten Boom mündete. Dieser ebbte allerdings zu Beginn des 20. Jahrhunderts bereits wieder ab, weil die Wildsammlung im Amazonasgebiet durch Plantagen in Indonesien und später im Kongo abgelöst wurden. Zur Kautschukgewinnung im Amazonas waren zehntausende Indigene zwangsverpflichtet worden. Zu den Rohstoff- und Agrargüter exportierenden Nationen zählten ferner auch Kolumbien (Kaffee), die Republiken Zentralamerikas (Bananen, Kaffee) und die Karibikregion (Zucker, Tabak).

Typische Vertreter der zweiten Kategorie, der Bergbauproduktion, waren Chile und Bolivien, allerdings mit unterschiedlichen Mustern, was die Beherrschung der Schlüsselsektoren betrifft. In Bolivien dominierte eine kleine Gruppe nationaler Unternehmer („Zinnbarone") die Zinnproduktion, während in Chile im Bergbausektor von Beginn an die ausländischen Konsortien stärker involviert waren. In der Salpeterproduktion Chiles steckte neben nationalem vor allem britisches Kapital, die Kupferproduktion wurde nach der Jahrhundertwende hauptsächlich mit US-amerikanischen Investitionen betrieben, insbesondere aufgrund der zunehmenden Bedeutung von Kupfer für die dortige Rüstungsindustrie. Mexiko und Peru zählten zur dritten Kategorie, denn ihr Exportsektor war breiter aufgestellt. Schon im 19. Jahrhundert exportierte Mexiko neben Silber und Kupfer bedeutende Mengen an Sisalhanf (*henequén*). Bis 1880 machte die Silberausfuhr Mexikos immer noch 80 % der Gesamtexporte aus. Zwischen 1910 und 1920, dem ersten Jahrzehnt der Mexikanischen Revolution, beförderten US-amerikanische Direktinvestitionen die Erdölgewinnung Mexikos, wodurch sich das Land rasch zu einem der weltweit bedeutendsten Rohölexporteure entwickelte. Mexikos Exportwirtschaft profitierte insbesondere von der geographischen Nähe zu den USA aber auch zu den Absatzmärkten in Europa. Peru exportierte Silber und Kupfer, außerdem Guano, Baumwolle und Zucker sowie im Süden des Landes Wolle. Ab den 1920er Jahren gewann auch hier die Erdölförderung an Bedeutung. Vom letzten Drittel des 19. Jahrhunderts bis zum Ersten Weltkrieg ging etwa je ein Drittel der Exporte des gesamten Kontinents in die USA sowie in die zwei wichtigsten europäischen Abnehmerländer, Großbritannien und Deutschland. Die Importe nach Lateinamerika stammten je ein Viertel aus den Vereinigten Staaten und Großbritannien, Deutschland und Frankreich folgten im weiteren Abstand mit Anteilen von 16 bzw. 8 %.

Das Anwachsen der Städte Lateinamerikas und der damit wachsende Markt städtischer Konsumenten stimulierte die Produktion landwirtschaftlicher Produkte, Genussmittel (Wein, Zucker, Tabak) und Verbrauchsgüter im Umkreis der urbanen Agglomerationen. Die Nachfrage städtischer Konsumenten wirkte sich auch auf die Importe aus Europa und den USA aus. Insbesondere Textilien, Keramik, Luxusartikel oder Automobile waren hier nachgefragt. Auch Chemikalien, synthetische Farbstoffe, Maschinen und Halbfertigprodukte wurden aus Europa (v. a. Großbritannien, Frankreich und Deutschland) und den Vereinigten Staaten importiert. *Konsum und Importe*

Erst im Verlauf des Ersten Weltkriegs wurden die Vereinigten Staaten zu einem ernsthaften Konkurrenten Europas und vor allem Großbritanniens. Mit Kriegsende änderten sich die Handelsbeziehungen Lateinamerikas entscheidend, denn die USA lösten Großbritannien als bedeutendsten ausländischen Investor und Handelspartner endgültig ab, denn der Krieg hatte den transatlantischen Handel zwischen Europa und Lateinamerika weitgehend zum Erliegen gebracht. Allerdings waren hier auch interne und regionale Entwicklungen und Spezifika entscheidend, beispielsweise wirkten sich in Mexiko die mit der Revolution verbundenen be- *Änderung der Handelsbeziehungen* waffneten Konflikte weitaus negativer auf die Wirtschaft aus als der Weltkrieg. Ganz ähnlich wie beim Außenhandel konzentrierten sich die nun von Seiten der Vereinigten Staaten getätigten Investitionen auf Mexiko, Zentralamerika und die Karibik. In einigen Republiken stiegen sie dergestalt, dass diese Phase als „Tanz der Millionen" in die Geschichte einging, was weniger den steigenden Investitionen geschuldet war, als den großzügigen Kreditangeboten nordamerikanischer Banken. Dieser ungebremste Geldzufluss löste kaum Wachstumsimpulse aus, heizte aber vor allem Spekulationen an und hatte eine Ausweitung der Korruption zur Folge. Zwei weitere Faktoren, die sich auf die Ökonomien der lateinamerikanischen Staaten auswirkten, waren einerseits das kriegsbedingte Erliegen der europäischen Produktion, andererseits jedoch der gesteigerte Rohstoffbedarf in Folge des Kriegs.

Tanz der Millionen

Die große Beeinträchtigung des Außenhandels durch den Weltkrieg, vor allem mit Europa, hatte gravierende Folgen für die meisten Staatshaushalte, deren Haupteinnahmequellen die Import- und Exportzölle waren. Allein in Chile verringerten sich diese zwischen 1911 und 1915 um 60 %. Weitaus einschneidender waren allerdings die Auswirkungen des Kriegs auf die Kreditwirtschaft. Direkt investiertes Kapital wurde abgezogen und europäische Banken forderten fällige Kredite umgehend zurück, ohne neue Darlehen zu gewähren. Länder wie Brasilien und Argentinien, die in hohem Maß finanziell von britischem Kapital abhängig waren, gerieten in ernsthafte Zahlungsprobleme. Die Aufgabe des Goldstandards durch die kriegführenden Nationen verschärfte die Probleme, da dadurch das trianguläre Handelssystem, das sich in der Vorkriegszeit zwischen den USA, Lateinamerika und Europa herausgebildet hatte, zusammenbrach.

Wirtschaftliche Konsequenzen des Weltkriegs

Ungeachtet dieser Verwerfungen im internationalen Wirtschaftssystem ergaben sich aus dem Weltkriegsgeschehen für Lateinamerika allerdings keine langanhaltenden wirtschaftlichen Konsequenzen. Einerseits sprangen die Vereinigten Staaten als Handelspartner in die Lücken, die der ausbleibende Handel mit Europa hinterlassen hatte, andererseits nahmen die nordamerikanischen Direktinvestitionen in Lateinamerika zu und dämpften zumindest teilweise die Konsequenzen des europäischen Kapitalabzugs. Nicht zu vernachlässigen ist auch die gesteigerte Nachfrage nach strategischen Rohstoffen im Krieg wie Kupfer, Zinn, Salpeter, Kautschuk und Erdöl, wovon vor allem die Andenstaaten

Strategische Rohstoffe

Peru, Chile und Bolivien profitierten. Mexikos Rohölexporte stiegen ebenfalls und auch Venezuela begann Erdöl zu exportieren. In Bolivien und Chile machten Zinn und Kupfer bzw. Salpeter über 70 % des Gesamtexportvolumens aus. Für Länder wie Brasilien, die keine strategischen Güter anzubieten hatten, konnten die verminderten Kaffee-Exporte auch vom steigenden Kaffeepreis auf dem Weltmarkt nicht kompensiert werden.

Das steigende finanzielle Engagement der nordamerikanischen Wirtschaft zog den unmittelbaren Einfluss auf Politik und Wirtschaft der lateinamerikanischen Länder nach sich. Um eine fristgerechte Rückzahlung der Schulden zu gewährleisten, wurde in vielen Staaten die Oberaufsicht über die Zolleinnahmen in die Hände US-amerikanischer Beamter gelegt. Der aus dem Krieg hervorgegangene Bedeutungszuwachs der Vereinigten Staaten im weltpolitischen Gefüge und die ebenfalls kriegsbedingte Zunahme der Wirtschaftsbeziehungen veränderte die Außenbeziehungen des Subkontinents entscheidend. Im Vergleich zum Ersten Weltkrieg stellte die Weltwirtschaftskrise allerdings die weitaus bedeutendere Zäsur für die Ökonomien Lateinamerikas dar und beeinträchtigte die politischen Verhältnisse noch stärker. Der dramatische Einbruch der Weltmarktpreise durch den ökonomischen Kollaps zog nicht nur den Exportsektor in Mitleidenschaft, sondern betraf das gesamte Wirtschaftsleben. Wirtschaftlich und politisch gerieten viele Staaten in eine lang anhaltende Krise, der sie mit unterschiedlichen Mitteln zu begegnen versuchten.

Steigender US-Einfluss

5.3 Agrarexportwirtschaft

Lateinamerika konnte und kann von seiner großen Bandbreite an Klimazonen und unterschiedlichen Regionen mit fruchtbaren Böden profitieren. Das profilierte den Kontinent besonders für die Produktion tropischer und subtropischer Agrarerzeugnisse, aber auch für die Viehwirtschaft und den Export von Fleisch und Häuten. Die enorme Steigerung des Außenhandels zwischen der Mitte des 19. Jahrhunderts bis zum Ersten Weltkrieg bedeutete auch eine Ausweitung der Produktpalette. Nicht alle Länder hatten gleichermaßen daran Anteil, dennoch erstreckte sich die Exportdynamik dieses Zeitraums auf den gesamten Kontinent. Argentinien, dessen Exporte 1913 fast ein Drittel des Gesamtvolumens La-

Diversifizierung und neue Absatzmärkte

teinamerikas ausmachten, war das erfolgreichste Beispiel: die erhebliche Steigerung der Ausfuhren ab 1870 beruhte auf einer stetig wachsenden Produktion von Mais, Weizen und Schafwolle. Auch die Wirtschaft Uruguays konzentrierte sich bis zum Ersten Weltkrieg auf den Schafwollexport. Die Absatzmärkte für die Wolle beider Länder lagen vor allem in Europa, etwa in Frankreich, Deutschland und Großbritannien. Ab 1890 wuchs die Rindfleischproduktion in Argentinien und verdrängte den Export von Schaffleisch. Die Verbesserung der Kühltechnik ermöglichte es, zunächst gefrorenes und später auch gekühltes Fleisch nach Europa und in die USA zu verschiffen. Dadurch eröffneten sich ganz neue Absatzmöglichkeiten für die argentinischen Viehzüchter, die zuvor nur mit gegerbten Häuten, Talg und gepökeltem Fleisch gehandelt hatten. Diese verhältnismäßig breite Diversifizierung der argentinischen Exportwirtschaft war für Lateinamerika allerdings untypisch. Auch der hohe Lebensstandard in Argentinien, der diesem Erfolgsmodell geschuldet war, blieb in anderen Ländern Lateinamerikas unerreicht. Außer Mexiko, Paraguay oder Peru, deren Produktion auf einem Mix aus Rohstoffen und Agrarerzeugnissen basierte, konzentrierten sich die meisten anderen Länder auf ein oder zwei Exportgüter. So bestand etwa Guatemalas Agrarexportproduktion am Vorabend des Ersten Weltkriegs zu 80 % aus Kaffee und Bananen, diejenige Brasiliens zu über 60 % aus Kaffee.

Verbesserte Kühltechnik

Die Gründung der US-amerikanischen *United Fruit Company* (UFCo) 1899 bedeutete einen enormen Aufschwung des Bananenanbaus auf den Plantagen Zentralamerikas. Die Eigentümer der UFCo hatten schon zuvor begonnen, den Bananenexport in Zentralamerika durch den Bau von Eisenbahnen zu monopolisieren. In Guatemala erhielt die UFCo 1901 von der guatemaltekischen Regierung das Monopol der Postbeförderung und 1904 eine 99-jährige Konzession für den Bau und Betrieb einer Eisenbahnlinie, die von der Hauptstadt zum Atlantikhafen Puerto Barrios führte. Entlang dieser Eisenbahnlinie legte der Konzern im tropischen Tiefland Guatemalas seine Bananenplantagen an. Es handelte sich um eine typische Enklavenwirtschaft, von der die Volkswirtschaften Zentralamerikas kaum profitierten. Für die UFCo war die Kombination aus monokulturellem Anbau, der Abtransport per Eisenbahn und die Verschiffung hingegen ein Erfolgsmodell. Der Konzern arbeitete darüber hinaus eng mit der US-Regierung zu-

United Fruit Company in Zentralamerika

Bananenplantagen

sammen und profitierte davon, dass das US-State Department zu Beginn des 20. Jahrhunderts bereit war, US-Kapital, -Unternehmen und Märkte insbesondere in Zentralamerika und der Karibik im Zweifelsfalle auch militärisch zu verteidigen. Auch dieses politisch-militärische und wirtschaftliche Interagieren fällt unter den Begriff des *informal imperialism* bzw. wird als „Dollarimperialismus" bezeichnet. Dadurch gelang es, die zentralamerikanischen Regierungen ganz erheblich unter Druck zu setzen.

„Dollarimperialismus"

5.4 Landproblematik und Arbeitsverhältnisse

Die Exportbasierte Agrarwirtschaft war vom Großgrundbesitz geprägt: die Kaffeeplantagen gehörten mehrheitlich brasilianischen *fazendeiros* bzw. zentralamerikanischen *finqueros* und die riesigen Vieh-*estancias* der argentinischen Oligarchie. Auch im vorrevolutionären Mexiko war die Agrarproduktion für den Export für die Weltmärkte durch die enorme Ausdehnung der Haziendas (*haciendas*) geprägt. Während diese auch für die Versorgung der regionalen und nationalen Märkte eine nicht unbedeutende Rolle spielten, produzierten die Plantagen hauptsächlich für den Weltmarkt. Die Plantagenwirtschaften wurden aufgrund ihres Prinzips des monokulturellen Anbaus mit durchstrukturierter, arbeitsteiliger Produktionsweise zuweilen auch als „Feldfabriken" bezeichnet. Sie waren schon während der Kolonialzeit in Lateinamerika etabliert und zunächst mit Sklavenarbeit betrieben worden. Die Bananen- und Zuckerplantagen Zentralamerikas und der Karibik waren zu Beginn des 20. Jahrhunderts teilweise bereits im Besitz US-amerikanischer Unternehmen, wie der bereits erwähnten UfCo. Dort herrschten kapitalistische Produktionsverhältnisse, die vor allem auf Lohnarbeit basierten. Auf den Kaffeeplantagen Brasiliens oder den mexikanischen Haziendas gehorchten Absatzkanäle und Kreditbedingungen zwar auch marktwirtschaftlichen Gesetzmäßigkeiten, aber diese Großbetriebe waren meist nur im wirtschaftlichen und technischen Sinne „modern", während die sozialen Bedingungen, die Arbeitsverhältnisse und die Beziehungen zwischen Großgrundbesitzern, abhängigen Pächtern und Arbeitern in der Regel traditionellen Mustern folgten und häufig auf Schuldknechtschaft basierenden Patron-Klientel-Beziehungen beruhten.

Latifundien: Haziendas und Plantagen

Patron-Klient-Beziehungen

Schuldknechtschaft

Subsistenzproduktion
Die Nahrungsmittelproduktion für den heimischen Bedarf basierte im Gegensatz dazu in vielen Regionen Lateinamerikas auf Subsistenzproduktion, geknüpft an Klein- und Kleinstbesitz unter Anwendung traditioneller Arbeits- und Anbaumethoden. Die hier vorherrschenden Produktionsbedingungen glichen denen einer *peasant economy*, wie sie auch für Afrika und den asiatischen Raum beschrieben wurden: Unter Ausnutzung der eigenen Arbeitskraft produzierten Familien Nahrungsmittel für den Eigenbedarf und verkauften ihre Überschüsse auf den lokalen Märkten. Diese Minifundien verfügten in der Regel über zu wenig Land, um eine ganze Familie zu ernähren, weshalb sich die Familienmitglieder oft saisonal auf den für den Export produzierenden Latifundien verdingen mussten. Auch fehlten ihnen die Ressourcen, um sich unabhängiger von saisonbedingten Anbauzyklen zu machen. Deshalb bedeuteten etwa klimabedingte Schwankungen in der Regel Hungerperioden für die Betreiber von Minifundien. Diese Bedingungen verschärften sich zu Beginn des 20. Jahrhunderts angesichts des demographischen Wachstums, der Einwanderung und der zunehmenden Landknappheit durch die fortschreitende Kommerzialisierung der Landwirtschaft. Das Land musste immer intensiver genutzt werden. Zusätzliches Land konnte in der Regel nur durch Waldrodung gewonnen werden, was irreparable ökologische Schäden hervorrief. Diese Entwicklungen intensivierten die bereits etablierten Grundmuster der Agrarproduktion, weil sie den exportorientierten, monokulturellen Anbau stärkten und die auf Subsistenzproduktion beruhende, lokale Minifundien-Landwirtschaft schwächten.

Marginalien: Subsistenzproduktion; Minifundien; Landknappheit; Ökologische Schäden; Monokulturen

Im frühen 20. Jahrhundert lebte der größte Teil der Bevölkerung Lateinamerikas weiterhin auf dem Land. Zu der im spanischen Sprachgebrauch im Allgemeinen als *campesinos* bezeichneten ländlichen Unterschicht zählten die mehr oder weniger eigenständigen Klein- und Kleinstbauern der Minifundien, darüber hinaus Pächter, die auf den Latifundien ansässigen Landarbeiter und landlose Tagelöhner, die häufig nur saisonbedingt in Exportproduktion beschäftigt waren. Im Zentrum dieser prekären Lebensbedingungen und der damit verknüpften sozialen Rückständigkeit auf dem Land standen die unterschiedlichen Formen unfreier Arbeit. Für den Aufbau der Infrastruktur, den Straßen- und Eisenbahnbau, setzten staatliche Institutionen häufig Zwangsarbeiter ein, die sie durch gesetzliche Verordnungen zur Bekämp-

Marginalien: Ländliche Unterschichten; campesinos; Zwangsarbeiter und „Vagabundengesetze"

fung des „Vagabundentums" rekrutierten. Plantagen und Agrarexportbetriebe griffen in der Regel auf saisonale Landarbeiter zurück. In Kuba und Brasilien wurden bis zur Abolition die Hauptexportprodukte Zucker und Kaffee mit der Arbeit afrikanischer bzw. afrikanisch-stämmiger Sklaven angebaut bzw. geerntet. Ab Mitte des 19. Jahrhunderts wurden in der Karibik für die Arbeit auf den Plantagen immer häufiger asiatische Kontraktarbeiter (*indentured laborers* oder *coolies*) unter Vorspiegelung falscher Tatsachen mit einem zeitlich befristeten Vertrag angeheuert. Sie stammten vor allem aus China, aber auch aus Indien. Die Kontraktarbeiter verdienten in der Regel nie genügend Geld, um wieder in ihre Heimat zurückkehren zu können. Auch überall entlang der Pazifikküste kamen asiatische Kontraktarbeiter in großer Zahl zum Einsatz, so etwa in Peru und Chile im Guano-Abbau, aber auch in der Exportlandwirtschaft und beim Eisenbahnbau. Ihre Arbeitsbedingungen kamen denen der Sklaverei sehr nahe.

Mitte des 19. Jahrhunderts setzten sich Formen von Schuldknechtschaft als bedeutendste Maßnahmen zur Rekrutierung von ländlichen Arbeitskräften durch. Zwischen den Hazienda-Besitzern (*patrones*) und den *campesinos* wurde damit ein Abhängigkeitsverhältnis etabliert, das auf Vorschusszahlungen basierte, die die Landarbeiter zum Dienst für ihren *patrón* verpflichteten. Häufig waren die Vorschüsse so hoch, dass es für die Schuldner unmöglich war, diese zu Lebzeiten abzuarbeiten, so dass die Restschuld – genauso wie das Abhängigkeitsverhältnis zum *patrón* – an die Nachkommen vererbt wurde. Auch wenn der *patrón* eine gewisse Schutzfunktion gegenüber seinen abhängigen Arbeitskräften ausübte und die Schuldknechtschaftsbeziehungen – anders als bei saisonalen Arbeitsverhältnissen von Tagelöhnern – auf Dauer angelegt waren, waren die Machtverhältnisse dieser Beziehungen asymmetrisch und in der Regel ausbeuterisch. Die Schuldknechtschaft hatte unterschiedliche Ausprägungen. Teilweise lebten die Arbeiter mit ihren Familien auf den Haziendas und bekamen zusätzlich zu ihren Vorschüssen Parzellen zum Anbau für den Eigenbedarf zugeteilt. Im mexikanischen Fall gab es auf diesen Latifundien sogenannte *tiendas de raya*, zur Hazienda gehörende Läden, in denen die Arbeiter – entweder mit Gutscheinen oder ebenfalls auf Vorschuss – Waren, aber auch Schnaps zu überhöhten Preisen einkaufen konnten und auch dadurch immer weiter in Abhängigkeit ihren *patrón* gerieten.

Lebens- und Arbeitsbedingungen auf den Latifundien

Asymmetrische Beziehungen

Auch die Rekrutierung saisonaler Wanderarbeiter wurde auf Basis schuldknechtschaftlicher Abhängigkeitsverhältnisse betrieben, insbesondere dort, wo die Besitzungen räumlich weit entfernt von den Siedlungsgebieten der meist indigenen Arbeiter lagen. Verbindungsleute der Plantagen und Haziendas, sogenannte *enganchadores*, brachten in Peru Indigene des Hochlands in Abhängigkeit. In Guatemala existierte ein ähnliches System, um die indigene Bevölkerung für Erntearbeiten auf den Kaffeefincas zu verdingen. Einige der größeren Kaffeefincas überließen höhergelegene Parzellen indigenen Familien zur Nutzung. Als Gegenleistung für die Nutzung solcher *fincas de mozo* (*mozo*=Knecht) waren die häufig verschuldeten Familien gezwungen, eine bestimmte Anzahl an Tagen pro Jahr für Erntearbeiten auf den Kaffeefincas des *patrón* zur Verfügung zu stehen. Wie in Teil II ausführlicher erläutert, galt das Hauptaugenmerk der Forschung zunächst dem Ausbeutungscharakter dieser asymmetrischen Beziehungen. Erst später geriet die dem System zugrundeliegende Patron-Klientel-Beziehung mit ihrer Gegenseitigkeit von Rechten und Pflichten in den Blick, die zwar asymmetrisch verteilt waren, aber doch gewohnheitsrechtlichen Regeln folgten. Ausgelotet wurden jetzt die Interessen und Handlungsspielräume der verschuldeten Arbeiter und diese wurden nicht mehr nur als passive Opfer gesehen. Daraus erwuchs die Erkenntnis, dass die Arbeiter im Rahmen ihrer beschränkten Machtressourcen und ihrer prekären wirtschaftlichen Verhältnisse durchaus vermochten, eigene Interessen zu verfolgen und das System zu ihren Gunsten zu nutzen. Das Spektrum reichte dabei von der Arbeitsflucht bis hin zur weit verbreiteten Praxis, sich gleich bei mehreren *patrones* zu verschulden. Ungeachtet dessen war die Schuldknechtschaft realistischer Ausdruck der äußerst ungerechten Herrschafts- und Arbeitsverhältnisse des ruralen Lateinamerika.

Landeigentum und Landkonflikte

Auch wenn in einigen Ländern Lateinamerikas zu Beginn des 20. Jahrhunderts einige Fortschritte in der Arbeitsgesetzgebung erzielt wurden, bedeutete das keinen grundlegenden Wandel der agrarisch geprägten Gesellschaften, gerade dort, wo die Exportproduktion auf der Basis von Großgrundbesitz vorherrschte. Erstmals in Lateinamerika kam es in Mexiko im Zuge der 1910 beginnenden Revolution und der damit einhergehenden Mobilisierung ländlicher Unterschichten zu einer bedeutenden Änderung dieser Verhältnisse: Die Umverteilung des Landeigentums wurde zu einer der zentralen Forderungen der Revolution, ein entsprechender Paragraph wurde in der Revolutionsverfassung des Jahres 1917 verankert. Ab den 1920er Jahren wurde – zunächst zögerlich, ab Mitte der 1930er in großem Umfang – brachliegendes Staatsland und Land aus Großgrundbesitz an Kleinbauern oder an genossenschaftlich wirtschaftende bäuerliche (indigene) Gemeinden (*ejidos*) verteilt. Mit der Revolution entstanden auch die ersten großen bäuerlichen Organisationen, die Landarbeiter und Kleinbauern darin unterstützten, ihre Rechte gegenüber den Großgrundbesitzern einzufordern. Die Ungleichheiten des Landbesitzes und beim Zugang zu Land und Ressourcen für den Anbau haben in allen Regionen Lateinamerikas immer wieder zu sozialen Konflikten zwischen bäuerlichen Gruppen und der Agraroligarchie geführt. Solche Landkonflikte prägen die gesellschaftliche Realität Lateinamerikas bis heute.

6 Industrialisierung, Migration und Urbanisierung

6.1 Aufbau und Entwicklung der Infrastruktur

Technische Innovationen und der Ausbau der Infrastruktur waren überall in Lateinamerika die Grundvoraussetzungen für wirtschaftliches Wachstum und Industrialisierung. Während sich der wirtschaftliche Aufschwung ab 1870 etwa in der Exportlandwirtschaft und im Rohstoffsektor noch mit relativ wenigen direkten ausländischen Kapitalinvestitionen bewerkstelligen ließ, benötigte der Ausbau der Infrastruktur weitere ausländische Investitionen sowie staatliche Planung und Unterstützung. Dies betraf den Ausbau von Transportwegen, vor allem den Bau von Eisenbahnen, Telegrafenverbindungen, die Elektrifizierung oder den Ausbau von Seehäfen. Die technische Revolution der Dampfschifffahrt, durch die sich die Wege über den Atlantik extrem verkürzten, Frachtmengen enorm erhöhten und die Transportkosten erheblich verringerten, war essentiell für Lateinamerikas Eingliederung als Agrar- und Rohstoffexporteur in den Weltmarkt. Die Ausfuhr von verderblichen Erzeugnissen wurde dadurch überhaupt erst möglich. Der Transport auf der Schiene begünstigte den Massengüterverkehr der Exportwirtschaft, auf der anderen Seite fielen dadurch allerdings viele traditionelle Arbeitsplätze im

Technische Innovationen und Transportrevolution

Dampfschifffahrt

Transportgeschäft weg, wie etwa die der Viehtreiber und Wagenlenker. Sie wurden jetzt durch Ingenieure, Lobbyisten und Spekulanten ersetzt. In Argentinien wurde im letzten Drittel des 19. Jahrhunderts der Ausbau des Hafens in Buenos Aires in Angriff genommen, der sich zu einem der wichtigsten Häfen in ganz Südamerika entwickelte. Auf der pazifischen Seite war Valparaíso bis zur Fertigstellung des Panamakanals der bedeutendste Hafen an der Südwestküste Lateinamerikas.

Eisenbahnbau — Die Entwicklung der Infrastruktur im 19. Jahrhundert in Lateinamerika lässt sich am besten am Beispiel des Eisenbahnbaus nachvollziehen. Die erste Eisenbahnstrecke wurde 1836 auf Kuba erbaut, der erste Zug fuhr 1837 auf der Strecke von Havanna ins Hinterland nach Guines, noch bevor in der Kolonialmetropole Spanien eine Eisenbahn fuhr. In Mexiko wurden die ersten Schienenstrecken unter Kaiser Maximilian Mitte der 1860er Jahre gebaut, in Brasilien wurde 1854 die erste Eisenbahnstrecke eröffnet, 1890 verfügte Brasilien über fast 10.000 km Eisenbahnlinie. 1857 begann der Eisenbahnbau in Argentinien, zunächst in Buenos Aires, um die rasch wachsende Stadt mit Nahrungsmitteln zu versorgen. Danach erfolgte der Ausbau in die wirtschaftlichen Kernzonen hinein. Er wurde aber auch durch die fortschreitende Kolonisation und durch militärische Belange bestimmt. Von einem Eisenbahnnetz konnte allerdings in keinem lateinamerikanischen Land die Rede sein, denn die meisten Strecken verbanden Plantagen oder Produktionszonen mit dem nächstgelegenen Ausfuhrhafen. Die einzelnen Stichstrecken bildeten kein Netz, dem ganzen lag kein Gesamtplan zugrunde, vielmehr hatten die Schienen sogar teilweise unterschiedliche Spurweiten. 1870 verfügte der Kontinent lediglich über 2 % der weltweiten Eisenbahnkilometer, 1910 waren es 10 %. In der Regel waren es britische Konsortien, die direkt in den Eisenbahnbau investierten.

6.2 Industrialisierung und Weltwirtschaftskrise

Exportwachstum beschleunigt Industrialisierung — Die lange Zeit vorherrschende Ansicht, dass Lateinamerikas Wirtschaft zwischen 1870 und 1930 ausschließlich auf den Export von Rohstoffen und Agrarprodukten ausgerichtet gewesen sei und die Industrialisierung erst nach der Weltwirtschaftskrise eingesetzt habe, ist mittlerweile durch die Forschung widerlegt. Diesen Erkenntnissen zufolge stimulierte der wachsende Exportsektor auch die Industrialisierung auf dem Kontinent. Ab etwa 1870 wurden auch die Grundlagen für das moderne Wirtschaftswachstum in Lateinamerika gelegt. Die genannten Entwicklungen, die Diversifizierung der Exporterzeugnisse, der technologische Fortschritt, die ausländischen Investitionen und die sinkenden Transportkosten begünstigten auch die industrielle Entwicklung. Der intraregionale Handel blieb dagegen relativ unbedeutend.

Die Entwicklung der Industrie konnte nicht nur an die Manufakturproduktion der ausgehenden Kolonialzeit – etwa im Textilsektor – anknüpfen, sondern erhielt auch durch das Wachstum des Exportsektors neue Impulse. Sie verlief allerdings sehr unterschiedlich: in Argentinien, Mexiko, Brasilien oder Chile setzte sie früher ein und entwickelte eine größere Dynamik als in den kleineren Ländern. Auch die starke europäische Einwanderung spielte eine nicht zu unterschätzende Rolle. Mit ihr nahm einerseits die Verfügbarkeit an Arbeitskräften zu, andererseits wuchs damit auch eine Schicht von Verbrauchern, die Lebensmittel und Konsumgüter nachfragte. Die industrielle Entwicklung war insgesamt zu einem Gutteil auf die Versorgung der Binnenmärkte ausgerichtet und wurde auch durch eine protektionistische Politik, also etwa durch hohe Einfuhrzölle begünstigt. Dies diente dem Schutz der eigenen Handwerks- und Industriebetriebe, andererseits konnten dadurch die Staatseinnahmen gesteigert werden. Lag die Industrieproduktion vor 1930 in der Regel noch in einheimischer Hand, so verlagerten ab den 1920er Jahren zunehmend ausländische, insbesondere US-amerikanische Firmen ihre Güterproduktion und/oder die Montage von Halbfertigprodukten nach Lateinamerika. Bis zum Ersten Weltkrieg verzeichneten die größten Länder Lateinamerikas einen beträchtlichen Zuwachs an industrieller Produktion. In Brasilien machte sie 1914 etwa 20 % des BIP aus, in Argentinien 16,5 %, in Chile 14,5 % und in Mexiko 12,5 %.

Verbraucher

Die Vereinigten Staaten hatten ab den 1890er Jahren insbesondere in Mittelamerika und der Karibik mittels der *Dollar Diplomacy* wirtschaftliche Interessen durch Interventionen durchgesetzt. Mit dem Ersten Weltkrieg entwickelte das US-amerikanischen Engagement auch auf dem südamerikanischen Kontinent eine neue Dynamik. Dies lässt sich einerseits an der enormen Steigerung des Handels und der Investitionen ablesen. Die aus Lateinamerika stammenden Importe in die USA stiegen zwischen

Verstärktes Engagement der USA in Südamerika

1913 und 1929 um 110 %, die US-Exporte nach Lateinamerika sogar um 161 %. Auch der Finanzsektor dehnte sich aus. Die US-Investitionen vervielfachten sich und zahlreiche lateinamerikanische Regierungen engagierten zur Reform ihrer Verwaltungs-, Steuer- und Bankensysteme US-amerikanische Berater, sog. *Money Doctors*.

Finanzberater

Mit dieser als *Open Door Policy* bezeichneten wirtschaftspolitischen Strategie beeinflussten die US-Regierungen die Staatsfinanzen von fast einem Dutzend Länder. 1913 erlaubte ein *Federal Reserve Act* US-Banken die Eröffnung von Filialen im Ausland, die meisten davon etablierten sich in Lateinamerika: Die erste multinationale Bank der USA, die *National City Bank*, hatte 1919 bereits 42 Filialen in neun lateinamerikanischen Ländern, 1926 existierten insgesamt bereits 61 Filialen US-amerikanischer Banken. Die von ihnen gewährten Kredite flossen allerdings teilweise auch in kleinere Industriezweige Argentiniens, Brasiliens, Chiles, Perus, Mexikos und Uruguays. Das Engagement der Vereinigten Staaten in Lateinamerika war nicht nur an politische und strategische Ziele gekoppelt, sondern auch darauf ausgerichtet, die eigenen ökonomischen Bedürfnisse zu befriedigen. Die US-amerikanischen Unternehmen, die jetzt in Lateinamerika expandierten, waren fast gänzlich auf die Nachfrage auf dem US-amerikanischen Markt ausgerichtet und importierten Rohstoffe, Erdöl oder landwirtschaftliche Erzeugnisse wie Bananen, Zucker oder Kaffee. Sie operierten wie die *United Fruit Company* (UFCo) in Mittelamerika und der Karibik teilweise in Enklaven, die wenig Beitrag zur volkswirtschaftlichen Entwicklung dieser Länder leisteten. Andererseits diente Lateinamerika als Absatzmarkt für US-amerikanische Konsum- und Verbrauchsgüter. Militärische Interventionen blieben dabei ein probates Mittel, um wirtschaftliche und finanzielle Interessen durchzusetzen.

Open Door Policy

Einfluss von US-Banken

Absatzmärkte für US-Produkte

Entscheidende Zäsur und zugleich Wendepunkt für die lateinamerikanischen Ökonomien war die Weltwirtschaftskrise. Der Zusammenbruch des internationalen Geld-, Kredit- und Aktienmarkts traf die stark auf Export ausgerichteten Ökonomien Lateinamerikas hart, insbesondere durch den rapiden Verfall der Weltmarktpreise für mineralische Rohstoffe und Agrarerzeugnisse. Zwischen 1929 und 1932 ging das Exportvolumen um durchschnittlich 27 % zurück. Die Exporte aus Argentinien, Brasilien, Mexiko, Peru oder Guatemala fielen zwischen 1929 und 1933 um

Weltwirtschaftskrise als Zäsur

60 bis 75%, die chilenischen sogar um 80%. Der prozentuale Anteil am Welthandel fiel von 8 auf 6,3%. Allerdings wurde kein Land Lateinamerikas so schwer von der Weltwirtschaftskrise getroffen wie etwa die USA oder Kanada. Trotzdem waren auch in günstigeren Fällen, in denen Exporterzeugnisse weniger stark von der globalen Verschlechterung der *terms of trade* betroffen waren, die Zukunftsperspektiven auf dem Weltmarkt alles andere als rosig, weil die Länder Europas und Nordamerikas nach dem Schock der Depression protektionistische Maßnahmen ergriffen. Sie erhöhten die Importzölle drastisch und schlossen entsprechende internationale Handelsabkommen, etwa für Zinn und Zucker, um die eigenen Märkte zu schützen.

Die globale Wirtschaftskrise ging auch einher mit einem Währungsverfall und einer drastischen Verschlechterung der Zahlungsbilanz, woraufhin zahlreiche Länder Lateinamerikas den Goldstandard verließen. Der Währungsverfall brachte im internationalen Handel allerdings einen Wettbewerbsvorteil für lateinamerikanische Produkte mit sich und mit dem erneuten Aufschwung im Welthandel 1932 konnte sich der Exportsektor erholen. Dieser Aufschwung bedeutete allerdings keine Rückkehr zum Welthandelssystem vor 1929. Die protektionistischen Maßnahmen, die die Handelspartner Lateinamerikas ergriffen hatten, veranlassten die lateinamerikanischen Regierungen vielmehr zu einer entwicklungsstrategischen Neuorientierung ihrer Wirtschaftspolitik. Sie konzentrierten sich jetzt auf eine verstärkte „Entwicklung nach innen" bzw. einer importsubstituierenden Industrialisierung.

„Entwicklung nach innen" als wirtschaftspolitische Konsequenz

Importsubstitution

6.3 Massenmigration

Mit der Erlangung der staatlichen Unabhängigkeit fielen die strengen Migrationsregelungen der Mutterländer, die die Einwanderung – sieht man einmal von den Sklaven ab – auf die Bewohner der eigenen Imperien begrenzt hatten. Nun ließen sich europäische Söldner, Händler, Handwerker und Bauern in zunehmendem Maße in Lateinamerika nieder. Gemäß der Maxime des *gobernar es poblar* (regieren heißt bevölkern) wurden nicht nur die Einwanderungsgesetze gelockert, sondern einige Länder gingen ab Mitte des 19. Jahrhunderts zu einer gezielten Förderung der europäi-

Einwanderung und Binnenmigration

schen Immigration über. Gleichzeitig kam es zu einem internen Bevölkerungswachstum. Die Binnenmigration der ersten Jahrzehnte des 20. Jahrhunderts fiel in eine Zeit, in der die Mortalitätsraten sanken, die Geburtenraten aber nach wie vor hoch waren. Während sich in den Städten allmählich Hygiene und medizinische Versorgung sowie die Infrastruktur verbesserten, geschah dies in den meisten ländlichen Regionen nicht und führte, zusammen mit der beginnenden Industrialisierung, zu einer anhaltenden Land-Stadt-Wanderung, die mit Unterbrechungen bis weit in die zweite Hälfte des Jahrhunderts anhielt.

Masseneinwanderung

Zwischen 1870 und der Weltwirtschaftskrise 1929 (unterbrochen vom Ersten Weltkrieg) kam es zu einer regelrechten Masseneinwanderung von Italienern, Spaniern, Portugiesen, Deutschen und anderen Europäern. Aber auch Kontraktarbeiter aus Asien und der englischsprachigen Karibik spielten eine wichtige Rolle. Aus dem (ehemaligen) Osmanischen Reich kamen vor allem Armenier sowie christliche Palästinenser, aber auch Syrer und Libanesen (alle *turcos* genannt), die vorwiegend im Handel tätig waren. Seit Beginn des 20. Jahrhunderts gingen zahlreiche Japaner nach Brasilien (240.000), in geringerem Maße auch nach Peru (30.000). Im Gegensatz zur männlich dominierten chinesischen Einwanderung war die japanische durch die Migration von Familien und deren Ansiedlung in Agrarkolonien charakterisiert. In den 1960er Jahren begann zudem eine nennenswerte koreanische Einwanderung. Diese verschiedenen Gruppen, von denen die Europäer allerdings zahlenmäßig die weitaus größte waren, verstärkten den hybriden Charakter der lateinamerikanischen Gesellschaften weiter und warfen neue Fragen für die nationale Identitätsbildung auf.

Hauptländer der Einwanderung

Allerdings verteilten sich die Einwanderer ungleich. Während sie in den Ländern des *Cono Sur* sowie in Brasilien und Kuba die Zusammensetzung der Bevölkerung nachhaltig im Sinne des *blanqueamiento* („Aufweißung") modifizierten, veränderten die Einwanderer in Mexiko und Zentralamerika vor allem die Mittel- und Oberschichten. So wurde zum Beispiel der Kaffeeanbau in Costa Rica und Guatemala stark durch deutsche Produzenten und Händler beeinflusst. In den Ländern des Südens dagegen konnte mit Hilfe der Masseneinwanderung das Arbeitskräfteproblem gelöst sowie die Agrarwirtschaft angekurbelt und diversifiziert werden. Ersteres Problem stellte sich in Brasilien und Kuba vor allem durch die Einschränkung des Sklavenhandels sowie die absehbare Abschaffung der Sklaverei.

In Brasilien versuchte man, das Arbeitskräfteproblem durch die Anwerbung europäischer Einwanderer im Rahmen des sogenannten Halbpachtssystems (*parceria*) zu lösen. Dies sah eine spezifische Form der Ernteteilung zwischen Pachtarbeitern und Großgrundbesitzern vor und fand vorwiegend in der aufblühenden Kaffeeproduktion Südbrasiliens Anwendung. In Argentinien hingegen wurde der gestiegene Arbeitskräftebedarf in der Landwirtschaft durch eine besondere Form der Migration gedeckt: Saisonarbeiter aus Süditalien, sogenannte *golondrinas* (Schwalben), die im europäischen Winter als Erntehelfer nach Südamerika kamen. Diese und ähnliche Formen der Wanderung waren Teil der Massenmigration, durch die zwischen 1870 und 1930 geschätzte 13,6 Millionen Menschen nach Lateinamerika kamen. Die meisten Immigranten gingen nach Argentinien (48 %), gefolgt von Brasilien (32 %), Kuba (9 %) und Uruguay (5 %), Chile und Venezuela. Obwohl die lateinamerikanischen Staaten nordeuropäische Einwanderer bevorzugten, stammte das Gros der Immigranten aus Südeuropa, namentlich aus Italien (40 %) und Spanien (32 %) sowie Portugal (11 %). Aus Deutschland kamen etwa 3 %, die vor allem nach Brasilien und Chile gingen, wo nennenswerte deutsche Siedlungskolonien entstanden. Ferner wanderten zu Beginn des 20. Jahrhunderts in Folge von Pogromen zahlreiche Ost- und Südosteuropäer, unter ihnen viele Juden, nach Südamerika, insbesondere nach Argentinien aus. Nach dem Zweiten Weltkrieg folgten dann noch einmal etwa drei Millionen Europäer.

Argentinien hatte die Förderung der Einwanderung 1853 in seine Verfassung aufgenommen und entsprechende Maßnahmen ergriffen. So wurden der Hafen von Buenos Aires, das Eisenbahnnetz und das öffentliche Schulsystem ausgebaut, Anwerbebüros in großen Städten Europas und mit dem *Hotel de Inmigrantes* eine Aufnahmestation errichtet. Zwischen 1870 und 1914 kamen etwa sechs Millionen Einwanderer in ein Land, das 1869 eine Bevölkerung von 1,8 Millionen aufwies. Allerdings blieben „nur" zwischen drei und vier Millionen dauerhaft in Argentinien. Gemessen an der Einwohnerzahl nahm Argentinien mehr Migranten auf als die USA, übertroffen nur noch von Uruguay, wo die Bevölkerung bereits 1843 zu 63 % aus Ausländern bestand. In Argentinien stellten Einwanderer bei Ausbruch des Ersten Weltkrieges etwa ein

Drittel der Bevölkerung dar, mit denjenigen der zweiten Generation zusammen sogar mehr als die Hälfte. Die Einwohnerzahl stieg von 3,9 Millionen im Jahr 1895 auf 7,8 Millionen im Jahr 1914 an. Der weitaus größte Teil lebte in der Hauptstadt Buenos Aires. Die Zahl der deutschsprachigen Einwanderer nahm nach dem Ersten Weltkrieg besonders zu. Neben etwa 27.000 Deutschen kamen zwischen 1920 und 1933 rund 47.000 deutschsprachige Einwanderer. Schätzungen zufolge nahm Argentinien zudem zwischen 1933 und 1939 45.000 deutschsprachige Juden auf. Nach dem Zweiten Weltkrieg kamen weitere 30 bis 40.000 deutschsprachige Personen.

Einwanderung nach Brasilien

In Brasilien begann die staatliche Förderung europäischer Einwanderung bereits mit der Übersiedlung des portugiesischen Königshofes nach Rio. Zu den Maßnahmen gehörten u. a. Konzessionen von Ländereien für Ausländer und der Erlass von Steuerabgaben für die Dauer von zehn Jahren. Später kam die Bezahlung der Überfahrt hinzu. Ziele der Förderung waren neben einer „Europäisierung" der Bevölkerungsstruktur und der Absicherung der Grenzen im Süden des Landes auch die Herausbildung einer Schicht kleiner und mittlerer Landbesitzer als Gegengewicht zu dem starken Einfluss der Großgrundbesitzer. Trotz Förderung seitens der Regierung gerieten allerdings die meisten der ersten Einwandererkolonien im Süden des Landes aufgrund des Fehlens von Märkten und weitgehender infrastruktureller Isolation in Schwierigkeiten. In diesem Kontext ist auch das sogenannte „von der Heydsche Rescript" zu sehen, das 1859 von preußisch-deutscher Seite die Auswanderung nach Brasilien zu unterbinden versuchte. Allerdings handelt es sich nicht, wie zumeist in der Literatur zu finden, um ein Auswanderungsverbot, sondern lediglich um ein Verbot der Anwerbung von Auswanderern, private Auswanderung blieb erlaubt.

Von der Heydsches Rescript

Das sich abzeichnende Ende der Sklaverei veranlasste die brasilianische Regierung und einige Großgrundbesitzer zu weiteren Fördermaßnahmen, so dass in den 1870er Jahren eine neue Immigrationswelle folgte. Bis zum Ende des Jahrhunderts reisten etwa 803.000 Europäer, darunter allein 577.000 Italiener nach Brasilien ein. Insgesamt kamen zwischen 1855 und 1905 etwas mehr als 2 Millionen Europäer nach Brasilien, die Hälfte davon Italiener (1 Mio.), ein knappes Viertel Portugiesen (ca. 480.000), ein Zehntel Spanier (220.000) sowie Deutsche, Österreicher und Russen. Auch in Brasilien gab es allerdings eine starke Rückwanderung. Die Einwanderer verteilten sich nicht gleichmäßig über das gewaltige Territorium Brasiliens, sondern konzentrierten sich v. a. auf die Regionen von Kaffeeplantagen um São Paulo sowie in den südlichen Provinzen. Die deutsche Einwanderung nach Brasilien folgte etwa diesen Wellen, nach einer ersten Phase in der zweiten Hälfte des 19. Jahrhunderts erreichte sie in den 20er Jahren des 20. Jahrhunderts ihren Höchstwert mit etwa 80.000 Einwanderern. Bei Ende des Zweiten Weltkrieges lebten etwas weniger als eine viertel Million Deutschstämmige (235.846) in Brasilien.

In Chile entstand ab 1850 im kaum besiedelten und von indigenen Mapuche kontrollierten Süden des Landes eine deutsche Mikro-Pioniergesellschaft, die der Region ihren Stempel aufdrückte. Zahlenmäßig waren in Chile allerdings Briten und Franzosen wesentlich wichtiger. Mexiko, Peru oder Venezuela konnten hingegen bis 1930 kaum europäische Einwanderer anziehen, die wenigen, die kamen, etablierten sich dort meist in wichtigen Sektoren wie dem Exporthandel. Mexiko nahm dann jedoch im Zuge des Spanischen Bürgerkriegs mehrere Tausend politische Flüchtlinge vor dem Franco-Regime auf, ebenso wie durch die Nationalsozialisten verfolgte Juden und politische Exilanten. Im karibischen Raum kam es zudem zur Arbeitsmigration von Bewohnern der britischen Karibik nach Panama, Kuba und Costa Rica sowie von Haitianern nach Kuba und in die Dominikanische Republik. Letztere wurden (und werden) dort stark diskriminiert. 1937 schockierte ein Massaker an etwa 10.000 haitianischen Migranten in der Dominikanischen Republik die Öffentlichkeit, das als schlimmster Fall xenophober Gewalt in den Amerikas gilt. Zwischen 1834 und 1939 wurden außerdem über 800.000 Kontraktarbeiter aus Indien (brit. Kolonialreich), China, Java, Afrika, Europa und Mexiko in die Karibik gebracht.

Einwanderung nach Chile

Einwanderung in andere Staaten

6.4 Urbanisierung

Die Konsolidierung der Staatsbildung, die Einbindung Lateinamerikas in Globalisierungsprozesse, Migration sowie wirtschaftlicher Aufschwung führten um 1900 zu einem rasanten Anwachsen der Städte in Lateinamerika. Während am Ende der Kolonialzeit die weitaus überwiegende Mehrzahl der Bewohner im ländlichen

Verstädterung

Raum lebte, wandelte sich dies zu Beginn des 20. Jahrhunderts. Am Ende des Jahrhunderts zählte Lateinamerika zu einer der am stärksten urbanisierten Weltregionen. Das Wachstum der lateinamerikanischen Städte hatte sowohl interne als auch externe Ursachen. Technische und wirtschaftliche Innovationen ermöglichten nicht nur einen schnellen, sicheren und günstigen Transport von Waren, sondern auch von Menschen und Nachrichten. Dies führte zu einem Aufschwung der Handels- und Industriemetropolen, vor allem aber der Hafenstädte, wie z. B. Buenos Aires, Rio de Janeiro oder Havanna. Die aufstrebenden Metropolen zogen wiederum weitere Einwanderer an.

Urbanisierung von Buenos Aires

Das eindrücklichste Beispiel für rapides Wachstum und Metropolisierung zu Beginn des 20. Jahrhunderts stellt Argentinien mit seiner Hauptstadt Buenos Aires dar. Während 1869 noch fast drei Viertel der Bevölkerung Argentiniens auf dem Land lebten, war es 1914 bereits weniger als die Hälfte. Die argentinische Bevölkerung wuchs in diesem Zeitraum jährlich um mehr als 3 %, etwa zur Hälfte aufgrund natürlichen Wachstums, zum anderen durch Einwanderung. Die vorwiegend europäischen Einwanderer siedelten sich größtenteils in der Hafenstadt an, deren Bevölkerung vervierfachte sich zwischen 1880 und 1910 von ca. 300.000 auf 1,2 Mio. Einwohner; betrachtet man den Zeitraum von 1869 bis 1920 kommt man sogar auf ein Neunfaches. 1905 erreichte Buenos Aires als erste lateinamerikanische Stadt die Millionengrenze, 1926 waren es bereits zwei Millionen. Der Bevölkerungszuwachs zog eine Ausdehnung der Fläche der Stadt nach sich.

Brasilien

Ein ähnlicher städtischer Wachstumsprozess lässt sich in Brasilien feststellen, wo sich zwei in Funktion und demographischer Situation unterschiedliche Metropolen herausbildeten, die Hauptstadt Rio de Janeiro und die ab der Mitte des 19. Jahrhundert von einem kleinen Landstädtchen konstant anwachsende Industriemetropole São Paulo, die heute mit mehr als 20 Mio. Einwohnern eine der größten Städte der Welt ist. Brasiliens Bevölkerung verdreifachte sich zwischen 1872 und 1930 von etwas über 10 auf mehr als 33 Mio. Einwohner; die jährliche Wachstumsrate betrug hier um die 2 %. Rio de Janeiro, von 1763 bis 1960 die Hauptstadt des Landes, erlebte bereits durch die Übersiedlung des portugiesischen Königshofes infolge der Napoleonischen Kriege einen städtebaulichen, wirtschaftlichen und demographischen Aufschwung. Von 113.000 Einwohnern zu Beginn des 19. Jahrhunderts wuchs die Stadt bis 1914 zu einer Millionenstadt heran. Auch Rios Wachstum speiste sich größtenteils aus transatlantischer Migration, zu einem etwas geringerem Teil aus Binnenmigration. Diese hatte durch die Abschaffung der Sklaverei (1888) zusätzlich Auftrieb erfahren. São Paulo verdankt sein Aufblühen dagegen seiner Rolle als Zentrum des Kaffeeexportes. Im Jahr 1900 zählte São Paulo 240.000 Einwohner, am Ende des Ersten Weltkrieges etwa eine halbe, 1934 dann schon eine Million Bewohner.

Während im *Cono Sur* die Wachstumsschübe um 1900 stark mit der europäischen Masseneinwanderung zusammenhingen, war im Falle Mexikos die Binnenmigration der wesentliche Motor des Verstädterungsprozesses. Allerdings ist es aufgrund der Bürgerkriegsjahre von 1910 bis 1920 schwierig, die Entwicklung genauer nachzuzeichnen. 1910 lebten noch 80 % der Bevölkerung Mexikos im ländlichen Raum, doch war schon fast die Hälfte aus anderen Landesteilen zugewandert. Das Wachstum verlief langsamer als im *Cono Sur*, verteilte sich aber gleichmäßiger auf mehrere Zentren, auch wenn die Hauptstadt das eindeutige Übergewicht behielt. In Mexiko-Stadt verdoppelte sich die Einwohnerzahl zwischen 1880 und 1890 beinahe (von 230.000 auf 450.000), und im Jahr 1930 hatte auch diese Stadt die Millionenmarke übersprungen. Mexiko-Stadt zählt heute zu den weltweit größten städtischen Agglomerationen mit über 20 Millionen Menschen.

Mexiko-Stadt

Diese Entwicklungen, die sich mit Varianten auch auf die übrigen lateinamerikanischen Metropolen übertragen lassen, zogen eine Reihe von städtebaulichen und sozialen Veränderungen nach sich. Die herrschaftlichen Wohnhäuser in zentraler Lage wurden zu Mietshäusern umfunktioniert, während sich die Oberschicht neue Häuser nach nordeuropäischen Vorbildern in den Außenbezirken baute. In den Innenstädten dagegen hausten ganze Familien in einem Zimmer. Zusammen mit dem maroden Abwassersystem führte das Zusammenleben in den in Brasilien *cortiços* (Bienenkörben) und in Argentinien *conventillos* (kleine Konvente) genannten Behausungen zu enormen hygienischen und gesundheitlichen Problemen. Epidemien wie Cholera oder das schon fast ausgestorbene Gelbfieber breiteten sich aus. In der Folge wurden nach den neuen Erkenntnissen der Hygiene die Abwassersysteme und Wasserleitungen verbessert, Beleuchtung mit Gaslaternen eingeführt, und Straßenbahnen erleichterten den Transport in die Außenbezirke. Zur Verbesserung der Luftqualität

Städtebauliche und architektonische Veränderungen

Hygiene und Gesundheit

Infrastruktur

wurden die Straßen verbreitert, was gleichzeitig ermöglichte, mit neuen, repräsentativen Regierungsbauten und Denkmälern wirtschaftlichen Aufbruch und Modernität zu demonstrieren. Doch die Umsiedlung der durch die Umgestaltung der alten Stadtzentren obdachlos gewordenen Bewohner der *cortiços* und *conventillos* gelang nicht. In Rio besiedelten sie zunehmend die Abhänge der nördlichen Hafengegend, die wegen der Erdrutschgefahr ungeeignet zur Bebauung sind. Es entstanden die ersten Marginalviertel, die in Brasilien *favelas* genannt werden. Die *Favela*bildung, aber auch staatliche Arbeitersiedlungsprojekte manifestieren eine sozial-räumliche Trennung, die es bislang in Lateinamerika so nicht gegeben hatte.

Marginalviertel

Außer der Strukturierung neuer Sozialbeziehungen dienten die „Verschönerungen" der Städte nach europäischem, zumeist Pariser Vorbild, auch der Selbstvergewisserung der Nation bzw. der nationalen Eliten. Die neuen Prachtstraßen wurden geschmückt mit Bauten im Stil der *belle époque*. Museen, Theater und Opernhäuser, Telegraphenbüros und die neuen Regierungsgebäude wurden zum Ausweis wirtschaftlichen und „zivilisatorischen" Fortschritts. Der Festigung der nationalen Identität dienten Monumente wie Siegessäulen, die an die Unabhängigkeit erinnerten, Pantheone und Denkmäler nach europäischem Vorbild. In Mexiko-Stadt illustriert die heute als *Paseo de la Reforma* bekannte Verbindung zwischen dem Schloss von Chapultepec und dem Nationalpalast mit ihren von verschiedenen Denkmälern geschmückten Rondellen, den *glorietas* (nach dem Vorbild der Pariser *étoiles*), eine historische Meistererzählung des ausgehenden 19. Jahrhunderts, in der sowohl Cuauhtémoc, der letzte Aztekenherrscher, als auch Christoph Kolumbus und Benito Juárez ihren Platz haben.

Städtebau als Repräsentation

Die Modernisierung veränderte auch das gesellschaftliche Leben. Die zuvor im Wesentlichen auf große private Häuser und Paläste konzentrierte Geselligkeit verlagerte sich zunehmend in den öffentlichen Raum. Vor allem die Mittel- und Unterschichten, aber auch die Frauen, die – mit Ausnahme der Unterschichten – bislang weitgehend auf die häusliche Sphäre beschränkt gewesen waren, nutzten die neuen Institutionen. Die Mittel- und Oberschicht vergnügte sich in Opernhäusern, Theatern oder Cafés, während die unteren Schichten dies in Bars taten, in denen sich Geselligkeit, Musik und Prostitution vermischten, wie z. B. in den

Urbane Soziabilität

Tangobars in Buenos Aires. Dies rief wiederum soziale Ängste bei den Eliten hervor.

Am Beispiel von Buenos Aires lässt sich die Entwicklung gut illustrieren. Hier, wie in den anderen Metropolen, gab es erheblichen Wohnraummangel, und die Lebensbedingungen in den überfüllten *conventillos* wurden zu einem existenziellen Problem für viele Einwanderer, nicht nur aus gesundheitlichen Gründen, sondern auch aus ökonomischen. Die Mieten in den heruntergekommenen Häusern verschlangen nicht selten ein Drittel des Monatslohnes, so dass es 1907 in Buenos Aires zu einem lang anhaltenden vor allem von Frauen getragenen Mieterstreik kam, der von anarchistischen Gewerkschaften unterstützt wurde. Außerdem beschäftigte die Politik, ähnlich wie in Europa, die Frage der urbanen Prostitution. In der Diskussion darüber bündelten sich medizinische, soziale, moralische und politische Fragen.

Wohnraumprobleme

7 Gesellschaftliche und politische Differenzierung

Zu Beginn des 20. Jahrhunderts waren Teile Lateinamerikas eng mit den Metropolen der Welt vernetzt, sowohl wirtschaftlich als auch kulturell. Einwanderung, wirtschaftlicher Aufschwung und Modernisierung hatten zur Bildung neuer sozialer Gruppen geführt, die zunehmend ein politisches Mitspracherecht beanspruchten. Es entstanden feministische Bewegungen, Gewerkschaften verschiedener Ausrichtungen und moderne Parteien. Viele wurden von Einwanderern der ersten oder zweiten Generation getragen und hatten sowohl institutionelle als auch strategische und ideologische Verbindungen mit Europa oder den USA. Der rasche ökonomische Transformationsprozess seit dem letzten Drittel des 19. Jahrhunderts zog auch politische und kulturelle Veränderungen nach sich. Selbst wenn das Ausmaß und die Geschwindigkeit regional variierte, so kann man doch von einem generellen Wirtschaftswachstum sprechen. Zusammen mit dem Bevölkerungswachstum und der Migration bewirkte dies eine allgemeine Wohlstandssteigerung in den städtischen Zentren. Dort wuchsen ein tertiärer Sektor und eine Mittelschicht heran. Grundsätzlich lassen sich die sozialen Strukturen der meisten lateinamerikanischen Länder dennoch durch die Dominanz einer kleinen, sehr reichen weißen Oberschicht charakterisieren, auf die

Soziale Schichtung

sich Einkommen und Vermögen konzentrieren und deren Anteil an der Gesamtbevölkerung im 20. Jahrhundert in keinem Land 3–4 % überstieg. Auf der anderen Seite waren die Gesellschaften durch einen hohen Prozentsatz marginalisierter, informell erwerbstätiger und besitzloser Schichten mit einem hohen Anteil schwarzer, indigener Personen gekennzeichnet.

Mittelschichten

Mit der Konsolidierung des Staates und seiner Institutionen am Ende des 19. Jahrhunderts stieg die Zahl der Beamten und Militärs, die den Mittelschichten zuzuordnen sind. Auch die Bildungs- und Gesundheitseinrichtungen sowie der Banken- und moderne Handel- und Transportsektor beschäftigten zunehmend Männer und Frauen aus der Mittelschicht. Ein anderer Teil, vor allem in den Metropolen der Massenmigration und in der Industrie, muss von der Einkommens- und Lebenssituation her allerdings eher dem urbanen Proletariat zugerechnet werden.

Urbanes Proletariat

Zwar ist es schwierig, genaue Zahlen zu ermitteln und die Definition von Mittelschicht in dieser Umbruchsphase ist ohnehin problematisch, einig ist sich die Forschung jedoch darin, dass sie im Laufe des 20. Jahrhunderts stetig angewachsen ist. Allerdings schwankten sie im Ländervergleich über das ganze 20. Jahrhundert in Größe und Zusammensetzung. Für die Metropolen des *Cono Sur* kann man von 10–15 % am Ende des 19. Jahrhunderts und eine Erhöhung auf 35–40 % am Vorabend des Zweiten Weltkrieges ausgehen, in wenig industrialisierten und urbanisierten Ländern und Regionen lag die Zahl dagegen deutlich niedriger. Die regionalen Unterschiede sind bis heute erheblich. Ähnliches gilt für die Entstehung einer Arbeiterschicht, die zu Beginn des 20. Jahrhunderts zu einem wichtigen sozio-politischen Faktor herangewachsen war, wie nicht zuletzt mehrere große Streikwellen von Mexiko bis Chile zeigen.

Urbane Mittelschichten

Die Mittelschichten konzentrierten sich auf die urbanen Räume und wuchsen zwischen 1930 und 1970 durch die Ausweitung staatlicher Aktivitäten zum Ausbau von Industrie und Sozialsystemen in Argentinien, Uruguay, Mexiko und Brasilien erheblich an, schrumpften aber durch neoliberale Programme in den 1980er und 1990er Jahren. Um die Jahrtausendwende war ein Rückgang der Armut zu verzeichnen und das gleichzeitige Entstehen einer neuen Mittelschicht, aber das bedeutete keine grundlegende Änderung der durch starke Ungleichheit geprägten Sozialstrukturen Lateinamerikas.

Trotz Industrialisierung und Modernisierung lebte allerdings der größte Teil der Bevölkerung Lateinamerikas bis 1930 im ländlichen Raum, der nach wie vor von traditionellen Hierarchien gekennzeichnet war. Und trotz der verschiedenen Theorien von „Rassendemokratie", *mestizaje* oder „Schmelztiegel" blieb die Klassenzugehörigkeit gekoppelt an ethnische Identität. Bis heute bedeutet eine helle Hautfarbe im Allgemeinen eine Zugehörigkeit zu einer höheren Schicht, indigene und afrikanische Wurzeln deuten hingegen eher auf die Unterschichten hin.

Traditionelle Hierarchien

Die lateinamerikanischen Gesellschaften differenzierten sich im 20. Jahrhundert weiter aus und wurden komplexer, obwohl vor allem in jenen Regionen, die weniger in die globalen Entwicklungen integriert waren, traditionelle Hierarchien und Abhängigkeiten weiterbestanden. Die alten Eliten öffneten sich in Richtung eines Großbürgertums, auch wenn Landbesitz nach wie vor eine zentrale Quelle des Reichtums und des Prestiges für sie darstellte. Die tonangebenden Familien der Jahrhundertwende werden oft als Oligarchie bezeichnet, ein Begriff, der vor allem darauf abhebt, dass die politische und wirtschaftliche Macht auf einen engen Kreis beschränkt war, in dem sich beide Bereiche überlappten. Darüber hinaus weist er darauf hin, dass – jenseits unterschiedlicher Parteizugehörigkeiten – diese eine soziale Gruppe bildete, die sich durch Bildung und helle Hautfarbe sowie Besitz von sozial niedriger stehenden Gruppen absetzte. Die alten Faktionskämpfe der mächtigen Familien des 19. Jahrhunderts hatten zu Beginn des 20. Jahrhunderts einem Elitenkonsens Platz gemacht, demzufolge durch politische Kontinuität und eine gewisse Verbreiterung der gesellschaftlichen und politischen Basis Stabilität und damit wirtschaftliches Wachstum ermöglicht werden sollte. Diese Politik von „Ordnung und Fortschritt" wurde allerdings zunehmend von eben den Gruppen, die den Fortschritt ermöglicht hatten, nämlich dem städtischen Proletariat und den Mittelschichten, hinterfragt.

Oligarchie

Elitenkonsens

Erste Risse im Elitenkonsens der „oligarchischen" Republiken machten sich im Kontext der Wirtschafts- und Finanzkrise um 1890 bemerkbar. Die Widersprüche zwischen den positivistischen und den klassischen liberalen Prinzipien, die das politische Denken im 19. Jahrhundert dominiert hatten, wurden zunehmend zum Problem. Dabei ging es vor allem um die politische Partizipation, die aufgrund der sozioökonomischen Veränderungen nicht

Politische Partizipation

mehr wie bisher gehandhabt werden konnte. Die republikanischen Ideale verlangten die Durchführung von Wahlen, die bislang zumeist durch informelle Absprachen gelenkt worden waren. Machtzirkulation wurde in Kompromissen zwischen verschiedenen Gruppen hergestellt, sei es zwischen rivalisierenden Elitengruppen, zwischen Region und Zentralmacht oder zwischen verschiedenen Regionen. Diese Praxis geriet von den neuen gesellschaftlichen Gruppen, die von der Macht ausgeschlossen waren, immer stärker in die Kritik. Der Weg zur politischen Erneuerung war unterschiedlich komplex und lang, doch die Debatten darum beherrschten seit Beginn des 20. Jahrhunderts die politische Diskussion. Während die Eliten der Länder des *Cono Sur* und der Andenländer erkannten, dass die Modernisierung nicht ohne eine Verbreiterung der politischen Partizipation zu erhalten war und entsprechende Reformen ermöglichten, führte das versteinerte Regime der Diktatur von Porfirio Díaz in Mexiko zur gewaltsamen Revolution. In Brasilien und Chile erfolgte die Veränderung über die Forderung etablierter Parlamentarier nach Rückkehr zu einer stärker an der Verfassung orientierten Regierungspraxis, in Argentinien kam es zur Gründung einer oppositionellen Partei und zur Reform der Wählerverzeichnisse. In den Andenregionen und Zentralamerika (mit Ausnahme Costa Ricas) hingegen gelang die Ausweitung der politischen Partizipation kaum, zumal hier die Teilung in eine moderne städtische Gesellschaft und eine kaum in die Nation integrierte, ländlich-indigene Bevölkerung nicht überwunden war.

<small>Politische Erneuerung</small>

<small>Politische Parteien</small>

Der erste Schritt zu einer Modernisierung und Demokratisierung der Politik war die Herausbildung politischer Parteien. Während der Kolonialzeit waren sowohl in Portugiesisch- als auch in Spanischamerika die Wahlen für den Stadtrat durch Korporationen wie Kaufmannsgilden, Bruderschaften etc. erfolgt. Diese wandelten sich, nicht zuletzt mit Hilfe der meist von einem Kandidaten oder einer Gruppierung kontrollierten Presse, zu Parteien. Während des 19. Jahrhunderts handelte es sich dabei allerdings eher um Honoratiorenparteien mit wenigen Mitgliedern, deren Hauptaufgabe die Bestimmung der Kandidaten und die Organisation der parlamentarischen Arbeit war. Daher ist auch oft nicht von Parteien, sondern von parlamentarischen Fraktionen die Rede. Sie verfügten im Allgemeinen über keinen entwickelten Parteiapparat, sondern basierten auf einem Netzwerk persönlicher

<small>Honoratiorenparteien</small>

Beziehungen. Erst gegen Ende des Jahrhunderts entstanden, nicht zuletzt infolge der sozioökonomischen Veränderungen, moderne Parteien auf nationaler Basis.

In Argentinien entstanden mit der *Unión Cívica Radical* (UCR), aber auch kleineren sozialistischen und anarchistischen Gruppen in den 1890er Jahren moderne Oppositionsparteien, die die herrschende Oligarchie unter Druck setzten. Schließlich änderten reformorientierte Mitglieder der alten Parteien 1912 das Wahlgesetz und ermöglichten eine effektive Verbreiterung der Wählerbasis. Es ging hierbei nicht um eine Ausweitung des formellen Bürgerrechts auf Wahlen, denn dieses war schon seit Beginn der Republik für Männer universell (in Buenos Aires seit 1821, im gesamten Land seit 1853). Das Problem war eher, ein entsprechendes Wahlbürgertum zu schaffen. Die Erstellung der Wählerlisten wurde daher durch die Koppelung an die Wehrpflicht Manipulationen entzogen. Die Einführung einer Wahlpflicht wiederum sollte sicherstellen, dass der Souverän (die männlichen Staatsbürger) angemessen repräsentiert war. In der Tat setzte sich daraufhin bei den nächsten Wahlen 1916 die Oppositionspartei UCR durch und blieb bis zum Beginn der Weltwirtschaftskrise 1930 an der Macht. In Peru ging aus der antiimperialistischen Bewegung *Alianza Popular Revolucionaria Americana* (APRA) 1924 eine moderne politische Partei hervor, deren Vertreter die Interessen breiterer Bevölkerungsschichten vertraten, nachdem die bürgerliche *Partido Civil* im Zuge des Salpeterkrieges an Macht und Prestige eingebüßt hatte. Allerdings kam die APRA im Unterschied zur UCR nicht in dieser Phase an die Macht, sondern erst in den 1980er Jahren.

In Brasilien war mit dem Ende des Kaiserreiches die Zeit der alten Honoratiorenverbände zu Ende, allerdings entwickelten sich angesichts der starken Dezentralisierung und Regionalisierung in der Ersten Republik zunächst keine landesweiten Parteiorganisationen. Es veränderte sich jedoch die Rolle der bis dahin wichtigen *coronéis* (Obristen), lokale militärische und politische Führungspersonen aus der Oberschicht, die noch in den traditionellen Patronagebeziehungen verhaftet waren. Neben diesen formierte sich eine Gruppe von professionellen Politikern, die zwischen der Zentrale und den Regionen vermittelten. Dies war wichtig, da die brasilianische Verfassung von 1891 den Bundesstaaten weitgehende Autonomierechte gewährte. Im Gegenzug zu der regionalen oder lokalen Autonomie überließen die kleineren Staaten den beiden mächtigsten, São Paulo und Minas Gerais, die Führung auf Bundesebene. Die beiden wechselten sich in der Führung regelmäßig ab, eine Politik, die wegen der jeweiligen wirtschaftlichen Grundlagen (Kaffee bzw. Viehwirtschaft) auch *café com leite* (Milchkaffee) genannt wurde. Die Entstehung neuer sozialer Gruppen, wie eines städtischen Proletariats, sowie der wirtschaftliche Aufschwung anderer Bundesstaaten (insbesondere Rio Grande do Sul) brachten jedoch den bisherigen Ausgleich ins Wanken und führten 1930 zur Einsetzung von Getúlio Vargas (1882–1954) als Präsidenten (siehe OGG 49: Lateinamerika seit 1930).

<small>Politik des „Milchkaffees"</small>

In Mexiko hingegen kam es nicht zur Entwicklung wirklicher Parteien. Obgleich die liberale Verfassung von 1857 durch die Errichtung eines starken Parlaments dem Zentralismus und der allzu großen Macht des Präsidenten entgegenwirken sollte, schaffte es Porfirio Díaz (1830–1915), der das Land zwischen 1876/7 und 1911 regierte, über die Exekutive große Macht in seiner Person zu bündeln. Er löste die Krise der liberalen Republik, die aus der Rivalität der Zentralregierung, des Parlaments und der Bundesstaaten sowie der damit zusammenhängenden Frage nach der Bestimmung des nächsten Präsidenten herrührte, durch die Perpetuierung seiner Macht mittels der Aufhebung des Verbots der Wiederwahl sowie durch die Einbindung der Opposition und von Teilen der politischen und wirtschaftlichen Eliten. Indem er Loyalität mit der Gewährung von lokaler Autonomie belohnte, konnte er das System stabilisieren. Aber er hebelte die Verfassung aus, zumal es ihm ab seiner zweiten Amtszeit gelang, das Parlament zu entmachten. Das Fehlen jeglicher politischer Opposition und die gegenseitige Abhängigkeit der Machthaber führten allerdings langfristig zu fehlender Flexibilität und Reformfähigkeit. Die Exklusivität des Regierungszirkels geriet nach zwei Jahrzehnten durch neue soziale Kräfte unter Druck, die diese mit dem Bild der Regierung als *carro completo* (voller Wagen) angriffen. Auch die Diskrepanz zwischen Verfassungstext und politischer Realität führten zu immer stärkerer Unzufriedenheit und zur Formierung einer Opposition, die allerdings erst zu Anfang des 20. Jahrhunderts in die Gründung einer Partei mündete, des *Partido Liberal Mexicano* (PLM), die im Jahre 1906 von den Anarchisten Enrique

<small>Das Porfiriat</small>

(1877–1954) und Ricardo Flores Magón (1874–1922) aus der Taufe gehoben wurde.

7.1 Arbeiterbewegungen und Gewerkschaften

Die Wurzeln der lateinamerikanischen Arbeiterbewegungen reichen bis in die erste Hälfte des 19. Jahrhunderts. zurück. Sie setzte sich zunächst aus Handwerkern und Tagelöhnern zusammen, aber auch aus unfreien Arbeitern wie Schuldknechten, Kontraktarbeitern und Sklaven. Auch die Landarbeiter der überwiegend agrarisch geprägten Gesellschaften organisierten sich vermehrt. Der hohe Anteil an unfreien Arbeitern ist ein besonderes Merkmal der Arbeiterschaft des Kontinents. Ab den 1850er Jahren entstanden die ersten Gesellschaften der gegenseitigen Hilfe (Mutualismus), die die Interessen ihrer Mitglieder vertraten, aber noch keine Gewerkschaften im modernen Sinne waren. Sie waren teilweise multiethnisch geprägt und nahmen auch Sklaven in ihre Reihen auf. Mutualismus

Die größte Anzahl von Arbeitern fand sich nicht nur in den Regionen, die am stärksten in den Rohstoffexport und die Industrialisierung involviert waren, sondern auch in jenen, die Anziehungspunkte für europäische Migranten waren. Das waren insbesondere die Hafenstädte, also Buenos Aires, Montevideo, Rio de Janeiro, Santos (der Hafen São Paulos), Valparaíso und Havanna. In Buenos Aires entstand 1864 die *Sociedad de Jornaleros Argentinos* (Gesellschaft der argentinischen Tagelöhner) und in Mexiko gehörten die Textilarbeiter, die zusammen mit den Minenarbeitern den bedeutendsten Teil des Proletariats ausmachten, zu denjenigen, die sich sehr früh organisierten. 1870 entstand der *Gran Círculo de Obreros de México* (Großer Arbeiterzirkel Mexikos), dessen Mitglieder sich zunächst, wie viele der frühen Arbeiterassoziationen, eher an Pierre-Joseph Proudhon oder Michael Bakunin als an Karl Marx orientierten. Diese Zusammenschlüsse waren die Keimzellen einer neuen kollektiven Identität und eines Klassenbewusstseins. In dieser Zeit wurden die ersten größeren Streiks organisiert. Einfluss auf die Herausbildung der Arbeiterbewegung in Lateinamerika übte auch die von der Ersten Internationalen ausgehende 1864 in London gegründete *Internationale Arbeiterassoziation* (IAA) aus. Die ersten Sektionen der IAA wurden 1865 auf

Arbeiter-
organisationen

den unter französischer Herrschaft stehenden Karibikinseln Martinique und Guadeloupe sowie 1872 in Argentinien gegründet.

Anarchismus und Reformismus

Bis ins 20. Jahrhundert hinein war die Arbeiterbewegung in Lateinamerika maßgeblich durch die zwei großen politischen Strömungen, den Anarchismus und den Reformismus geprägt. In beiden spielten europäische Migranten eine große Rolle. Sie waren auch die wichtigsten Übermittler sozialistischer Ideen aus Europa. Im Zusammenhang mit der europäischen Massenmigration sprach der Historiker José Moya auch von einem „anarchistischen Atlantik". Dieser zeichnete sich durch eine hohe Mobilität von Arbeitern und die Zirkulation von Ideen und Konzepten zwischen Europa, Lateinamerika und der Karibik aus, etwa der Mutualismus, die Propaganda der Tat, der Internationalismus oder die Tradition der 1. Mai-Feiern. Ungeachtet des Einflusses durch die Massenmigration entwickelte sich die Organisation der Arbeiter von Anfang an immer auch spezifisch lokal oder regional. So existierte etwa in Mexiko schon im letzten Drittel des 19. Jahrhunderts eine bedeutende anarchistische Strömung, obwohl das Land keine nennenswerte europäische Einwanderung zu verzeichnen hatte. Darüber hinaus entstanden in zahlreichen Ländern auch Gewerkschaften, die auf die Unterstützung der katholischen Kirche zählen konnten.

Gewerkschaften

Im Zentrum der Arbeiterbewegung standen Forderungen nach höheren Löhnen, dem Zwölfstundentag (später dem Achtstundentag), besserer sozialer Absicherung, Gesundheitsvorsorge oder Selbstbestimmung am Arbeitsplatz. Die um diese Forderungen herum entstehenden frühen Gewerkschaftsorganisationen waren ebenfalls mehrheitlich anarchistisch, so etwa in Puerto Rico (*Federación Libre de Trabajadores*, FLT) oder Mexiko (*Confederación Regional de Obreros Mexicanos*, CROM) – auch wenn sich die meisten später ideologisch anders ausrichteten. Die 1886 in Peru gegründete *Confederación de Artesanos Unión Universal* war hingegen nicht anarchistisch, sondern politisch eher konservativ ausgerichtet und ein klassischer mutualistischer Verband. Anarchistische Strömungen etablierten sich in Lima erst ab den 1890er Jahren unter anderem durch den Einfluss des Intellektuellen und Schriftstellers Manuel González Prada (1844–1918). Die erste anarchistische Gewerkschaft Perus war die 1904 gegründete *Federación de Obreros Panaderos „Estrella del Perú"*. Mit der Entstehung der Arbeiterassoziationen wurden die ersten anarchistischen und sozialistische Zeitungen herausgebracht. Neue, günstigere Druckverfahren ermöglichten hohe Auflagen und diese Blätter wurden zum wichtigsten Kommunikationsmittel der Arbeiterorganisationen und Gewerkschaften und zu Übermittlern sozialistischer Ideen. Gerade in der Karibik erschienen viele dieser Zeitungen sogar mehrsprachig. In Kuba wurde die Praxis des Vorlesens – ein von Arbeitern bezahlter Vorleser rezitierte Bücher und Zeitschriften während der monotonen Arbeit der Zigarrenherstellung – zu einer bedeutenden Form der Selbstbildung. Anderswo übernahmen die Arbeiterbildungsvereine diese Rolle. Mit der Selbstwahrnehmung und Identifikation als Arbeiterklasse entstanden auch neue kulturelle Ausdrucksformen, zu den bekanntesten zählen die für Buenos Aires spezifische Dialektvariante des *lunfardo* und der Tango.

Kommunikation und proletarische Kultur

Insbesondere in der Karibik und der Zirkum-Karibik zeichnete sich die Arbeiterschaft im Zeitraum zwischen 1890 und 1920 durch eine hohe Mobilität und enge transnationale Verflechtungen aus. Auch in anderen Regionen Lateinamerikas folgten Arbeiter häufig der Ausbreitung des transnationalen Kapitals, das in große Infrastrukturprojekte investierte, wie etwa dem Eisenbahnbau. Aber auch die Ausweitung der Plantagenwirtschaft und die Industrialisierung in den Städten steigerte die Nachfrage nach Arbeitskräften. Ursache für diese Mobilität war in der Regel die Suche nach besseren Arbeitsbedingungen, sie konnte aber auch politisch motiviert oder erzwungen sein. Entscheidende Voraussetzung war in jedem Fall die immense Beschleunigung der Transport- und Kommunikationsmöglichkeiten im ausgehenden 19. Jahrhundert. Innerhalb dieser mobilen Netzwerke zirkulierten Menschen, Geld und Ideen. In der Karibik bildeten Städte und Regionen, in denen sich besonders viele Exilanten und Wanderarbeiter aufhielten, Knotenpunkte, etwa Mexiko-Stadt, Havanna, Tampa und Key West in Florida, wohin während des kubanischen Unabhängigkeitskriegs besonders viele Kubaner migriert waren. Aber auch die Großbaustelle des Panamakanals (1904–1914) mit ihrem enormen Bedarf an Arbeitskräften war ein solcher Knotenpunkt. Die Transportarbeiter spielten innerhalb der Arbeiterbewegung eine entscheidende Rolle, denn sie waren häufig Überbringer von Nachrichten, Zeitungen oder Pamphleten. Auch die Matrosen waren Kommunikatoren bedeutend, weshalb auch von einer *Red Sailor Culture* (Barry Carr) die Rede ist.

Mobilität und transnationale Verflechtungen

Großbaustelle Panamakanal

Kontinentale Zusammenarbeit

Um die Jahrhundertwende verdichtete sich schließlich auch die kontinentale Zusammenarbeit lateinamerikanischer Gewerkschaften mit US-amerikanischen Gewerkschaften. Die Vereinigung der *Industrial Workers of the World* (IWW), denen es in den Vereinigten Staaten gelang, marginalisierte Gesellschaftsgruppen wie Frauen, Afroamerikaner und Asiaten zu organisieren, versuchte dieses Konzept auch in Lateinamerika zu propagieren. Den größten Einfluss hatte die IWW in Chile und Mexiko, allerdings existierten immer auch lokale Organisationen, die punktuell ganz unterschiedliche Berufsgruppen organisierten, z. B. die Hafenarbeiter in Valparaíso, die Kellner in Montevideo oder die Erdölarbeiter in Tampico. Auch die reformistische *American Federation of Labor* (AFL) weitete ihre Zusammenarbeit mit lateinamerikanischen Organisationen aus. Sie verstand sich allerdings vor allem als Vertreterin weißer, angloamerikanischer Arbeiter und blieb lateinamerikanischen Arbeitern deshalb lange Zeit verschlossen.

Syndikalismus

Mit der Gründung syndikalistischer Gewerkschaftsföderationen um 1900 erlangte eine neue, dem Anarchismus eng verwandte Strömung an Bedeutung. Angelehnt an die 1895 gegründete französische *Confédération Générale du Travail* (CGT) sollten Gewerkschaften eine „Doppelfunktion" einnehmen: Einerseits in der alltäglichen Verteidigung von Rechten und im Erringen von Verbesserungen für alle Lohnabhängigen, andererseits im Einsatz für eine grundlegende Veränderung der Gesellschaftsordnung. Die unabhängig vom Staat oder von Parteien wirkenden syndikalistischen Gewerkschaften wurden in einigen Ländern zu einflussreichen Massenbewegungen. Das bekannteste Beispiel hierfür ist die 1901 gegründete argentinische *Federación Obrera Regional Argentina* (FORA), die sich zur bedeutendsten Gewerkschaftsföderation des Landes entwickelte und in ihrer Hochzeit etwa 250.000 Mitglieder hatte. Die FORA wirkte insbesondere unter Industrie- und Hafenarbeitern, organisierte aber auch Tagelöhner. Syndikalistische Massenorganisationen existierten auch in Mexiko mit der *Casa del Obrero Mundial* oder in Kuba mit der *Confederación Nacional Obrera de Cuba* (CNOC), in der sich sehr viele afrikanischstämmige Arbeiter organisierten. In Bolivien und Peru existierten bis in die 1940er Jahre hinein ebenfalls starke anarcho-syndikalistische Gewerkschaftsbewegungen, denen sich auch indigene Arbeiter anschlossen.

In Mexiko und andernorts wurde zu Beginn des 20. Jahrhunderts zu ersten Massenstreiks aufgerufen, etwa in den Kupferminen von Cananea an der US-Grenze, wo mehrere Tausend mexikanische Arbeiter gleiche Entlohnung mit ihren US-amerikanischen Kollegen forderten – und dabei brutal niedergeschossen wurden. In Argentinien mündeten die zahlreichen Arbeitskonflikte 1902 in einen ersten Generalstreik, worauf die Regierung unter anderem mit der Verkündung eines Gesetzes reagierte, das es erlaubte, „kriminelle" Ausländer auszuweisen, die im Verdacht standen, Streiks und andere „subversive" Akte angestiftet zu haben. Dieses Gesetz vermochte es nicht, 1909 die sogenannte „rote Woche" (*semana roja*) zu verhindern, die allerdings von einer erneuten Welle gewaltsamer Streiks und blutiger Auseinandersetzungen zwischen Streikenden und Ordnungskräften begleitet wurde. Die Regierung fürchtete nicht nur um die Wirtschaftskraft des Landes, sondern auch um ihr Image und reagierte mit der massiven Repression der Gewerkschaften, vor allem der anarchistischen. Deren Macht wurde schließlich gebrochen und sie konnten nach der Öffnung des politischen Systems ab 1912 nicht mehr an ihre frühere Stellung anknüpfen, obwohl die Streiks und deren blutige Unterdrückung nicht abebbten. 1919 erreichten sie in der sogenannten *semana trágica* (tragische Woche) in Buenos Aires und 1921–22 in Patagonien einen erneuten Höhepunkt. In Chile und Brasilien kam es zu ganz ähnlichen Auseinandersetzungen zwischen Arbeitern, Unternehmen und dem Staat. In Peru wurde der reformorientierte ehemalige Vizepräsident des Landes und Bürgermeister von Lima, Guillermo Billinghurst (1851–1915), mithilfe der erstarkten städtischen Arbeiterschaft 1912 nach einem Generalstreik vom Kongress zum Präsidenten Perus gewählt, allerdings bereits 1914 durch einen Staatsstreich wieder abgesetzt.

Streiks

In der Weltwirtschaftskrise führten Inflation und Arbeitslosigkeit vielerorts zu sozialen Unruhen, auf die die Regierungen teilweise mit Repressionen aber auch mit Arbeits- und Sozialgesetzen reagierten. Mit dem Zusammenbruch der europäischen und US-amerikanischen Absatzmärkte und dem Ende der Exportorientierung gewannen neue Arbeiter- und Gewerkschaftsorganisationen an Bedeutung. Die jetzt nach innen gerichtete Wachstumsstrategie erforderte eine Stärkung der Binnennachfrage durch Lohnerhöhungen und eine generelle und grundsätzliche Verbesserung

Arbeitslosigkeit durch Weltwirtschaftskrise

der Lebensumstände der Bevölkerung (siehe hierzu OGG 49: Lateinamerika seit 1930).

Indigene Arbeiter — Die Präsenz indigener Arbeiter innerhalb der lateinamerikanischen Arbeiterbewegung ist noch nicht erschöpfend erforscht, zweifellos war aber die Mexikanische Revolution, die großen Einfluss auf die Arbeiterbewegung hatte, stark indigen geprägt. Auch hier waren zunächst anarchistische Einflüsse entscheidend. Mobilisiert wurden insbesondere Land- und Bergarbeiter, die eine der zentralen Forderungen der Revolution, ¡*Tierra y Libertad!* – Land und Freiheit – prägten. Der agrarische Anarchismus war auch in Peru sehr stark vertreten, wo anarchistische Ideen mit einer verklärten Vorstellung von indigener Gemeinschaft in der inkaischen Vergangenheit zu einer andinen Utopie verknüpft wurden. Gerade diese Strömung verdeutlicht den Einfluss indigener, lokaler Konzepte, wie etwa den des kollektiven Landbesitzes, auf größere Mobilisierungen innerhalb der Arbeiterschaft.

7.2 Kommunismus und Antiimperialismus

Mit der Russischen Revolution gewann der Kommunismus an Einfluss innerhalb der Arbeiterbewegung, ohne anarchistische oder reformistische Strömungen gänzlich zu verdrängen. Die 1919 in Moskau gegründete Kommunistische Internationale (Komintern) eröffnete ein Jahr später ein Büro in Mexiko und löste damit eine Welle von Gründungen Kommunistischer Parteien aus, die sich – im Sinne moderner Parteien – als Interessensvertretungen der arbeitenden Klasse verstanden. In Mexiko und in Argentinien wurden im selben Jahr der *Partido Comunista Mexicano* (PCM) respektive der *Partido Comunista Argentino* (PCA) gegründet. Die Komintern hatte den Parteien Mexikos, Argentiniens und der USA eine Schlüsselrolle bei der Etablierung kommunistischer Strukturen in Lateinamerika und der Karibik zugedacht. Der *Partido Comunista do Brasil* (PCB) wurde 1922 in Rio de Janeiro gegründet. Auch der Anführer einer einflussreichen politisch-militärischen Bewegung junger Offiziere, die gegen die Oligarchie und den Entwicklungsrückstand des Landes aufbegehrten, Luis Carlos Prestes (1898–1990), erklärte sich nach dem Ende des von ihm angeführten „langen Marsches", der zwischen 1925 und 1927 durch 13 Staaten Brasiliens führte, zum Kommunisten.

Die Stalinisierung der Sowjetunion und der Komintern machte auch vor den kommunistischen Parteien Lateinamerikas nicht halt, und ab Ende der 1920er Jahre waren sie weitgehend abhängig von den Direktiven Moskaus. Dies lehnten viele lateinamerikanische Kommunisten ab und traten für einen Kommunismus lateinamerikanischer Prägung ein, wie etwa der peruanische Intellektuelle und Publizist José Carlos Mariátegui (1894–1930) und der Kubaner Julio A. Mella (1903–1929). Der Peruaner Víctor Raúl Haya de la Torre (1895–1979), der 1924 in Mexiko-Stadt die *Alianza Popular Revolucionaria Americana* (APRA) gründete, löste sich gänzlich von den Kommunisten. Die APRA vertrat unter anderem den Kampf gegen den „Yankee-Imperialismus", die politische Einheit Lateinamerikas und die Internationalisierung des Panamakanals. Ihr Hauptziel war eine nationale, antiimperialistische und demokratische Revolution und die politische und ökonomische Vereinigung des Subkontinents zu einer großen „Indoamerikanischen Nation". Die Polemik, die Haya de la Torre mit den lateinamerikanischen Kommunisten führte, war der Beginn einer langanhaltenden ideologischen Kontroverse zwischen Marxismus und Populismus: Denn die APRA trat mit ihrem ganz ähnlichen Programm in Konkurrenz zu der der Komintern nahestehenden, ebenfalls 1924 in Mexiko-Stadt gegründeten *Liga Antimperialista de las Américas* (LADLA), die Vertretungen in fünfzehn amerikanischen Ländern hatte, einschließlich der USA. Beide Organisationen waren, ebenso wie viele der kommunistischen Parteien, eng mit der lateinamerikanischen Universitätsreformbewegung verbunden (siehe hierzu Kap. I.7.6).

Im Laufe des 20. Jahrhunderts kam es überall in Lateinamerika zur Vereinnahmung der Arbeiterbewegung durch populistische Regierungen. Haya de la Torres APRA in Peru nahm selbst eine solche Ausrichtung an, definierte sich als anti-kommunistisch und reklamierte für sich, authentisch „indigen" und „amerikanisch" zu sein. Verstand sich die APRA anfänglich als eine kontinentale Bewegung, so reduzierte sich ihr direkter politischer Einfluss nach der Weltwirtschaftskrise und aufgrund politischer Repression in den darauffolgenden Dekaden im Wesentlichen auf Peru. Ungeachtet dessen hatte das Programm der APRA Vorbildfunktion für etliche progressive Parteien in Lateinamerika, etwa den *Partido de Acción Democrática* (PAD) Rómulo Betancourts (1908–1981) in Venezuela, den *Partido de Liberación Nacional*

Kommunismus lateinamerikanischer Prägung

José Carlos Mariátegui

APRA

Antiimperialismus

(PLN) von José Figueres (1906–1990) in Costa Rica – beide waren Präsidenten ihrer Länder. Auch das von Víctor Paz Estenssoro (1901–2001), zwischen 1952–1956 und 1960–1964 Präsident Boliviens, gegründete *Movimiento Revolucionario* entlehnte sein Reformprogramm der APRA. Die APRA beeinflusste den Populismus Lateinamerikas, der in unterschiedlichen Ausprägungen auftrat und auf den wir an anderer Stelle näher eingehen. (Siehe OGG 49: Lateinamerika seit 1930).

7.3 Die Mexikanische Revolution

Sonderfall Mexiko

Im Vergleich mit anderen lateinamerikanischen Staaten weist die Geschichte Mexikos im 20. Jahrhundert einige Besonderheiten auf, die eng mit der Mexikanischen Revolution verknüpft sind. Die Revolution, die 1910 ihren Ausgang nahm, war die weltweit erste große Revolution des 20. Jahrhunderts. Sie prägt die mexikanische Geschichte in gesellschaftlichen, wirtschaftlichen, politischen und kulturellen Aspekten bis heute, etwa im Zeichen der „institutionalisierten Revolution" mit dem bis ins Jahr 2000 (und erneut 2012–2018) herrschenden *Partido Revolucionario Institucional* (PRI).

Ende des Porfiriats

Die Revolution beendete die autokratische Herrschaft Porfirio Díaz' (1876/77–1911), die das Land nach den turbulenten Jahrzehnten, die der Unabhängigkeit folgten, zwar politisch und wirtschaftlich zu stabilisieren vermochte. So wurden unter Díaz mittels ausländischer Investitionen die Agrarexportwirtschaft und der Bergbausektor ausgebaut, der Infrastrukturausbau und die Industrialisierung vorangetrieben. Aber seine Politik der „konservativen Modernisierung" löste das Problem der bestehenden sozialen Ungleichheit nicht, denn ungeachtet des Wirtschaftswachstums verarmte die mehrheitlich auf dem Land lebende Bevölkerung zunehmend, weil sie durch die Privatisierung von Land und die Ausdehnung der kommerziellen Landwirtschaft ihr häufig kommunal bewirtschaftetes Land (*ejido*) und ihre Erwerbsmöglichkeiten verlor. Díaz' Herrschaft stützte sich neben militärischer Repression insbesondere auf eine kleine, abgeschlossene Elite von Intellektuellen, Unternehmern und Militärs, die *científicos*, und verweigerte der wirtschaftlich aufstrebenden Mittelschicht eine angemessene politische Partizipation. Der Unmut darüber mündete in den Aufstand des Jahres 1910. Auslöser war der Wahlbetrug des greisen Díaz, mit dem er sich eine weitere Amtsperiode verschafft hatte. Die Aufstandsbewegung gegen Díaz wurde Francisco I. Madero (1873–1913), einem Großgrundbesitzer aus dem mexikanischen Norden, angeführt. Ihr gelang es unter dem Slogan „Echtes Wahlrecht, keine Wiederwahl" (*sufragio efectivo, no reelección*) Díaz im Jahre 1911 stürzen.

„Echtes Wahlrecht, keine Wiederwahl"

Der damit in Gang gesetzte revolutionäre Prozess verlief regional äußerst heterogen und über weite Strecken chaotisch und zeichnete sich durch rasch wechselnde Frontstellungen und politische Koalitionen aus. Da die Mehrzahl der Mexikaner auf dem Land und vom Land lebte, war die Revolution zunächst agrarisch geprägt und wurden im Norden, im Bundesstaat Chihuahua, von Pancho Villa (1878–1923) angeführt und im Süden, im Bundestaat Morelos, von Emiliano Zapata (1879–1919). Hier formierten sich Armeen, die sozialrevolutionäre Forderungen nach „Land und Freiheit" aufstellten und für eine Landreform eintraten. Innerhalb der verschiedenen politischen und regionalen Strömungen der Revolution konnte sich letztendlich eine Gruppe von Großgrundbesitzern aus dem nördlichen Bundesstaat Sonora, die sozial konservativer agierten, dauerhaft politisch durchsetzen.

„Land und Freiheit"

Pancho Villa

Emiliano Zapata

Die historische Forschung stimmt heute darin überein, dass es sich um mehrere, sich überlagernde oder gar gegenläufige Revolutionen oder regionale Erhebungen handelte, denen erst im Nachhinein unter dem übergreifenden Dach der Revolution eine gemeinsame Identität zugesprochen wurde. Die revolutionären Entwicklungen lassen sich grob in zwei Phasen unterteilen: Einer ersten, gekennzeichnet durch kriegerische Auseinandersetzungen und wechselnde Koalitionen der Jahre zwischen 1910 und 1920, in der es dennoch gelang 1917 eine neue Verfassung auszuarbeiten. Die zweite Phase ist zwischen 1920 und 1940/1946 angesiedelt und gekennzeichnet durch eine Stabilisierung und Konsolidierung der revolutionären Herrschaft sowie der Umsetzung der sozialen Forderungen, die in der Verfassung verankert worden waren. Zu den in der Verfassung von 1917 formulierten Zielen gehörten der Aufbau eines umfassenden Bildungssystems (Art. 3), die Nationalisierung von Böden und Rohstoffen und eine Landreform (Art. 27), Arbeiterrechte wie der Achtstundentag und die Sechstagewoche (Art. 123).

Phasen der Revolution

Revolutionskriege

Verfassung von 1917

Wiederaufbau, Aushandlungsprozesse und Stabilisierung

In der zweiten Phase standen der Wiederaufbau der völlig zerstörten Ökonomie und Infrastruktur und die politische und gesellschaftliche Stabilisierung des Landes im Vordergrund. Hauptexponenten dieser Stabilisierungspolitik waren die Präsidenten Álvaro Obregón (1880–1928), der zwischen 1920 und 1924 regierte, sowie Plutarco Elías Calles (1877–1945), der zwischen 1924 und 1928 das Präsidentenamt innehatte. Beide gehörten der „Dynastie" von Revolutionsgeneralen aus dem nördlichen Bundesstaat Sonora an.

„Dynastie der Sonorenser"

Die reale Macht des Staats, den die als „Sonorenser" bezeichneten Generäle anführten, war allerdings prekär und die Periode des Übergangs durch politische Gewalt, Widerstand und wiederholte Militärrebellionen gekennzeichnet. Der neue mexikanische Staat konnte sich erst in einem langwierigen, komplizierten Prozess durchsetzen, in dem antagonistische Interessengruppen eingebunden und ausgesöhnt werden mussten. Die Abhängigkeit Mexikos von ausländischen Investitionen nahm im Laufe der 1920er Jahre zu, so dass das Überleben des neuen Staats unter anderem vom politischen Willen der USA abhing.

Korporatives Staatsmodell

Die veränderte Gesetzgebung, die konstitutionellen Möglichkeiten, die die 1917 verabschiedete Verfassung eröffnete, die offizielle Politik und die populistische Rhetorik der Regierung standen allerdings im Widerspruch zur Realität. Das Prinzip des Verbots der Wiederwahl, das 1910 die erste revolutionäre Welle ausgelöst hatte, wurde von den neuen Machthabern missachtet. Die arbeiterfreundliche Politik, unterstützt durch eine fortschrittliche Arbeitsgesetzgebung, wurde durch die Etablierung eines regierungsloyalen Gewerkschaftsverbands, der *Confederación Regional Obrera Mexicana* (CROM), zeitweise eine der Hauptstützen der Regierung, unterminiert. Auch die Agrarpolitik hatte zunächst nur eine stabilitätspolitische Funktion: Die Landreform wurde in den 1920er Jahren nur sehr selektiv umgesetzt und beschränkte sich im Wesentlichen auf politisch hochsensible Regionen, etwa das südliche Zentralmexiko als Kernregion des von Zapata geleiteten Aufstands.

Neue Arbeiter- und Bauernorganisationen

Die neugegründeten Organisationen für Arbeiter und Bauern dienten vor allem der Kanalisierung populären Aufbegehrens und der Einbindung in das neue korporative Staatsmodell. Eine populistische Regierungsrhetorik unterstützte die Mobilisierung der Bevölkerung, und durch einen offiziell geförderten Indigenismus versuchte man, die marginalisierte indigene Bevölkerung zu integrieren.

7 Gesellschaftliche und politische Differenzierung — 125

Die Betonung der nationalen Souveränität und die Nationalisierungsbestrebungen der neuen Regierung im wirtschaftlichen Bereich, die sich u. a. gegen das Eigentum in Mexiko ansässiger US-amerikanischer und britischer Erdölgesellschaften richteten, veränderten den Charakter der Beziehungen zu den ausländischen Unternehmen und Investoren nicht grundlegend. So erlangte die Revolutionsregierung in Mexiko die diplomatische Anerkennung durch die USA erst nach weitgehenden Zugeständnissen, insbesondere hinsichtlich der Entschädigung revolutionsbedingter Enteignungen. Auch das revolutionäre Mexiko blieb ein Rohstoff exportierendes Land und der nationale Wiederaufbau hing weiterhin stark von ausländischen Investitionen ab. Außerdem stellten die neuen Machthaber einen kapitalistischen Entwicklungsweg nie in Frage. Der Großgrundbesitz blieb, trotz Agrarreform, weiterhin vorherrschend. Aber die Legitimität der Großgrundbesitzer war zerstört, die Selbstverständlichkeit, mit der sie ganze Regionen beherrscht hatten, verschwand. Leibeigenschaft, Schuldknechtschaft und ähnliche Abhängigkeits- und Ausbeutungsverhältnisse wurden abgeschafft. Die neue Arbeitsgesetzgebung verteuerte die ländliche Arbeitskraft und die neue bäuerliche Organisierung in Interessensverbänden veränderte das hierarchische Verhältnis zwischen *patrón* und *cliente* nachhaltig. Viele dieser Transformationen waren weder geplant noch verliefen sie gewaltlos, sie waren vielmehr das Ergebnis von Konflikten und Widersprüchen und deren Aushandlungen.

<small>Nationalisierungen und wirtschaftliche Entwicklung</small>

<small>Neue Arbeitsgesetze</small>

Allerdings gab es in zwei Bereichen ganz bewusste, von der revolutionären Elite konsequent durchgeführte Veränderungen: den Antiklerikalismus, der seinen Ursprung im Liberalismus des 19. Jahrhunderts hatte, und den Aufbau eines nationalen, staatlichen Bildungswesens. Der Grundstein des Konflikts zwischen Staat und Kirche war bereits in der antiklerikalen Ausrichtung der Verfassung von 1917 verankert worden. Als Mitte 1926 die Religionsausübung weiter eingeschränkt wurde, löste dies Massenaufstände unter der katholischen Bevölkerung aus. Der Einsatz von Regierungstruppen zu ihrer Niederschlagung mündete in eine kriegerische Auseinandersetzung, die als *Cristiada* in die Geschichte einging und erst 1929 durch die Rücknahme einiger antiklerikaler Maßnahmen beigelegt werden konnte. Unter der Ägide des Philosophen José Vasconcelos (1882–1959), Rektor der Nationaluniversität und Bildungsminister zwischen 1920 und 1924,

<small>Antiklerikalismus und Bildungsreform</small>

<small>Katholische Massenaufstände</small>

<small>José Vasconcelos</small>

wurde die nationale Bildungsreform initiiert, um die herrschende soziale Ungleichheit zu bekämpfen und um die indigene Bevölkerung in den neuen mexikanischen Staat zu integrieren.

Revolutionäre Kunst der Wandmaler

Die Revolution löste nicht nur eine tiefgreifende politische und gesellschaftliche Transformation aus, sondern setzte auch eine ungeheure Kreativität frei: Sie war Ausgangspunkt einer kulturellen Transformation und einer Neudefinition der mexikanischen Nation – dem mexikanischen Schriftsteller Carlos Fuentes (1928–2012) zufolge die nachhaltigste der unmittelbaren Auswirkungen des revolutionären Prozesses. War indigene und populäre Kunst von den mexikanischen Eliten zuvor als Ausdruck der Rückständigkeit des Landes verachtet worden, wurde diese mit der Revolution zum Symbol von Mexikos authentischer nationaler Identität. Dieser Prozess lässt sich am besten an den künstlerischen Neuerungen der *muralistas*, der Wandmaler Mexikos, nachvollziehen.

Die Konsolidierung der revolutionären Herrschaft in Mexiko, die die Präsidenten Obregón und Calles verfolgten, umfasste die Integration der indigenen und mestizischen Bevölkerungsmehrheit, die Schaffung einer neuen nationalen Einheit und die Modernisierung der Gesellschaft. Dafür musste der Analphabetismus von über 80 % der mexikanischen Bevölkerung überwunden werden. Erziehungsminister Vasconcelos nutzte dazu auch die didaktischen Eigenschaften der Malerei, engagierte junge talentierte mexikanische Künstler und stellte dafür die Mauern öffentlicher Gebäude (Ministerien, Verwaltungsgebäude, ehemalige Klöster und Bildungseinrichtungen) zur Verfügung. Er rief damit die Bewegung der Wandmaler ins Leben und schuf die mediale Voraussetzung für eine einfache, eindrückliche aber identitätsstiftende Vermittlung der revolutionären Erfolge und der neuen Leitbilder an die analphabetische Bevölkerung. In dem 1923 veröffentlichen Manifest der Künstlergewerkschaft erklärten die Künstler ihre Bereitschaft, sich in den Dienst einer staatlich geförderten „Kunst für alle" zu stellen. Abgesehen davon, dass mexikanische Motive und Themen gewählt werden mussten, räumte Vasconcelos den

Die „großen Drei": Diego Rivera, José Clemente Orozco und David Alfaro Siqueiros

Künstlern vollkommene künstlerische Freiheit ein. Bezeichnend für diese Diversität sind die Werke der „großen Drei": Diego Rivera (1886–1957), José Clemente Orozco (1883–1949) und David Alfaro Siqueiros (1896–1974), die heute weltberühmt sind. Für Orozcos Malereien waren ein dezidierter Antiklerikalismus und die Ablehnung des von Vasconcelos propagierten Indigenismus charakteristisch. Rivera dagegen rückte die indigene Bevölkerung ins Zentrum seiner Wandbilder; Siqueiros unterstütze den Indigenismus zunächst ebenfalls, bevor sich die beiden Mitglieder der Kommunistischen Partei Mexikos künstlerisch und politisch voneinander entfernten.

Aus den Entwicklungen und Maßnahmen der 1920er Jahre ging ein neues gesellschaftspolitisches System *sui generis* hervor, das einerseits für Stabilität sorgte, sich andererseits aber durch die Schaffung eines autoritären Einheitsstaats auszeichnete, der mit Gründung des *Partido Nacional Revolucionario* (PNR, die Vorläuferpartei der *Partido Revolucionario Institucional,* der Partei der institutionalisierten Revolution (PRI)) 1929 etabliert wurde. Diese Partei band verschiedene gesellschaftliche Gruppen in das politische System ein, wodurch sie zwar Einfluss nehmen konnten, aber unter den Bedingungen der Partei. Durch eine spezifische Parteien- und Wahlgesetzgebung gelang es später, die Möglichkeit eines Wahlsiegs für oppositionelle Kandidaten einzuschränken, die Grundlage für die jahrzehntelange Herrschaft des PRI. Bedeutend für die künftige Stabilität Mexikos war jedoch auch die zivile Kontrolle der PRI-Regierungen über das Militär.

Partei der institutionalisierten Revolution

Weitreichende Reformen, die Agrarreform sowie eine erneute Bildungsreform und die Nationalisierung der Erdölvorkommen wurden erst unter der Präsidentschaft von Lázaro Cárdenas in den Jahren 1934 bis 1940 durchgeführt. Damit hatte Cárdenas die entscheidende Weichenstellung für das „mexikanische Wunder" (*milagro mexicano*) geschaffen, das außerordentliche Wirtschaftswachstum der 1940er bis 1960er Jahre, wozu die Einnahmen aus dem nun nationalen Erdölkonzern PEMEX (*Petróleos de México*) wesentlich beitrugen. Die Staatseinnahmen flossen auch in den Ausbau des Bildungs- und Gesundheitssystems, in die Etablierung sozialer Sicherungssysteme und sorgten für eine bemerkenswerte politisch-gesellschaftliche Stabilität. Erst in den letzten Jahrzehnten des 20. Jahrhunderts zeigte die Regierung zunehmend autoritäre Züge, etwa in der Repression der Studentenbewegung 1968. Im Nachgang zur lateinamerikanischen Schuldenkrise wurden ab den 1980er Jahren zentrale Errungenschaften der Revolution, etwa die Agrarreformgesetze oder der Wirtschaftsnationalismus, sukzessive zurückgenommen.

Agrarreform und Nationalisierung des Erdölsektors Lázaro Cárdenas

milagro mexicano

7.4 Der Batllismo in Uruguay (1903–1915)

Die Probleme der raschen Modernisierung, der Massenmigration und damit einhergehender sozialer Verwerfungen sowie der Krise der alten politischen Ordnungen stellten sich in den ersten Jahrzehnten des 20. Jahrhunderts in allen lateinamerikanischen Staaten. Die Art, wie Uruguay diese zu lösen versuchte, stellt aber eine Besonderheit dar. Der kleine, mehrheitlich von europäischen Einwanderern besiedelte Staat schaffte in dieser Zeit den Schritt von einer durch Parteien- und Faktionskämpfe der Eliten gekennzeichneten politischen Kultur zu einer von sozialen Elementen getragenen demokratischen Gesellschaft, die mehr oder weniger bis zu den Militärdiktaturen der 1960er Jahre hielt, und auch danach wieder auferstehen konnte. Angestoßen wurden die Reformen von José Batlle y Ordóñez (1856–1929), der die Politik des Landes zwei Jahrzehnte lang dominierte und zwei Mal die Präsidentschaft innehatte (1903–1907, 1911–1915), dessen politische Dominanz nach seinem Tod allerdings auch eine Führungskrise hervorrief.

Uruguay war bis dahin ein von den rivalisierenden Parteien der konservativen *Blancos* und der liberalen *Colorados* zerrissenes Land gewesen, das erst gegen Ende des 19. Jahrhunderts durch eine Regierungsbeteiligung der Oppositionspartei eine prekäre Stabilität erlangt hatte. Allerdings hatte die Massenmigration und Industrialisierung das Land inzwischen stark verändert, und die Kluft zwischen einer modernen städtischen Gesellschaft um die Hauptstadt und den nach wie vor mächtigen konservativen Eliten des Hinterlandes hatte sich weiter verstärkt. Auch Batlle y Ordóñez musste sich nach seiner Wahl zum Präsidenten zunächst militärisch gegen seine politischen Widersacher durchsetzen, nutzte den klaren Sieg dann aber konsequent zu einer Umgestaltung des uruguayischen Staates hin zu einem modernen Wohlfahrtsstaat, auch gegen die alte Elite in seiner liberalen Partei. Er stützte sich dabei auf eine breite Koalition von städtischen Mittelschichten und kleinem, aber kämpferischen Proletariat. Gleichzeitig ließ er die Privilegien der Großgrundbesitzer des Hinterlandes weitgehend unangetastet, zumal die Viehwirtschaft die wirtschaftliche Grundlage für die Reformpolitik darstellte. Ein wichtiger Schritt war die Umgestaltung der Partei und die Verbreiterung der sozialen Basis der Wählerschaft, zunächst durch die Einführung des allgemeinen und gleichen Männerwahlrechtes, 1932 dann auch das der Frauen. Langfristig wichtiger waren jedoch die antiklerikale Politik, die Uruguay in einen konsequent laizistischen Staat mit einem effizienten staatlichen Schulsystem und einem modernen Rechtssystem verwandelte, sowie die Einführung eines Renten- und Pensionssystems. 1905 verbriefte Batlle y Ordóñez das Recht der städtischen Arbeiter auf gewerkschaftliche Organisation und Streik, später folgte der Achtstundentag. Dauerhaftigkeit verlieh dem Projekt aber auch die konsequente Beachtung der Verfassung sowie die Schlichterrolle des Staates im Falle sozialer Konflikte. Allerdings geriet auch dieses System durch die Weltwirtschaftskrise und die Lücke, die der autoritäre Regierungsstil des Gründers hinterlassen hatte, ins Wanken.

7.5 Familie, Gender und Feminismus

Einwanderung, die Entstehung einer urbanen Mittelschicht sowie die Etablierung eines öffentlichen Schulsystems beeinflussten auch die traditionellen, stark von der katholischen Kirche geprägten Familienstrukturen und Geschlechterbeziehungen. Während der Industrialisierung und der damit einhergehenden zunehmenden außerhäuslichen Erwerbstätigkeit von Frauen der Arbeiterschicht, die vor allem Mehrbelastung und gesundheitliche Risiken für diese mit sich brachte, konnten die Frauen der Mittelschicht durch neue berufliche Möglichkeiten von den Veränderungen profitieren. Zudem kamen mit den Einwanderern politische und gesellschaftliche Ideen in die Region, die auch die Genderbeziehungen tangierten.

Außerhäusliche Erwerbstätigkeit von Frauen

Mit der Industrialisierung stieg in Lateinamerika die Frauen- und Kinderarbeit. In einigen Sparten, wie z. B. der Textil-, Nahrungsmittel- und Tabakindustrie, waren überwiegend Frauen beschäftigt. Daneben blieb die Heimarbeit ein wichtiger Erwerbszweig, gerade für Frauen in den Städten. Diese zogen bald die Aufmerksamkeit des Staates und der Gesellschaft auf sich, die sich um die Konsequenzen der Frauenarbeit, vor allem im Hinblick auf Mutterschaft und Familie, sorgten. Einige Staaten erließen unter dem Eindruck positivistischer und eugenischer Ideen Mutterschutzgesetze, und innerhalb der Gewerkschaften entwickelte sich weibliches Engagement. Die durch die rapide Urbanisierung hervorgerufenen Probleme der Hygiene und Gesundheit

Eugenik

Hygiene und Gesundheit

in den prekären Arbeiterwohnungen führten darüber hinaus zu Programmen, die die Frauen der unteren Schichten dazu anhalten sollten, ihre Kinder stärker nach bürgerlichen Vorstellungen von Sauberkeit, Ordnung, Pünktlichkeit und Fleiß zu erziehen. In der Folge verbreiteten sich aber auch Vorstellungen von einer Arbeiterfamilie mit klarer Rollenverteilung (männlicher Brotverdiener, weibliche Hausfrau und Mutter).

Staatliche Maßnahmen

Frauen, vor allen Dingen diejenigen der Unterschicht, wurden zum Objekt von staatlichen Regelungen und Maßnahmen, mit denen man eine Reihe sozialer und wirtschaftlicher Missstände beheben wollte. Durch eine verbesserte Erziehung der Kinder und Maßnahmen im medizinischen und sanitären Bereich erhoffte man sich eine physische und moralische Gesundung der Gesellschaft insgesamt, und die Mütter als Erzieherinnen der zukünftigen Generation galten als ihre Agenten. Dies bot Frauen gleichzeitig eine Möglichkeit, mehr Rechte einzufordern. Außerhäusliche Erwerbstätigkeit von Frauen, wissenschaftlich-medizinische Reformprojekte, Mutter- und Arbeitsschutzgesetze für Arbeiterinnen und der Beginn einer Frauenbewegung sind daher eng miteinander verknüpft.

Mutterschaft

Neue Berufe für Frauen

Diese wurde vor allem von den Frauen der urbanen Mittelschicht getragen, die ebenfalls zunehmend erwerbstätig waren. Die Ausweitung des Bildungssystems und neue Berufe wie Telegraphistin oder Stenotypistin sowie die Feminisierung von Dienstleistungsberufen wie Lehrer(in), Sekretär(in), Krankenschwester oder Buchhalter(in) eröffneten ihnen neue Möglichkeiten. Auch diese Frauen spielten im öffentlichen Diskurs eine wichtige Rolle, denn sie waren der Ausweis dafür, dass sich das Land auf dem Weg in die Moderne befand. Sie galten als fähig und fleißig und lieferten, auch in ihrer eigenen Wahrnehmung, einen wichtigen Beitrag für die Nation und die Gesellschaft.

Frauenbewegungen

An diesem Punkt setzten die lateinamerikanischen Frauenbewegungen an, die zu Beginn des 20. Jahrhunderts vor allem in denjenigen Regionen stark wurden, in denen der Modernisierungsprozess fortgeschritten war. Feministische Gruppen, die Zugang von Frauen zur Politik forderten, entstanden zunächst vor allem in den Ländern des *Cono Sur* sowie in Mexiko, Kuba und Brasilien, wobei die argentinische Frauenbewegung zusammen mit der chilenischen zu den aktivsten, aber auch heterogensten des südamerikanischen Kontinents zählte.

Durch die relativ frühe Öffnung lateinamerikanischer Universitäten für Frauen gab es seit Beginn des 20. Jahrhunderts bereits eine Reihe von Lehrerinnen und Ärztinnen, die kompetent in die Debatten um staatliche Gesundheits- und Bildungsmaßnahmen eingreifen konnten. Sie taten dies auf zahlreichen Kongressen zu solchen Themen, die sich immer stärker zu einem Forum für gebildete Frauen der Mittel- und Oberschicht wandelten und die schließlich in politischen Forderungen gipfelten. Hinzu kam eine allgemeine Diskussion über eine Demokratisierung der Republiken, die sich zunächst nur auf die Erweiterung der männlichen Partizipation bezog. Die frühen Feministinnen versuchten, wenn auch in unterschiedlichem Maße, ihre Ziele in Einklang mit dem Staat durchzusetzen, indem sie darauf verwiesen, dass sowohl die Defizite der oligarchischen Demokratien als auch die sozialen Probleme der modernen Metropolen nicht ohne die politische und soziale Partizipation von Frauen zu lösen seien.

Bildung

Die 1920er Jahre waren daher in vielen Ländern geprägt von Aktivitäten, bei denen politische und zivile Rechte für Frauen gefordert wurden. Erfolgreich waren diese Bewegungen zunächst dort, wo sie mit den männlichen politischen Eliten kooperierten, wie in Ecuador (1929), Uruguay und Brasilien (1932). In Argentinien oder Chile hingegen erlangten die Frauen trotz zahlreicher Vorstöße in den 1920er Jahren erst nach dem Zweiten Weltkrieg volle politische Rechte, in Mexiko gar erst 1954. In den meisten Ländern wurde Frauen in den 1940er und 1950er Jahren das Wahlrecht zuerkannt, das Schlusslicht bildete Paraguay 1967. Allerdings blieben sie zunächst aus der formalen Politik – und vor allem aus Führungspositionen in Staat und Gesellschaft – weitgehend ausgegrenzt. In der Nachkriegszeit vollzog sich ihre Integration oft unter dem Schirm korporativistischer Regime wie im peronistischen Argentinien, in der „Partei der institutionalisierten Revolution" in Mexiko oder im nachrevolutionären Bolivien und in Kuba (siehe OGG 49: Lateinamerika seit 1930). Dies geschah durch eine Integration von oben in hierarchisch organisierte und männlich dominierte Parteien oder Gewerkschaften. Gleichzeitig ließen in dieser Zeit feministische Aktivitäten nach, nicht nur, da das große Ziel des Wahlrechtes erreicht war, sondern auch, weil im Zeichen revolutionärer Visionen Genderfragen und somit die spezifischen Anliegen von Frauen als zweitrangig galten. Die Tatsache, dass die frühen feministischen Bewegungen vorrangig ein Mittel- und

Wahlrecht für Frauen

Korporativistische Regime

Oberschichtphänomen gewesen waren, führte darüber hinaus zu einer Ablehnung des Feminismus durch Frauen aus der Unterschicht oder der indigenen Bevölkerung.

7.6 Bildungspolitik und Bildungsreformen

Das von den Kolonialmächten übernommene Bildungssystem der lateinamerikanischen Staaten, zu dem in Hispanoamerika auch einige Universitäten zählten, war stark von der katholischen Kirche geprägt und stellte einen wichtigen Faktor in der Auseinandersetzung zwischen liberal-republikanischen Politikern und der Kirche dar. Mit Ausnahme Kolumbiens etablierten sich jedoch in der zweiten Hälfte des 19. Jahrhunderts überall säkulare Bildungssysteme, auch wenn diese zumeist auf die Städte konzentriert waren. Der Siegeszug des Positivismus gab dann einer Modernisierung des Bildungssystems Auftrieb. Ab den 1860er Jahren wurden in den meisten Staaten höhere Ausbildungsinstitutionen, z. B. zur Lehrer- oder Offiziersausbildung, nach europäischem oder US-amerikanischem Vorbild gegründet. Diese verlagerten den Schwerpunkt der Ausbildung weg von traditionellem humanistischem hin zu naturwissenschaftlichem und anwendungsorientiertem Wissen, und sie gehorchten säkularen und staatsorientierten Prinzipien.

Säkularisierung

Universitäten

Reformen, Studentenproteste

Von diesen höheren Bildungsstätten gingen zu Beginn des 20. Jahrhunderts weitere Reformen aus, die sich nicht nur auf die Bildung, sondern auf das politische System insgesamt bezogen. Ihren Ausgang nahmen diese Reformen mit der sogenannten Universitätsreformbewegung 1918 in Córdoba (Argentinien). Sie ist vor dem Hintergrund steigender Studierendenzahlen sowie der Ausbreitung einer Mittelschicht, die sich über Bildung einen Zugang zu politischer und wirtschaftlicher Partizipation erhoffte, zu sehen. Die Proteste der Studierenden gingen bald über konkrete Missstände an den Universitäten hinaus und nahmen angesichts des Widerstandes der Universitätsleitung und der konservativen Eliten nationale Dimensionen an. Die Forderungen zielten auf eine Modernisierung und Professionalisierung des Bildungswesens, erstreckten sich aber auch auf eine Demokratisierung der Universität, die angesichts der Bedeutung der Universitätsabschlüsse für staatliche Ämter eine Voraussetzung für die Demokratisierung der politischen Strukturen war. Mit der Universitätsreform traten studentische Bewegungen als neuer politischer Akteur in Erscheinung, der auch international vernetzt war. Ähnliche studentische Bewegungen wie in Argentinien entstanden in Chile, Kuba, Uruguay und Peru, wo es bereits 1907 an der *Universidad Nacional de San Agustín* in Arequipa zu einem studentischen Streik gekommen war. 1921 vernetzten sich die Bewegungen auf einem internationalen Studentenkongress in Mexiko.

Die Reformen führten letztlich zu einer Öffnung der politischen Systeme in Argentinien und Chile, so wie sie bereits zum Sturz der Diktatur 1911 in Mexiko beigetragen hatten. In Kuba stürzten ehemalige Mitstreiter der Universitätsreformbewegung in der Revolution von 1933 den autokratischen Präsidenten Gerardo Machado. In den 1920er und 1930er Jahren wurden die Bildungsreformen von vielen populistischen Regierungen aufgegriffen, die eine Ausweitung der Bildungschancen für die Unter- und Mittelschichten auf ihre Fahnen schrieben.

Defizitär blieb allerdings in den meisten Staaten Lateinamerikas, mit Ausnahme Mexikos und der Länder des *Cono Sur*, die staatliche Primar- und Sekundarschulbildung, die erst in der zweiten Hälfte des 20. Jahrhunderts durch eine groß angelegte Kampagne in Zusammenarbeit von UNESCO und der US-amerikanischen Allianz für den Fortschritt angegangen wurde (siehe OGG 49: Lateinamerika seit 1930). Bis heute gilt defizitäre Bildung für breite Schichten der Bevölkerung als eines der gravierendsten Probleme der lateinamerikanischen Staaten.

Primar- und Sekundarschulen

8 Kultureller Wandel und neue nationale Identitätsentwürfe

8.1 Politischer und kultureller Indigenismus

Ende des 19. Jahrhunderts kam es infolge des wirtschaftlichen Aufschwungs im Rahmen der Exportorientierung in den meisten Ländern Lateinamerikas nicht nur zu einer Zurückdrängung der traditionellen sozialen und ökonomischen Beziehungen, sondern auch zu einer neuen Diskussion innerhalb der weißen und mestizischen Eliten über die Rolle der indigenen Bevölkerung. Unge-

Indigene als Fortschrittshindernis

brochener Fortschrittsoptimismus, Positivismus und die Übernahme rassistischer Vorstellungen aus Europa führten – neben der wirtschaftlichen Marginalisierung – dazu, dass die indigene Bevölkerung zunehmend als Fortschrittshindernis wahrgenommen wurde. Vor allem in denjenigen Staaten, die über eine zahlenmäßig bedeutende indigene Bevölkerung verfügten, wie Mexiko, Bolivien, Peru, Ecuador und Guatemala, entstand eine als *indigenismo* bezeichnete Strömung, die die schlechten Lebensbedingungen der indigenen Bevölkerung und deren Ausbeutung anprangerte.

Staatliche Maßnahmen

Diese sollte mit einer von staatlicher Seite geförderten Erziehung zu westlicher Lebensweise und Werten behoben werden. Der Indigenismus erfuhr regional verschiedene Ausprägungen und er hatte politische, administrative oder künstlerische Facetten.

Künstlerischer Indigenismus

Der künstlerische Indigenismus erlebte zu Beginn des 20. Jahrhunderts in einigen Ländern eine große Blüte. In den Andenländern und in Guatemala beschrieben Literaten eindrucksvoll die patriarchalisch-klientelistischen Abhängigkeitsverhältnisse und prekären Lebensbedingungen der indigenen Landbevölkerung.

Literatur

Den Anfang machte die Peruanerin Clorinda Matto de Turner (1852–1909) mit *Aves sin nido* (1889), gefolgt von dem bolivianischen Schriftsteller und Historiker Alcides Arguedas (1879–1946) mit *Raza de bronce* 1919 (erste Version *Wata-Wara* 1904). Wichtige Vertreter der zweiten Generation, deren Darstellungen bereits etwas differenzierter ausfielen, waren der Ekuadorianer Jorge Icaza (1906–1978) mit *Huasipungo* (1934), der Peruaner Ciro Alegría (1909–1967) mit *El mundo es ancho y ajeno* (1941) sowie der Mexikaner Ricardo Pozas (1912–1994) mit *Juan Perez Jolote* (1952).

Fotografie

Auch das moderne Medium der Fotografie, das sich in Lateinamerika rasch verbreitet hatte, dokumentierte sowohl vorspanische Architektur als auch das Leben der indigenen Bevölkerung. Stellvertretend für viele sei hier nur der indigene peruanische Fotograf Martin Chambi (1891–1973) und seine „Cuzco-Schule" erwähnt. Überhaupt war Cuzco, die alte Inka-Hauptstadt, in der ersten Hälfte des 20. Jahrhunderts das Zentrum des Indigenismus in den Anden, hier lebten und wirkten Intellektuelle, Schriftsteller, Musiker, Fotografen, Maler und andere Künstler. In Mexiko schufen, wie oben beschrieben, nach der Revolution bildende Künstler mit ihren Wandgemälden eine neue Lesart der nationalen Geschichte, die nicht nur formal von der europäisierenden Darstellung abwich.

8 Kultureller Wandel und neue nationale Identitätsentwürfe — 135

Eines der zentralen Anliegen des politisch-kulturellen Indigenismus war die Rückbesinnung auf die indigenen Kulturen, vor allem auf solche, die den abendländischen „Hochkulturen" gleichgestellt werden konnten. Eine Glorifizierung der aztekischen oder inkaischen Vergangenheit zur Schaffung einer historisch gewachsenen, weit zurückreichenden nationalen Identität, entsprechend den europäischen Nationsvorstellungen, ließ sich aufgrund der assimilatorischen Tendenzen der Bewegung durchaus mit dem Ziel einer als homogen und mestizisch gedachten Nation vereinbaren. Die Marginalisierung der indigenen Bevölkerung wurde vorwiegend als eine Folge der Kolonialherrschaft dargestellt, die durch Bildung und Anpassung an die Moderne überwunden werden konnte. In diesem Kontext kam es auch zu Übernahmen anderer europäischer Ideen, wie z. B. der auf marxistischen Theorien basierenden Analyse der gesellschaftlichen Spannungen als Klassenfrage. So suchte der peruanische Intellektuelle José Carlos Mariátegui die Lösung der Probleme seines Landes in einer Verbindung von kollektiven indigenen Traditionen und europäischem Marxismus. Auf der anderen Seite führten marxistische Ideen, die ab den 1920er Jahren Verbreitung fanden, allerdings dazu, dass die indigene Frage zunehmend der Klassen- und der Landfrage untergeordnet wurde. Damit verschwand die ethnische Komponente aus dem Blickfeld, bis sie am Ende des 20. Jahrhunderts umso stärker wieder hervortrat (siehe OGG 49: Lateinamerika seit 1930).

Der politisch-administrative Indigenismus, der sich vor allem in der Einrichtung von „Indianerschutzbehörden" manifestierte, wurde insbesondere im nachrevolutionären Mexiko zu einem zentralen Element staatlicher Politik. Mit der Ausrichtung des Ersten Interamerikanischen Indigenistischen Kongresses 1940 prägte Mexiko lange Zeit den staatlichen Indigenismus in Lateinamerika. Bedeutend war hier der Anthropologe Manuel Gamio (1883–1960), der 1926 zum Staatsminister im Bildungsministerium ernannt wurde. Gamio hatte zu Beginn des Jahrhunderts bei Franz Boas (1858–1942) an der *Columbia* Universität studiert, war zwischen 1913 und 1916 Generalinspektor der archäologischen Stätten Mexikos gewesen und gründete 1917 eine anthropologische Abteilung im Landwirtschaftsministerium. Gamio war, beeinflusst durch Boas' Kulturrelativismus, der Überzeugung, dass die Integration der indigenen Bevölkerung und die Formierung einer *me-*

Glorifizierung der indigenen Vergangenheit

José Carlos Mariátegui

Staatlicher Indigenismus

Transkulturation

xicanidad ein transkultureller Prozess sei, in dem sich beide Seiten verändern müssten, die Nation müsse sich „indianisieren". Die Mexikaner müssten sich intensiver mit der indigenen Kultur auseinandersetzen, und zwar nicht nur mit der Vergangenheit, sondern mit der lebendigen Alltagskultur. Ungeachtet dieser Vorstellungen wurde auch in Mexiko staatlicherseits Assimilationspolitik betrieben, d. h. eine „Zivilisierung" der vermeintlich rückwärtsgewandten und in ihrer Marginalität verharrenden Indigenen war bis in die 1960er und frühen 1970er Jahre Ziel indigenistischer Politik. Auch in anderen lateinamerikanischen Ländern mit einem hohen indigenen Bevölkerungsanteil verfolgte man eine ähnliche Politik. In Peru betrieb z. B. der Diktator Augusto B. Leguía (1863–1932) zwischen 1919 und 1930 einen paternalistischen staatlichen Indigenismus mit dem Ziel, die emanzipatorischen indigenistischen Strömungen zu absorbieren.

8.2 *Mestizaje* und andere Nationsvorstellungen

Mit dem Einzug von homogenisierenden Nationsvorstellungen verbreitete sich bereits ab der Mitte des 19. Jahrhunderts in Hispanoamerika das Konzept des *mestizaje*. Inspiriert durch die Mexikanische Revolution, wenn auch auf jeweils eigenen Traditionen basierend, entwickelten seit Beginn des 20. Jahrhunderts mehrere lateinamerikanische Länder inklusivere Nationsvorstellungen. Der Begriff *mestizaje* bezeichnet die biologische und/oder kulturelle Verbindung von Bevölkerungsgruppen unterschiedlicher Herkunft. Als Mestizen (in Zentralamerika *ladinos*) bezeichnete man zunächst hispanisierte Indigene sowie Nachkommen aus spanisch-indigenen Verbindungen. Die Bezeichnung „Mulatten" betraf Nachkommen von spanisch/europäischen und afrikanischen Eltern. *Castas* hingegen waren aus Verbindungen von indigenen und afroamerikanischen Menschen hervorgegangen. Die klare Trennung der verschiedenen Gruppen war allerdings aufgrund der fortschreitenden Vermischung aller Bevölkerungsgruppen bereits gegen Ende der Kolonialzeit weitgehend obsolet geworden. Die von den neuen Staaten angestrebte Formierung einer nationalen Homogenität zielte daher seit Beginn des 20. Jahrhunderts vorwiegend auf die Assimilation indigener und anderer marginalisierter Bevölkerungsgruppen durch Bildung,

Kultur, Moral und wirtschaftliche Veränderung (Indigenismus), aber auch auf eine biologische Vermischung. Das Vordringen rassistischer und positivistischer Vorstellungen in Lateinamerika befeuerte diesen Prozess noch, denn die Lateinamerikaner werteten die von den europäischen Rassetheoretikern als „schlecht" betrachtete Vermischung positiv um. Einflussreichster Vertreter dieser Strömung war der mexikanische Bildungsminister und Philosoph José Vasconcelos, ein wenig bekannter Vorläufer Franz Tamayo (1879–1956), der 1910 in Bolivien bereits ähnliche Vorstellungen formuliert hatte.

Europäische Rassentheorien

Vasconcelos beschrieb in seinem Buch *La raza cósmica* (1925) die Existenz einer überlegenen „kosmischen Rasse", die sich aus europäischen und indigenen Elementen zusammensetzte. Sie zeichnet sich weniger durch eine biologische denn eine kulturelle Überlegenheit aus, ihre prototypischen Vertreter sind Vasconcelos zufolge Mestizen, die in Mexiko wie auch in vielen anderen lateinamerikanischen Staaten die Mehrheit der Bevölkerung darstellen. Seine Theorie konterkarierte zwar die vorherrschende rassistische Ideologie der Überlegenheit der weißen Weltbevölkerung, aber dessen ungeachtet basierten auch seine Vorstellungen auf rassistischen Grundannahmen.

Die „Kosmische Rasse"

Mestizische Nationsvorstellungen setzten sich allerdings nicht überall durch. Diejenigen Staaten, die über eine große indigene Bevölkerung verfügten wie Bolivien oder Guatemala taten sich oft schwer, diese überhaupt in ihre nationale Identität zu integrieren. Ihre Nationsvorstellungen blieben „weiß" bzw. assimilatorisch, und Versuche, durch patriotische Feste und Symbole nach klassischen europäischen Vorbildern eine Nation zu schaffen, griffen nicht. Die indigene ländliche Bevölkerung verharrte, auch in ihrer Selbstwahrnehmung, am Rande, wenn nicht gar außerhalb der Nation. Indigenistische Ansätze konnten daran wenig ändern.

Marginalisierung der Indigenen

In Chile hingegen basierte die „Erfindung der Nation" im Wesentlichen auf der nationalen Geschichte, die sich durch die (vermeintliche) Stabilität ihrer politischen Institutionen von den Nachbarstaaten abgrenzte. Chile sah sich selbst als „Modellrepublik", und die wirtschaftliche Prosperität der Jahrhundertwende sowie der Sieg im Salpeterkrieg 1884 stärkten diese Sichtweise. Argentinien dagegen versuchte angesichts der Massenmigration eine Einwandereridentität zu schaffen, die gleichwohl die natio-

Modellrepublik

Schmelztiegel nalen Besonderheiten hervorhob. Der argentinische Schmelztiegel (*crisol de razas*) fokussierte sich einerseits auf die europäischen Wurzeln des überwiegenden Teils der Bevölkerung, versuchte diese aber mit eigenen Charakteristika auszustatten. Die zuvor als „barbarisch" abgestempelte mestizische Landbevölkerung, symbolisiert in der Figur des *gaucho*, verkörperte seit der Jahrhundertwende nationale Eigenschaften wie Freiheitsliebe und Gerechtigkeitssinn. Gleichzeitig bot die Figur auch Kreolen und Einwanderern, die mit ihr durch die Lektüre von „Groschenromanen" sowie durch die Schule vertraut waren, Identifikationsmöglichkeiten. Die indigene und die afroargentinische Bevölkerung wurde hier, wie auch in fast allen anderen lateinamerikanischen Ländern mit Ausnahme von Kuba und Brasilien, buchstäblich aus der nationalen Meistererzählung „herausgeschrieben" und konnte sich erst am Ende des 20. Jahrhunderts allmählich wieder einen Platz im Imaginarium der Nationen verschaffen.

8.3 *Modernismo* und die Idee der kulturellen Anthropophagie

Etwa zeitgleich mit den Entwicklungen in Mexiko veränderte in Brasilien eine andere künstlerische Strömung die Vorstellungen von der lateinamerikanischen kulturellen Identität. Diese als *modernismo* bezeichnete Bewegung wurde zum Ausgangspunkt einer eigenständigen Kunstproduktion in der bildenden Kunst, der Musik und der Literatur.

Literarischer modernismo in Hispanoamerika Zunächst hatte in Hispanoamerika eine ebenfalls als *modernismo* bezeichnete literarische Strömung für Aufsehen gesorgt. Sie galt als erste literarische spanischsprachige Bewegung, die ganz unabhängig in Hispanoamerika entstanden war, großen Einfluss auf Schriftsteller des spanischen Mutterlands ausübte und die traditionelle Poesie radikal veränderte. Zu den wichtigsten Vertretern in Hispanoamerika gehörten der Kubaner José Martí, der Uruguayer José Enrique Rodó, die oben bereits vorgestellt wurden, vor allem aber der Nicaraguaner Rubén Darío (1867–1916), der 1890 den Begriff *modernismo* als Bezeichnung für die neuen poetischen und literarischen Konzepte geprägt haben soll. Diese weisen Bezüge zur europäischen *l'art pour l'art*-Bewegung auf, insbesondere in der Auflehnung gegen literarische Konventionen und der Suche nach neuen, subtileren Ausdrucksmitteln. Die *moder-*

nistas thematisierten die Urbanisierung und ihre negativen Auswirkungen, und sie setzten sich mit dem positivistisch konzipierten, auf biologischen Rassekonzepten und linearen Geschichts- und Fortschrittsmodellen beruhenden Konzept von Modernität kritisch auseinander. Allerdings positionierten sie sich ganz unterschiedlich zur Bedeutung der indigenen Kulturen für den Kontinent: Im Gegensatz zu Martí und Darío spart Rodó die Indigenen in seinen Essays aus der lateinamerikanischen Wirklichkeit aus. Die *modernistas* waren jedoch alle Vertreter des Kosmopolitismus, als dessen ästhetisches Zentrum Paris galt.

Kosmopolitismus

Der zeitlich etwas später angesiedelte brasilianische *modernismo* hingegen zeichnet sich durch eine stärkere Ablehnung bzw. Umformung der europäischen Kunst aus. Er nahm seinen Ausgang in der *Semana de Arte Moderna*, die im Februar 1922 in São Paulo stattfand, dem Jahr, in dem Brasilien sein hundertjähriges Bestehen als unabhängige Nation feierte. Auch er orientierte sich an den neuen Formensprachen der europäischen Moderne, suchte aber eine echte *brasilianidade* in der Kunst. Die als fade und langweilig empfundene europäisch orientierte Kunst des 19. Jahrhunderts sollte abgelöst werden durch eine eigenständige brasilianische Avantgardekunst, die sich an diesen beiden scheinbar widersprüchlichen Vorstellungen von europäischer Moderne und Brasilianität orientierte. Statt reiner Imitation sollte – in Anspielung auf die kolonialzeitlichen Kannibalismusvorwürfe – durch einen Prozess der „Einverleibung" und „Verdauung" etwas Neues, genuin Brasilianisches entstehen.

Brasilianischer *modernismo*

Komponisten wie Heitor Villa-Lobos (1887–1959) und Francisco Mignone (1897–1986) bezogen folkloristische und afrobrasilianische Elemente in ihre Musik ein, Schriftsteller wie Mário (1893–1945) und Oswald de Andrade (1890–1954) integrierten populäre und afrobrasilianische Sprachelemente und Themen in ihre Schriften und Malerinnen wie Anita Malfatti (1889–1964) und Tarsila do Amaral (1886–1973) versuchten, die brasilianischen Wirklichkeiten durch neue Formensprachen abzubilden. Auch bei den *modernistas* findet sich allerdings die Spannung zwischen der Besinnung auf eigene, nicht europäische Traditionen und der Faszination für die Moderne. Zudem zogen sie unterschiedliche politische Konsequenzen. Während Oswald de Andrade Mitglied der kommunistischen Partei war, spaltete sich ein Teil der *modernis-*

Brasilianische Formensprache und europäische Avantgarde

tas ab und gründete eine nationalistische „gelb-grüne" Bewegung (benannt nach den Nationalfarben).

<small>Manifeste</small> Programmatisch äußerten sich die *modernistas*, wie in dieser Zeit üblich, in Manifesten, die in Kulturzeitschriften, die damals in großer Zahl entstanden, veröffentlicht wurden. 1924 setzte sich Oswald de Andrade in einem *Manifesto Pau Brasil* (Brasilholzmanifest) mit der kolonialen Vergangenheit auseinander. 1928 folgte in der *Revista da Antropofagia* ein „anthropophagisches Manifest", in das ein Gemälde von Tarsila do Amaral integriert war. Andrade versuchte darin, sich gegen die dem brasilianischen *modernismo* inhärenten nationalistischen Töne, aber auch gegen die Romantisierung der indigenen Bevölkerung im brasilianischen *in-* <small>Anthropophagie</small> *dianismo* abzugrenzen. In einer Abwandlung des Shakespearezitates und in Anspielung auf die indigene Tupi-Bevölkerung Brasiliens konstatierte er *„Tupy, or not tupy, that is the question"*, und „nur die Anthropophagie eint uns. Sozial. Ökonomisch. Philosophisch". Auch bei Andrade wird der alte Kannibalismusvorwurf subversiv und parodistisch umgedeutet. Damit weist das Manifest auf den performativen Charakter von Identität bzw. deren Aushandeln hin, erhebt aber auch die kulturelle Vermischung zu einem wichtigen Merkmal brasilianischer Identität, eine Vorstellung, die in den Folgejahren auf sozio-politischer Ebene tonangebend werden sollte und bis heute nachwirkt.

<small>Gilberto Freyre</small> Wenige Jahre nach dem „anthropophagischen Manifest" erschien 1933 das bis heute kontrovers diskutierte Buch *Casa grande e senzala* (Herrenhaus und Sklavenhütte) des brasilianischen Sozialwissenschaftlers Gilberto Freyre (1900–1987), der ebenfalls einer brasilianischen Identität, einem „Nationalcharakter", nachspürte. Neben methodischen Neuerungen, die sein Werk auszeichnete, die jedoch erst sehr viel später von der Historiographie gewürdigt werden sollten, liegt das Besondere des Werks darin, dass Freyre, ähnlich wie zuvor Vasconcelos für Mexiko, die Wurzeln der brasilianischen Identität in der Vermischung sah, in diesem Fall der portugiesisch-stämmigen und der afrikanisch-stämmigen Bevölkerung. Bei aller späteren Kritik an der Theorie Freyres ist es doch bemerkenswert, dass er sein Werk in einer Zeit vorlegte, als in Europa und den USA allenthalben der Rassismus *en vogue* war und „Rassenmischung" als „schädlich" wenn nicht sogar „schändlich" gebrandmarkt wurde.

Vorstellungen von durch Kulturkontakt entstandenem soziokulturellem Wandel als prägendem Faktor der lateinamerikanischen Gesellschaften sind bis heute weit verbreitet und haben eigenständige lateinamerikanische Theorien hervorgebracht. Ihre Rezeption durch die nicht auf Lateinamerika bezogene Forschung setzte allerdings erst später ein. Dies gilt vor allem für die Transkulturationstheorie (1940) des Kubaners Fernando Ortiz (1881–1969), die erst im 21. Jahrhundert von der europäischen und nordamerikanischen Forschung aufgegriffen wurde. Diese hat die die zunächst weiter verbreitete Vorstellung von „hybriden Kulturen" (1990) des argentinisch-mexikanischen Kulturwissenschaftlers Néstor García Canclini (*1939) inzwischen ersetzt.

Transkulturation

II Grundprobleme und Tendenzen der Forschung

1 Archive, Bibliotheken und Historiographie

1.1 Archive und Bibliotheken

Während für die Kolonialzeit mit dem *Archivo General de Indias* in Sevilla ein Archiv für koloniale Verwaltung Hispanoamerikas und dem *Instituto do Arquivo Nacional/Torre do Tombo* für das portugiesische Imperium vorhanden ist, gibt es für die Zeit nach der Unabhängigkeit keine zentrale Anlaufstelle mehr, so dass an dieser Stelle nur eine allgemeine Beschreibung der Archiv- und Quellenlage erfolgen kann. Alle lateinamerikanischen Staaten verfügen über eigene Nationalarchive, die unterschiedlich gut verwaltet sind. Findbücher sind im Allgemeinen nicht publiziert, allerdings haben zahlreiche Archive in den letzten Jahrzehnten umfangreiche Digitalisierungsmaßnahmen begonnen, die neben den Findbüchern auch wichtige Quellenbestände umfassen. Neben den nationalen Archiven beherbergen auch die jeweiligen Nationalbibliotheken oder Nationalmuseen eine Reihe von Nachlässen, Zeitungen, Fotografien und anderen Quellenbeständen. Darüber hinaus existieren zahlreiche, oft gut geführte Privatarchive und Privatbibliotheken mit umfangreichen Quellenbeständen. Weniger gut gepflegt sind dagegen zumeist die regionalen und kommunalen Archive, obgleich diese für sozialgeschichtliche und politikwissenschaftliche Arbeiten sehr aufschlussreich sind und zunehmend genutzt werden. Gleiches gilt für die Kirchenarchive auf verschiedenen Ebenen, deren Bestände allerdings zu einem sehr großen Teil über die Mikrofilme bzw. Digitalisate der *Genealogical Society of Utah* eingesehen werden können. Private wirtschaftshistorische Quellen wie z. B. Firmenarchive sind, sofern vorhanden, meist schwer zugänglich. Historische Statistiken der UN zu Wirtschaft und Gesellschaft lassen sich allerdings im Archiv und auf den Webseiten der *Comisión Económica para América Latina* (Cepal) [1.7] finden. Zahlreiche spezialisierte Archive von nicht staatlichen Institutionen sind insbesondere für die Geschichte des 20. Jahrhunderts wichtig, viele haben ihre Bestände

Marginalien: Nationalarchive — Nationalbibliotheken — Weitere Archive — Webseiten und Online-Dokumente

inzwischen online zugänglich gemacht. Beispielhaft hierfür sei auf die zahlreichen, online zugänglichen Archive für die Dokumentation der Menschenrechtsverbrechen der Diktaturen der zweiten Hälfte des 20. Jahrhunderts verwiesen, die zumeist von den nationalen Wahrheitskommissionen oder Menschenrechtsorganisationen veröffentlicht wurden. Einen guten Einstieg in das Thema bietet die Website des *Nürnberger Menschenrechtszentrums* (NMRZ) [1.7], auf der sich zahlreiche Beiträge zum Thema Menschenrechte zu Lateinamerika finden.

Für die Geschichte der lateinamerikanischen Staaten sind darüber hinaus Archive in Spanien, Portugal, Großbritannien, Frankreich und den USA von Bedeutung. Für die Beziehungen zwischen Lateinamerika und den USA wurde umfangreiches Material, insbesondere die diplomatische Korrespondenz, aus den *National Archives* in Washington publiziert. Dokumente zu den Beziehungen Lateinamerikas und der USA im Kalten Krieg finden sich im *National Security Archive* der *George Washington University* [1.7], zahlreiche davon digitalisiert. Ferner bietet das *Woodrow Wilson International Center for Scholars in Washington* thematische Quellensammlungen, vor allem zu Kuba und Brasilien.

Bibliotheken und Archive außerhalb Lateinamerikas

Darüber hinaus finden sich zahlreiche Quellenbestände und Nachlässe aus Lateinamerika in den Bibliotheken US-amerikanischer Universitäten, insbesondere in der *University of Texas* in Austin, die den vermutlich größten Bestand an Büchern und Dokumenten zu Lateinamerika verzeichnet. Außerdem haben die *Library of Congress* und die Bibliotheken der Universitäten Tulane, Stanford, Berkeley und Vanderbilt wichtiges Material. Auch die *Biblioteca Nacional de España* [1.7] verzeichnet zahlreiche, zum Teil seltene Werke sowie gedruckte Quellen zu Lateinamerika, insbesondere der Kolonialzeit und des 19. Jahrhunderts, viele von ihnen bereits in digitaler Form.

Für das 19. Jahrhundert sind dagegen insbesondere britische Quellenveröffentlichungen des *Public Record Office* sowie die Papiere verschiedener Parlaments- und Handelskammern aufschlussreich. Die Website von SALALM (*Seminar on the Acquisition of Latin American Library Materials*) [1.7] verzeichnet darüber hinaus Links zu digitalisierten Quellenbeständen zu Lateinamerika und der Karibik in Großbritannien.

Ibero-Amerikanisches Institut

Die wichtigste Anlaufstelle für Forschungen zu der Region in Deutschland ist das Ibero-Amerikanische Institut Preußischer Kulturbesitz (IAI-SPK) [1.7] in Berlin, das sowohl Bibliothek als auch Archiv und Forschungsinstitution ist. Seine Bibliothek gehört zu den weltweit größten zu Lateinamerika und verwaltet darüber hinaus zahlreiche Nachlässe von meist deutschstämmigen Forschern, die sich für längere Zeit in Lateinamerika aufgehalten haben. Das Institut dient auch als Archiv für die aktuelle Lateinamerikaforschung. Den Grundstock der Bibliothek bildete allerdings die Schenkung des argentinischen Historikers und Intellektuellen Ernesto Quesada. Aus den Beständen eines deutschen Forschers stammt dagegen die zunehmend von verschiedenen Disziplinen ausgewertete Sammlung von „Groschenheften" aus dem Anfang des 20. Jahrhunderts. Umfangreiche Fotografie- und Kartensammlungen sowie die für die Geschichte des 20. Jahrhunderts wichtige „graue Literatur" ergänzen die Bestände dieser Bibliothek.

Darüber hinaus gibt es verschiedene Institutionen in Deutschland, die spezielle Bestände zur lateinamerikanischen Geschichte verzeichnen. Wichtig vor allem im Hinblick auf die deutsche Auswanderung nach Lateinamerika ist das *Institut für Auslandskunde* (IfA) in Stuttgart, und für die politischen Beziehungen Deutschlands mit Lateinamerika kommt dem Bundesarchiv naturgemäß eine große Bedeutung hinzu. Zu kleineren Beständen kann auf einen *Führer durch die Quellen zur Geschichte Lateinamerikas in der Bundesrepublik Deutschland* [HAUSCHILD-THIESSEN, 1.1] verwiesen werden, der zwar veraltet ist, aber als erste Orientierung noch immer hilfreich. Neben dem Staatsarchiv in der ehemaligen DDR, das der genannte Archivführer nicht berücksichtigte, gibt es weitere wichtige Bestände in verschiedenen Forschungsinstitutionen. Stellvertretend für andere sei hier auf die Fotosammlung und das Archiv des *Leibniz Instituts für Länderkunde/Digitales Porträtarchiv* [1.7] hingewiesen, dessen Fotosammlung zu Südamerika eine Fundgrube für Historiker ist. Die ältesten der rund 10.000 Fotografien datieren aus der Zeit um 1868 und bildeten als „Sammlung Alphons Stübel" den Grundstock des 1902 gegründeten *Archivs für Forschungsreisende*.

<small>Quellen zur lateinamerikanischen Geschichte in Deutschland</small>

Ähnlich divers wie die Archiv- und Bibliothekssituation in den einzelnen lateinamerikanischen Ländern ist diejenige der Quelleneditionen. Wie in Europa entstanden große Editionsprojekte ab dem Ende des 19. bzw. zu Beginn des 20. Jahrhunderts, in der Regel von den jeweiligen nationalen Geschichtsakademien or-

<small>Quelleneditionen</small>

ganisiert. Angesichts der Bedeutung für die Nationalstaatsbildung begann man meist mit der Herausgabe wichtiger Akten aus der Zeit der Unabhängigkeit wie z. B. der Korrespondenz der jeweiligen Anführer der Unabhängigkeitskämpfe, der Stadtratsprotokolle und oder der Parlamentsdebatten. Letztere wurden dann auch für spätere Jahrzehnte ediert und stehen inzwischen oft auch online zur Verfügung.

Für einen ersten Einblick in zentrale Quellen zur Geschichte Lateinamerikas sowie für die Lehre kann man aber auch auf übergreifende Quelleneditionen zurückgreifen, von denen hier vor allem die deutschsprachigen erwähnt werden sollen. Politikgeschichtliche Quellen dominieren in H.-O. KLEINMANN [1.1], ebenso, wenn auch aus einer anderen politischen Perspektive, in A. RAMA [1.1]. Neuere Forschungstendenzen spiegeln sich besser in der Quellensammlung von S. RINKE/G. FISCHER/F. SCHULZE [1.1] wieder. Für diejenigen, die die Quellen in der Originalsprache lesen wollen, sei auf P. C. D. LAGO [1.1] verwiesen.

Digitale Quellensammlungen

Digitale Quellensammlungen, online-Portale und Diskussionsforen spielen für die Forschung zur Lateinamerikanischen Geschichte inzwischen eine wichtige Rolle. Sie sind in ständiger Erweiterung befindlich und die Digitalisierung schreitet in allen Archiven und Bibliotheken rasch fort. Einen sehr informativen, wenn auch inzwischen nicht mehr ganz aktuellen Überblick über die Situation bieten S. HENSEL/F. SCHULZE [in: BUSSE u. a., 1.1].

Diskussionsforen

Wichtigstes Diskussionsforum mit zahlreichen thematischen und regionalen Untergruppen ist H-LatAm [1.7]. Ähnlich wie in dem deutschen Pendant H-Soz-Kult finden sich hier Rezensionen, Tagungsberichte und Tagungsankündigungen, Hinweise auf Archive und Bibliotheken, Stellenangebote und vieles andere mehr.

Eine informationsreiche Internetseite bietet die *University of Texas* in Austin mit dem *Latin American Network Information Center* (LANIC) [1.7]. Wichtige Archive, Bibliotheken und Institutionen sind im Bereich *„History"* aufgeführt, unter dem Unterpunkt *„lanic text collection"* finden sich zudem Links zu digitalen Quellensammlungen. Die *University of Indiana* [1.7] bietet ein eigenes Informationsportal speziell für Brasilien. Darüber hinaus geben auch die Internetseiten des *Lateinamerika-Instituts* der FU Berlin [1.7] Verweise auf wichtige Online-Seiten und Materialien für die Lehre.

1.2 Mündliche Überlieferungen

Mündliche Überlieferungen haben eine jahrhundertelange Tradition in Lateinamerika, die sich bis weit in die vorkoloniale Vergangenheit verfolgen lässt. Archäologische Funde verweisen auf Oralität bei Erinnerungsprozessen und Informationsweitergabe und die meisten der nach der spanischen Eroberung angefertigten, schriftlichen Überlieferungen Indigener erwähnen mündliche Quellen, so etwa im *Popol Wuuj*, dem „heiligen Buch" der K'iche-Maya aus Mesoamerika oder im *Huarochiri*-Manuskript aus den peruanischen Anden. Auch mehrere von spanischen Patres verfasste Chroniken basieren im Wesentlichen auf den mündlichen Überlieferungen der indigenen Bevölkerung. Während der gesamten Kolonialzeit spielten mündliche Überlieferungen beim Verfassen von Chroniken eine bedeutende Rolle [CAREY JR., 1.2], zumeist wurden diese jedoch erst im 20. Jahrhundert publiziert und / oder ediert. Auch für die afroamerikanische Bevölkerung liegen eine Reihe von Selbstzeugnissen von Sklaven oder ehemaligen Sklaven vor, die *slave narratives*, die im Zuge der Abolitionsbewegung im 19. Jahrhundert gesammelt und veröffentlicht wurden. Eines der wirkmächtigsten Selbstzeugnisse ist das von Mahommah Gardo Baquaqua [LAW/LOVEJOY, 1.2], eines in Afrika geborenen Sklaven, der eine detaillierte Schilderung von der Verschleppung aus Afrika und seinem Leben in der Sklaverei in den Amerikas verfasste. Sein Kampf für die Abolition führte ihn u. a. nach Haiti, Pernambuco, Rio de Janeiro, New York und Liverpool. Bedeutende *slave narratives* aus dem brasilianischen Kontext enthält die von R. E. CONRAD herausgegebene Anthologie *Children of God's Fire* [CONRAD, 1.2]. Die *slave narratives* wurden nicht immer von Sklaven selbst verfasst, von denen nur eine Minderheit des Lesens und Schreibens mächtig war, sondern basierten häufig auf mündlichen Zeugnissen, die von anderen aufgezeichnet wurden. Selbst wenn sie als Biographie oder Autobiographie eines Sklaven erschienen, bezogen sich die wiedergegebenen Erfahrungen manchmal auch auf das Schicksal eines Lebens in der Sklaverei im Allgemeinen. Deshalb entbrannte hier in den letzten Jahrzehnten eine Debatte um Autorenschaft, Repräsentativität und Authentizität, in der sich zahlreiche renommierte Historiker und Kulturwissenschaftler zu Wort meldeten, und die Parallelen zu der im folgenden Band dargestellten Debatte um Testimonalliteratur aufweist [YERXA, 1.2].

slave narratives

Zeitzeugen-interviews

Im Zuge der lateinamerikanischen Unabhängigkeitsrevolutionen des 19. Jahrhunderts und der Staats- und Nationenbildung interviewten Historiker bzw. Politiker wie der Argentinier Bartolomé Mitre und der Chilene Diego Barros Arana prominente Akteure und Zeitzeugen, um die Geschehnisse zu dokumentieren. Ende des 19. Jahrhunderts bereiste der US-amerikanische Historiker und Ethnologe Hubert Howe Bancroft nicht nur den US-amerikanischen Westen, Süden und Kanada, um die Besiedlung des amerikanischen Westens anhand von Zeitzeugeninterviews zu dokumentieren, sondern dehnte seine Forschungen auch auf Mexiko und Zentralamerika aus. Seine Hinterlassenschaften bilden das Fundament der *Bancroft Library* [1.7] der University of California, Berkeley, die über eine besondere *oral history*-Sammlung verfügt, deren Interview-Transkripte teilweise auch digital zugänglich sind.

Oral history

Mit dem Aufkommen der US-amerikanischen Bürgerrechtsbewegung und der Studentenbewegung in den 1960er Jahren und dem erwachenden Interesse an der Geschichtsschreibung der Arbeiterbewegung in England, wurde *oral history* zu einer bedeutenden Methode, um „Geschichte von unten" zu dokumentieren und gegenhegemoniale Stimmen aufzuwerten. Ungeachtet der Skepsis vieler etablierter Historiker an der Objektivierbarkeit dieser subjektiven Erinnerungen (aus der ebenfalls jahrzehntelange, erbitterte Debatten hervorgingen), erwuchs daraus nicht nur das wissenschaftliche Interesse an Leben und Alltag von Arbeitern, Bauern, Frauen, der indigenen Bevölkerung oder anderen, marginalisierten Bevölkerungsgruppen, sondern auch das einer breiten, politisierten Öffentlichkeit.

1.3 Historiographie in Lateinamerika

Übergreifende Darstellungen

Bislang gibt es nur wenige übergreifende Darstellungen zur Historiographie in und zu Lateinamerika, eine Ausnahme bilden C. A. AGUIRRE ROJAS [1.3] oder J. MALERBA [1.3], letzterer widmet sich der Entwicklung ab den 1960er Jahren. Allerdings gibt es mehrere national oder thematisch orientierte Untersuchungen. In übergreifenden Darstellungen bzw. Sammelbänden sind es meist die großen drei Länder, Argentinien, Brasilien und Mexiko, die behandelt werden. Dies liegt allerdings nicht nur an ihrer führenden

Position, sondern auch daran, dass sie führend in der historiographischen Diskussion in Lateinamerika sind. Die Bände 4 und 5 der *Oxford History of Historical Writing* [Bd. 4, Macintyre/Maiguashca/Pók, 1.3; Bd. 5, Schneider/Woolf, 1.3] enthalten jeweils Aufsätze zur Geschichtsschreibung in den genannten Ländern von der Unabhängigkeit bis nach 1945. Eine Kombination von geographisch und thematisch ausgerichteten Beiträgen findet sich in *The Oxford Handbook of Latin American History* [Moya, 1.3].

Man kann das Fehlen eines allgemeinen Überblicks mit der kaum noch überschaubaren Produktion wissenschaftlicher Einzelstudien nationaler und internationaler Autoren erklären, vielleicht liegt es aber auch daran, dass die Geschichtsschreibung Lateinamerikas einerseits durch die Suche nach regionalen oder nationalen Spezifika gekennzeichnet ist, gleichzeitig aber auch durch die Aneignung globaler, vor allem europäischer und US-amerikanischer Trends. Entgegen traditioneller Annahmen übernahm die Historiographie in Lateinamerika allerdings nicht kritiklos die europäischen Modelle, sondern hatte ihre eigenen Debatten und theoretisch-methodischen Ansätze. Bereits im 19. Jahrhundert entspannen sich vor allem in Chile und Argentinien, bzw. unter in Chile exilierten Argentiniern, Debatten darüber, wie die nationale Geschichte zu schreiben, welche Art von Quellen wichtig sei und ob es sich dabei eher um eine Wissenschaft oder eine Kunst handele. Im Zuge der Professionalisierung der Geschichtsschreibung entstanden dann neue Fragen. So hatte sich die *Nueva Escuela Histórica* (Neue historische Schule), die sich in den 1920er Jahren in Argentinien etablierte, explizit das Ziel gesetzt, eine spezifisch lateinamerikanische Form der Geschichtsschreibung zu finden [Maiguashca, 1.3]. In den 1930er Jahren wurde sie von dem sogenannten Revisionismus abgelöst, der sich gegen die liberale Geschichtsschreibung wandte und das kosmopolitische Erbe des Landes ablehnte [Horowitz, 1.3]. In Mexiko kam es unter der Regierung von Lázaro Cárdenas 1939 bzw. 1940 zur Gründung des *Instituto Nacional de Antropología e Historia* (INAH) sowie des *Colegio de México* (COLMEX). Diese Gründungen profitierten auch von der Ankunft zahlreicher spanischer Akademiker, die vor dem spanischen Bürgerkrieg geflohen waren [Zermeño Padilla, 1.3].

Debatten um die Nationalgeschichtsschreibung

Europäische, insbesondere französische, und ab dem 20. Jahrhundert US-amerikanische Modelle waren also durchaus entscheidend für die Entwicklung der Geschichtsschreibung in Lateiname-

Europäische und US-amerikanische Vorbilder

rika, die sich auch durch die rasche Einarbeitung neuer Ansätze auszeichnet. So wurden zum Beispiel die italienischen Theorien zur Mikrogeschichte oder die diejenigen der *Annales* aus Frankreich sehr viel rascher aufgenommen als in Deutschland, was nicht zuletzt an engen persönlichen Kontakten lag. Darüber hinaus lehrten französische Historiker, wie z. B. Fernand Braudel, einige Zeit in Brasilien und nahmen auch Einflüsse von dort auf. Lateinamerikanische Forscher wiederum studierten häufig in Europa und den USA. Durch diese Wechselwirkungen ist die Historiographie in Lateinamerika letztlich kosmopolitischer und offener als viele europäische Historiographien [AGUIRRE ROJAS, 1.3: 145].

Periodisierung

Insgesamt lassen sich für die Zeit ab dem frühen 19. Jahrhundert mehrere Phasen erkennen. Die erste umfasst die Jahrzehnte nach der Unabhängigkeit, als die Staaten infolge der langwierigen Staatsbildungsprozesse noch über keine professionellen Historiker verfügten. Die ersten großen historischen Darstellungen dienten daher vor allem der Legitimierung der neuen Staaten und der

Schaffung eigener Traditionen

Schaffung eigener Traditionen. Häufig stammten sie aus der Feder wichtiger Politiker, wie etwa die mehrbändigen Werke des oben bereits erwähnten, einflussreichen argentinischen Politikers und Staatspräsidenten Bartolomé Mitre, (*Historia de Belgrano y de la independencia argentina*, 1858–59), *Historia de San Martín y de la emancipación sudamericana*, 1869), oder des mexikanischen Parlamentariers und zeitweiligen Außenministers Lucas Alamán (*Historia de Méjico, desde los primeros movimientos que prepararon la independencia en el año de 1808 hasta la época presente*, 1849–1852). Für Brasilien gilt der deutschstämmige Diplomat Francisco Adolfo de Varnhagen, Visconde de Porto Seguro, mit seiner *História Geral do Brasil* (1854–57) als Begründer der nationalen Historiographie. Varnhagen war Mitglied des 1838 gegründeten Historisch-Geographischen Institutes in Brasilien, Alamán gründete das *Gabinete de Historia Natural* (heute *Museo de Historia Natural* und *Museo Nacional de Antropología*) sowie das *Archivo General*

Institutionalisierung der Geschichtsschreibungen

de la Nación. In den meisten Staaten setzte die Institutionalisierung der Geschichtsschreibung durch die Gründung von Archiven, Museen und Akademien allerdings erst im letzten Drittel des 19. oder zu Beginn des 20. Jahrhunderts ein, als sich die politische und ökonomische Situation konsolidiert hatte. Gleichzeitig stand durch den Ausbau des Schul- und Universitätswesens nun eine

Generation professioneller Historiker und Archivare zur Verfügung, die diese Aufgaben übernehmen konnten. Diese waren allerdings „Monumentalhistoriker" im Sinne einer Geschichtsschreibung des Historismus. Angesichts des starken Einflusses der französischen Kultur verbreitete sich der deutsche Historismus jedoch eher indirekt über die Rezeption von Auguste Comte und seine positivistischen Ideen. Der Versuch, die „wahren" und „exakten" („positiven") Fakten herauszuarbeiten befeuerte aber editorische Tätigkeit, sowohl hinsichtlich nationaler als auch regionaler Dokumenten oder extensiver Korrespondenzen von Gründervätern wie Simón Bolívar.

Eine zweite Phase kann man zwischen 1910 und 1945 ausmachen, als die Hegemonie der europäischen geistigen Traditionen ins Wanken geriet und allmählich derjenigen der USA wich. Gleichzeitig entstanden neue kulturelle Strömungen, die sich von den europäisch orientierten Eliten abwandten. Verstärkte Bildungsanstrengungen verbreiterten zudem die Basis der Autoren und Leser historischer Werke. Insgesamt nimmt die Professionalisierung, Diversifizierung und Institutionalisierung historischer Forschung in dieser Periode an Fahrt auf, bei gleichzeitiger Fortdauer historisierender und nationalistischer Tendenzen.

Abkehr von europäischen Traditionen

Eine dritte Phase der Geschichtsschreibung beginnt nach dem Zweiten Weltkrieg und zieht sich bis zu den Umbrüchen, die durch die Studentenbewegung Ende der 1960er Jahre ausgelöst wurden. In ihrer Folge etablierten sich die sozialhistorischen Ansätze der *Annales*-Schule sowie unterschiedliche marxistische Geschichtstheorien an den meisten lateinamerikanischen Universitäten. Gleichzeitig setzte eine breite Professionalisierung und Verankerung einer modernen Geschichtswissenschaft an den Universitäten ein, die auch durch die beginnende Industrialisierung und die verstärkte soziale Mobilität ermöglicht worden war. Die Gründung gesamtlateinamerikanischer Institutionen, insbesondere der CEPAL (*Comisión Económica para América Latina*), führte nun wieder zu der Suche nach spezifischen „lateinamerikanischen" oder auch nationalen Charakteristika in der historischen Entwicklung. Gleichzeitig begann, nicht zuletzt beeinflusst von der Dependenztheorie (siehe OGG 49: Lateinamerika seit 1930), eine „revisionistische" Geschichtsschreibung, die die alte positivistisch-liberale Historiographie methodisch, aber auch inhaltlich kritisierte. Es entwickelten sich zudem intellektuelle Netzwerke

Sozialhistorische Ansätze

progressiver Historiker über die nationalen Grenzen hinweg, die sich auch in der Gründung neuer Zeitschriften niederschlug.

Vorreiter der nach 1945, insbesondere aber ab den 1970er Jahren dominierenden neuen Sozial- und Mentalitätsgeschichte sowie der Wirtschafts- und Strukturgeschichte waren Argentinien, Uruguay, Peru, Mexiko und Brasilien, gefolgt von Kolumbien, Venezuela und Costa Rica. Spätestens ab den 1970er Jahren verbreiteten sich aber auch in den meisten anderen Ländern strukturalistische sowie sozialgeschichtliche Ansätze. Autoren wie Pierre Vilar, Pierre Chaunu, Eric Hobsbawm, Immanuel Wallerstein, E. P. Thompson sowie Manfred Kossok gewannen an Einfluss. Später kam Michel Foucault hinzu. Ferner spielten die dependenztheoretischen, originär lateinamerikanischen Konzepte eine Rolle (siehe OGG 49: Lateinamerika ab 1930), auch wenn deren Theorien einer historischen Überprüfung oft nicht standhielten. Sie beeinflussten aber eine kritische Geschichtsschreibung sowie eine populärwissenschaftliche dependenztheoretische Sicht auf die Geschichte, für die der internationale Bestseller *Die offenen Adern Lateinamerikas* (*Las venas abiertas de Latinoamérica*, 1971) des uruguayischen Journalisten und Schriftstellers E. GALEANO [1.3] paradigmatisch ist. Dieser prägte für Jahrzehnte auch die Sicht europäischer und US-amerikanischer Intellektueller auf die Geschichte Lateinamerikas.

Regionalgeschichtsschreibung

Besonders hervorzuheben ist aber, dass sich in den meisten lateinamerikanischen Staaten in den letzten Jahrzehnten eine sehr produktive Regionalgeschichtsschreibung entwickelt hat, die die zumeist aus der Perspektive der Hauptstadt geschriebenen Nationalgeschichten auf den Prüfstand stellt und ebenfalls zu einer methodisch und thematisch diversifizierten Sicht auf die jeweiligen historischen Entwicklungen geführt hat [KNIGHT, 1.3]. Diese Suche nach einer regional aber auch sozial inklusiven, der ethnischen, sozialen und kulturellen Diversität des Kontinentes Rechnung tragenden Geschichtsschreibung, bei gleichzeitiger Einbettung in globale Trends, setzt sich im 21. Jahrhundert fort.

Postkoloniale Debatten

Postkoloniale Ansätze und Impulse aus den *subaltern studies* fanden zwar auch Verbreitung in Lateinamerika, weniger aber in der Geschichtsschreibung, da sie sich nur bedingt auf diese Region übertragen lassen. Ausnahmen bilden die von I. RODRÍGUEZ herausgegebenen Sammelbände *Latin American Subaltern Studies Reader* [1.3] und derjenige von M. MORAÑA u. a. *Coloniality at large:*

Latin America and the postcolonial debate [1.3]. Bedeutender auch für die Geschichtsschreibung sind hingegen die „dekolonialen" Ansätze genuin lateinamerikanischen Ursprungs, die vor allem aus der Soziologie und der Kulturwissenschaft stammen, wie sie etwa von Walter Mignolo, Boaventura de Sousa Santos oder Néstor García Canclini vertreten werden.

1.4 Gesamtdarstellungen

Gesamtdarstellungen der Geschichte Lateinamerikas gibt es in verschiedener Ausführlichkeit. Bis heute grundlegend, wenn auch nicht mehr ganz aktuell, ist die 12-bändige *Cambridge History of Latin America* [BETHELL, 1.4]. Auf Deutsch gibt es das dreibändige *Handbuch der Geschichte Lateinamerikas* [BERNECKER u. a., 1.4], für das ähnliches gilt. Historische Atlanten sind rar für Lateinamerika, allerdings finden sich in den meisten Darstellungen historische Karten. Hilfreich ist der *Atlas histórico de Latinoamérica. Desde la prehistoria hasta el siglo XXI* [LUCENA SALMORAL, 1.4].

Neuere kürzere Darstellungen liegen auch auf Deutsch vor. Eine ungeachtet ihres Titels recht detaillierte Gesamtdarstellung ist die *Kleine Geschichte Lateinamerikas* von H.-J. KÖNIG [1.4]. Wirklich knapp fasst dagegen S. RINKE die Geschichte Lateinamerikas zusammen [Geschichte Lateinamerikas, 1.4; Lateinamerika, 1.4]. Thematisch orientierte Überblicke bieten die beiden Bände *Lateinamerika 1492–1850/70* [EDELMAYER u. a., 1.4] und *Lateinamerika 1870–2000* [BERNECKER u. a., 1.4]. Einen guten Einstieg bietet auch das *Lateinamerika-Lexikon* [HENSEL/POTTHAST, 1.4], eine eher gegenwartsbezogene, aber sehr ausführliche Einführung findet sich bei G. MAIHOLD/H. SANGMEISTER/N. WERZ [1.4], eine politikwissenschaftliche Einführung bei WERZ [1.4]. Eine interessante neuere Interpretation der lateinamerikanischen Geschichte in spanischer Sprache eröffnet die *Historia global de América Latina, del siglo XXI a la independencia* von H. PÉREZ BRIGNOLI [1.4].

Von den neueren englischsprachigen Gesamtdarstellungen, die oft stark auf ein US-amerikanisches studentisches Publikum zugeschnitten sind, finden sich die wichtigsten in Teil III, Kap. 1.4.

Da diese gesamtlateinamerikanischen Darstellungen nur große Trends aufzeigen und einzelne Beispiele nennen, die der Komplexität und Diversität der Entwicklungen in den einzelnen Staaten nicht gerecht werden können, haben wir in Teil III, Kap. 1.5 für jedes lateinamerikanische Land bis zu drei Gesamtdarstellungen aufgelistet. Mit Rücksicht auf unsere Leser haben wir in beiden Bänden vor allem auf deutsch- und englischsprachige Publikationen verwiesen. Darüber hinaus gibt es zu allen Themen umfangreiche wissenschaftliche Studien auf Spanisch und Portugiesisch. Diese haben wir angeführt, wenn keine adäquaten deutsch- oder englischsprachigen Titel vorlagen. Zudem werden stellenweise wichtige umfangreiche nationale Gesamtdarstellungen erwähnt. Ferner findet sich in Teil III, Kap. 1.6 eine Liste der wichtigsten Fachzeitschriften.

2 Unabhängigkeit und Staatsbildung

2.1 Die *Independencias*

Die Unabhängigkeitskämpfe, die die Grundlage für die Staats- und Nationsbildung bilden, stellen eines der zentralen Themen der lateinamerikanischen Historiographie dar, auch wenn die Perspektiven und Narrative sich in den letzten Jahrzehnten stark verändert haben. Lange Zeit wurde die Unabhängigkeit ausschließlich aus nationaler Perspektive betrachtet und bildete die Grundlage für die jeweiligen nationalen Gründungsmythen mit ihren Helden und Schlachten. Als Denkmäler, Straßennamen und in den Schulbüchern sind sie noch immer omnipräsent in der Öffentlichkeit, auch wenn die Kritik an dieser Form der Geschichtsdarstellung spätestens seit Ende des vergangenen Jahrhunderts stärker Raum greift [Harwich Vallenilla, in: A. Annino/F.-X. Guerra, 2.1]. Es gibt aber auch gegenläufige Tendenzen, wie sich am Kult um den „Befreier Südamerikas", Simón Bolívar zeigt. Nachdem bereits Ende der 1960er Jahre der venezolanische Historiker G. Carrera Damas [2.1] den „Bolívarkult" kritisch analysiert hatte, kehrte dieser zu Beginn des 21. Jahrhunderts unter der Regierung von Hugo Chávez in neuer, massiver Form zurück [Zeuske, 2.1; Sáez Arance, 2.1]. Fachwissenschaftlich wird allerdings insgesamt sehr abgewogen argumentiert und zu allen wichtigen Führern der Unabhängigkeitsbewegungen liegen inzwischen historisch-kritische

Nationale Gründungsmythen

Darstellungen vor [Anna, The Mexican empire of Iturbide, 2.1; Lynch, San Martín, 2.1].

Die traditionelle, stark personenzentrierte Geschichtsbetrachtung rührte auch daher, dass die Grundlagen der nationalen Geschichtsschreibung in vielen Ländern von aktiven Politikern gelegt wurden. Nicht nur gemäß ihrer eigenen Visionen, sondern auch im Einklang mit den damaligen Tendenzen der gerade sich formierenden Geschichtswissenschaften, konzentrierten sich diese Darstellungen, getreu der damals üblichen Personen- und Staatengeschichte, auf die „großen Taten" „großer Männer", die das „Schicksal der Nation" geformt hatten. Einen ersten Höhepunkt dieser Fokussierung stellten 1910/1922 die Feiern zu den *Centenarios* der Unabhängigkeit dar, die allerdings in vielen Staaten auch zu großangelegten Editionsprojekten zentraler Dokumente führten. Ganz anders nimmt sich die umfangreiche Produktion von wissenschaftlichen wie populärwissenschaftlichen Büchern aus, die im Rahmen der Zweihunderjahrfeiern (*Bicentenarios*) seit Beginn des 21. Jahrhunderts entstanden ist und die vielfältige Perspektiven und Ergebnisse der historischen Forschung zur Unabhängigkeit größtenteils aufgreift. Nun finden auch Frauen, Indigene und Afroamerikaner ihren Platz in der nationalen Geschichtsschreibung zur Unabhängigkeit [Davies/Brewster/Owen, 2.1; van Young, The Other Rebellion, 2.1; Méndez Gastelumendi, 2.1; Andrews, Afro-Latin America, 2.1].

> Feiern zur Unabhängigkeit

Trotz aller „Heldenverehrung" und Fundierung von Gründungsmythen waren die Darstellungen auch im 19. Jahrhundert oft von einem ambivalenten Grundton durchzogen, zumal selbst Bolívar am Ende seiner politischen Laufbahn ein eher enttäuschtes Fazit der Unabhängigkeitskämpfe zog. Eine kritische geschichtswissenschaftliche Untersuchung der Prozesse, die zur Unabhängigkeit führten, setzte bereits in den 1930er Jahren ein, vor allem aber ab den 1960er Jahren, als marxistische und strukturalistische Ansätze sowie die Dependenztheorie die Debatten bestimmten. So stand eine Zeit lang der Aufstieg des englischen Industriekapitalismus im Zentrum der Diskussion und J. Gallagher/ R. Robinson [2.1] prägten am Beispiel der englischen Politik gegenüber Lateinamerika den Begriff des *informal imperialism* [Graham, 2.1; Costa, 2.1; Kinsbruner, 2.1]. Ökonomische Abhängigkeiten und Klassenfragen rückten nun immer stärker in den Vordergrund, führten aber auch dazu, dass man den Unabhängigkeitsbewegun-

> Waren die Unabhängigkeitskriege Revolutionen?

gen den Charakter einer „echten" Revolution absprach, sie allenfalls als „unvollendete" Revolutionen gelten ließ.

Neben strukturellen Analysen, die vor allem im sozioökonomischen Bereich auf Kontinuitäten verwiesen, waren es vor allem die Ergebnisse der Regionalgeschichte sowie der Sozialgeschichte, die das Bild veränderten. Aber auch eine grundsätzliche Hinterfragung der bis dahin teleologisch dargestellten Entwicklung von der späten Kolonialzeit zur Unabhängigkeit verhalf neuen Sichtweisen zum Durchbruch. Eine gute Zusammenfassung bietet der Sammelband von M. Chust Calero und J. A. Serrano Ortega [2.1].

Teleologische Entwicklung?

Die Frage nach den Gründen für die Ablösung der amerikanischen Kolonien vom Mutterland Spanien bzw. Portugal ist seit langem eine der zentralen Forschungsfragen der Geschichtsschreibung zur späten Kolonialzeit und zum frühen 19. Jahrhundert. Die ältere Geschichtsschreibung konstatierte ab dem 18. Jahrhundert eine zunehmende „Entfremdung" der Kolonien vom Mutterland und die Entstehung eines kreolischen Eigen- oder gar Nationalbewusstseins, die als eine quasi natürliche Entwicklung angesehen wurde. Entsprechend der Terminologie der Unabhängigkeitskämpfer wie auch der spanischen Krone wurden die Unabhängigkeitskriege als ein Familiendrama dargestellt, in dem sich die erwachsen gewordenen Söhne gegen einen Vater auflehnten, der diesen nicht gestatten wollte, sich zu emanzipieren. Die Frage, wann dieser Prozess einsetzte, ist allerdings umstritten. So lässt sich bereits seit dem 17. Jahrhundert vor allem bei den Eliten eine Abgrenzung von Spanien feststellen, oft unter Rückgriff auf eine idealisierte indigene Vergangenheit. Manche Autoren sehen hier bereits eine protonationale Identitätsbildung [Pietschmann, El desarrollo estatal de Hispanoamérica, 2.1; Canny/Pagden, 2.1]. Diese Sichtweise stützt sich vor allem auf die Kontinuität im Bereich der Verwaltungseinheiten, die häufig zu Provinz- bzw. Staatsgrenzen wurden. Allerdings lässt diese Sichtweise die Legitimitäts- und Identitätsfrage weitgehend außen vor. Beide Aspekte sind eng verbunden mit den spätkolonialen sogenannten Bourbonischen (bzw. für Portugal den Pombalinischen) Reformen. Es besteht ein weitgehender Konsens in der Forschung darüber, dass diese sowie die Ideen der Aufklärung in der zweiten Hälfte des 18. Jahrhunderts zu weitreichenden Veränderungen in den amerikanischen Kolonien führten [Brading, 2.1].

Gründe für die Unabhängigkeitsbestrebungen

Entgegen früherer Darstellungen betont allerdings die neuere Forschung, dass die Reformen einerseits schon unter Felipe V. begonnen worden waren [LYNCH, Borbon Spain, 2.1], andererseits die angeblich so zielstrebigen absolutistischen Reformen unter Carlos III. und seinem Minister, dem Conde de Floridablanca, eher zögerlich und oft unvollständig eingeführt wurden [FISHER/KUETHE/MACFARLANE, 2.1]. Dennoch können die Reformen des 18. Jahrhunderts als ein wichtiger Einschnitt angesehen werden, nicht zuletzt, weil sie die koloniale Raumordnung völlig veränderten [CARMAGNANI, Die koloniale Raumordnung, 2.1]. So entstanden Brüche, die sich in den Unabhängigkeits- und Staatsbildungsprozessen des frühen 19. Jahrhunderts wiederfinden lassen, vor allem, was die Frage der Grenzziehungen angeht. Von wachsenden Spannungen zeugen auch die verschiedenen Rebellionen gegen die spanische Kolonialverwaltung im 18. Jahrhundert, auch wenn die Meinungen über deren Charakter auseinandergehen. Während die traditionelle nationale Geschichtsschreibung die Aufstände der *Comuneros* in Neu-Granada sowie diejenigen von Túpac Amaru II. und Túpac Katari in Peru und Hochperu als Unabhängigkeitsbewegungen darstellten, nicht zuletzt, um den Beginn der Nationsbildung schon in die Kolonialzeit zu verlegen, wird in der Forschung in den 1980er Jahren betont, dass es sich um eine Rebellion gegen die koloniale Verwaltung gehandelt habe, die allenfalls einen längerfristigen Ablösungsprozess in Gang setzte [O'PHELAN GODOY, 2.1; KÖNIG, 2.1].

In den 1990er Jahren hingegen charakterisierten Forscher, die daran interessiert waren, eigenständige politische Interessen und Bewegungen der ländlichen Unterschichten im Unabhängigkeitsprozess ans Licht zu bringen, die Aufstände als „protonationale" Bewegungen und die Aufstände als „andine Bürgerkriege" [WALKER, 2.1; MALLON, 2.1; SERULNIKOV, 2.1]. In Mexiko führte die Studie von E. VAN YOUNG über die Beteiligung der ländlich-indigenen Unterschichten an den Rebellionen allerdings zu einer heftigen Kontroverse, da E. VAN YOUNG deren Beweggründe als eher ethnisch und kommunitaristisch denn agrarisch bedingt ansah und auf fundamentale Unterschiede im Weltbild der indigenen Landbevölkerung und der kreolisch-mestizischen Stadtbevölkerung verwies [VAN YOUNG, The Other Rebellion, 2.1]. Dagegen führte A. KNIGHT [2.1] eine Reihe von Bedenken sowohl methodischer als auch inhaltlicher Art an. Andere neuere Forschungsansätze, die zuneh-

Bedeutung der Bourbonischen Reformen

Rolle der Unterschichten

mend die Sattelzeit zwischen 1750 und 1850 in den Blick nehmen, haben einerseits die teleologische Darstellung einer immer stärkeren Ablösung der kreolischen Eliten von Spanien und die daraus resultierende Unausweichlichkeit der Unabhängigkeit hinterfragt, ohne die Bedeutung der Entwicklungen in der späten Kolonialzeit zu minimieren. Im Zuge dieser Forschungen ist auch die kategoriale Unterscheidung von *peninsulares* (Europaspaniern) und Kreolen (in Amerika geborenen Europäern) und dem daraus resultierenden Elitenkonflikt modifiziert worden [LADD, 2.1; SOCOLOW 2.1; FRAGOSO, 2.1; DOMÍNGUEZ, 2.1]. Weniger der Geburtsort als vielmehr die Verankerung in der jeweiligen Gesellschaft und wirtschaftliche Interessen sind für die Positionierung ausschlaggebend gewesen. Zudem war diese in vielen Fällen nicht eindeutig, sondern veränderte sich im Laufe der Ereignisse. Andere neuere Untersuchungen betonen stärker die Verknüpfung mit den europäischen Geschehnissen. Demnach führte erst der Zusammenbruch der kolonialen Regierungsmechanismen durch die Napoleonischen Invasionen zu einer Abkehr der Eliten von Spanien [HAMNETT/GÓMEZ CIRIZA, 2.1; ANNA, The Fall of Royal Government in Peru, 2.1; ANNA, Spain and the loss of America, 2.1; COSTELOE, 2.1; BARMAN, 2.1].

Einer der wichtigsten Vertreter dieser neuen politischen Geschichte der Unabhängigkeit Lateinamerikas war F.-X. GUERRA, der die Revolutionen in eine globale Transformation von politischen und rechtlichen Verhältnissen einbettete, und diese als den Einbruch der Moderne in traditionelle Gesellschaften beschrieb. Staatsbürgerschaft und eine neue politische Kultur prägten dieses „Imaginarium". Allerdings musste dies nicht unbedingt mit einem radikalen Bruch im politischen System einhergehen, sondern konnte hybride Formen hervorbringen. Monarchische Modelle wie in Mexiko oder Brasilien waren damit ebenso kompatibel wie Triumvirate, Direktoren und Protektoren [GUERRA, Modernidad e independencias, 2.1].

Diese Arbeiten lieferten auch einen Beitrag zu der kontrovers diskutierten Frage nach dem Charakter der Unabhängigkeitsbewegungen. Können sie, wie die Leipziger vergleichende Revolutionsforschung unter der Leitung von M. KOSSOK zu zeigen versuchte, in einen „bürgerlichen Revolutionszyklus" eingeordnet werden? [KOSSOK in: MIDDELL/ZEUSKE, 2.1; KOSSOK/ROURA I AULINAS/CHUST CALERO, 2.1]. Oder sprechen das von Wirtschafts- und Sozialhistorikern betonte Weiterbestehen von feudalen Institutionen wie den

Haziendas und Plantagen sowie die Kontinuität der Eliten bzw. der sozioökonomischen Lage der Unterschichten dagegen? [Carmagnani, Formación y crisis de un sistema feudal, 2.1; Sempat Assadourian, 2.1; Halperín Donghi, Revolución y guerra, 2.1; Tutino, New Countries, 2.1]. Die Frage nach Revolution oder Rebellion, nach Kontinuitäten oder Brüchen ist inzwischen jedoch in den Hintergrund getreten. Langzeitanalysen, die sich der Frage nach den Unterschichten in der Sattelzeit widmen, warfen nicht nur ein neues Licht auf die Ursachen der Rebellionen und die Gründe für die regionalen Unterschiede, sondern stellten auch strukturelle Wandlungsprozesse ins Zentrum der Forschungen [Hamnett, Roots of insurgency, 2.1; Tutino, From insurrection to revolution in Mexico, 2.1; Tutino, The Revolution in Mexican Independence, 2.1; Mallon 2.1]. Gleichzeitig geriet dabei die Frage der Gewalt in den Blick – unter militärischen Aspekten [Archer, 2.1], aber auch darüber hinaus [Katz, 2.1; Stern 2.1; Andrews, Spanish American Independence, 2.1; Adelman, The Rites of Statehood, 2.1]. Inspiriert von der neuen Politikgeschichte, sowie globalhistorischen Ansätzen, griff die Forschung die schon von E. J. Hobsbawm und R. R. Palmer vorgenommene Einordnung der Unabhängigkeitsbewegungen in das „Zeitalter der Revolutionen" auf und konzentrierte sich vor allem auf die *entanglements* der iberischen oder der atlantischen Welt, wenn auch unter neuen Aspekten [Hobsbawm, 2.1; Palmer, 2.1]. Die zuvor mit Verweis auf die fehlende soziale Revolution sowie die Besonderheiten der Staatsbildung in Lateinamerika abgelehnte Einbeziehung des Kontinents in den europäisch-US-amerikanischen Revolutionszyklus wurde nun wieder möglich, da sich die Erkenntnis durchgesetzt hatte, dass es nicht nur ein Modell der modernen Staatsnation gibt.

Kontinuitäten und Brüche

Gewalt

Diese Notwendigkeit einer transatlantischen Perspektive wird besonders deutlich an der Unabhängigkeit Brasiliens, für die die Übersiedlung des Hofes und die Verlagerung des imperialen Schwerpunktes als konstitutiv angesehen werden. Hier wirken die frühen Meistererzählungen des ausgehenden 19. bzw. beginnenden 20. Jahrhunderts von Varnhagen und Oliveira Lima nach. Dadurch, dass der König bei seiner Rückkehr nach Portugal den legitimen Thronerben Pedro in Brasilien zurückgelassen habe, sei die Unabhängigkeit leichter zu erreichen und die territoriale Einheit gesichert gewesen. Die Monarchie habe es geschafft, die zentrifugalen Kräfte, den *caudillismo* und die „Barbarei", die die hispano-

Unabhängigkeit Brasiliens

amerikanischen Republiken „heimsuchte", einzudämmen. Auch setzte bereits damals ein Streit um die Frage ein, ob es sich bei der Abreise des Monarchen im November 1807 um eine feige Flucht vor Napoleon oder um eine strategische Meisterleistung gehandelt habe. Die Forschung neigt heute zu letzterem Urteil [zusammenfassend BETHELL, The Independence of Latin America, 2.1]. Auch wenn die teleologische Darstellung der Entwicklung hin zur Unabhängigkeit und dem Bruch mit Portugal – oder wie D. GERSTENBERGER zutreffender formuliert – der Bruch der luso-brasilianischen Einheit, noch immer nachwirken, so hat die Forschung doch seither neue Perspektiven eröffnet. Zum 150. Jubiläum der Unabhängigkeit in den 1970er Jahren sowie zu den Zweihundertjahrfeiern der Übersiedlung 2008/9 manifestierten sich, entsprechend der allgemeinen historiographischen Strömungen wie sie oben beschrieben wurden, folgende Trends: Erstens wurde die brasilianische Unabhängigkeit verstärkt in den sozialen und ökonomischen Kontext der hispanoamerikanischen Unabhängigkeitsbewegungen gesetzt, zweitens gewannen subalterne gesellschaftliche Gruppen an Gewicht und drittens wurden regionale Besonderheiten genauer untersucht, so dass ein differenzierteres Bild entstand [RUSSELL-WOOD, 2.1; MOTA, 2.1; MAXWELL, 2.1]; zur Bewertung dieser Sammelbände siehe den Aufsatz von R. L. SECKINGER [2.1]. Es folgten zahlreiche Studien zur Sozial- und Kulturgeschichte Brasiliens in dieser Zeit [SILVA, 2.1], zur symbolischen Repräsentation, zur Politik des Günste-Tauschs (*política de mercês*) mit den lokalen Eliten und der „politischen Ökonomie der Privilegien" (*economia política de privilégios*), also der Verleihung von Würden und Auszeichnungen als Herrschaftsmittel [MALERBA, 2.1].

Bruch des portugiesischen Imperiums

D. GERSTENBERGER versucht in ihrer von globalgeschichtlichen Perspektiven inspirierten Studie dagegen, den Hoftransfer und die Unabhängigkeit Brasiliens aus der Perspektive des Imperiums zu schreiben [GERSTENBERGER, 2.1]. Dabei werden einerseits die portugiesische und die brasilianische Sichtweise gleichberechtigt nebeneinandergestellt, andererseits die Frage nach dem Warum des „Bruchs der Luso-Brasilianischen Einheit" gestellt. Erst der von Europaportugiesen angestrengte Versuch, die alte räumliche Ordnung von vor 1808 wiederherzustellen, habe diesen Bruch hervorgerufen, so ihre These.

Zusammenbruch der Imperien

Es waren also nicht die entstehenden Nationalstaaten, die die Revolutionen hervorriefen und die Kolonialimperien zu Fall brachten, sondern umgekehrt, der Kollaps der Imperien führte zur Entstehung neuer politischer Gebilde [ADELMAN, Sovereignty and revolution in the Iberian Atlantic, 2.1]. Bereits T. HALPERÍN DONGHI hatte in seinen einflussreichen und noch heute lesenswerten (wenn auch aufgrund ihrer Dichte nicht leicht lesbaren) Studien die These vertreten, dass die Unabhängigkeit eng verbunden war mit der Auflösung des spanischen bzw. portugiesischen Kolonialimperiums unter dem Druck der napoleonischen Kriege oder sogar durch sie ausgelöst wurde [HALPERÍN DONGHI, Revolución y guerra, 2.1; Reforma y disolución de los imperios ibéricos, 2.1]. Diese These griff J. E. RODRÍGUEZ O. auf und spitzte sie zu, indem er die Unabhängigkeit Lateinamerikas als Teil einer „hispanischen Revolution" beschrieb, der eher ein Bürgerkrieg unter Spaniern gewesen sei, und zwar ganz gleich ob sie in Spanien oder in Amerika lebten. Der Konflikt lag ihm zufolge nicht in einem entstehenden „Nationalbewusstsein", sondern entstand erst durch die Frage, wie man auf die Thronvakanz reagieren und was an die Stelle des zeitweilig außer Funktion geratenen Imperiums treten sollte [RODRÍGUEZ O., The independence of Spanish America, 2.1]. Auch andere Autoren haben dies so gesehen [GUERRA, Modernidad e independencias, 2.1; HAMNETT, Process and Pattern, 2.1].

Die Staats- und Nationsbildung Lateinamerikas als ein großes politisches Experimentierfeld, diese Sichtweise hat zahlreiche weitere Studien sowohl auf nationaler als auch auf regionaler Ebene geprägt und trifft den Stand der aktuellen Forschungsdiskussion wohl am ehesten. *Lateinamerika als verfassungspolitisches Experimentierfeld*

Nachdem sowohl die Helden der Unabhängigkeitsbewegungen als auch ihre *próceres* (Vorkämpfer, Anführer) vom Sockel gestürzt und teleologische Geschichtsdarstellungen hinterfragt worden waren, konnten die ideologischen und politischen Prozesse beiderseits des Atlantiks unvoreingenommener untersucht werden. Dies betrifft vor allem die Bedeutung der liberalen Verfassung von Cádiz (1812) und die Rolle der Wahlen zur verfassungsgebenden Versammlung dort. Den Anfang machte eine Arbeit zu Mexiko [BENSON, 2.1], der in den 1980er Jahren eine Reihe von weiteren Untersuchung folgten [ANNINO, 2.1]. Sie konnten zeigen, dass sowohl Aufständische wie auch Loyalisten sich der Wahlen zur Legitimierung und Rekrutierung von Anhängern bedienten [GUEDEA, Los procesos electorales insurgentes, 2.1; DIES., The first popular elections in Mexico City, 2.1]. J. C. CHIARAMONTE wies für den La *Die Verfassung von Cádiz und Wahlen*

Plata-Raum darauf hin, dass sich sowohl Rebellen als auch „Reaktionäre" innerhalb desselben ideologischen Gebäudes bewegten, das vorwiegend auf der Basis des Naturrechts sowie auf Vorstellungen von staatsbürgerlichen Tugenden und Loyalitäten basierte [CHIARAMONTE, Nación y estado en Iberoamérica, 2.1, Fundamentos intelectuales y políticos de las independencias, 2.1, Nation and State in Latin America, 2.1].

Bedeutung der Französischen und der Amerikanischen Revolution

Neue politikgeschichtliche Untersuchungen führten ebenfalls wieder zu alten Fragen zurück, nämlich zu den „geistigen" und ideologischen Wurzeln der Unabhängigkeitsbewegungen sowie der Bedeutung der „Vorläufer" der Französischen wie auch der Haitianischen und der US-Amerikanischen Revolution. Die Bedeutung der Französischen Revolution als Ideengeberin, aber auch als warnendes Beispiel ist unumstritten. Auch die abschreckende Wirkung der haitianischen Unabhängigkeit mit ihren Gewaltausbrüchen gegen die ehemaligen Sklavenhalter und Kolonialherren ist mehrfach betont worden. Uneinigkeit besteht aber nach wie vor über die Vorbildfunktion der Unabhängigkeit der nordamerikanischen Kolonien [RODRÍGUEZ O., Sobre la supuesta influencia de la independencia de los Estados Unidos en las independencias hispanoamericanas, 2.1, VAN YOUNG, To Throw Off a Tyrannical Government, 2.1].

Begriffsgeschichte

Statt äußerer Einflüsse stehen in den neueren Forschungen eher die gemeinsamen iberischen Traditionen im Zentrum. So hat sich in einem groß angelegten Forschungs- und Publikationsprojekt zum Wandel der politischen Begrifflichkeiten in der iberischen Welt beiderseits des Atlantiks (*Iberconceptos*) eine Gruppe von Forschern zusammen gefunden, die auf der Basis der Begriffsgeschichte von Werner Conze und Reinhardt Koselleck aber auch von J. G. A. Pocock den strategischen Gebrauch von Schlüsselbegriffen und Konzepten in der Sattelzeit zwischen 1750 und 1850 in Spanien, Portugal und Iberoamerika vergleichend untersucht. Inzwischen liegen ein großer Teil des umfangreichen Wörterbuches sowie zahlreiche Einzelveröffentlichungen vor [FERNÁNDEZ SEBASTIÁN, 2.1; FERNÁNDEZ SEBASTIÁN/GOLDMAN, 2.1].

Bicentenario

Die verschiedenen Ansätze haben inzwischen ein facettenreiches, wenn auch stärker fragmentiertes und regional- sowie klassenspezifisches Bild der Unabhängigkeitsbewegungen hervorgebracht, in dem auch die Kontingenz ihren Platz hat. Die Feierlichkeiten zum zweihundertjährigen Bestehen der Unabhängigkeit (*bicentenario*) haben anschließend eine Vielzahl neuerer Gesamtdarstellungen hervorgerufen, von denen hier nur einige genannt werden können. Während die erstgenannten sich auf Hispanoamerika konzentrieren, beziehen andere Darstellungen auch Brasilien mit ein [ADELMAN, Sovereignty and revolution in the Iberian Atlantic, 2.1; CALDERÓN/THIBAUD, 2.1; URIBE URÁN, 2.1]. Eher auf einen breiteren Leserkreis zielt dagegen die Darstellung von J. C. CHASTEEN [Americanos, 2.1] ab, die vor allem durch die Einbeziehung von bislang vernachlässigten Gruppen hervorsticht. Lesenswerte Essays zu den jeweiligen Staaten bietet M. PALACIOS ROZO [2.1]. Nach drei Jahrzehnten erschien endlich auch wieder eine Gesamtdarstellung auf Deutsch [RINKE 2.1].

Die Diskussion um die Staatsbildung in Hispanoamerika kreiste lange um die Frage der Staatsform und deren Konsequenzen. Die Debatten drehten sich um die Alternativen Republik – Monarchie und Föderalismus – Zentralismus, in einigen Staaten gepaart mit der Herausbildung von liberalen und konservativen Gruppierungen. Die Frage Monarchie vs. Republik erfuhr relativ wenig Aufmerksamkeit, Brasilien galt als Sonderfall und das kurzlebige Experiment in Mexiko wurde mit ausländischen Einflüssen verbunden. Forschungen zu Argentinien und Mexiko haben jedoch gezeigt, dass es durchaus ernsthafte Überlegungen zur Einführung von Monarchien gab, auch wenn diese aufgrund mangelnder Legitimität letztlich nirgendwo durchgesetzt werden konnten [BLAUROCK, 2.1; ANNA, The Mexican empire of Iturbide, 2.1]. Das Problem der Legitimierung der neuen Ordnung hat jedoch einen anderen Typus von Herrscher hervorgebracht, der als charakteristisch für die Politik der ersten Jahrzehnte des 19. Jahrhunderts in Lateinamerika gilt: den *caudillo*. Angesichts der prekären Legitimität der repräsentativen Organe in vielen der jungen Republiken eroberten in den meisten Regionen *caudillos* die Macht, sei es auf nationaler oder regionaler Ebene. Diese, häufig mit den Formen legitimer Herrschaft nach Max Weber charakterisierten, charismatischen Herrscher haben viel Aufmerksamkeit erfahren und wurden vor allem von der liberalen Geschichtsschreibung des 19. Jahrhunderts zu „nationalen Schurken" erklärt, die die Staatsbildung verzögert und lediglich ihre persönlichen Machtinteressen vertreten hätten. D. F. SARMIENTO, der später Präsident Argentiniens werden sollte, schrieb 1843/4 im chilenischen Exil einen Essay über den *caudillo* Facundo Quiroga (gemeint war aber der

<aside>Monarchie oder Republik?</aside>

<aside>caudillos</aside>

zeitgenössische *caudillo* von Buenos Aires, Juan Manuel de Rosas), der den Untertitel „Zivilisation und Barbarei" trug [SARMIENTO, 2.1]. SARMIENTO zufolge verkörperte der *caudillo* die „hinterwäldlerische", „barbarische" Kultur der indigenen und mestizischen ländlichen Unterschichten, im Gegensatz zur europäisch geprägten liberalen Kultur der städtischen Zentren. Dieses für ganz Lateinamerika wichtige und oft zitierte Werk prägte lange Zeit die Vorstellung von *caudillos* als machthungrigen, gewaltbereiten und ungebildeten Herrschern, die vor allem aufgrund der von ihnen abhängigen ländlichen Klientel aufsteigen konnten. Dieser Tenor dominiert immer noch, wenn auch etwas modifiziert, in der oft als Standardwerk bezeichneten Publikation von J. LYNCH [Caudillos in Spanish America, 2.1].

Caudillos als *Culture Heroes*

Neueren Untersuchungen zufolge erscheinen jedoch die Klientelbeziehungen in einem anderen Licht. Die Mobilisierung der Anhänger erfolgte nicht nur über klientelare Abhängigkeiten, sondern auch aufgrund gemeinsamer materieller Interessen und kultureller Referenzräume. Die *caudillos* waren mit der jeweiligen regionalen Kultur vertraut und repräsentierten diese in besonderer Weise. J. C. CHASTEEN bezeichnet sie als *„culture heroes"*, die die religiösen und ordnungspolitischen Vorstellungen ihrer Anhänger verkörperten, wodurch ihnen ein Charisma zugesprochen wurde, das dann in Liedern und Gedichten von der zumeist analphabetischen Anhängerschaft weitergetragen und mythisch verklärt wurde [CHASTEEN, Heroes on Horseback, 2.1]. Gleichzeitig ist die Vorstellung, die *caudillos* seien Repräsentanten der Großgrundbesitzer und ihrer Politik gewesen, einer facettenreicheren Darstellung gewichen. Untersuchungen der politischen Kultur der Unterschichten zeichnen diese nicht mehr als „blinde Gefolgschaft", sondern als ernst zu nehmende Akteure mit eigenen politischen Vorstellungen. Auch die einfache Dichotomie von Zivilisation und Barbarei im Hinblick auf die politischen Institutionen, die bereits seit längerem angezweifelt worden war, wurde in den letzten Jahrzehnten durch regionale sozialhistorische und Untersuchungen einer „neuen Politikgeschichte" deutlich revidiert. Sie konnten zeigen, dass die *caudillos* nicht unbedingt in einem „Machtvakuum" aufstiegen, da der Staat und seine Institutionen auch in den peripheren Regionen nicht völlig kollabiert waren. Im Gegenteil, auf der Ebene der Städte-Provinzen – der einzig relevanten soziopolitischen Einheit in der Zeit der Unabhängigkeitskämpfe – ent-

Provinzen als zentrale Einheiten

wickelten sich autonome Einheiten, die als Ausgangspunkt für den Staatsbildungsprozess dienten. J. C. CHIARAMONTE konnte für Argentinien zeigen, dass diese sich als souveräne Staaten verstanden, da gemäß traditioneller Vorstellungen nicht das Volk als Kollektivsubjekt (*el pueblo*) als Träger der Souveränität angesehen wurde, sondern die Städte mit ihren Institutionen (*los pueblos*). Diesen Vorstellungen zufolge war die Gleichberechtigung der Städte (mit ihrem Umland) das zentrale Problem, weniger die gleichberechtigte Teilnahme der Individuen an den politischen Entscheidungen [CHIARAMONTE, Provincias o estados?, 2.1]. Auch für andere Regionen wurde deutlich, dass die *caudillos* nicht willkürlich regierten, sondern sich an den Vorstellungen ihrer Klientel orientieren mussten und die Provinzparlamente sich Institutionen, fiskalische und politische Regeln gaben. Auf diesen Fundamenten konnte dann der spätere Staats- und Nationsbildungsprozess aufbauen [GOLDMAN/SALVATORE, 2.1, CARMAGNANI/BIDART CAMPOS, 2.1; WALKER, 2.1; VAN YOUNG, The Other Rebellion, 2.2; GUARDINO, 2.1; DE LA FUENTE, 2.1]. Für eine grundsätzliche Klärung siehe M. RIEKENBERG [2.1].

Die Frage, welche Rolle das Militär und die Kriege der Unabhängigkeit auf die Staatsbildung in Lateinamerika gehabt haben, ist ebenfalls Thema verschiedener Forschungen. Anders als für Europa (Charles Tilly) scheinen Kriege hier keine staatsbildende Funktion gehabt zu haben. Zentralisierungsmaßnahmen erfolgten aufgrund der Kämpfe ebenso wenig wie sie zur Durchsetzung des Gewaltmonopols des Staates beitrugen. Dies lag nicht zuletzt daran, dass die Aufständischen als irreguläre Truppen gegen den etablierten Staat kämpften und nur wenige Einheiten später in eine professionalisierte und disziplinierte Armee übergingen [CENTENO, 2.1, CENTENO u. a. in: HALL, 2.1]. Im Gegenteil, die auf die Unabhängigkeit folgenden Bürgerkriege mit der Festigung der Macht der *caudillos* verstärkten die Zersplitterung und De-Professionalisierung der Soldaten [SCHEINA, 2.1]. Eine Folge der Unabhängigkeitskämpfe war allerdings die Militarisierung der Politik sowie die Tendenz, einen großen Teil des Staatshaushaltes für militärische Zwecke auszugeben. Neben der Frage des Militärs ist aber auch jene nach dem Gebrauch von Gewalt während der Unabhängigkeitskämpfe als Grundlage für eine Kultur der gewaltsamen Austragung von Konflikten Thema neuerer Untersuchungen. Wurde die Radikalisierung der Kämpfe vor allem für die Kriegsführung

Militär und Kriege

Gewaltkultur

Bolívars (*guerra a muerte*) bereits von traditionellen militär- und politikgeschichtlichen Darstellungen analysiert, so fragen neuere Untersuchungen nach der Rolle von Gewalt in politischen Auseinandersetzungen und ziehen eine Kontinuitätslinie von den kolonialen Rebellionen und anderen Formen des Widerstands gegen einzelne Institutionen oder Personen hin zu der Eskalation von Gewalt gegen bestimmte Gruppen in den Unabhängigkeitskriegen [ADELMAN, The Rites of Statehood, 2.1]. Interne Auseinandersetzungen und Rebellionen schwächen in dieser Perspektive nicht den Aufbau des Staates, sondern flankieren ihn, sind Ausdruck der Volkssouveränität und helfen, die Institutionen und die Gesellschaft zu demokratisieren. Auch dienen sie letztlich der Integration der nationalen Territorien [IRUROZQUI, 2.1; FOWLER, 2.1].

2.2 Staatsbürgerschaft, Wahlen und Parteien

Seit 1810 begann parallel zu den Kämpfen um die Unabhängigkeit in den meisten lateinamerikanischen Staaten ein Experimentieren mit Verfassungen und der Etablierung liberaler repräsentativer Regierungen, die nicht nur in den Hauptstädten, sondern auch in den Provinzen errichtet wurden. Diese Perspektive wirft ebenfalls ein neues Licht auf die Diskussion um Föderalismus und Zentralismus sowie auf die sogenannten Regionalismen, die eigentlich erst im Nachhinein als solche gekennzeichnet wurden. Die Frage, auf welcher Ebene sich stabile politische Einheiten herausbilden sollten, die dann auch ein entsprechendes Zusammengehörigkeitsgefühl entwickeln konnten, unterlag einem Aushandlungsprozess, der in den letzten Jahren unter verschiedenen Aspekten untersucht wurde. Ein wichtiges Thema ist hierbei die Untersuchung von Wahlen und Staatsbürgerschaftskonzeptionen in den frühen Republiken.

Regionalismen

Die alte Vorstellung einer linearen Entwicklung der (europäisch geprägten) Staaten vom *Ancien Régime* zu modernen Nationen ist inzwischen obsolet. Damit einher geht die Abkehr von dem Gedanken der geradlinigen Ausweitung der Staatsbürgerschaftsrechte, vor allem des Wahlrechtes, auf immer weitere Bevölkerungskreise, die als Zeichen einer Demokratisierung gewertet worden war. Dagegen betont die neuere Forschung, dass es sehr unterschiedliche Wege zu staatsbürgerlicher Teilhabe und re-

Entwicklung der Staatsbürgerschaftsrechte

publikanischen Ordnungen gibt. Zur Erweiterung dieser Perspektive haben vor allem akteurszentrierte Forschungsperspektiven, regionale Fallstudien und die Einbettung der lateinamerikanischen Staatsbildung in einen globalen Zusammenhang beigetragen, aber auch die Anerkennung von Kontingenz als historischem Faktor.

Es gab in jeder Region spezifische Entwicklungen, allen gemeinsam war aber, dass man die modernen Konzepte von Volkssouveränität und Vertretung übernahm, die andere Vorstellungen vom *cuerpo político* (politischer Körperschaft) mit sich brachten als die bis dahin in Amerika gängigen. Die Vorstellung, dass sich die Republik aus Gleichen und gleichberechtigten Individuen zusammensetzte, koexistierte mit komplexen sozialen Hierarchien und Körperschaften, die aus der Kolonialzeit überlebt oder sich neuformiert hatten. Dies führte allerdings auch zu einer Diskrepanz zwischen den Normen und der politischen Realität, die es zu berücksichtigen galt, weshalb der „Vater" der argentinischen Verfassung von 1853, Juan Bautista Alberdi, von der Suche nach der *república posible* (möglichen Republik) sprach.

Volkssouveränität und traditionelle Körperschaften

Die Forschung zu den republikanischen Verfassungen und der damit verbundenen Einführung eines neuen politischen Subjektes, des Staatsbürgers (*ciudadano*) als Träger der Souveränität hat seit den 1980er Jahren zu zahlreichen innovativen Studien geführt, die nicht zuletzt durch die Erfahrungen der Militärdiktatur und des schwierigen Re-Demokratisierungsprozesses angeregt und geprägt wurden. Während die ältere Forschung die politische Instabilität der ersten Jahrzehnte nach der Unabhängigkeit als ein Zeichen politischer „Unreife" gedeutet hatte und von der Dysfunktionalität der politischen Systeme ausging, hat eine genauere Analyse der Rolle von Wahlen, Verfassungen und Staatsbürgerschaftskonzepten dieses Bild modifiziert. Stattdessen werden die Spezifität der Wahlprozesse und die Adaption der republikanischen Prinzipien an die jeweiligen nationalen Gegebenheiten hervorgehoben [ANNINO, 2.1; POSADA CARBÓ, 2.2]. Untersuchungen dieser Prozesse für die einzelnen Staaten wandten sich zudem gegen die Reduktion der politischen Partizipation auf den Akt formeller Wahlen. Diese stellten vielmehr nur eine Möglichkeit der politischen Einflussnahme durch die Bevölkerung dar. Die Ausformung einer Öffentlichkeit wie auch die Ausübung einer „Staatsbürgerschaft unter Waffen" (*ciudadanía en armas*) ermöglichte eine in-

Politische Partizipation

formelle, aber durchaus effiziente Form der Einflussnahme [Sabato, Ciudadanía política y formación de las naciones, 2.2; Sabato/Lettieri, 2.2; Thibaud 2.2].

Wahlrecht

Die insgesamt zunächst sehr offene Definition der wahlberechtigten Bürger ging in jedem Staat andere Wege. In Mexiko versuchte man eine Kombination mit dem Konzept des *vecino*, der auf der Basis der Munizipien konstituiert wurde. In Chile, wo die Gemeinden ebenfalls die Basis der Staatsbürgerschaft bildeten, wurde auf dieser Ebene teilweise sogar Frauen Wahlrecht zugestanden. In Peru hatten die Indigenen, die bis zur Aufhebung der *contribución inigena* im Rahmen der Reformen der 1850er Jahre einen großen Teil der Steuerlast trugen, vor allem auf kommunaler Ebene von ihrem Wahlrecht Gebrauch gemacht. Auch die Einführung einer Zensushürde änderte an ihrer Beteiligung wenig, wohl aber 1896 die Einführung der Alphabetisierung als Voraussetzung für das aktive Wahlrecht. Auch in Bolivien war es vor allem die Fähigkeit, Lesen und Schreiben zu können, die den Zugang zum Wahlrecht für die indigene Bevölkerung erschwerte, von diesen aber auch zur Einforderung eines staatlichen Bildungssystems genutzt wurde [McEvoy Carreras, 2.2; Valenzuela, 2.2; Irurozqui, Ebrios, vagos y analfabetos, 2.2; dies., La mirada esquiva, 2.2]. (Siehe hierzu auch Kap. II.14.)

Indigene Staatsbürger

Die Versuche, die Wählerschaft zu reduzieren, hingen auch mit der Tatsache zusammen, dass die Wahlen oft von Tumulten und gewalttätigen Auseinandersetzungen begleitet waren. Gerade dies zeigt aber auch, dass sie eine hohe Mobilisierungsfunktion hatten, oft auch für nicht wahlberechtigte Personen wie Frauen oder später Einwanderer. Die Forschung hat dies als eine Form der Einübung sowie der Einforderung von Staatsbürgerschaft seitens ausgeschlossener Gruppen interpretiert [Irurozqui, „A bala, piedra y palo", 2.2]. Hinzu kam die Ausbildung einer Öffentlichkeit, in der die politischen Themen verhandelt wurden. Formelle und informelle Formen der Sozialibität charakterisieren vor allem die ersten Jahrzehnte des 19. Jahrhunderts, als literarische Zirkel, *tertulias*, die lateinamerikanische Variante des Salons, Freimaurerlogen sowie Cafés geradezu aus dem Boden schossen. Ab der Mitte des Jahrhunderts waren es dann vor allem Vereine, die in den meisten lateinamerikanischen Großstädten eine bedeutende Rolle in der Öffentlichkeit spielten. Für Buenos Aires hat Sabato darüber hinaus eine „Mobilisierungskultur" konstatiert, die auch

Öffentlichkeit

Großdemonstrationen einschloss [SABATO, Citizenship, Political Participation and the Formation of the Public Sphere in Buenos Aires, 2.2]. Diese Formen der Soziabilität stellten eine Form der Aushandlung von Staatsbürgerschaft dar und spielten bei der Zirkulation von republikanischen und liberalen Ideen eine wichtige Rolle [GUERRA, 2.2; FORMENT 2.2; LETTIERI, 2.2]. Basierend auf den Forschungen von F.-X. GUERRA zur Unabhängigkeit und der Koexistenz von traditionellen und modernen Formen der politischen Beziehungen, fand das Konzept der politischen Kultur Eingang in die Forschung. Wenn auch nicht unumstritten, inspirierte es doch zahlreiche Forschungen, die sich den Diskursen und Praktiken sowie den Netzwerken zuwandten und damit auch eine andere Sichtweise auf das Phänomen des Klientelismus und des *caudillismo* warfen [JACOBSEN/ALJOVÍN DE LOSADA, 2.2; MÜCKE, Das Indianerbild des peruanischen Liberalismus im 19. Jahrhundert, 2.2; DERS., Der partido civil in Peru, 2.2].

Politische Kultur

Ein relativ neues und sehr fruchtbares Forschungsfeld stellen Untersuchungen dar, die sich mit Politik und Gewalt seit der Unabhängigkeit beschäftigten. Diese brechen den traditionellen Bezug von Gewalt, politischer Anarchie und Klientelismus auf und analysieren stattdessen den Zusammenhang von Militarisierung, Gewalt und dem „wehrhaften Bürger". Die Unabhängigkeitskämpfe wurden oft von den am Ende der Kolonialzeit gegründeten Bürgerwehren getragen. Deren Mitglieder und Kommandanten entwickelten sich zu wichtigen politischen Akteuren. Die Zugehörigkeit zu einem Milizregiment und die Rolle als wahlberechtigter Staatsbürger traten in einen Dialog und formten die Staatsbürgerschaft mit [CANSANELLO, 2.2; MACÍAS, 2.2]. Diese Verbindung löste sich ab der Mitte des Jahrhunderts durch die Schaffung von Nationalgarden und die Einführung einer allgemeinen Wehrpflicht allerdings auf [CHUST CALERO/MARCHENA FERNÁNDEZ, 2.2]. Gerade die Existenz eigener Truppen war für die Provinzen ein wichtiges Element ihrer Eigenständigkeit, die sie nur schwer aufzugeben bereit waren. Die Tradition von Waffengewalt als Mittel der politischen Aushandlung sowie der Anbindung von staatsbürgerlichen Rechten an bewaffnete Bürger haben aber auch dazu geführt, dass Aufstände und „Revolutionen" (zur Wiederherstellung der Ordnung) als ein legitimes Mittel der politischen Aushandlung akzeptiert wurden. Diese Haltung manifestiert sich in der Tradition der militärischen *pronunciamientos* in Mexiko und Zentralamerika

Politik und Gewalt

[HERNÁNDEZ CHÁVEZ 2.2; MEJÍAS, 2.2] sowie in den verschiedenen Aufständen argentinischer Politiker und ihrer Anhänger Ende des Jahrhunderts [SABATO, Buenos Aires en armas, 2.2]. Für den Andenraum haben C. MÉNDEZ GASTELUMENDI [2.1] und M. IRUROZQUI [„A bala, piedra y palo", 2.2] gezeigt, dass bewaffnete Aufstände der von der Staatsbürgerschaft ausgeschlossenen indigenen Bevölkerung auch dazu dienten, ihre Ansprüche auf staatsbürgerliche Rechte geltend zu machen [GABBERT, 2.2]. In den letzten Jahren sind die Etablierung eines auf Geschworenengerichten beruhenden Justizsystems sowie von Steuersystemen ebenfalls als eine Form der Aushandlung und Einübung staatsbürgerlicher Rechte und Pflichten untersucht worden [IRUROZQUI, Sobre el tributo y otros atributos ciudadanos, 2.2; CARVALHO, 2.2].

Staatsbürgerschaft und Gender

Auch die von der Ausübung staatsbürgerlicher Rechte ausgeschlossenen Frauen waren neueren Studien zufolge politisch durchaus aktiv. Mehrere Studien, die sich der Frage der Staatsbürgerschaft unter Genderaspekten gewidmet haben, haben herausgearbeitet, wie sich die Veränderungen des Ehrkonzeptes von einem ständischen zu einem bürgerlichen auf die Positionen von Männern und Frauen auswirkten. Die Stärkung der Rolle des Mannes in der politischen Öffentlichkeit ging mit gestiegenen Anforderungen an männliche Tugend und Moral in allen Schichten einher. Dies konnte im Laufe des 19. Jahrhunderts von den Frauen genutzt werden, um politische und zivile Rechte einzufordern [HUNEFELDT, 2.2; CHAMBERS, 2.2; SHUMWAY, 2.2; GARCÍA PEÑA, 2.2; CHRISTIANSEN, 2.2]. Auch V. GIORDANO [in: LOBATO/VENTUROLI, 2.2] hat in ihrer Untersuchung auf die zentrale Funktion der Familie als Matrix für staatsbürgerliche, politische und soziale Rechte hingewiesen und dargelegt, dass in den von ihr untersuchten Staaten (Argentinien, Brasilien, Chile, Uruguay) die Diskussion über das Frauenwahlrecht parallel zu jenen in Europa und den USA stattfand, wenn auch in anderer Weise.

Ehre

Studien, die sich mit der männlichen republikanischen Ehre befassen, sind bislang selten. V. URIBE URÁN [2.1] hat für Venezuela postuliert, dass der Verlust der Möglichkeit, durch hohe staatliche Ämter Ehre und Status zu erwerben, die etablierten Familien zu konservativen Positionen gebracht habe, wohingegen Militärs, Kaufleute und andere Gruppen eher auf eine individuelle, liberale Form des Ehr- und Machterwerbs gesetzt hätten. Damit folgt er zwar einer allzu schematischen Einteilung liberaler und konservativer Positionen und lässt andere Faktoren außer Acht, weist aber auf die Bedeutung von Ehrerwerb im Übergang von einer ständischen zu einer republikanischen Gesellschaft hin.

2.3 Die Rolle der katholischen Kirche

Während der Kolonialzeit kam dem Klerus und der katholischen Kirche sehr hohe soziale Anerkennung zu. Ihre karitativen Tätigkeiten und Bildungseinrichtungen waren von zentraler gesellschaftlicher Bedeutung, der Klerus war Teil der intellektuellen Eliten der jeweiligen Regionen. Insbesondere auf dem Lande spielten die Pfarrer darüber hinaus eine wichtige Rolle für die Kronverwaltung. Infolgedessen beteiligten sich auch Kleriker in signifikantem Ausmaß an den Unabhängigkeitsbewegungen sowie an der Einrichtung von Volksvertretungen. Die Rolle des Klerus in diesem Prozess ist daher eine der zentralen Forschungsfragen für das 19. Jahrhundert, neben derjenigen nach dem Verhältnis von Staat und Kirche (Patronatsrecht) und den Auswirkungen der liberalen Reformen vor allem in der zweiten Hälfte des Jahrhunderts.

Die bereits im 18. Jahrhundert durch die Aufklärung und Säkularisierungstendenzen beginnende Zurückdrängung des politischen und sozialen Einflusses der Kirche unterminierte deren politisch-soziale Bedeutung bereits vor der Unabhängigkeit. Die Französische Revolution führte dann zu einer Fraktionierung des Klerus insbesondere zwischen hohem und niederem, der, im Gegensatz zum Episkopat, eher der Unabhängigkeitsbewegung nahestand. Jedoch gab es auch innerhalb dieser Gruppen individuell unterschiedliche Positionierungen. Neben den bekannten Fällen aktiver Führung von Unabhängigkeitsbewegungen wie derjenigen von Miguel Hidalgo in Mexiko stehen andere Kleriker, die sich der Loslösung von Spanien widersetzten oder moderierende Rollen einnahmen. Insbesondere Mexiko, wo die Stellung der katholischen Kirche besonders stark war und daher die Auseinandersetzungen um eine Säkularisierung extrem konfliktiv, steht im Zentrum der Forschungen über die Rolle des Klerus und das Verhältnis von Staat und Kirche. In seiner Studie über konservatives Denken in der Sattelzeit kommt U. MÜCKE [2.3] zu dem Schluss, dass, wenn man einzelne soziale Gruppen politischen Strömun-

Klerus und Unabhängigkeitsbewegungen

gen zuzuordnen versucht, die Vertreter der Kirche zu Konservativen gezählt werden müssen. Allerdings war dies nicht in allen Ländern der Fall, siehe hierzu P. Schmidt/S. Dorsch/H. Herold-Schmidt [2.3].

Staat und Kirche

Die weitere Entwicklung des Verhältnisses von Staat und Kirche ist für die einzelnen lateinamerikanischen Staaten sehr unterschiedlich verlaufen, so dass sie hier nicht detailliert analysiert werden kann. Einen guten Überblick gibt jedoch der Aufsatz von R. Di Stefano, *Le Processus Historique de Sécularisation et de Laïcité en Amérique Latine* [in: Martin, 2.3]. Während die Säkularisierungsbestrebungen in Mexiko, Kolumbien und Ecuador mehrfach zu gewaltsamen politischen Auseinandersetzungen geführt haben, sind diese in anderen Ländern zwar nicht konflikt- aber meistens gewaltfrei verlaufen. In allen Ländern spielt jedoch die politische Parteiung in Liberale und Konservative (mit ihren jeweiligen Untergruppen und nationalen Besonderheiten) eine Rolle.

Säkularisierung

Die grobe politische Einteilung in Konservative, die eher klerikal dachten, und Liberale, die eine Säkularisierung von Staat und Gesellschaft verfochten und eine Enteignung kirchlichen Besitzes (als wirtschaftlich unproduktiver „Besitz der toten Hand") forderten, ist von der Forschung in den letzten Jahren zwar modifiziert, aber nicht völlig verworfen worden. So verweist Di Stefano in einem Aufsatz über den argentinischen „Sonderweg" auf die Heterogenität der liberalen und klerikalen Positionen, die nur in ihren Extremen unvereinbar waren. Der argentinische Fall ist darüber hinaus geeignet, die traditionelle Assoziierung zwischen Säkularisierung und Modernisierung zu hinterfragen (wie dies für Europa auch geschehen ist), denn der vielleicht modernste Staat Lateinamerikas zu Beginn des 20. Jahrhunderts, Argentinien, zeichnete sich dadurch aus, dass trotz Säkularisierungsprozessen die rechtliche Trennung von Staat und Kirche nicht vollzogen worden war [Di Stefano, La Excepción Argentina, 2.3].

Religiosität

Andere Autoren verweisen darauf, dass ungeachtet der Enteignungen und der Trennung von Kirche und Staat der katholische Glaube in den meisten lateinamerikanischen Ländern ein Grundpfeiler der Gesellschaft blieb und in den meisten Verfassungen als Staatsreligion verankert wurde. R. Blancarte [2.3], wie auch R. Di Stefano [La Excepción Argentina, 2.3], begründen dies unter anderem damit, dass Liberale und Konservative sich zwar unterschiedlich zur Institution Kirche positionierten, in ihrem

Glauben aber fast alle im Katholizismus verankert waren. Zudem erkannten sie der Religion vielfach eine staatstragende und einigende Rolle zu. J. P. BASTIAN [2.3; DERS. mit LÓPEZ VEGA, 2.3] konstatiert in seinen Studien zu Religiosität im modernen Lateinamerika ebenfalls eine enge Interdependenz des Religiösen und Politischen, die sich z. B. daran festmachen lässt, dass Wahlbezirke häufig immer noch mit Territorien von Pfarreien übereinstimmen. Auch er sieht in der Dominanz des Liberalismus im 19. Jahrhundert und seinen Folgeentwicklungen im 20. Jahrhundert Rückzug des Religiösen, sondern eine Neukomposition, beeinflusst von der Logik des Marktes etwa durch die Pluralisierung und Privatisierung des Religiösen. Daraus resultiert auch eine veränderte Beziehung von Religion und Politik und eine andere Artikulation des Religiösen im öffentlichen Raum. Als einschneidende Ereignisse, die die Monopolstellung der katholischen Kirche untergruben, sieht er die liberalen Reformen und entsprechenden Verfassungen des 19. Jahrhunderts sowie später die Fragmentierung der Religiosität durch die Entstehung von Sekten und Freikirchen (siehe OGG 49: Lateinamerika seit 1930). Grundsätzlich ist sich die Forschung allerdings darin einig, dass im 19. und frühen 20. Jahrhundert nur die Gesetzgebung säkularisiert wurde, nicht jedoch die soziale und politische Praxis. Die katholische Kirche, religiöse Symbole und die katholisch-moralische Ordnung blieben trotz aller Säkularisierungsbestrebungen in allen lateinamerikanischen Staaten weiterhin sehr einflussreich. Neben diesen generellen Entwicklungen wird in neueren Studien der Einfluss von Kirche und Religion auf die sozialen Verhältnisse diskutiert, etwa im Hinblick auf die Fortschreibung des *sistema de castas* bzw. der Ausgrenzung von Indigenen im 19. Jahrhundert [O'HARA, 2.3] oder auf die These von der Feminisierung der Religion [CHOWNING, 2.3]. Auch Mission ist nach wie vor ein Thema, wenn auch nicht mehr so zentral wie für die Kolonialzeit [z. B. LANGER, 2.3]. Einen generellen Überblick über die Entwicklung von Religion, Kirche und Staat in Lateinamerika bieten H.-J. PRIEN [2.3], J. F. SCHWALLER [2.3], J. LYNCH [2.3] und E. DUSSEL [2.3].

3 Sklavenhandel und Sklaverei

Spätestens seit den Studien eines der einflussreichsten Historiker der Sklaverei und der Abolitionsbewegung in der atlantischen Welt David Brion Davis ist die Versklavung von Afrikanern integraler Bestandteil der Geschichte Nord- und Südamerikas und der Karibik, ja der gesamten atlantischen Welt geworden [Davis, 3]. Das ist nicht selbstverständlich, denn die Geschichtsschreibung zum Sklavenhandel, zu Sklaverei und Abolition spiegelt die inhärenten Hierarchien und Machtkomplexe wider, die sich in den Postemanzipationsgesellschaften Lateinamerikas und der Karibik niederschlagen und sich lange Zeit vor allem durch Schweigen auszeichneten. Die historische, anthropologische und sozialwissenschaftliche Sklavereiforschung zum Atlantik und über die Amerikas durchlief im Laufe des 20. und des 21. Jahrhunderts unterschiedliche Konjunkturen, manifestierte sich in unterschiedlichen ideologischen Standpunkten, zeichnet sich durch lebhafte intra- und interkontinentale Debatten aus und ist stark interdisziplinär ausgelegt. Und sie verdeutlicht den Wandel und die Vielfalt der Institution. Zu Beginn des 20. Jahrhunderts wurden zunächst in den USA die Sklaverei und ihre gesellschaftlichen Konsequenzen breiter thematisiert, ausgelöst unter anderem durch die Publikation der Arbeiten des ehemaligen Sklaven und Abolitionisten Frederic Douglass und die Schriften des Soziologen und Bürgerrechtsaktivisten W. E. B. Du Bois. Letzterer thematisierte die Vorstellung der Existenz einer *double consciousness* unter den afrikanisch-stämmigen und diasporischen Individuen in Postemanzipationsgesellschaften [Du Bois, 3]. Früh wurden vergleichende Perspektiven eingenommen, die die Spezifika der Sklavereigesellschaften in beiden Amerikas und der Karibik herausarbeiteten. In der Regel wurden die lateinamerikanischen und karibischen Gesellschaften mit dem größten Anteil an versklavter Bevölkerung – Brasilien, Kuba und die karibischen Inseln unter französischer und britischer Herrschaft sowie der Süden der USA – untereinander verglichen. Seit etwa zwei Jahrzehnten werden immer häufiger global vergleichende Forschungen angestellt. In den letzten fünfzig bis sechzig Jahren fanden die wichtigsten Kontroversen über Sklaverei und ihre Auswirkungen auf ehemalige Sklavenhaltergesellschaften, die Einfluss auch auf die Erforschung der Skla-

Marginalie: Vergleichende Perspektiven

verei in Lateinamerika und der Karibik haben, in den Publikationen US-amerikanischer (und anglophoner) Forschungseinrichtungen statt.

Die in den vergangenen Jahrzehnten sprunghaft angewachsenen Forschungen zur Sklaverei sind ein mittlerweile sehr ausdifferenziertes, transregionales und hoch produktives Feld, das außer in den Geschichtswissenschaften in der Soziologie, der Sozialanthropologie, der Wirtschafts- und den Literatur- und Kulturwissenschaften verfolgt wird. Sklavenhandel, Sklaverei, Abolition und Postemanzipation gehören heutzutage zu den am besten erforschten Themen der Geschichte Lateinamerikas, der Karibik und der atlantischen Welt: Es liegt ein kaum überschaubarer Fundus an Quellen, Regional- und Lokalstudien, Mikro- und Makrostudien und Darstellungen vor, die die vielfältigen Verbindungen des Themas verdeutlichen und Ausgangspunkte für weitere regionale und kontinentale Vergleiche bieten. Erste fundierte, aber übergreifende Einblicke in Thematik und Forschungsliteratur und Forschungsstand bieten J. MILLER [Slavery and Slaving in World History, 3] sowie das Supplement *The Bibliography of Slavery and World Slaving* [MILLER, 3] und S. DRESCHER/S. ENGERMAN [3], G. HEUMAN/T. BURNARD [3] und M. ZEUSKE [Handbuch Geschichte der Sklaverei, 3]. Richtungsweisend für die fortlaufende Forschung sind darüber hinaus die Zeitschriften *Slavery & Abolition. A Journal of Slave and Post-Slave Studies* und das *William & Mary Quarterly*. Für die Karibik verschafft die von V. SHEPHERD und H. BECKLES herausgegebene Anthologie *Caribbean Slavery in the Atlantic World. A Student Reader* [3] einen ersten Einblick.

Interdisziplinäre Forschungen

Die atlantische Perspektive, unter anderem ausgehend vom Paradigma des *Black Atlantic* [GILROY, 3] war für die Erforschung von Sklaverei und Sklavenhandel richtungsweisend, weil sie den Interaktionsraum des Atlantik nicht mehr nur ausgehend von der Hegemonie europäischer Mächte, der (Sklaven-)Händler oder Siedler, interpretierte, sondern den Einfluss afrikanischer Sklaven und ihrer Nachkommen auf die Konstituierung der Gesellschaften diesseits und jenseits des Atlantik sichtbar machte. Neue Konzepte aus globalgeschichtlicher Perspektive betonen außerdem, dass Versklavung und Sklaverei im Grunde weder national noch regionalgeschichtlich – auch nicht mehr nur im Rahmen des Atlantik – wirklich erfasst und begriffen werden können. [ZEUSKE, Sklavenhändler, Negreros und Atlantikkreolen, 3, Handbuch Geschichte

Atlantische und globalgeschichtliche Perspektiven

der Sklaverei, 3; Eltis u. a., The Cambridge World History of Slavery, 3]. Im deutschsprachigen Raum hat sich eine interdisziplinäre, epochenübergreifende und vergleichende Erforschung von Sklaverei im Weltmaßstab seit 2017 mit dem *Bonn Center for Dependency and Slavery Studies* [1.7] der Universität Bonn etabliert, wo auch die historische Forschung zur Sklaverei im atlantischen Raum und in Lateinamerika und der Karibik angesiedelt ist.

Sozial- und wirtschaftshistorische Ansätze

Wirtschaftshistorische und marxistische Ansätze der Sklavereiforschung sowie vergleichende Regionalstudien verdeutlichen außerdem, dass in Brasilien, Kuba und den Südstaaten der USA die Sklaverei ihren Höhepunkt im Gegensatz zu anderen Regionen des Kontinents erst im 19. Jahrhundert erreichte, nach der europäischen Spätaufklärung – einer Epoche, die in Nordamerika als Blütezeit des Liberalismus gilt. Die dort und in Brasilien, der Karibik und Kuba ausgeprägten Formen von (Massen)Sklaverei bezeichnete Historiker D. Tomich [3] als *second slavery*. Sie unterschied sich von der Sklaverei der Jahrhunderte zuvor durch die Herstellung von Agrarprodukten für den Weltmarkt wie Zucker, Kaffee oder Baumwolle in nie da gewesenen Mengen, und zwar unter kapitalistischen Produktionsbedingungen und dem Einsatz modernster Technik in früher eher marginalen Zonen der atlantischen Weltwirtschaft. Gerade diese Sklavereisysteme erwiesen sich als extrem stabil und waren noch kurz vor der Abolition hoch effizient, bzw. setzten sich auch nach der Unabhängigkeit – wie etwa in den USA und Kuba fort [Laviña/Zeuske, 3], siehe hierzu auch L. Bergad [3]. Ein früherer Zweig der Sklavereiforschung, der ebenfalls auf strukturellen sowie sozial- und wirtschaftshistorischen Zugängen basierte, untersuchte außerdem die wirtschaftlichen Auswirkungen des Sklavenhandels auf Europa, Afrika und die Amerikas, die Organisation von Plantagenökonomien sowie das Phänomen der Massensklaverei [u. a. Klein, The Middle Passage, 3; Inikori/Engerman, Forced migration, 3; Miller, Way of Death, 3]. Bahnbrechend war dabei das Werk des kubanischen Historikers M. Moreno Fraginals [3], der das System der Sklaverei anhand der Zuckermühle analysierte. Die kubanische Forschung zur Sklaverei setzte sehr früh ein, einer ihrer Ursprünge liegt in der Wirtschaftsgeschichte, wie in Kap. II.7.1.3 des vorliegenden Bands noch erörtert werden wird.

Das Konzept der *second slavery* erfährt heutzutage – angesichts der unübersehbaren sozialen und ökologischen Probleme der wirtschaftlichen Globalisierung – verstärkte Aufmerksamkeit, wie D. TOMICH und P. MUÑOZ LUNA [3] feststellten. Ein kritisches Revival erlebt auch die erste These des aus Trinidad stammenden Historikers und Premierministers E. WILLIAMS [3] über den Zusammenhang zwischen den Profiten aus Sklavenhandel und Sklaverei und der Genese des Kapitalismus [siehe hierzu RODRIGO, 3]. Der aus einer atlantisch-karibischen Perspektive arbeitende Sklavereihistoriker M. ZEUSKE legte 2015 mit seinem Band *Sklavenhändler, Negreros und Atlantikkreolen* [3] eine Geschichte der Akteure des Sklavenhandels, der Sklavenhändler und der Sklavenmärkte vor und verortete in der ursprünglichen Akkumulation von Kapital durch den Verkauf menschlicher Körper die Antwort auf die Hintergründe der Entstehung des Kapitalismus in den Anrainerregionen des Nordatlantik [siehe auch ZEUSKE in: HATZKY/SCHMIEDER, 3].

<small>Debatte um Sklaverei und Genese des Kapitalismus</small>

Der jamaikanische Soziologe O. PATTERSON [3] definierte Sklaven als „sozial tot", und zwar aufgrund ihres totalen Ausschlusses aus der Gesellschaft. Er bezog sich auf ihre Herauslösung aus der afrikanischen Herkunftsgesellschaft, ihre Zwangsverschleppung und ihren enthumanisierten Zustand als Eigentum anderer Menschen. Mikrohistorische und sozialanthropologische Studien zur Sklaverei arbeiteten in den letzten Jahrzehnten viele Details über die Lebensumstände von Sklaven heraus und widerlegten O. PATTERSONS Definition, die Sklaven jegliche Handlungsmacht absprach: Die Untersuchungen verdeutlichten, dass Sklaven Familien gründeten, heirateten, soziale und kulturelle Gemeinschaften bildeten, sich wirtschaftlich betätigten, ihre Anliegen vor Gericht vorbrachten und offen gegen die Sklaverei rebellierten. Andererseits waren Sklavengemeinschaften durch Hierarchien gekennzeichnet, die auf Geschlecht, Hautfarbe, Herkunft oder Beruf basierten. Einen guten Überblick über diese Forschungen bietet ebenfalls M. ZEUSKE [Handbuch Geschichte der Sklaverei, 3]. Insbesondere auch Studien zu geschlechtsspezifischen Aspekten vermochten strukturalistische Perspektiven auf die Sklaverei zu widerlegen, u. a. G. CAMPBELL/S. MIERS/J. MILLER [3], für die Karibik V. SHEPHERD/B. BERETON/ B. BAILEY [3], P. SCULLY/D. PATON [3] und G. CAMPBELL/E. ELBOURNE [3]. Einen Forschungsüberblick bietet das von U. SCHMIEDER herausgegebene Dossier der Zeitschrift *Comparativ* [Postemanzipation und Gender, 3; siehe speziell zu Kuba FRANK-

<small>Gesellschaftliche Stellung von Sklaven</small>

<small>Geschlechtsspezifische Aspekte</small>

LIN, 3; SCHMIEDER, in: BORST/FUCHS/URIOSTE-BUSCHMANN, 3 und zu Brasilien NISHIDA, 3].

Demographie der Massensklaverei

In den 1960er Jahren wurde das Phänomen der Massensklaverei und der Plantagengesellschaften anhand quantitativer Erhebungen untersucht. Dabei wurden der transatlantische Sklavenhandel und die Sklaverei anhand demographischer Erhebungen erstmals in Zahlen erfasst. Bahnbrechende Studien zur Demographie der Sklaverei und den wirtschaftshistorischen Aspekten des Sklavenhandels wurden in den USA veröffentlicht und dominierten zunächst die Forschung. Zahlreiche Publikationen – die bedeutendste unter ihnen ist von P. CURTIN [3] – veröffentlichten erstmals Schätzungen über die Anzahl der Afrikaner, die zwischen dem 16. und 19. Jahrhundert die *middle passage*, die Überfahrt über den Atlantik, überlebt hatten. Diese quantitative Forschung auf sozialhistorischer Basis wurde und wird fortgesetzt von H. KLEIN [The Atlantic Slave Trade, 3] und D. ELTIS/ D. RICHARDSON [3]. Die Zahl von etwa 11–12 Millionen Afrikanern, die schätzungsweise bis zum Ende des 19. Jahrhunderts beide Amerikas lebend erreichten, hat den zahlreichen Überprüfungen der letzten fünf Jahrzehnte standgehalten. Die ökonomischen Konsequenzen für die afrikanische Seite wurden unter anderem von P. MANNING, S. ENGERMAN und J. E. INIKORI [MANNING 3, in: ENGERMAN/INIKORI, The Atlantic Slave Trade, 3] untersucht. Die Fortschritte in den *digital humanities*, die die *Transatlantic Slave Trade Database* [1.7] hervorgebracht haben, belegen das. Diese Datenbank wird federführend von D. ELTIS, H. KLEIN und D. RICHARDSON geleitet, die alle mit einem wirtschaftshistorischen Ansatz arbeiten. Sie ist heutzutage das bedeutendste Arbeitsmittel zur Erforschung des transatlantischen Sklavenhandel, mittlerweile sind dort um die 40.000 Sklavenfahrten über den Atlantik belegt.

Quantitative Erhebungen

Transatlantischer Sklavenhandel

Widerstand

Der Widerstand gegen die Sklaverei war schon früh ein Forschungsthema. Einflussreich war hier die Publikation des marxistischen Historikers H. APTHEKER [3], der bereits in den 1930er Jahren die Bedingungen untersuchte, unter denen Widerstand stattfand, und die Beziehungen zwischen Sklavenhaltern und Sklaven herausarbeitete. Während der Fokus der Erforschung des Widerstands gegen die Sklaverei lange Zeit auf Aufständen, Revolten und Rebellionen lag [PRICE, 3], ist angesichts vielfältiger regionaler Studien und mikrohistorischer Zugänge heute unbestritten, dass Widerstand sehr viele (alltägliche) aktive und passive Ausdrucksformen hatte. Einen umfassenderen Überblick über die verschiedenen Phänomene des Sklavenwiderstands in unterschiedlichen Regionen Lateinamerikas bietet J. LAVIÑA/J. L. RUIZ-PEINADO [3] sowie D. GEGGUS [3]. Daneben existieren vor allem Regionalstudien, beispielsweise von J. J. REIS für Brasilien [Slave Resistance in Brazil, 3; Slave Rebellion in Brazil, 3] oder von G. GARCÍA RODRÍGUEZ für Kuba [3]. Ebenfalls zum kubanischen Sklavenwiderstand arbeitete BARCIA PAZ [3].

Diese Forschungsansätze begründeten auch eine Geschichte der Sklaverei „von unten", aus der Perspektive von Sklaven und ehemaligen Sklaven als Akteure einer transnationalen und transkulturellen Geschichte der Amerikas und der Karibik. Sie bildeten den Auftakt für eine anthropologisch informierte Sklavereiforschung, die sich auch anderen Regionen öffnete [SCOTT, 3; PALMIÉ, 3] und Vergleiche zwischen den Zonen der Sklaverei in Nord- und Südamerika und der Karibik [SCOTT, 3] anstellte. Das neue empirische, aus mikrohistorischer Forschung hervorgegangene Datenmaterial und die anthropologischen Studien über das Leben versklavter Personen, eröffneten nicht nur viel differenziertere Einsichten in das Alltagsleben, sondern rückten die *agency* der Sklaven ins Zentrum des Interesses, die ihr Leben in einer spannungsvollen, konfliktgeladenen und hierarchischen Umgebung in einer Dialektik zwischen Anpassung und Widerstand meisterten, siehe V. SANZ/M. ZEUSKE [3]; M. KARASCH [3]; G. GARCÍA RODRÍGUEZ [3].

Alltagsleben und agency

3.1 Kreolisierung

Auch die in den 1940er Jahren von F. TANNENBAUM aufgeworfene These über die angebliche „Milde" der Sklaverei im iberoamerikanischen Kolonialsystem war Auslöser für eine intensive vergleichende wie quantifizierende sozialgeschichtliche Forschung über die unterschiedlichen Formen von Sklaverei in den Amerikas, die letztendlich die Phase der global vergleichenden Sklavereiforschung einleitete [TANNENBAUM, 3.1; SCHMIEDER, 3.1; DE LA FUENTE, 3.1]. Dominierend war die Frage nach den Auswirkungen des Kontakts zwischen Afrikanern und den Bewohnern der neo-europäischen Gesellschaften der Amerikas, und zwar vor allem ihre transkultu-

Debatten um „Kreolisierung" und die Herausbildung afroamerikanischer Kulturen

Afrikanische Kontinuitäten oder neokulturelle Konstruktionen?

rellen Ergebnisse. Als ein Kulminationspunkt kristallisierte sich die Frage nach der „Kreolisierung" heraus, also wann und unter welchen Bedingungen Afrikaner unter der Sklaverei zu Amerikanern, oder um es mit anderen Worten zu fassen, „zivilisiert" wurden. Die meisten Studien gingen davon aus, dass Kontinuitäten afrikanischer Traditionen unter den soziokulturellen Bedingungen der Sklaverei die Ausnahme gewesen seien. Afrikaner seien früh „kreolisiert" worden und die afroamerikanische Kultur habe sich dabei aus ethnisch und kulturell zersprengten Individuen verschiedenster afrikanischer Gesellschaften, Kulturen und Religionen völlig neu konstituiert. Den mitgebrachten afrikanischen Kulturelementen wurde dabei allerdings eine untergeordnete Bedeutung zugeschrieben. Diese aus ethnologischer bzw. kultursoziologischer Perspektive von S. MINTZ und R. PRICE in ihrer 1976 veröffentlichten, einflussreichen Studie *An Anthropological Approach to the Afro-American Past* [3.1] artikulierte Auffassung über die Neukonstruktion afroamerikanischer Kultur konzentrierte sich vor allem auf nordamerikanische bzw. karibische Kolonial- und Sklavereigesellschaften, dort wo sie selbst geforscht hatten.

„Atlantikkreolen" und atlantische Welt

Sklavereihistoriker der ideengeschichtlichen Tradition wie I. BERLIN [3.1], der Transformations- und Identitätsbildungsprozesse in den nordamerikanischen Sklavereigesellschaften untersuchte, entwickelten das Kreolisierungsmodell weiter. Anhand seiner empirischen Forschungen konnte er aufzeigen, dass es sich bei der Herausbildung afroamerikanischer Identitäten unter Sklaven und ehemaligen Sklaven um eine kontinuierliche Konstruktion und Rekonstruktion in Anpassung an die (wechselnden) historischen Bedingungen der Sklaverei handelte. Aus seiner Beschäftigung mit der „Kreolisierung" von Afrikanern durch den transatlantischen Sklavenhandel führte er 1996 den Begriff der „Atlantikkreolen" für diejenigen Bevölkerungsgruppen ein, die er durch ihre Erfahrung oder Geburt als Teil einer neuen atlantischen Kultur erachtete, die sich seit dem 16. Jahrhundert durch den Sklavenhandel herausgebildet hatte. Einen Überblick über die Debatten und die Erweiterung des Konzepts der Kreolisierung bietet R. PRICE

Debatten um Sklaverei in Afrika

[3.1]. An den vergleichenden Debatten um Sklaverei in den Amerikas und transkulturellen Studien beteiligen sich seitdem auch zu Afrika arbeitende Historiker. J. K. THORNTONS *Africa and the Africans in the Making of the Atlantic World* [3.1] und weitere Werke über Sklavereigesellschaften in Afrika bzw. die Verknüpfungen zwischen Lateinamerika und Afrika [LOVEJOY, 3.1; CURTO 3.1; CURTO/SOULODRE-LAFRANCE, 3.1] verdeutlichten, dass Formen von Sklaverei und der Sklavenhandel in Afrika weit verbreitet waren und dass die Erforschung der Sklaverei in den Amerikas und ihre Konsequenzen ohne die Kenntnis der afrikanischen Seite unvollständig ist. Für die Afrikahistoriker stehen allerdings weniger die unter der Sklaverei entstandenen Transformationsprozesse im Vordergrund, als vielmehr die Kontinuitäten afrikanischer Kulturen und Traditionen in beiden Amerikas.

Bemerkenswert an dieser die Kontinente übergreifenden, regionalen und transatlantischen Perspektive ist, dass sie sich aus zwei Richtungen entwickelte, von der Historiographie zu Afrika aus und von der lateinamerikanischen, karibischen und insbesondere der brasilianischen Geschichtswissenschaft und Ethnologie. Der brasilianische Anthropologe P. VERGER [3.1] spezialisierte sich sehr früh auf diese translokalen und transregionalen Interaktionen zwischen Afrika und Lateinamerika bzw. Brasilien. Die Historiographie beschäftigte sich indes erst später mit diesem Thema [ALENCASTRO, 3.1; KLEIN/LUNA, Slavery in Brazil 3.1; KLEIN/VINSON III, 3.1; LUNA u. a., Escravismo em São Paulo e Minas Gerais, 3.1; SWEET, 3.1; CURTO, 3.1; CURTO/LOVEJOY, 3.1; CANDIDO, 3.1; RÖHRIG ASSUNÇÃO, 3.1]. Die meisten Experten auf diesem Gebiet hatten auch die Transfers innerhalb der Amerikas und der atlantischen Welt im Auge und vor allem Afrika-Historiker wie L. HEYWOOD [3.1] betonen Bedeutung und Einfluss der afrikanischen Sklaven in den Amerikas. Viele der genannten Historiker sind auf die Erforschung der Sklaverei im portugiesischen Kolonialreich spezialisiert, auf den Direkthandel zwischen dem südlichen Zentralafrika (heute: Kongoregion und Angola) und Brasilien und die dortigen Austauschprozesse im südlichen Atlantik. Diesen „Afroatlantischen Dialog" analysierte J. L. MATORY [3.1] aus historisch-anthropologischer Perspektive am Beispiel Bahias und des *candomblé*. O. M. G. D. CUNHA [3.1] untersuchte die Epistemologie von transatlantischem Wissen durch ethnographische Forschungen sowie die Rolle von Artefakten bei der Entstehung von afrobrasilianischen und afrokubanischen Identitäten.

Translokale und transkontinentale Interaktionen zwischen Afrika und Lateinamerika

Bedeutung des afrikanischen Einflusses

„Afroatlantischer Dialog"

3.2 Brasilien

Nach Brasilien wurden mit Abstand die meisten Sklaven aus Afrika verschleppt. Die Sklaverei ist also ein ganz wesentlicher Bestandteil der brasilianischen Geschichte und Kultur, zumal das Land den größten afrikanisch-stämmigen Bevölkerungsanteil in ganz Lateinamerika und der Karibik hat: um 1800 waren es um die 37%. Ähnlich wie für andere Regionen Lateinamerikas und der Karibik hat die enorm große Fülle an quantitativen, empirischen, mikrohistorischen, lokal- und regionalgeschichtlichen Materialien und Quellen auch in Brasilien übergreifende Studien sämtlicher Aspekte von Sklaverei, Sklavenhandel, Abolition und Postemanzipation aus sozial- und kulturwissenschaftlicher, ideengeschichtlicher, rechtshistorischer oder anthropologischer Perspektive hervorgebracht und die Bewertungen und Fragestellungen der Forschung erheblich erweitert. Die brasilianische Sklavereiforschung ist heute die weltweit umfangreichste und differenzierteste und dominiert deshalb die historische Erforschung des Südatlantiks. Nicht unerheblich ist auch die Größe Brasiliens, denn es gibt unterschiedliche regionale Forschungsansätze, die mit den verschiedenen Formen dieser Institution zusammenhängen. Allerdings ist ein Großteil der brasilianischen Forschungsliteratur nur auf Portugiesisch verfügbar.

Sklaverei als „integratives System"? Gilberto Freyre

Vereinfacht formuliert geht die brasilianische Sklavereiforschung auf zwei Ansätze zurück: Der eine geht auf die einflussreichen Studien des Sozialanthropologen und Historikers G. Freyre [3.2] zurück. Dieser interpretierte in den 1930er Jahren die Sklaverei letztendlich als ein integratives System – obwohl er asymmetrische Herrschaft und Hierarchie sowie die dem System innewohnende Gewalt keineswegs verleugnete. Er betonte die patriarchalischen Aspekte der Sklaverei, aber eben auch ihre angebliche „Milde" und den Hang der Portugiesen zur *miscigenação*, also zur ethnischen Mischung, die er gleichzeitig verklärte. Der andere Ansatz ist jener der sogenannten Paulistaner Schule, einer Gruppe von strukturalistischen Historikern und Sozialwissenschaftlern, zu denen unter anderen F. Fernandes [3.2], F. H. Cardoso [3.2] und E. V. d. Costa [2.1] zählen, bei denen die Handlungsmacht der Sklaven innerhalb der Sklavereisysteme eine untergeordnete Rolle spielte. Lediglich die Forschungen von E. V. d. Costa bildeten hier eine Ausnahme sowie die von C. Moura [3.2], der zu den ersten ge-

„Paulistaner Schule"

hörte, die den Widerstand von Sklaven thematisierten und untersuchten. Die Sklavereiforschung Brasiliens wurde in den 1960er Jahren auch durch die oben angeführten Debatten innerhalb der US-amerikanischen Historiographie beeinflusst; die große Mehrzahl der historischen und anthropologischen Forschungen zum Sklavereikomplex in Brasilien wird aber heutzutage an brasilianischen Universitäten und Forschungseinrichtungen getätigt. Ein wichtiger Impuls war (wie auch in anderen Regionen) der einhundertste Jahrestag der Abolition der Sklaverei im Jahre 1988, der nicht nur das Interesse an dieser Geschichte weckte, sondern auch mit der Förderung von wissenschaftlichen Studien einherging bzw. der Einrichtung von Studienschwerpunkten und Studiengängen an brasilianischen Universitäten.

In den 1980er Jahren gerieten strukturalistische Ansätze zunehmend in die Kritik, unter anderem beeinflusst von der Rezeption der US-amerikanischen und europäischen Historiographie (E. P. Thompson, Carlo Ginzburg, Giovanni Levi oder der *Nouvelle Histoire*). Die neuen methodischen Ansätze und Fragestellungen – etwa die der Mikrogeschichte – rückten die Versklavten als historische Subjekte sowie ihre Handlungsmacht in den Vordergrund. Bahnbrechend für die erhebliche Erweiterung empirischer Studien auf lokaler und regionaler Ebene, die bisher unbeachtete Quellen zutage beförderten, waren quantitative Studien und die Entwicklung von Datenbanken, die insbesondere im Umfeld der Historiker F. V. Luna, I. D. N. D. Costa und C. A. Paiva entstanden [Paiva/Klein, 3.2; Luna u. a., Escravismo em São Paulo e Minas Gerais, 3.1]. Die quantitativen Befunde beförderten auch mikrogeschichtliche und biographische Forschungen. Darüber hinaus erhellten diese Studien die Bedeutung der Sklaverei für die Goldminen in Minas Gerais, wie die Untersuchungen von A. M. Filho/R. B. Martins [3.2] und L. Bergad [3.2] belegen. Die Region um Salvador da Bahia, dem bedeutendsten Zentrum des Anbaus von Zuckerrohr in Plantagenwirtschaft in Brasilien, mit dem bis heute höchsten afrikanischstämmigen Bevölkerungsanteil thematisieren die Publikationen von S. B. Schwartz [Sugar Plantations in the Formation of Brazilian Society, 3.2] und D. T. Graden [3.2]. Eine bedeutende Quellenedition zu Sklaverei und Abolition in Brasilien ist der von R. E. Conrad herausgegebene Band *Children of God's fire: A documentary history of black slavery in Brazil* [1.1].

Mikrogeschichte und Versklavte als historische Subjekte

Urbane Sklaverei

Unter den zahlreichen Forschern, die ab den 1980er Jahren innovative Beiträge zur Historiographie der Sklaverei in Brasilien leisteten, sind J. J. REIS/E. SILVA [3] und J. J. REIS/A. BRAKEL [3] zu nennen sowie S. R. R. D. QUEIROZ [3.2]. K. M. D. Q. MATTOSO/S. B. SCHWARTZ [3.2], M. KARASCH [3] und S. H. LARA [3.2] legten ihre Schwerpunkte u. a. auf die urbane Sklaverei. S. CHALHOUB [3.2] verfolgte einen rechtshistorischen Ansatz, woraufhin in den 1990er Jahren vermehrt rechtshistorische Untersuchungen angestellt und Fälle untersucht wurden, bei denen Sklaven gegen ihre Versklavung geklagt hatten, beispielsweise K. GRINBERG [3.2], die den Fall der Sklavin Liberata erforschte. Zahlreiche Studien beschäftigten sich mit weiteren rechtlichen Fragen, etwa mit der Zäsur des Jahres 1871, als in Brasilien das Gesetz des „freien Bauches " erlassen wurde. Einen kurzen Überblick über die Entwicklung der Sklavereiforschung in Brasilien bis in die späten 1980er Jahre hinein bietet ein Aufsatz von S. B. SCHWARTZ [Recent Trends in the Study of Slavery in Brazil, 3.2]. SCHWARTZ war auch einer der ersten, der anhand einer vergleichenden Perspektive versuchte, eine Typologie der Sklavereisysteme in den Amerikas aufzustellen [Patterns of Slaveholding in the Americas, 3.2].

afrobrasilianische Religionen und Kulturen

Die neue Sozialgeschichte der Sklaverei brachte ab den 1990er Jahren eine Reihe von biographischen Studien hervor, in denen Sklaven und ehemalige Sklaven als Persönlichkeiten mit Handlungsspielraum, Einfluss, Macht und ungewöhnlichen Karrieren hervortraten [z. B. BARROS MOTT, 3.2, SILVA, 3.2 sowie FRANK, 3.2]. Außerdem rückten vermehrt kulturhistorische und anthropologische Fragestellungen in den Fokus der Forschung. Ein breites Themenfeld boten und bieten afrobrasilianische Religionen, die aus dem Christentum, afrikanischen Religionen und z. T. anderen Glaubenssystemen heraus entstanden sind [REIS, 3.2; HARDING, 3.2; PARÉS, 3.2; KRAAY, 3.2]. Im 20. Jahrhundert wurden afrobrasilianische Rhythmen ein bedeutendes Element im Aushandlungsprozess einer neuen nationalen Identität (siehe hierzu OGG 49: Lateinamerika ab 1930).

All diese Studien trugen in den letzten Jahrzehnten zu einem wesentlich tieferen Verständnis der herausragenden Rolle der Sklaverei für die brasilianische Geschichte und Gesellschaft bei, insbesondere seit ab den 1980er Jahren Sklaven von der historischen Forschung als handelnde Subjekte gegenüber ihren Herren und innerhalb der Gesellschaft wahrgenommen wurden. Die zahlreichen quantitativen Studien und demographischen Erhebungen arbeiteten die Grundstrukturen der brasilianischen Sklavenhaltergesellschaft und der auf Sklavenarbeit basierenden Wirtschaft heraus und verdeutlichten dabei auch die Gemeinsamkeiten des brasilianischen Sklavereisystems mit dem anderer Sklavereigesellschaften – aber eben auch seine Besonderheiten. In Anerkennung all dieser Verdienste, die die Historiographie zur Erforschung der Sklaverei in Brasilien beitrug, forderte der Historiker R. d. B. MARQUESE [3.2] vor einigen Jahren, dass es nun an der Zeit sei, das Spektrum der Forschung wieder zu erweitern und die Sklaverei in ihrer dynamischen Wechselbeziehung mit der Weltwirtschaft und dem Aufstieg des Kapitalismus zu verstehen.

3.3 Saint-Domingue/Haiti

Geradezu revolutioniert wurde die Perspektive auf die Sklaverei in beiden Amerikas und der atlantischen Welt schließlich durch das Interesse an der Erforschung der weltweit einzig erfolgreichen Sklavenrevolution, der Revolution von Saint-Domingue (1791–1804), was sich um den zweihundertsten Unabhängigkeitstag Haitis im Jahre 2004 manifestierte. Einer der profundesten Kenner der Revolution in Saint-Domingue der Historiker David Geggus, hatte noch anlässlich des *Bicentenaire* 1989 die berechtigte Feststellung getroffen, dass die sogenannte Kolonialfrage von sämtlichen bedeutenden Historikern der Französischen Revolution völlig vernachlässigt worden sei. Der Historiker und Anthropologe M.-R. TROUILLOT [3.3] reklamierte 1995 die systematische Bagatellisierung dieser Revolution und kritisierte das Schweigen der Geschichtsschreibung über diese, wie er sich ausdrückte, „undenkbare Geschichte". Seit M.-R. TROUILLOTS Kritik sind große Veränderungen und Perspektivwechsel zu verzeichnen, die nicht zuletzt auf den *postcolonial turn* sowie auf die noch jüngeren Diskussionen um neue globalgeschichtliche Ansätze zurückzuführen sind. Die Kulturwissenschaftlerin S. FISCHER fasste das von M.-R. TROUILLOT formulierte „Undenkbare" in folgende Worte: „Under the name of Haiti, the first black state in the Americas had realized a complete reversal of imperial hierarchies and social goals; the territory's European name had been obliterated; slaves had become masters; and the process of capitalist development through the in-

Französische Revolution und Sklavenrevolution

Kritik am Schweigen über eine „undenkbare Geschichte"

dustrialization of agriculture had been severely disrupted." [Fischer, 3.3].

Vorreiterrolle für die Abolition

D. Geggus, L. Dubois und andere haben aufgezeigt, dass der Triumph der Sklaven über ihre Herren die Sklavenhalter der gesamten atlantischen Welt in Angst und Schrecken versetzte. Auf der anderen Seite verbreitete sich die Kunde davon auch unter den Sklaven, wodurch diese einzig erfolgreiche Sklavenrevolution zahlreiche Konspirationen und Revolten von Brasilien bis in die Südstaaten der USA inspirierte. Frühere Perspektiven auf die Sklavenrevolution, die die Bedeutung auf ihre Gewalttätigkeit und ihre autoritären Folgen reduzierten, sind heute längst überwunden. Neuere Forschungen konzentrierten sich auf die Vorreiterrolle Saint-Domingues für die Abolition und darauf, dass die im Rahmen der Französischen Revolution formulierten Menschenrechte durch die Sklavenrevolution universalisiert wurden [Geggus, The Impact of the Haitian Revolution in the Atlantic World, 3; The Haitian Revolution, 3.3; Gaspar/Geggus, 3.3; Dubois, A colony of citizens, 3.3; Avengers of the New World, 3.3; Dubois/Scott, 3.3]. In dem vergangenen Vierteljahrhundert wurde eine schier unglaubliche Vielzahl an Monographien und Sammelbänden über Saint-Domingue veröffentlicht und die atlantische und interamerikanische Bedeutung dieser Revolution in renommierten Fachzeitschriften ganz neu erörtert [C. Fick, 3.3; Popkin, 3.3; Gliech, 3.3; Ferrer, 3.3; Peabody, 3.3].

Zeitgenössische Rezeptionen

Obwohl von der Forschung überholt ist das von C. L. R. James, einem aus Trinidad stammenden Journalisten und Kulturkritiker 1963 publizierte Buch *The Black Jacobins. Toussaint L'Ouverture and the San Domingo Revolution* [3.3] mittlerweile ein Klassiker bzw. selbst zu einer Quelle zur Erforschung der Sklavenrevolution aus regionaler Perspektive geworden und unumgänglich im Literaturkanon zur Geschichte der Sklaverei. Zur Rezeption der Revolution von Saint-Domingue in deutschen zeitgenössischen Publikationen und dem ihr innewohnenden Rassismus forschte K. Schüller [Die deutsche Rezeption haitianischer Geschichte in der ersten Hälfte des 19. Jahrhunderts, 3.3; From liberalism to racism, 3.3]. Auch in Frankreich erschienen nach dem *Bicentenaire* und dem 200. Jahrestag der Unabhängigkeit Haitis vermehrt Studien zu Saint-Domingue [C. Wanquet, 3.3; Blancpain, 3.3; Gauthier, 3.3; Gainot, 3.3; Régent, 3.3; Régent/ Niort/ Serna, 3.3; Cottias, 3.3; Dori-

GNY; 3.3]. L. C. JENNINGS [3.3] thematisierte die Frage der Abolition in den übrigen französischen Kolonialgebieten.

3.4 Abolition

Es dauerte fast ein Jahrhundert bis die Sklaverei in Lateinamerika und der Karibik abgeschafft wurde, und zwar vom Abolitionsdekret, das der Abgesandte der französischen Nationalversammlung, der Jakobiner Léger-Félicité Sonthonax 1793 in Saint-Domingue erließ, bis zur *Lei Áurea*, dem Gesetz, mit dem 1888 auch in Brasilien die Sklaverei endete. Die Sklavenrevolution in Saint-Domingue war der Auftakt für den Niedergang der Sklaverei in der atlantischen Welt, die in allen übrigen Regionen Lateinamerikas letztendlich durch politische Willensakte beendet wurde. Kuba (1886) und Brasilien bildeten dabei die Schlusslichter. In allen anderen Regionen Spanisch-Amerikas war die Abschaffung der Sklaverei eng mit den Unabhängigkeitsrevolutionen verknüpft und erfolgte meist graduell durch verschiedene Möglichkeiten der Manumission (Freilassung), wie etwa eine temporäre Arbeitsverpflichtung (Patronat) bei den ehemaligen Herren oder durch das „Gesetz des freien Bauches" (*ley de vientre libre*), durch das die Kinder von Sklavinnen frei geboren wurden. Einen Überblick über die Abolitionen in ganz Lateinamerika bietet die Publikation von G. R. ANDREWS [Afro-Latin America, 1800–2000, 2.1].

Die Erforschung von Abolitionsprozessen in Nord- und Südamerika und der Karibik wurde durch eine Kontroverse, die das provokante Werk des aus Trinidad stammenden, marxistischen Historikers und Premierministers E. WILLIAMS: *Capitalism and Slavery* [3] auslöste, erheblich dynamisiert und veränderte die Perspektive auf den gesamten Komplex der Sklaverei nachhaltig. Obwohl sich die Thesen E. WILLIAMS vor allem auf Großbritannien und seine karibischen Kolonien beziehen, wurde er auch in der Forschung zu Lateinamerika rezipiert. Vor allem in den USA angesiedelte Forscher der Sklaverei setzten sich ab den 1960er Jahren mit den Herausforderungen des karibischen „Postkolonialismus vor dem Postkolonialismus" auseinander, insbesondere mit dem von E. WILLIAMS formulierten Widerspruch zur bis dahin vorherrschenden Deutung, dass die Abschaffung des transatlantischen Sklavenhandels durch die englische Regierung im Jahr 1807

Kontroverse um Ursachen der Abolition

Williams-These

Religiöshumanistische Motive?

Ökonomische Interessen?

hauptsächlich auf religiöse und humanistische Motive zurückging. Im Gegensatz dazu identifizierte E. WILLIAMS ökonomische Interessen als Haupttriebkräfte der Abolition und vertrat die Auffassung, dass die Sklaverei abgeschafft wurde, weil sie nicht mehr rentabel gewesen sei. Seine Argumentation ähnelte der von Adam Smith 1776 aufgestellten These, der zufolge freie Lohnarbeit unter den Bedingungen des Freihandels effizienter sei als erzwungene Sklavenarbeit. Diese Auffassung konnte mittlerweile durch zahlreiche Untersuchungen widerlegt werden, die die Effizienz des Systems der Sklaverei auch unter kapitalistischen Produktionsbedingungen unter Beweis stellten. Bahnbrechend war hier eine Studie der Vertreter der *New Economic History*, S. ENGERMAN und R. FOGEL [3.4], die raffinierte ökonomische Modelle und statistische, sozialwissenschaftliche Methoden zugrunde legten, um die Effizienz einer auf Sklavenarbeit basierenden kapitalistischen Produktion zu messen. Sie konnten verdeutlichen, dass auch Sklavenarbeit effizient und profitabel war, weshalb die Abolition der Sklaverei doch andere – politische und ideologische – Hintergründe als wirtschaftliche Faktoren gehabt haben müsse. Allerdings florierte die Plantagenwirtschaft – zumindest im Süden der USA – nicht allein aufgrund der Effizienz der Sklavenarbeit, sondern aufgrund der großen weltweiten Nachfrage nach Baumwolle. Der US-amerikanische Historiker S. DRESCHER [Econocide, 3.4; The Mighty Experiment, 3.4] widersprach der WILLIAMS-These energisch. Weitere diesbezügliche Beiträge wurden von B. SOLOW und S. ENGERMAN [3.4] und H. CATEAU und S. H. H. CARRINGTON [3.4] vorgelegt. Dennoch hatte E. WILLIAMS [3] Publikation weitreichende Folgen für die historische Erforschung der atlantischen Sklaverei: Sie markierte den methodischen Übergang zu stärker wirtschaftstheoretischen Untersuchungen. Damit verschob sich auch der regionale Fokus der Forschung, die nun viel stärker als zuvor aus den von Sklavenhandel und Sklaverei betroffenen Regionen heraus Untersuchungen anstellte.

Unabhängigkeit und Abolition

Die Abolition wird häufig in ihren die Kontinente übergreifenden und atlantischen Dimensionen erforscht und bezieht die europäischen bzw. transatlantischen Abolitionsbewegungen mit ein, bzw. den Einfluss der Revolutionen in Frankreich und Nordamerika. Überblicke, die allein den Abolitionsprozess in Lateinamerika und der Karibik umfassen, sind deshalb eher selten. Gesamtdarstellungen, die die atlantische Dimension mit einbeziehen, finden sich bei S. Drescher [Abolition, 3.4] und R. Blackburn [The overthrow of colonial slavery, 3.4; The American crucible, 3.4], neu hinzugekommen ist J. Landers' *Slavery and abolition in the Atlantic World: new sources and findings* [3.4]. Einen vergleichenden, knappen Überblick über den Abolitionsprozess bietet S. Hahn [3.4]. G. R. Andrews ging in seiner Publikation *Afro-Latin America, 1800–2000* [2.1] sehr eingehend auf die enge Verbindung zwischen den Unabhängigkeitsrevolutionen und der Sklavenbefreiung in Spanisch-Amerika ein sowie auf den Sonderweg Brasiliens. CH. Schmidt-Nowara arbeitete vor allem regional und interamerikanisch vergleichend [Slavery, Freedom and Abolition in Latin America and the Atlantic world, 3.4] und verknüpfte ebenfalls Unabhängigkeit und Abolition in Hispanoamerika sowie in den Zonen der *second slavery*, Brasilien, Kuba und Puerto Rico. CH. Schmidt-Nowaras Werke [Empire and Antislavery, 3.4; ders. mit Fradera, 3.4] thematisieren auch die immer unterschätzte spanische Abolitionsbewegung sowie ihre Wechselwirkungen mit Kuba und Puerto Rico. Einen Überblick über die transatlantische Dimension der Abolitionsbewegung sowie kommentierte Quellen bietet Kapitel III der Dokumente zur Geschichte der europäischen Expansion, Bd. 8: *Aufklärerische Kolonialkritik und die Herausbildung der Abolitionsbewegung* [Büschges/Rinke, 3.4].

> Vergleich USA, Lateinamerika und Karibik

> Transatlantische Dimension der Abolitionsbewegung

Die von D. J. Davis herausgegebene Anthologie *Beyond Slavery: The multilayered legacy of Africans in Latin America and the Caribbean* [3.4] enthält hochkarätige Beiträge zur Handlungsmacht von Afro-Lateinamerikanern in der Abolitionsbewegung in unterschiedlichen und zum Teil eher weniger beachteten Ländern und Regionen Lateinamerikas, beispielsweise Ecuador oder Honduras. P. Blanchard [Under the flags of freedom, 3.4] fokussierte die Rolle der Sklaven in den Unabhängigkeitsheeren, die unter dem Versprechen der Freilassung rekrutiert worden waren. Der Schwerpunkt liegt hier auf den Regionen der ehemaligen Vizekönigreiche Neu-Granada (Kolumbien, Ecuador, Venezuela) und Río de la Plata sowie dem heutigen Chile. C. M. Azevedos [3.4] vergleichende Publikation geht von der Grundthese zweier unterschiedlicher Triebfedern der Abolitionsbewegungen in den USA und Brasilien aus: einer frühen, religiös-humanistisch inspirierten und von der Empathie für die Versklavten getragenen Massenbewegung in den USA und einem späteren, säkularen und fortschrittsorientierten, von der Angst vor der „Afrikanisierung" geprägten

> Versklavte im Unabhängigkeitskampf

Eliten-Abolitionismus in Brasilien. Anders als P. Blanchard bezieht sie sich allerdings weniger auf die afroamerikanischen Akteure. Die von P. Scully und D. Paton herausgegebene Anthologie *Gender and Slave Emancipation in the Atlantic World* [3] ist transatlantisch angelegt, fokussiert geschlechtsspezifische Fragestellungen und bezieht sich auch auf die Dynamik der Selbstbefreiungen von Sklaven in der Karibik, den USA und Brasilien sowie im französischsprachigen Afrika und in der Kapkolonie. Einen atlantisch vergleichenden Überblick bietet auch der Sammelband von U. Schmieder/K. Füllberg-Stolberg/M. Zeuske [3.4].

Hispanoamerika

Neben den vorgestellten Überblickswerken und systematischen Studien soll hier noch auf ausgewählte Forschungsliteratur zu den einzelnen Ländern und Regionen hingewiesen werden: Für Argentinien thematisierte A. Borucki [3.4] den Zusammenhang zwischen der Selbstbefreiung von Versklavten und dem Unabhängigkeitskrieg in der La Plata-Region. Für Mexiko ist immer noch Th. C. Vincents [3.4] Publikation richtungsweisend – Vicente Guerrero erließ 1829 das Abolitionsdekret. J. M. Ramos Guédez' Werk *La africanía en Venezuela: esclavizado, abolición y aportes culturales* [3.4] stellt den Abolitionismus der großen Anführer der Unabhängigkeitsbewegungen, Miranda, Bolívar und Paez in Frage. Einen Fokus auf die Handlungsmacht der *pardos*, der gemischten Bevölkerungsgruppe in Kolumbien legte A. Helg [Liberty and equality in Caribbean Columbia, 3.4]. P. Blanchard [Slavery & abolition in early republican Peru, 3.4] thematisierte die Abolition in Peru.

Brasilien

Die Literatur zur Abolition in Brasilien ist sehr umfangreich, liegt allerdings hauptsächlich auf Portugiesisch vor, so z. B. die von M. Florentino herausgegebene Anthologie *Tráfico, cativeiro e liberdades, Rio de Janeiro XVII-XIX* [3.4] oder der Band von H. M. Mattos: *Das cores do silêncio: os significados da liberdade no sudeste escravista – Brasil século XIX* [3.4]. Das von L. Bethell auf Englisch verfasste Werk *The Abolition of the Brazilian Slave Trade* [3.4] tendiert zur Überbetonung der äußeren Faktoren und unterschätzt den Widerstand von Sklaven und den einheimischen Abolitionismus, als Ergänzung dazu bieten sich die Studien von R. E. Conrad [3.4] und R. J. Scott [The abolition of slavery, 3.4] an. Eine auf die politische Geschichte fokussierte Perspektive findet sich bei J. D. Needell [3.4]. K. Bosl [3.4] beschäftigte sich zwar mit einer speziellen Fragestellung, seine Studie enthält aber trotzdem die wesentlichen Daten und Fakten. Die portugiesische Forschung –

sowohl zur Sklaverei als auch zur Abolition – ist bis dato noch wenig entwickelt, ganz am Rande auf die Abolition geht A. M. CALDEIRA [3.4] ein.

Die späte Abolition in Kuba thematisierten R. J. SCOTT [Slave emanzipation in Cuba, 3.4] und A. FERRER [3.4], die den Mythos der schwarz-weißen Einheit von Patrioten und Unabhängigkeitskämpfern entlarvte ohne die Fundamentalkritik, die A. HELG [Our rightful share, 3.4] formulierte. Einen Beitrag, der die Bedeutung der Aponte-Rebellion des Jahres 1812 für die Abolition auf Kuba hervorhebt, leisteten M. D. CHILDS [3] und A. FERRER [3.3], die außerdem auf die enge Verknüpfung zwischen der Abolition in Haiti und dem Aufstieg der Sklaverei in Kuba hinwiesen. Nicht direkt zur Abolition, aber zur Stellung freier Schwarzer, die es in Kuba – und allen anderen Sklavenhaltergesellschaften – immer gab, weil sie sich schon vor der Abolition aus der Sklaverei befreien konnten, forschte J. KEMNER [3.4].

Kuba

3.5 Postemanzipation

Neue Impulse für die Verknüpfungen zwischen Sklaverei, Kolonialismus, Abolition und Postemanzipation gingen von Historikern und Anthropologen wie Fernando Coronil, Laura Ann Stoler, F. COOPER [COOPER/HOLT/SCOTT, 3.5] oder Stephan Palmié aus, die zunächst in der Sozialanthropologie der USA den *historical turn* einleiteten. Diejenigen, die auf Lateinamerika- und Karibikstudien spezialisiert waren, nahmen die postkoloniale Kritik mit ihrem Fokus auf die Zusammenhänge zwischen Wissen und Macht in ihre Studien auf. Diese Verbindung zwischen Anthropologie und Geschichte spiegeln die Studien von A. FERRER [3.3], O. M. G. D. CUNHA/F. D. S. GOMES [3.5], L. DUBOIS/D. GARRIGUS [3.5], L. DUBOIS [Avengers of the New World, 3.3; A colony of citizens, 3.3] wider. Sie zeichnen sich nicht nur durch profunde empirische Untersuchungen aus, sondern auch durch neue theoretische Zugänge, um die Zusammenhänge zwischen Sklaverei und dem Rassismus postemanzipatorischer Gesellschaften zu verdeutlichen. Dazu gehört beispielsweise der Übergang von Sklavenarbeit zu Lohnarbeit oder anderen Formen der Zwangsarbeit, die Wahrnehmung von Rechten ehemaliger Sklaven, die Herausbildung einer kleinbäuerlichen Schicht unter ehemaligen Sklaven oder ihr Verbleib in der

Übergang zur Lohnarbeit

Plantagenwirtschaft [NARO, 3.5; SCOTT, Slave emancipation in Cuba, 3.4; BUTLER, 3.4]. Eine kommentierte Bibliographie zur Postemanzipation, die Kuba, Brasilien und die Karibik miteinschließt, haben 2002 R. J. SCOTT, T. C. HOLT und F. COOPER herausgegeben [3.5].

Veränderung der geschlechtlichen Arbeitsteilung

Ein wichtiges Thema der Postemanzipationststudien waren und sind die durch die Abolition ausgelösten Veränderungen in der geschlechtlichen Arbeitsteilung [SCULLY/PATON 3] und der Familienbildung [POTTHAST, 3.5; SCHMIEDER, 3.5; HÜNEFELDT, 3.5]. Die spannungsgeladene Entwicklung der Postemanzipationsgesellschaften im 20. Jahrhundert im Hinblick auf Identität, Rassismus oder Ausgrenzung thematisiert die von N. APPELBAUM/A. MACPHERSON/K. ROSEMBLATT herausgegebene Anthologie *Race & Nation in modern Latin America* [3.5] sowie jene von M. TURNER: *From chattel slaves to wage slaves* [3.5]. Darüber hinaus existieren vor allem national oder regional verankerte oder vergleichende Studien wie z. B. R. J. SCOTT [3], A. DE LA FUENTE [1.5], G. R. ANDREWS [3.5], A. WINDUS [3.5] und U. SCHMIEDER [3.5]. Auch das von A. DE LA FUENTE und G. R. ANDREWS herausgegebene Handbuch *Afro-Latin American Studies* [3.5] bietet einen guten ersten Einblick in Historiographie, Debatten, Schwerpunkte und Forschungsergebnisse zentraler Themen der Präsenz afrikanischer Kulturen in lateinamerikanischen Gesellschaften.

Asiatische Kontraktarbeiter

Die Erforschung der Postemanzipationsgesellschaften Lateinamerikas impliziert auch die asiatischen Kontraktarbeiter (auch als *coolies* bezeichnet), die ab Mitte des 19. Jahrhunderts aus China und Indien nach Lateinamerika und die Karibik verschleppt wurden. Ebenso wie die afrikanischen Sklaven und deren Nachkommen unterlagen sie vielfältigen Diskriminierungen. Ihr Einsatz kann als Erweiterung des im Atlantik entwickelten Konzepts von Zwangsarbeitsystemen gesehen werden. Einen allgemeinen Überblick bietet M. JUNG [3.5]. L. YUN und W. LOOK LAI [3.5] erforschten den kubanischen Fall, E. HU-DEHART [3.5, On Coolies and Shopkeepers, La trata amrilla, 3.5] und R. CHAO ROMERO [3.5] untersuchte die chinesische Migration nach Mexiko. Einen Klassiker der historischen Erforschung der chinesischen Diaspora in Peru bietet H. RODRÍGUEZ PASTOR [3.5], siehe hierzu auch U. MÜCKE [3.5].

4 Kriegs- und Grenzforschung

Ähnlich wie die USA gab es auch in Lateinamerika bis zum Beginn des 20. Jahrhunderts eine sich ständig verschiebende europäische Siedlungsgrenze zu den indigenen Gebieten. Die Frage, wie diese für Lateinamerika zu definieren sei, wird unterschiedlich beantwortet [SCHRÖTER, 4; MANERO, 4; SLATTA, 4], zumal sich die Situation regional verschieden darstellte. Die meisten Autoren sind allerdings der Ansicht, dass die Thesen F. J. Turners und H. E. Boltons für die USA, die diese Regionen als eine Zivilisationsgrenze sahen, in der sich der amerikanische Nationalcharakter (individualistisch, egalitär, demokratisch) prägte, nicht oder nur in sehr differenzierter Form auf Lateinamerika übertragen werden können. Daher dienen diese Thesen in der Grenzforschung zu Lateinamerika vor allem der Abgrenzung. Auch der Begriff des *settler colonialism* spielt kaum eine Rolle, obwohl er auf einige Grenzregionen, so z. B. in Chile, durchaus passen würde.

Für Lateinamerika wird vor allem über den Gewaltcharakter in den Grenzregionen gestritten. Während die traditionelle Forschung die Grenzregionen als von endemischer Gewalt geprägt sieht, betonen neuere Darstellungen eher die Aushandlungsmechanismen und relative Friedfertigkeit, so auch M. RIEKENBERG [4], der sich besonders der Frage der ethnischen Gewalt in den lateinamerikanischen Grenzräumen widmet. Auch die zwischenstaatlichen Auseinandersetzungen um den Grenzverlauf waren (und sind) zahlreich, führten aber nicht zwangsläufig zu Gewaltakten zwischen den Nachbarstaaten und wurden oft durch Verhandlungen oder Schiedsgerichtsbarkeit beigelegt [MANERO, 4].

Ein großer Teil der neueren Grenzforschung zu Lateinamerika beschäftigt sich mit der Grenze im 18. und 19. Jahrhundert als gesellschaftlicher Formation. Dabei spielt die Frage, inwieweit die Bilder- und Vorstellungswelten über die Grenze auch zur Schaffung eines nationalen Imaginariums beitrugen, eine wichtige Rolle. Dies gilt insbesondere für die Figur der *cautiva*, der von den Indigenen geraubten weißen Frau, die vor allem im *Cono Sur* und Brasilien seit der Conquista zu einem festen Bestandteil des Grenzdiskurses gehörte. Neben zahlreichen literarischen Darstellungen wurde die erotisch aufgeladene Vorstellung der weiblichen Gefangenen der Indigenen zunehmend auch in einigen na-

US-amerikanische Grenzkonzepte

Grenzregionen und Gewalt

Grenze als gesellschaftliche Formation

tionalen Schlüsselbildern visualisiert, wie z. B. in dem 1892 für die Weltausstellung gemalten Bild des Argentiniers Ángel Della Valle (1852–1903) „La vuelta del mallon" (Die Rückkehr vom [indigenen] Beutezug) [Malosetti Costa, 4]. Die zunächst ausgegrenzten männlichen Bewohner der Grenzregionen, *bandeirantes*, *gauchos*, *huasos* oder *llaneros*, avancierten in vielen Staaten seit Anfang des 20. Jahrhunderts zu nationalen Identifikationsfiguren, die sowohl in sozial- als auch in kulturhistorischer Perspektive ausgeleuchtet werden.

Staatliches Gewaltmonopol

Charles Tillys These von der Durchsetzung des staatlichen Gewaltmonopols durch kriegerische Auseinandersetzungen ist sowohl aus historischer als auch aus politikwissenschaftlicher Perspektive mehrfach diskutiert worden. Einig ist sich die Forschung darin, dass sie nur in modifizierter Form auf Lateinamerika zutrifft [López-Alves, 4]. M. A. Centeno konnte zeigen, dass Lateinamerika im 19. Jahrhundert im Vergleich zu anderen Kontinenten relativ wenige zwischenstaatliche Kriege erlebte, wohl aber ein hohes Maß an interner Gewaltausübung. Dies führte aber auch dazu, dass die Möglichkeiten des Staats, die zur Bereitstellung öffentlicher Güter notwendigen Steuern zu erheben, gering waren. Die lateinamerikanischen Staaten liehen sich daher die notwendigen Mittel von ausländischen Kreditgebern, ein Mittel, das den europäischen Staaten der Frühen Neuzeit nicht zur Verfügung stand [Centeno, Blood and Debt, 4; ders., The Centre did Not Hold, in: Dunkerley 4; Scheina, 2.1]. Staatsbildung in Lateinamerika beruhte daher vornehmlich auf Blut und Schulden sowie Steuern, letztere vor allem in Form von Exportsteuern auf Rohstoffe. Eben dieses Steuermodell führte in der zweiten Hälfte des 19. und zu Beginn des 20. Jahrhunderts dann zu größeren zwischenstaatlichen Kriegen, am deutlichsten zu sehen am Pazifik- oder Salpeterkrieg. Machtpolitische Fragen standen dagegen im Zentrum des Krieges gegen die Peruanisch-Bolivianische Konföderation sowie des Paraguay-Krieges. Zu ersterem siehe N. Sobrevilla [4] sowie G. Cid [4].

Paraguay- oder Tripel-Allianz-Krieg

Der Paraguay- oder Tripel-Allianz-Krieg, der von 1864/65 bis 1870 dauerte, gilt bis heute als die verlustreichste zwischenstaatliche Auseinandersetzung in Lateinamerika. Dabei erhält die Kontroverse um die Frage der Verluste Paraguays [Potthast/Whigham/Blinn Reber, 4; Potthast/Whigham, 4] eine besondere Bedeutung, denn ein für lange Zeit angenommener Verlust von 80 % der paraguayischen Bevölkerung würde den Vorwurf des Völkermordes [CHIAVENATO, 4] rechtfertigen. Inzwischen ist der größte Teil der neueren Forschung der Meinung, die Verluste lägen bei mindestens der Hälfte der Bevölkerung Paraguays [CAPDEVILA, 4]. Kontrovers, und beeinflusst vom jeweiligen politischen Standpunkt, wird in den beteiligten Ländern vor allem, aber nicht nur in der Öffentlichkeit noch immer die „Kriegsschuldfrage" diskutiert. Für die Alliierten lag diese allein bei dem machthungrigen paraguayischen Präsidenten Francisco Solano López, dessen Absetzung das explizite Kriegsziel war. Dieser wiederum sah durch die brasilianische Intervention in Uruguay das Gleichgewicht in der Region gefährdet und das Land von Brasilien bedroht. Die in den 1970er Jahren oftmals vertretene (und heute noch populäre) These, die eigentliche Triebkraft hinter den Auseinandersetzungen seien britische Handels- und Finanzinteressen gewesen, ist von der Forschung mehrfach widerlegt worden [KRAAY/WHIGHAM, 4; ABENTE BRUN, 4; MONIZ BANDEIRA, 4].

<small>Kriegsschuldfrage</small>

Die Historiker gehen heute davon aus, dass die Auseinandersetzungen im Tripel-Allianz-Krieg vor allem in regionalen Rivalitäten und Fragen der Staats- und Nationsbildung gesehen werden müssen. Grenzstreitigkeiten und Rivalitäten um die politische Vormachtstellung wie auch innenpolitische Dynamiken in allen vier beteiligten Staaten haben zum Ausbruch des Krieges beigetragen. Umfassend hierzu die dreibändige Darstellung von T. L. WHIGHAM [La Guerra de la Triple Alianza, 4; auf Englisch liegt nur Band 1 vor: The Paraguayan War, 4] sowie die Anthologie von H. KRAAY/T. L. WHIGHAM [4]. Die innenpolitischen Folgen des Krieges sind vor allem für Brasilien intensiv untersucht worden, da dieser Prozesse in Gang setzte, die zur Abschaffung der Sklaverei und Ausrufung der Republik 1888/89 beitrugen [SALLES, 4; DORATIOTO, 4; COSTA, 4]. In Argentinien treffen sie mit dem Beginn des Aufbaus eines liberalen Nationalstaates zusammen, dessen neu geschaffene Armee nach dem Krieg der Eroberung der von den Indigenen kontrollierten Territorien widmete. Den Prozess der nationalen Identitätskonstruktion im Rahmen des Krieges untersuchte V. BARATTA [4]. Zu Paraguay, wo auch die Rolle der Frauen intensiv diskutiert wird, forschten B. POTTHAST [4] sowie L. CAPDEVILA [4].

<small>Ursachen und Folgen</small>

Weniger umstritten sind die Ursachen des Pazifik- oder Salpeterkrieges (1879–1884), auch wenn hier ebenfalls die Gewichte je nach Nation anders verteilt sind. Einig ist man sich, dass neben

<small>Pazifik- oder Salpeterkrieg</small>

den ungeklärten Grenzverläufen in der Atacamawüste vor allem wirtschaftliche Faktoren den Ausschlag gaben. Neuere Studien untersuchen darüber hinaus die Entstehung nationalistischer sowie rassistischer Diskurse im Rahmen der Kriegspropaganda [Cavieres Figueroa/Aljovín de Losada, 4]. Angesichts der Tatsache, dass die Erhebung von Im- und Exportsteuern die wichtigste staatliche Einnahmequelle war und diese im Zuge der weltweiten wirtschaftlichen Krise Mitte der 1870er Jahre in Bedrängnis gerieten, schien für alle drei beteiligten Staaten eine Kontrolle des boomenden Salpeterexportes verlockend. Letztlich jedoch sollte sich diese Hoffnung für keinen der Staaten erfüllen. In Peru und Bolivien kam es in Folge des Krieges zu wirtschaftlichem Niedergang, einer Diskreditierung der politischen Eliten und gesellschaftlichen Spannungen, die sich gegen Ende des Jahrhunderts in Bolivien in einem auch ethnisch geprägten Bürgerkrieg entluden und die das Land über Jahrzehnte prägten. In Peru war die Situation zunächst ähnlich, die Spannungen flauten aber ab den 1890er Jahren u. a. durch erneuten wirtschaftlichen Aufschwung wieder ab [Hunefeldt, 1.5; Klarén, 1.5]. Chile hingegen konnte von seinem weltweiten Nitratmonopol nur bedingt profitieren, da die Ausbeutung weitgehend an ausländische Firmen überging. Auch blieb das Land von sozialen und politischen Spannungen nicht verschont. Diese mündeten 1891 in einen kurzen, aber blutigen Bürgerkrieg, in dessen Folge sich die politische Konstituierung Chiles veränderte [Collier/Sater, 1.5; McEvoy Carreras, 4].

Folgen des Krieges

Die wirtschaftliche Konsolidierung sowie die Kriege führten auch zu militärischen Modernisierungsbestrebungen und zur Aufrüstung in verschiedenen lateinamerikanischen Ländern. Sowohl Chile als auch Argentinien und Bolivien verpflichteten nach 1870 deutsche Militärberater, während Brasilien und Peru französische Militärs anheuerten. In Chile war der Einfluss preußischer Militärs (und Erzieher) besonders groß, so dass man von einer „deutschen Verhexung" sprach [Sanhueza, 4], auch wenn neuerdings Zweifel an der Reichweite ihres Einflusses angemerkt wurden [Sater/Herwig, 4; Brahm García 4; Sater, 4].

Europäische Militärberater

Der Chaco-Krieg (1932–1935), der auf bolivianischer Seite von einem deutschen Militärberater geleitet wurde, galt lange Zeit als ein Interessenkonflikt internationaler Erdölfirmen, allerdings konnte die neue Forschung zeigen, dass es sich um einen verzweifelten Versuch der bolivianischen Regierung handelte, aus einer

Chaco-Krieg

schweren wirtschaftlichen und sozialen Krise auszubrechen und seine territorialen Ansprüche gegenüber Paraguay geltend zu machen. Dieses hatte sich zu dieser Zeit noch nicht wieder vollständig von den demographischen, territorialen und wirtschaftlichen Verlusten sowie den politischen Umwälzungen des Tripel-Allianz-Krieges erholt, so dass ein bolivianischer Sieg wahrscheinlich schien. [CHESTERTON, 4].

Die Ursachen der *Guerra de Castas* (1847–1901), einem der blutigsten und längsten Aufstände der mexikanischen Geschichte bis zur Revolution, waren lange umstritten. Allerdings hat sich in der Forschung mittlerweile die Ansicht durchgesetzt, dass es sich nicht um einen ethnischen Exterminierungskrieg handelte, sondern die Auseinandersetzungen im Zusammenhang mit den seit der Unabhängigkeit latenten Autonomiebestrebungen Yucatáns gesehen werden müssen. Hinzu kamen Rivalitäten zwischen zwei Fraktionen der hispanisierten indigenen Eliten, die seit Ende der 1830er Jahre systematisch Teile der Mayabevölkerung für ihre Auseinandersetzungen rekrutierten. Der Charakter der Auseinandersetzungen veränderte sich jedoch, als diese Gruppen begannen, eigenständig zu agieren und für gleiche politische Rechte, Land und geringere Steuern zu kämpfen [GABBERT, 2.2; BUISSON, 4; REINA, La Reindianización de América, 4;]. Die Aufstände der Yaqui und Mayo in Sonora lassen sich dagegen einerseits in den Kontext der sich verschiebenden Siedlungsgrenzen in Mexiko und den USA einordnen, beruhen aber auch, vor allem im Falle der Yaquis, auf dem verzweifelten Versuch, die Unabhängigkeit ihres Gebietes, die sie sich gegen Ende der Kolonialzeit erkämpft hatten, zu wahren [HU-DEHART, 4; REINA, Las rebeliones campesinas en México 4]. Zu den Vertreibungen und Deportationen nach Yucatán am Ende des Aufstands vgl. auch C. HAAKE [in: BÖTTCHER/GALAOR/HAUSBERGER 4].

Guerra de Castas

Die völkerrechtlichen Probleme um die Falkland-/Malvinen-Inseln untersuchte R. C. LAVER [4]. HILLEKAMPS' [4] Arbeit, die noch vor dem Krieg entstanden ist, behandelt die Rechtsansprüche und die Souveränitätsdebatte eingehend. Die Frage, warum der Streit um die Falkland-/Malvinen-Inseln in Argentinien bis heute eine zentrale nationale Angelegenheit, wenn nicht gar ein Trauma darstellt, diskutierte V. PALERMO [4].

5 Gewalt: Ursachen und Phänomene

In den Geschichts-, Politik- und Sozialwissenschaften herrscht Einigkeit darüber, dass Lateinamerika seit der Eroberung und Kolonisierung ab dem 15. Jahrhundert ganz entscheidend durch Gewalt geprägt wurde [z. B. bei GABBERT 5; CHASTEEN, Born in blood and fire, 1.4; KOONINGS/KRUIJT, 5; PANSTERS, 5; BODEMER/KURTENBACH/MESCHKAT, 5]. Die gewaltsame Eroberung des Kontinents implizierte die weitgehende Vernichtung der vorhandenen Sozialstrukturen und löste eine demographische Katastrophe aus. Die Anwendung systematischer physischer Gewalt gegen Indigene war eine Konstante der spanischen und portugiesischen kolonialen Praxis. Repression und Gewaltausübung waren auch Grundlage der kolonialen Arbeitsorganisation, die vor allem zu Beginn auf Sklaverei und unfreien Arbeitsverhältnissen beruhte. Diese Gewalt seitens des Kolonialsystems rief allerdings auch den gewaltsamen Widerstand der Betroffen hervor, der sich in (indigenen) Revolten, Bauern-, Handwerker- oder Sklavenaufständen manifestierte. Auch die Unabhängigkeit Lateinamerikas wurde mit Gewalt errungen. Nach der Unabhängigkeit war Gewalt ein Mittel, das ganz unterschiedliche Interessensgruppen anwandten, um ihre Machtansprüche durchzusetzen: *caudillos*, antagonistische politische Interessensgruppen, Aufständische oder miteinander konkurrierende Eliten und Klassen. Die Konsolidierung staatlicher Strukturen und Institutionen der unabhängigen Nationen war in den meisten Regionen Lateinamerikas und der Karibik ein langwieriger, mühsamer Prozess, verbunden mit der Durchsetzung des staatlichen Gewaltmonopols gegenüber konkurrierenden Interessen [siehe hierzu die Literaturhinweise in Kap. II. 2 und II. 4 sowie speziell für Mexiko: TUTINO, 5; und KATZ, 2.1].

Im 20. Jahrhundert war der Gebrauch politischer und militärischer Gewalt, um Macht zu erringen oder sie zu erhalten, in ganz unterschiedlichen politischen Systemen ein charakteristisches Merkmal politischer Auseinandersetzungen: von den autoritär-oligarchischen Regimen der Jahrhundertwende, über die Mexikanische Revolution, die Jahre der Weltwirtschaftskrise bis hin zu den bürokratisch-autoritären Militärregimes mit ihren massiven Menschenrechtsverletzungen und den revolutionären Bewegungen und Bürgerkriegen der 1960er bis 1980er Jahre. Welche Rolle

Gewalt bei der Etablierung oder Aufrechterhaltung staatlicher Ordnung in Lateinamerika im 20. Jahrhundert spielte, diskutiert ein 2014 von lateinamerikanischen Soziologen und Historikern herausgegebener Sammelband anhand verschiedener Beispiele und Regionen des Kontinents [ANSALDI/GIORDANO, 5]. Anders als in Europa waren zwischenstaatliche Konflikte in Form von konventionellen Kriegen allerdings die Ausnahme. Die Mehrzahl der gewaltsamen Auseinandersetzungen spielten sich im 19. und 20. Jahrhundert im Rahmen von „staatlicher und parastaatlicher Gewalt" [TOBLER/WALDMANN, 5; FISCHER/KRENNERICH, 5; RIEKENBERG, Staatsferne Gewalt, 5] ab, deren Ursachen in der Forschung häufig der strukturellen Schwäche staatlicher Institutionen in Lateinamerika zugeschrieben wurde [z. B. bei WALDMANN, 5; O'DONNELL 5; RIEKENBERG, Zum Wandel von Herrschaft und Mentalität in Guatemala, 5; ESCALANTE GONZALBO, 5].

6 Supranationale Zusammenschlüsse

In der historischen Forschung wurde jahrzehntelang immer wieder debattiert, ob der von Simón Bolívar einberufende Kongress von Panama 1826 als Vorläufer bzw. als Beginn der regionalen Integration in Lateinamerika gewertet werden kann. In der älteren Forschungsliteratur wurde häufig die Meinung vertreten, dass der Panamerikanismus seinen Ursprung in der Initiative Simón Bolívars hatte. Entsprechende Positionen formulierten J. LOCKEY [6]; A. WHITAKER [6]; J. CAICEDO CASTILLA [6] und H. BERNSTEIN [6]. Andere Autoren interpretierten Bolívars Pläne für eine Konföderation hingegen als ein essenziell hispanoamerikanisches Projekt in Abgrenzung zu den USA [vgl. hierzu VASCONCELOS, 6; MARTÍNEZ, 6; CONNELL-SMITH, 6; QUINTERO, 6; PIVIDAL, 6; ESCARRA MALAVÉ, 6; DÍAZ, 6; BUSHNELL/MACAULAY 6; LACAYO 6]. D. BUSHNELL und N. MACAULAY [6] beschrieben den Kongress von Panama als ein Symbol der hispanoamerikanischen Kooperation, andererseits habe er aber auch gezeigt, dass die Zeit für eine dauerhafte Allianz noch nicht reif gewesen sei. G. CONNELL-SMITH [6: 23] vertrat die Meinung, dass die interamerikanische Integration ihren ideologischen Ursprung nicht bei Bolívar, sondern vielmehr in der Monroe-Doktrin habe, diese sei allerdings in Lateinamerika immer wieder als US-amerikanischer Versuch gewertet worden, die hispanoamerikanischen

Debatten über die Ursprünge des Panamerikanismus

Republiken unter dem Deckmantel des Panamerikanismus dem eigenen Imperium „einzuverleiben". W. L. Bernecker [in: Werz, 6: 93–94] vertritt die Auffassung, dass der Kongress von Panama das Ziel einer engen multilateralen Zusammenarbeit verfolgte, wertete ihn aber letztendlich als Fehlschlag, was an den großen Entfernungen und den regionalen Unterschieden in wirtschaftlicher und soziokultureller Hinsicht gelegen habe. Vor allem sei die bolivarianische Initiative am regional-nationalen Eigenbewusstsein der kreolischen Eliten gescheitert. Der mexikanische Historiker G. A. de la Reza [The Formative Platform of the Congress of Panama, 6] argumentierte, dass weder Bolívar noch Francisco de Paula Santander (1792–1840), der für eine Teilnahme der USA am Kongress in Panama votierte, mit der Konföderation panamerikanische Visionen verfolgten. Das konföderative Projekt habe seit 1810 vielmehr in einem engen Zusammenhang mit dem Streben nach Unabhängigkeit von Spanien gestanden. G. A. de la Reza griff mit seinen Arbeiten [El Congreso de Panamá, 6; und v. a. El ciclo confederativo, 6] ein Thema auf, das in der Historiographie zur Geschichte Lateinamerikas im 19. Jahrhundert lange Zeit nur wenig Beachtung fand: Er untersuchte hispanoamerikanische Initiativen zur regionalen Integration zwischen 1821 und 1865. G. A. de la Rezas Publikation [El ciclo confederativo, 6] ist somit eine der wenigen Arbeiten, die auch auf konföderative Initiativen nach 1826 verweist.

Interessensgemeinschaft aller Amerikaner?

Nach dem Ende des US-Amerikanischen Bürgerkriegs entstand ab etwa 1870 in den USA das Raumkonzept des neuen Panamerikanismus, das eine Interessensgemeinschaft aller Amerikaner suggerierte. Dieser Pan-Amerikanismus, der im Oktober 1889 seinen Ausdruck in der Organisation der ersten Panamerikanischen Konferenz, der *First International Conference of American States* durch Außenminister James G. Blaine fand, diente insbesondere den US-amerikanischen Interessen nach wirtschaftlicher Expansion, während lateinamerikanische Akteure weiterhin konföderative Visionen verfolgten, und zwar im Zeichen der Abwehr des US-Expansionismus [siehe Rinke, 6: 42–50]. Parallel zum Entstehen des Panamerikanismus, dessen ideologische Grundlagen vor allem von US-amerikanischen Außenpolitikern entworfen wurden, sowie zu den Panamerikanischen Konferenzen wurden, insbesondere ab 1910 durch die Panamerikanische Union Studien angeregt [z. B. Gil, 6; Cuevas Cancino, 6; Caicedo Castilla, 6]. Diese

Arbeiten stützten sich allerdings größtenteils nur auf offizielle Akten und Konferenzdokumente, die zwar viele Informationen und Daten enthalten, aber kaum die politische Bedeutung der Konferenz reflektieren.

Neuere Forschungen zum Panamerikanismus des frühen 20. Jahrhunderts liegen von D. M. Pletcher [6, siehe v. a. das Kapitel „The False Dawn of Pan-Americanism": 237–255]; J. Tulchin [6], W. F. Sater, [6], C. Marichal [6] und E. Heredia [6] vor. Diese Arbeiten behandeln unter anderem Blaines Bemühen, die lateinamerikanischen Regierungen dazu zu bewegen, sich von Europa abzuwenden sowie die Gründung der *International Union of American Republics* und des *Bureau of the American Republics* (April 1890), die als institutionelle Vorgänger der Panamerikanischen Union und der Organisation Amerikanischer Staaten (OAS) gelten. Darüber hinaus behandeln sie die diversen Panamerikanischen Konferenzen ab 1889, die vor allem dazu dienten, US-amerikanischen Investoren ein positives Bild von Lateinamerika zu vermitteln, die Panamerikanische Union ab 1910 und die Positionen verschiedener lateinamerikanischer Staaten zum Panamerikanismus. Darüber hinaus siehe B. Coates [6] zum Panamerikanismus, den US-Lobbyisten und den negativen Stereotypen über Lateinamerika sowie J. Smith [in: Sheinin, 6] zur Konferenz von 1889–1890 und der panamerikanischen Politik der USA. Neuere Beiträge der lateinamerikanischen (und hier v. a. der brasilianischen) Forschung beinhalten Studien, die den Panamerikanismus und die Diskussion um regionale Integration im Zusammenhang mit den Beziehungen der lateinamerikanischen Staaten untereinander und zwischen Lateinamerika und den USA untersuchen [z. B. Cervo/Döpke, 6; Moniz Bandeira, 6; Santos, 6; Bueno 6; Almeida, 6].

Panamerikanische Konferenzen

7 Wirtschaftsgeschichte und Entwicklungskonzepte

„Die wirtschaftliche Entwicklung Lateinamerikas ist seit der Unabhängigkeit eine Geschichte unerfüllter Versprechen", konstatierte der britische Wirtschaftshistoriker V. Bulmer-Thomas [1994, 7: 410; 2014, 7: 436] in den vergangenen Jahrzehnten wiederholt. Ungeachtet des Überflusses an natürlichen Ressourcen, des güns-

Grundprobleme der Wirtschaftsentwicklung

tigen Verhältnisses zwischen verfügbarem Land und Arbeitskraft zwei Jahrhunderte nach dem Ende der Kolonialzeit habe keine der lateinamerikanischen Republiken die Standards entwickelter Länder der nördlichen Halbkugel erreicht. Diese Debatte über die Gründe der schwachen wirtschaftlichen Entwicklung Lateinamerikas seit der Unabhängigkeit ist im Grunde so alt wie die unabhängigen Staaten selbst. Schon im 19. Jahrhundert stellten die lateinamerikanischen Eliten fest, dass sich ihre Länder anders entwickelten als beispielweise Frankreich, Großbritannien und die USA. Und schon damals blickte man auf das Erbe der Kolonialzeit zurück, um diese defizitäre wirtschaftliche Entwicklung zu erklären. Der US-amerikanische Wirtschaftshistoriker J. COATSWORTH [7] vertritt angesichts vergleichender globaler Daten den Standpunkt, dass Lateinamerika – mit regionalen Abstufungen – im Vergleich mit Europa und den USA erst im Zeitraum zwischen 1750 und 1850 in seiner wirtschaftlichen Entwicklung deutlich ins Hintertreffen geraten sei. In vielen Regionen habe die europäische Kolonisation – insbesondere durch die Transfers von Technologie, Institutionen, Flora und Fauna – wirtschaftliches Wachstum generiert. Erst während der Industrialisierung der nordatlantischen Gesellschaften habe Lateinamerika stagniert.

Die historische und sozialwissenschaftliche Forschung hat vor allem seit den 1960er Jahren eine Vielzahl unterschiedlicher Modelle entwickelt, um die untergeordnete Einbindung Lateinamerikas in die internationale Arbeitsteilung und den Weltmarkt – und die daraus resultierende Abhängigkeit (Dependenz) zu erklären. Die am intensivsten diskutierte Frage ist dabei, ob die ungünstigere Wirtschaftsentwicklung Lateinamerikas eher endogenen oder exogenen Faktoren geschuldet ist, ob die von V. BULMER-THOMAS [7] reklamierte Vernachlässigung der vorhandenen Reichtümer und Ressourcen selbstverschuldet oder externen Mächten zuzuschreiben ist. Derjenige lateinamerikanische Intellektuelle, der dies am plakativsten mit einem äußerst einprägsamen Bild externen Akteuren zu Lasten legte, war der uruguayische Journalist und Schriftsteller E. GALEANO in seinem 1971 veröffentlichten Buch: *Die offenen Adern Lateinamerikas* [1.3]. Auch wenn über die Ursachen der ökonomischen Unterentwicklung Lateinamerikas im Vergleich zu anderen Kontinenten heutzutage längst nicht mehr so erhitzt gestritten wird wie noch in den 1970er Jahren, steht sie doch – gerade angesichts der immer wiederkehrenden wirtschaft-

Endogene oder exogene Faktoren für die Abhängigkeit?

lichen Krisen Lateinamerikas – immer noch hinter den unterschiedlichen Konzepten, die Wirtschaftswissenschaftler, Historiker und Soziologen als Erklärungsmuster zugrunde gelegt haben [Haber, 7]. Die entscheidende Motivation für die meisten der neueren Studien zur Wirtschaftsgeschichte Lateinamerikas ist die Suche nach Ursachen und Bedingungen der relativen Unterentwicklung im Vergleich zu den nordatlantischen Staaten, die durch Handel und Industrialisierung schon im frühen 20. Jahrhundert einen höheren Lebensstandard aufwiesen als Lateinamerika. Obwohl diese Vergleiche immer wieder infrage gestellt wurden, belegen zeitgenössische OECD-Studien, dass die sozialen Parameter Lateinamerikas heute immer noch hinter denen der USA und der meisten europäischen Staaten [Prados de la Escosura 7] zurückliegen.

Der eingangs zitierte V. Bulmer-Thomas [7], dessen Urteil auf einer genauen Kenntnis einer schier unüberschaubaren Vielzahl von Fallstudien, Makro- und Mikroanalysen beruht, kommt zu dem Schluss, dass die relative Rückständigkeit Lateinamerikas gegenüber den Staaten des Nordatlantik zwar auch externen Einmischungen und Einflüssen geschuldet war, diese allerdings niemals allein entscheidend gewesen seien [Bulmer-Thomas, 7, 2014: 437–438]. Auch wenn er hier dependenztheoretischen Ansätzen widerspricht, verdeutlicht er, dass die Dependenztheorie, unabhängig davon, wie sie beurteilt wird, bis in die Gegenwart Anlass für eine äußerst rege Forschungstätigkeit auf dem Gebiet der Wirtschaftsgeschichte Lateinamerikas bietet.

7.1 Wirtschaftsgeschichte und -historiographie

7.1.1 Periodisierung
Seit der Unabhängigkeit lässt sich die Wirtschaftsgeschichte Lateinamerikas grob in vier Phasen unterteilten. In der ersten Phase, die die ersten fünf Jahrzehnte nach der Unabhängigkeit umfasst, waren Agrarwirtschaft und Bergbau die dominanten Wachstumsmotoren der jungen Republiken. Allerdings waren diese Jahrzehnte in den meisten Regionen Lateinamerikas durch wirtschaftliche Stagnation und extreme politische und militärische Instabilität gekennzeichnet. Hinzu kamen vielerorts ungeklärte Machtverhält-

Stagnation und Instabilität

nisse und politische Grabenkämpfe zwischen Liberalen und Konservativen, die oft unterschiedliche wirtschaftliche Entwicklungsmodelle vertraten. Ab etwa 1870 konsolidierte sich die Situation in den meisten Regionen durch die einsetzende Industrialisierung und die zunehmende Integration in den Weltmarkt. Insbesondere die Ökonomien Argentiniens, Chiles, Brasiliens und Mexikos wurden jetzt zu Exportwirtschaften ausgebaut. Bis zur Weltwirtschaftskrise dominierte auf dem Kontinent das auf Handel basierende, liberale Export-Import-Modell. Die Industrialisierung konzentrierte sich deshalb vor allem auf die Ausfuhrhäfen, insbesondere auf die an der Atlantikküste gelegenen. Dies war der durch das Aufkommen der Dampfschifffahrt ausgelösten Transportrevolution bei der Atlantiküberquerung geschuldet. Hinzu kamen die sinkenden Transportkosten im Binnenverkehr durch den Ausbau des Eisenbahnnetzes, damit einhergehend die wachsende Mobilität von Arbeitskräften und die politische Stabilität durch den Aufbau staatlicher Institutionen. All diese Faktoren beschleunigten den Kapitalverkehr und machten Lateinamerika für ausländische Investoren attraktiv. Die Industrialisierung verlief allerdings regional sehr unterschiedlich und wurde nicht systematisch betrieben.

Konsolidierung, Weltmarktintegration und Industrialisierung

Die dritte Phase, die im Allgemeinen für die Jahrzehnte zwischen den 1930er Jahren bis zu Beginn der 1980er Jahre angesetzt wird, ist durch eine sehr viel stärkere Binnenorientierung und vielfältige staatliche Interventionen gekennzeichnet. Als Alternative zum Export von Rohstoffen und Agrargütern wurde in den meisten Ländern Lateinamerikas die importsubstituierende Industrialisierung zum vorherrschenden Entwicklungsmodell. Staatliche Investitionen flossen jetzt direkt in den Aufbau einer binnenmarktorientierten Industrie, die die Abhängigkeit von der Weltmarktproduktion verringern und die Importe an Konsum- und Verbrauchsgütern durch lokale Produkte ersetzen sollte. Die Schuldenkrise zu Beginn der 1980er Jahre beendete die Importsubstitution, weshalb die Jahrzehnte nach 1980 als vierte Phase angesetzt werden. Neoliberale Wirtschaftsmodelle – wie sie schon unter den Militärdiktaturen in Chile, Argentinien und Uruguay in den 1970er Jahren erprobt worden waren – wurden jetzt in allen Ländern Lateinamerikas als Gegensteuerung angewandt: Die Wirtschaft sollte durch Strukturanpassungsprogramme saniert und staatliche Ausgaben sollten einer Privatisierungs- und Libera-

Importsubstitution

Neoliberalismus

lisierungspolitik weichen. Darüber hinaus setzte Ende der 1980er Jahre wieder ein exportorientierter Trend ein, der durch den wirtschaftlichen Aufschwung Chinas beschleunigt wurde.

7.1.2 Überblickswerke

Insgesamt lassen sich in der historischen Erforschung der Wirtschaftsstrukturen Lateinamerikas zwei Trends beobachten: Historiker in Lateinamerika tendieren dazu, Wirtschaftsgeschichte zumeist nur im nationalen Rahmen zu erforschen, in Lateinamerika selbst wurden nur wenige regional übergreifende Darstellungen oder vergleichende Studien vorgelegt. Diese Lücke wurde in den letzten fünf Jahrzehnten vor allem von Historikern und Verlagen aus dem anglophonen Raum geschlossen, die Großprojekte und enzyklopädische Werke wie die *Cambridge History of Latin America* [BETHELL, 1.4] und die *Cambridge Economic History* (CEHLA) [BULMER-THOMAS/COATSWORTH/CORTÉS CONDE, 7.1.2] anregten; was auch von dem Einfluss zeugt, den die anglophone Geschichtswissenschaft in diesem Segment ausübt. Zu diesen Großprojekten zählt auch der Band VI, 1 der *Cambridge History of Latin America* [BETHELL, 7.1.2] mit den von V. BULMER-THOMAS, R. THORP, R. FFRENCH-DAVIS und anderen verfassten Schlüsselkapiteln, die übergreifende Darstellungen zur Wirtschaftsgeschichte insbesondere für das 20. Jahrhundert bieten. Die *Economic History of Latin America since Independence* von V. BULMER-THOMAS [7] erschien 2014 in der dritten überarbeiteten Auflage und die von R. THORP im Auftrag der *Interamerican Development Bank* 1998 vorgelegte Studie kam 2000 als dreibändiges Werk heraus [CÁRDENAS/OCAMPO/THORP, 7.1.2]. Das 2012 publizierte *Oxford Handbook of Latin American Political Economy* [SANTISO/DAYTON-JOHNSON, 7.1.2], das bewusst die Wechselwirkungen zwischen Ökonomie und Politik in den Blick nimmt und globale Vergleiche zieht, setzt diesen Trend fort.

Grundlegend für alle, die sich mit der Wirtschaftsgeschichte Lateinamerikas beschäftigen, sind allerdings immer noch folgende Werke, die zwar in die Jahre gekommen, aber immer noch mit ganz grundlegenden Daten und Analysen aufwarten können: Die von R. CORTÉS CONDE und S. STEIN 1977 veröffentlichte Bestandsaufnahme *Latin America: A Guide to Economic History* [7.1.2], die Essays mit länderspezifischen Daten enthält, systematische Bibliographien und bibliographische Essays sowie Überblicke über den

Forschungsstand, Quellen und Angaben über die entsprechenden Archive. Das Werk, an dem so renommierte Historiker wie Tulio Halperín Donghi, Enrique Florescano, Carmen Cariola und Osvaldo Sunkel mitwirkten, ist bis heute eine wichtige Referenz. Die zweibändige *Historia Económica de América Latina* von C. F. CARDOSO und H. PÉREZ BRIGNOLI [7.1.2], die erstmals 1979 publiziert wurde, bietet einen generellen Überblick über die Wirtschaftsgeschichte Lateinamerika, die zwar vorwiegend die Kolonialzeit in den Blick nimmt, aber auch ein Kapitel zur Post-Unabhängigkeitsepoche enthält. Aus wirtschaftshistoriographischer Perspektive handelt es sich um eines der ganz frühen Werke, die den Zusammenhang zwischen den kolonialen Wirtschaftsstrukturen und der späteren Abhängigkeit Lateinamerikas als Lieferant von Rohstoffen und Agrarprodukten für den Weltmarkt herstellen. Die Autoren gehen davon aus, dass die spezifische ökonomische Entwicklung Lateinamerikas entscheidend durch die Geschichte des Aufeinandertreffens dreier Kulturen geprägt wurde: der präkolumbischen indigenen, der europäischen und der afrikanischen, die allesamt großen Einfluss auf die kolonialen Gesellschaften hatten. Dabei unterscheiden sie zwischen „indo-europäischen" Regionen Lateinamerikas (mit einem hohen indigenen Bevölkerungsanteil), „euro-afrikanischen" Regionen (die tropischen Plantagenzonen) und „euro-amerikanischen" Regionen mit einem hohen europäischen Bevölkerungsanteil.

Mitte der 1980er Jahre publizierte R. CORTÉS CONDE zusammen mit S. HUNT und J. M. C. D. MELLO einen ebenfalls richtungweisenden Titel mit Fallstudien: *The Latin American economies: growth and the export sector 1880–1930* [7.1.2]. Zieht man die *Cambridge Economic History of Latin America* (s. o.) aus dem Jahr 2006 als Vergleich heran, ist der Zuwachs an Studien, ihre Breite und Auffächerung der Themen und Fragestellungen mehr als beachtlich. Dies ist vor allem dem Umstand geschuldet, dass in den letzten Jahrzehnten sehr viele archivbasierte empirische Regionalstudien unternommen wurden, durch die insgesamt ein weitaus differenzierteres Bild über die ökonomische Entwicklung Lateinamerikas und ihre sozialen Konsequenzen entstanden ist. Die neue ökonomische Geschichte Lateinamerikas (in Anlehnung an die *New Economic History* der USA), wie sie auch von J. COATSWORTH oder V. BULMER-THOMAS betrieben wird, unterscheidet sich von den großen strukturellen Analysen der 1960er und 1970er Jahre durch ihre

Neue ökonomische Geschichte

sehr viel höhere Dichte an empirischem Material, insgesamt das Ergebnis zahlreicher empirischer Studien der vergangenen Jahrzehnte und der sehr viel systematischeren Verwendung von Quellen. Auf der anderen Seite sind es eine Vielzahl quantitativer Untersuchungen, die die Erstellung von statistischem Datenmaterial ermöglichen – kurz, die Anwendung der kliometrischen Methode. Auch der technologische Fortschritt der letzten dreißig Jahre, die Erstellung von digitalisierten online-Datenbanken und neuerdings digital gestützte Auswertungen von Quellen haben Datenbasis und Analyse revolutioniert.

Die erwähnte zweibändige *Cambridge Economic History of Latin America* (CEHLA) wurde von den derzeit renommiertesten Wirtschaftshistorikern zu Lateinamerika, V. BULMER-THOMAS, J. COATSWORTH und R. CORTÉS CONDE [7.1.2] herausgegeben und ist die mit Abstand bedeutendste zeitgenössische Zusammenfassung der neuesten Erkenntnisse dessen, was Historiker in den letzten dreißig Jahren über die Wirtschaftsgeschichte von der präkolumbischen Epoche bis in die Gegenwart zusammengetragen haben. Der erste Band deckt die Kolonialzeit und die ersten Jahrzehnte nach der Unabhängigkeit bis etwa 1850 ab, der zweite Band setzt Mitte des 19. Jahrhunderts ein und erstreckt sich über das gesamte 20. Jahrhundert. Einen guten Überblick über sektorale Studien (z. B. Einkommensverteilung, Lebensstandard, Industrialisierung, Finanzmärkte, Institutionen, Globalisierung) oder die Phasen der wirtschaftlichen Entwicklung Lateinamerikas bieten die in Band 2 enthaltenen bibliographischen Essays. Für diejenigen, die an Primärquellen zur Wirtschaftsgeschichte interessiert sind, sei die von der historischen und sozialwissenschaftlichen in Mexiko-Stadt ansässigen Forschungseinrichtung, dem *Instituto Mora*, herausgegebene Zeitschrift *América en la Historia Económica: Boletín de fuentes* empfohlen, die seit 1994 dreimal jährlich ein Bulletin mit thematischen Essays und Quellen herausgibt, den gesamten Kontinent abdeckt und wichtige aktuelle Forschungsergebnisse präsentiert. Die Zeitschrift ist mittlerweile komplett digitalisiert und auch die älteren Ausgaben sind online zugänglich [1.7].

Weitere zentrale Überblickswerke für die Wirtschaftsgeschichte des 19. Jahrhunderts sind die von V. BULMER-THOMAS verfasste *Economic History of Latin America since Independence* [7] sowie S. HABERS *How Latin America fell behind* [7] und die von J. COATSWORTH and A. TAYLOR herausgegebene Anthologie *Latin America and the*

World Economy since 1800 [7]. 2013 legten L. Bértola und J. A. Ocampo [7.1.2] eine viel beachtete, einbändige Wirtschaftsgeschichte vor, die einen guten Überblick über die Entwicklung des Kontinents von der Unabhängigkeit bis in Gegenwart bietet und versucht, auf die unterschiedlichen Debatten, Theorien und Tendenzen in der historiographischen Forschung einzugehen. Auch für sie ist – angesichts einer Rückschau über fast zwei Jahrhunderte – die Wirtschaftsgeschichte Lateinamerikas die Geschichte einer ungleichen Entwicklung, und zwar nicht nur im Weltmaßstab, sondern auch im Vergleich der Volkswirtschaften des Kontinents sowie innerhalb der einzelnen Länder und Regionen. Auch L. Bértola und J. A. Ocampo [7.1.2] fragen nach den Ursachen dieser Entwicklung. Sie legen dabei sowohl endogene als exogene Faktoren zugrunde, nehmen soziale, kulturelle, politische und geographische Parameter und Voraussetzungen in den Blick und versuchen, die Spezifika der ökonomischen Entwicklung Lateinamerikas in Form einer Typologie zu erfassen.

Wirtschaftliche Interessen Europas im 19. Jahrhundert

Die in einem von R. Liehr 1989 herausgegebenen Sammelband *América Latina en la época de Simón Bolívar* [7.1.2] veröffentlichten Beiträge beschäftigen sich insbesondere mit den Interessen der europäischen Nationen am unabhängigen Lateinamerika sowie den nationalen und regionalen Transformationen des Kontinents im frühen 19. Jahrhundert. Wirtschaftshistoriker, die sich der ökonomischen Entwicklung Lateinamerikas nach der Unabhängigkeit widmeten, zogen häufig den Vergleich zur wirtschaftlichen Entwicklung der USA – und zwar, wie bereits mehrfach thematisiert, immer wieder auf der Suche nach Erklärungen für die ungleichzeitige Entwicklung beider Regionen. Einen sehr guten Überblick über diese Thematik bietet hier der von W. L. Bernecker und H. W. Tobler herausgegebene Band *Development and Underdevelopment in America* [7.1.2]. Zusätzlich dazu kann die von S. Stein und B. Stein veröffentlichte Studie *The Colonial Heritage* herangezogen [7.1.2] werden, ein Klassiker der von der Dependenztheorie beeinflussten historischen Schule, die die wirtschaftliche Entwicklung des unabhängigen Lateinamerika als eine direkte Folge der kolonialen Wirtschaftsstrukturen deutet. Zu empfehlen sind darüber hinaus die entsprechenden Artikel aus dem Band III der *Cambridge History of Latin America* [Bethell, 7.1.2].

Koloniales Erbe

Der amerikanisch-mexikanische Wirtschaftshistoriker C. Marichal [7.1.2] befasste sich mit der Verschuldung Lateinamerikas im langen 19. Jahrhundert und zieht die Linie bis zur Weltwirtschaftskrise. Die spanischen Wirtschaftshistoriker L. Prados de la Escosura und S. Amaral [7.1.2] veröffentlichten 1993 einen viel beachteten Sammelband, in dem der durch die Unabhängigkeit ausgelöste ökonomische Impakt auf die einzelnen Länder Lateinamerikas untersucht wird. Auch zwei von R. Liehr [Die Phasen der Auslandsverschuldung, 7.1.2; La deuda pública, 7.1.2] verfasste Studien beschäftigen sich mit einem zentralen Thema der unabhängigen Republiken, der Auslandsverschuldung. R. Liehr [Die Phasen der Auslandsverschuldung, 7.1.2] führt hier die Beispiele Mexikos und Kolumbiens im langen 19. Jahrhundert an. Eine gute Ergänzung dazu bildet die von N. Böttcher und B. Hausberger 2003 herausgegebene Festschrift für Liehr: *Dinero y negocios en la historia de América Latina: veinte ensayos dedicados a Reinhard Liehr* [7.1.2], die neben Beiträgen zur kolonialen Wirtschaft auch zahlreiche Fallstudien zur wirtschaftlichen Transformation Lateinamerikas nach der Unabhängigkeit enthalten, die mehrheitlich von deutschen und lateinamerikanischen Historikern verfasst wurden. Die mit der Transitionsphase von der Kolonie zur Unabhängigkeit verknüpfte Geschichte von Banken, Geld und Finanzen nach der Unabhängigkeit ist ein wachsender Forschungszweig. Einen guten Einblick bietet das zweibändige Werk *Formación de la banca central en España y América Latina*, herausgegeben von P. Tedde de Lorca und C. Marichal [7.1.2] und das von M. D. Bordo und R. Cortés Conde herausgegebene Werk *Transferring Wealth and Power from the Old to the New World* [7.1.2].

Die genannten Überblickswerke zeugen davon, dass das Zeitalter der Industrialisierung die wirtschaftshistorischen Forschungen zu Lateinamerika nachhaltig beeinflusst hat. Einerseits bot die Industrialisierung mit ihren gesamten Auswirkungen Anlass für eine intensive sozialwissenschaftliche Erforschung ihrer Phänomene: Gewerkschaften und Arbeiterbewegungen, technologischer Transfer, Kapitaltransfer und ausländische Investitionen, Bevölkerungswachstum, Migrationsphänomene oder die beschleunigte Urbanisierung und schärften den Blick für Zusammenhänge und Wechselwirkungen zwischen Politik und Wirtschaft. Andererseits stand – insbesondere nach dem Zweiten Weltkrieg – immer mehr statistisches Material von Seiten staatlicher Institutionen zur Verfügung, das die Grundlage für wirtschaftshistorische Studien bildete.

7.1.3 Länder- und Regionalstudien

Die Länder- und Regionalstudien zur Wirtschaftsgeschichte Lateinamerikas sind heutzutage schier unüberschaubar und weisen trotz spezifischen Länder- oder Regionenbezugs ein deutliches geographisches Ungleichgewicht auf: Am besten erforscht sind Mexiko, Argentinien und Brasilien, wobei die meisten Studien zu Mexiko vorliegen [COATSWORTH/TAYLOR, 7]. Allerdings wurden in den letzten Jahrzehnten auch signifikante Beträge zu lange Zeit unterrepräsentierten Regionen wie Uruguay oder Kolumbien vorgelegt, wie beispielweise die gemeinsame Sonderausgabe der *Revista de Historia Económica* und des *Journal of Iberian and Latin American Economic History* aus dem Jahr 1999 [MARTÍN ACEÑA/MEISEL/NEWLAND, 7.1.3] unter Beweis stellte. Aufgrund der Vielzahl der Untersuchungen und Publikationen sollen hier nur exemplarisch einige Werke aufgeführt und gleichzeitig auf die entsprechenden bibliographischen Essays in der *Cambridge Economic History of Latin America* [BULMER-THOMAS/COATSWORTH/CORTÉS CONDE, 7.1.2] hingewiesen werden. Aufgrund des Ungleichgewichts in der empirischen und quantitativen Erforschung der lateinamerikanischen Ökonomien können große Fragen – etwa ob sich die *terms of trade* in der Ära der auf Export ausgerichteten Wirtschaft (1870–1920) verbesserten oder verschlechterten – nicht für alle Regionen gleichermaßen erschöpfend beantwortet werden. Studien und Daten zu den genannten Ländern liegen vor. Für Länder wie Guatemala oder Bolivien wurde diese Frage allerdings noch gar nicht gestellt, und für Venezuela, Ecuador oder Paraguay existieren kaum neuere wirtschaftshistorische Studien. Die klassische Untersuchung zur Wirtschaft Argentiniens im 19. Jahrhundert ist weiterhin T. HALPERÍN DONGHIS *Guerra y finanzas en los orígenes del estado argentino (1791–1850)* [7.1.3], für die zweite Hälfte des 19. Jahrhunderts ist R. CORTÉS CONDES Studie *Dinero, deuda y crisis: Evolución fiscal y monetaria en la Argentina* [7.1.3] zu nennen. Neuerdings ist auf die Arbeiten der argentinischen Historikerin M. A. IRÍGOIN zu verweisen, etwa den von ihr mitherausgegebenen Sammelband *La desintegración de la economía colonial: comerico y moneda en el interior del espacio colonial (1800–1860)* [7.1.3]. Für Brasilien ist die von

Ungleichgewichtige empirische und quantitative Erforschung der Regionen

S. TOPIK verfasste Publikation *The political economy of the Brazilian State 1889–1930* [7.1.3] weiterhin die umfassendste Darstellung. Für die Wirtschaft Perus legte P. GOOTENBERG das viel beachtete Werk *Between Silver and Guano* [7.1.3] vor. Unter den zahlreichen Studien, die zur Wirtschaftspolitik, den Finanzen, Schulden und Banken vorliegen, seien B. TENENBAUMS *The politics of Penury* [7.1.3] und M. CARMAGNANIS *Estado y mercado* [7.1.3] genannt.

Auffällig ist, gemessen an der Größe der Insel, die enorme Dichte an wirtschaftshistorischen Forschungen zu Kuba. Insbesondere Havanna war schon in der Kolonialzeit einer der bedeutendsten wirtschaftlichen Knotenpunkte des Kolonialreichs und einer der Hauptumschlagplätze für Güter im transatlantischen Handel. Im 19. und 20. Jahrhundert avancierte die Insel zu einem der weltweit wichtigsten Zuckerproduzenten. Die intensive Erforschung Kubas ist aber auch der Stärke der Struktur- und wirtschaftsgeschichtlichen Ausrichtung der kubanischen Historiographie seit den 1940er Jahren geschuldet, die sich insbesondere den ökonomischen und sozialen Bedingungen der Zuckerproduktion auf Kuba und in der Karibik während und nach der Sklaverei widmete und die Wirtschaftshistoriographie Lateinamerikas insgesamt nachhaltig prägte. Unter den kubanischen Historikern, die ihren Werken eine wirtschaftshistorische Perspektive zugrunde legten, seien hier insbesondere R. GUERRA Y SÁNCHEZ [7.1.3] genannt sowie R. CEPERO BONILLA [7.1.3] und aus einer technikgeschichtlichen Perspektive M. MORENO FRAGINALS [7.1.3; engl: The Sugarmill, 3] sowie F. IGLESIAS GARCÍA [7.1.3]. Ein Pionier der Verbindung zwischen Wirtschafts- und Kulturgeschichte ist der kubanische Anthropologe F. ORTIZ, der 1940 mit seinem *Contrapunteo cubano del tabaco y el azúcar* [engl.: Cuban Counterpoint, 7.1.3] die Bedeutung des Zucker- und des Tabakanbaus für Wirtschaft, Gesellschaft und Kultur Kubas vorlegte. Der Anthropologe S. MINTZ mit seiner Publikation *Die süße Macht* [7.1.3] vermochte es schließlich, Wirtschafts- und Kulturgeschichte, Produktion und Konsum zusammenzudenken und dabei die Widersprüche der globalen Ökonomie auf den Punkt zu bringen: Produktion und Sklaverei in der Karibik, Konsum und Industriearbeit in Europa [siehe hierzu auch WÜNDERICH in: GRUMBLIES/WEISE, 7.1.3].

Die kubanische Wirtschaft mit ihrem Hauptexportgut Zucker und einer profitablen Plantagenökonomie, die bis 1886 mit Sklavenarbeit betrieben wurde, weist eine weitere bedeutende, wirtschaftshistorische Forschungsrichtung auf: die des transatlantischen Sklavenhandels und der Sklaverei in Lateinamerika und der Karibik. Auch hier ist Kuba gut untersucht, über die Sklavenmärkte liegen sehr detaillierte Arbeiten vor, u. a. in einer von L. Bergad, F. Iglesias García und C. Barcia herausgegeben Studie *The Cuban Slave Market* [7.1.3]. Die atlantischen Sklavenökonomien erfuhren mit der Unabhängigkeit nicht unbedingt eine Zäsur, sondern in Kuba und im Süden der USA wurde im 19. Jahrhundert eine profitable Plantagenwirtschaft betrieben und ebenfalls in Brasilien bis 1888 im unabhängigen Kaiserreich. Der US-amerikanische Sklavereihistoriker D. Tomich [3] prägte dafür den Begriff der *second slavery*, also der Sklaverei unter kapitalistischen Bedingungen (siehe hierzu auch Kap. II. 3).

7.2 Sektorale Studien

7.2.1 Agrarwirtschaft

Studien, die sich mit der Agrarwirtschaft Lateinamerikas beschäftigen, sind erstaunlicherweise wesentlich dünner gesät, bedenkt man die Bedeutung, die die Agrarproduktion – sei es für den Binnenmarkt, sei es für den Exportsektor oder als Kapitalgrundstock für die Finanzierung der Industrialisierung – bereits im 19. Jahrhundert hatte. Auch in diesem Bereich sind die Untersuchungen von großen regionalen Unterschieden geprägt. Ein Großteil der Studien ist außerdem in der Kolonialzeit oder im 19. Jahrhundert angesiedelt und hat häufig einen kulturgeschichtlich-anthropologischen Hintergrund. Dies hängt damit zusammen, dass die Mehrzahl der kleinbäuerlichen Landbevölkerung Lateinamerikas im 19. Jahrhundert indigen war und deshalb eher im Fokus anthropologischer Studien stand. Diese indigenen Kleinbauern betrieben häufig Subsistenzproduktion und waren allenthalben auf regionaler Ebene in marktwirtschaftliche Strukturen eingebunden.

Landeigentum und ungleiche Verteilung

Zur Frage des Landeigentums und der Landverteilung bietet der Band von W. P. Glade [7.2.1] einen guten Überblick, ferner der Beitrag von A. Bauer [7.2.1]. Eine bedeutende Zäsur für die Beschäftigung mit dem Agrarsektor, den Bauern und der Landbevölkerung im Allgemeinen stellte die Mexikanische Revolution (1910–1940) dar. Entscheidend war die zentrale Stellung der

Agrarfrage in der Revolution. Die Untersuchungen fokussierten jetzt stärker die für ganz Lateinamerika charakteristische, extrem ungleiche Landverteilung mit einem hohen Anteil an Minifundien, kleinbäuerlicher und Subsistenzproduktion sowie einer starken Landkonzentration auf Latifundien und Haziendas. Studien zum Landbesitz und zu Landkonflikten, zum Widerspruch zwischen kleinbäuerlichen Bewegungen und der Dominanz der Hazienda als kolonialer Tiefenstruktur sind deshalb sehr zahlreich. Hier wirkte sich eine ab Mitte der 1960er Jahre ausgetragene Kontroverse über den Charakter der Hazienda fruchtbar auf die Erforschung der Agrargeschichte aus. Sie ging aus von F. CHEVALIERS Studie *La formation des grands domains au Mexique* [7.2.1] über die nordmexikanische Hazienda, die der Schüler Marc Blochs als den Prototyp einer feudalen Institution schilderte – ein Schema, das danach von vielen Historikern aufgegriffen und auf andere Regionen übertragen wurde. F. CHEVALIER löste mit seiner Charakterisierung der Hazienda eine lang anhaltende und zuweilen scharf geführte Debatte darüber aus, ob die Hazienda in Lateinamerika feudal gewesen sei oder nicht doch bereits kapitalistische Produktionsformen aufgewiesen bzw. beide Merkmale in sich getragen habe. Ohne diese Debatte, die sich bis Ende der 1980er Jahre in zahllosen Beiträgen hinzog, ist die Agrarhistoriographie Lateinamerikas nicht zu verstehen. Einen Einblick bieten die Aufsätze von M. MÖRNER [7.2.1], E. VAN YOUNG [Mexican Rural History since Chevalier, 7.2.1] und A. KNIGHT [7.2.1]. Einen allgemeinen Überblick über die Debatte lieferte E. VAN YOUNG im Kapitel *Rural history* [7.2.1 in: MOYA, 1.3].

Kontroverse um den Charakter der Hazienda: feudal oder kapitalistisch?

Ein von F. KATZ herausgegebener Band *Riots, rebellion and revolution* [2.1] ist eine immer noch richtungsweisende Sammlung gehaltvoller Beiträge und Fallbeispiele, die sich mit den Konflikten um Land in Mexiko auseinandersetzen, insbesondere jenen zwischen indigenen Gemeinden und mestizischen Bauern und Großgrundbesitzern in unterschiedlichen Regionen von der Kolonialzeit bis ins 20. Jahrhundert. Insbesondere J. COATSWORTHS Beitrag [7.2] bietet einen wertvollen vergleichenden Überblick über agrarische Revolten und Landkonflikte in Lateinamerika. Ein Meilenstein in der Agrargeschichte Lateinamerikas ist auch der 1977 von K. DUNCAN/I. RUTLEDGE/C. HARDING herausgegebene Sammelband *Land and Labour in Latin America* [7.2.1], der sich vor allem den Bedingungen der Herausbildung der kommerziellen Landwirt-

Landkonflikte

schaft im 19. und 20. Jahrhundert widmet. Richtungsweisend für die Erforschung von Landkonflikten in der mexikanischen Geschichte ist die Studie von J. Tutino [From Insurrection to Revolution in Mexico, 2.1].

Einen Kontrast zum mexikanischen Fall bilden die Landkonflikte und die Landreform in Bolivien, die am besten in einer Studie von H. S. Klein [7.2.1] dokumentiert wurden. Auch für die Länder Zentralamerikas, in denen die Agrarfrage besonders virulent und häufig eng mit ethnischen Konflikten zwischen Indigenen und Mestizen verknüpft ist, sollen hier einige herausragende Studien exemplarisch genannt werden: H. Lindo-Fuentes [7.2.1], D. J. McCreery [7.2.1] und J. M. Paige [7.2.1]. Federführend in der Analyse von Landkonflikten und Landreform in Kolumbien ist der Aufsatz *Land use and land reform in Columbia* von A. O. Hirschman [7.2.1] und die richtungsweisende Monographie von J. T. Parsons [7.2.1].

Produktstudien

Während die Transformation Argentiniens von der Weidewirtschaft zur Weizenexportnation gut dokumentiert ist, z. B. durch R. Cortés Conde [7.2.1], H. Sabato [7.2.1], Y. Pineda [7.2.1] oder S. Amaral [7.2.1], liegen zu kleinbäuerlichen Entwicklungen bislang kaum Studien vor. Dieses Feld wird hingegen eher, wie oben bereits am Beispiel der Pionierstudie von S. Mintz [7.1.3] geschildert, von Produktstudien abgedeckt, wie beispielsweise M. Palacios Rozo [7.2.1] zum Kaffee, die Publikationen zur Bananenproduktion Zentralamerikas [Karnes, 7.2.1; Dosal, 7.2.1] oder J. Stubbs' Studien zu Tabakanbau und Konsum [Stubbs, 7.2.1]. Die Literatur zur Agrarproduktion Brasiliens im 19. Jahrhundert – der nach Kuba mit Abstand größten Plantagenökonomie, die auf Sklavenarbeit basierte – hat mit der Erforschung der atlantischen Sklaverei großen Aufschwung genommen. Daraus ergab sich aber auch, dass der Einsatz von Versklavten bei weitem nicht nur auf die monokulturelle Produktion beschränkt war, sondern diese in einem viel größeren Maß als bisher angenommen auch in kleineren Produktionsstätten eingesetzt wurden [Barickman,7.2.1; Bergad, 3; Luna/Klein, 7.2.1]. Eine gute Übersicht über Landreform und Landkonflikte in Brasilien bieten B. Mueller [7.2.1] und für das 19. Jahrhundert W. Dean [7.2.1]. Die Landfrage in Lateinamerika ist weiterhin virulent, Proteste von Bauern und Landlosen gegen das Vordringen von Agrarkonzernen und Enteignungen sind an der Tagesordnung und in den vergangenen Jahrzehnten haben sich neue rurale soziale Bewegungen herausgebildet, wie etwa das *Movimento dos Trabalhadores Rurais sem Terra* (MST) in Brasilien (vgl. OGG 49: Lateinamerika seit 1930).

7.2.2 Industrialisierung, Lohnarbeit, Arbeiterbewegung

Die unzureichende Infrastruktur Lateinamerikas gilt als eines der zentralen Hindernisse für Entwicklung und ökonomisches Wachstum. Schon in der von A. SMITH [7.2.2] geäußerten Vision einer erfolgreichen Entwicklung spielte dabei die Transportinfrastruktur eine zentrale Rolle und steht bis heute im Zentrum sämtlicher Untersuchungen. Zwischen 1870 und 1930, im Zuge der Weltmarktintegration und der ersten Welle der Industrialisierung wurde der infrastrukturelle Ausbau erheblich beschleunigt, wodurch die Transportkosten gesenkt und das ökonomische Wachstum befördert wurden. Dies wiederum führte zu vermehrten Investitionen in die Infrastruktur, die auch aus dem Ausland kamen. Die meisten historischen Analysen konzentrieren sich auf die Eisenbahn, die Anzahl der Publikationen hierzu ist schier unüberschaubar. Eine wichtige Referenz für den frühen infrastrukturellen Ausbau, der über die Eisenbahn hinausgeht, ist weiterhin R. CORTÉS CONDE/ S. STEIN [7.2.2]. Einen vergleichenden Überblick über die infrastrukturelle Entwicklung in Lateinamerika bieten C. CALDERÓN/L. SERVÉN [7.2.2]. Einen neueren Überblick über die Geschichte der Eisenbahn präsentierte J. SANZ FERNÁNDEZ [7.2.2], für die Geschichte der brasilianischen Eisenbahn siehe W. SUMMERHILL [Order against Progress, 7.2.2] und allgemein ebenfalls W. SUMMERHILL [Development of Infrastructure, 7.2.2].

Infrastrukturausbau

Eisenbahn

Das industrielle Wachstum Lateinamerikas vor 1930 wurde in der lateinamerikanischen Historiographie lange Zeit vernachlässigt. Die meisten Beiträge, die zwischen 1950 und 1970 verfasst wurden, konzentrierten sich auf den Bergbau- und Agrarsektor und gingen davon aus, dass die Wirtschaft Lateinamerikas bis 1930 hauptsächlich auf den Export ausgerichtet gewesen sei. Die Industrialisierung wurde der Epoche nach der Weltwirtschafskrise zugeschrieben als ein Ergebnis des wachsenden ökonomischen Nationalismus, der staatlichen Interventionen zugunsten des industriellen Aufbaus und der Importsubstitution. Erst die Kritik an der Dependenztheorie, die Zunahme an empirischen Studien und Datenmaterial – auch auf lokaler und regionaler Ebene – weckte das Interesse an der frühen Industrialisierung, die in vielen Län-

Industrialisierung

dern mit dem Aufbau von Manufakturen begann, vor allem in der Textil-, Lebens- und Genussmittel- und Konsumgüterproduktion. Einen guten Überblick der Ergebnisse dieser ersten Revision ist das von C. Lewis verfasste Kapitel *Industry in Latin America before 1930* [7.2.2] in Band IV der *Cambridge History of Latin America* [Bethell, 7.2.1]. Die Debatte hält bis in die Gegenwart an und die Forschung drehte sich vor allem um folgende Fragen: Wann wandelten sich Handwerksbetriebe zu Manufakturen? Unter welchen Bedingungen fand industrielles Wachstum statt? Welche Rolle spielten dabei die jeweiligen Regierungen und die nationale Ausrichtung ihrer Politik? Welcher Anteil entfiel auf private Unternehmer und welcher auf ausländische Kreditgeber? Neuere Beiträge zu diesem Themenkomplex lieferten A. Gómez-Galvarriato [Premodern Manufacturing, 7.2.2], A. Gómez-Galvarriato/J. G. Williamson [7.2.2], R. Salvucci [7.2.2] und S. Haber [7.2.2].

Lohnarbeit und Arbeiterbewegung

Die neuere Geschichtsschreibung der Lohnarbeit und der Arbeiterbewegung in Lateinamerika im 19. und beginnenden 20. Jahrhundert konzentriert sich v. a. auf die Länder und Regionen, die früh industrialisiert wurden, etwa Argentinien (insbesondere Buenos Aires), Chile, Kolumbien oder Mexiko. Für Kolumbien ist D. Sowell [7.2.2] zu nennen, für Argentinien H. Sabato/L. A. Romero [7.2.2] und zum Anarchismus in Argentinien J. Suriano [7.2.2]. Für Chile sind die die Publikationen von G. Salazar Vergara [7.2.2] und P. DeShazo [7.2.2] richtungsweisend. E. Hutchison [7.2.2] richtete ihren Blick auf die geschlechtsspezifische Arbeitsteilung und T. Klubock [7.2.2] fokussierte die Arbeiterschaft und die Geschlechterrollen in Chiles Kupferminen. Für Mexiko untersuchten M. Trujillo Bolio [7.2.2] und L. Gamboa Ojeda [7.2.2] die Situation der Textilarbeiter, den Sektor der Arbeiterschaft, der zusammen mit den Minenarbeitern in Lateinamerika bis ins 20. Jahrhundert hinein quantitativ am stärksten war. B. Faustos [7.2.2] klassische Studie über die Ursprünge der brasilianischen Arbeiterbewegung unterstrich die dortige Dominanz des Anarchismus und seine Spezifika. Die Frage von Identität und Arbeiterorganisationen in Zentralamerika und der spanischsprachigen Karibik thematisiert der von A. Chomsky und A. Lauria-Santiago herausgegebene Sammelband *Identity and struggle at the margins of the nation-state* [7.2.2].

7.3 Die „neue" ökonomische Geschichte Lateinamerikas

In den letzten vier Jahrzehnten lässt sich eine weitere wirtschaftshistorische Tendenz beobachten, die sich dynamisch weiterentwickelt: Neben den strukturalistischen Ansätzen der Dependenztheorie begann sich eine allgemeinere Wirtschaftsgeschichte zu etablieren, eine „neue" Wirtschaftsgeschichte, die vorgibt, weniger ideologisch zu argumentieren und dagegen versucht, ihre Analysen auf der Basis von Datensammlungen, Zahlen, Statistiken und empirischen Erhebungen zu erstellen. Das Entstehen dieser „neuen" ökonomischen Geschichte Lateinamerikas – in Anlehnung an die *New Economic History* (NEH) in den USA – war insbesondere den Studien zur Rentabilität von Sklavenarbeit auf den Plantagen in den Südstaaten der USA geschuldet, die die Wirtschaftshistoriker S. ENGERMAN und R. FOGEL [3.4], prominente Vertreter dieser Ausrichtung, schon in den 1970er Jahren vorlegten. S. ENGERMANS und R. FOGELS Studie ist im Grunde eine Reaktion auf eine ganz andere wirtschaftshistorische (und vor allem politische) Kontroverse, nämlich diejenige der oben skizzierten Auseinandersetzung mit der These von E. WILLIAMS [3] über den Zusammenhang von Sklaverei, der industriellen Revolution in Großbritannien und dem Aufstieg des britischen Empire.

Entscheidend für diese neuen Ansätze ist eine erhebliche Erweiterung der Datenbasis. Diese ermöglichen heutzutage Studien, wie sie R. D. SALVATORE, J. COATSWORTH und A. E. CHALLÚ [7.3] 2010 vorlegten, die den Lebensstandard der lateinamerikanischen Bevölkerung in historischer Perspektive untersuchen und dabei Indikatoren für die anhaltende soziale Ungleichheit identifizierten. So wurde verstärkt auch der Zusammenhang zwischen institutioneller Macht und Ungleichheit erforscht, der auf die Studien der US-amerikanischen Wirtschaftshistoriker S. ENGERMAN und K. SOKOLOFF [7.3] zurückgeht. Sie argumentierten, dass die naturräumlichen und klimatischen Bedingungen Lateinamerikas schon in der Kolonialzeit agrarische Großproduktion – Haziendas und Plantagen – begünstigt und eine Konzentration von Reichtum in den Händen einer kleinen Elite ermöglicht habe. Diese hätte auch Politik und Institutionen zu ihren Gunsten und zu Ungunsten der Bevölkerungsmehrheit dominiert. Die angebliche Determiniertheit des Kontinents durch seine naturräumlichen Begebenheiten ist allerdings umstritten [HABER 7.3]. Die Etablierung institutioneller

Macht wird – im Rückgriff auf soziologische und sozialanthropologische Konzepte – in den Augen einiger Wirtschaftshistoriker in aktuellen Debatten als ebenso bedeutend für den Prozess wirtschaftlicher Entwicklung erachtet wie die Akkumulation von Kapital [PORTES/SMITH, 7.3].

Regionale Spezifika der wirtschaftlichen Entwicklung

Auch J. MAHONEYS *Colonialism and Postcolonial Development: Spanish America in Comparative Perspective* [7.3] ist ein Beitrag zu den im Rahmen der neuen Wirtschaftsgeschichte geführten Debatten. Er plädiert für eine sehr differenzierte Betrachtung der Entwicklungschancen der einzelnen Regionen und Länder Lateinamerikas, geht aber ebenfalls von der Gewichtigkeit des kolonialen Erbes für Lateinamerika aus, wenn es um die Ursachen des Entwicklungsrückstands geht. Andere Autoren wie J. COATSWORTH oder V. BULMER-THOMAS haben hingegen darauf hingewiesen, dass die Veränderungen im 19. und 20. Jahrhundert so bedeutsam waren, dass sie die Auswirkungen des kolonialen Erbes deutlich relativierten: So sei das heutige Argentinien beispielsweise überhaupt erst an der Wende vom 19. zum 20. Jahrhundert durch die europäische Einwanderung entstanden. Die historischen Wurzeln des modernen Argentiniens seien deshalb in den Auswanderergesellschaften (insbesondere Italiens) wie in der spanischen Kolonialzeit gleichermaßen zu suchen. In Mexiko sei wiederum die Nachbarschaft zu den USA von zentraler Bedeutung gewesen, deren Investoren und Märkte entscheidenden Einfluss auf die Industrialisierung des Landes hatten. Kritische Studien zur Moderne [KNÖBL, 7.3], die in Anlehnung an Eisenstadts *Multiple Modernities* nicht mehr von einem modellhaften europäischen oder nordamerikanischen Entwicklungsweg in die Moderne ausgehen, verweisen darauf, dass es langfristig keine Pfadabhängigkeit gibt, sondern vielmehr immer wieder Brüche und Wendungen, die zum Verlassen des Pfades führen.

8 Migration

Ab etwa 1870 begann der Massenexodus von Europäern nach Amerika, die meisten Migranten gingen in die USA, aber schätzungsweise 13 Millionen europäische Einwanderer kamen zwischen 1870 und 1930 nach Lateinamerika. Unberücksichtigt sind dabei die sogenannten *golondrinas* („Schwalben"), die Saisonarbeiter in der Landwirtschaft, die saisonal vor allem nach Argentinien reisten und dann wieder nach Europa zurückkehrten [Sánchez-Albornoz, 8]. Hauptziele der europäischen Einwanderer waren Argentinien (4,5 Mio.), Brasilien (ca. 2 Mio.), Uruguay und Kuba (jeweils ca. 600.000) und Chile (ca. 200.000). Obwohl die lateinamerikanischen Regierungen nordeuropäische Migranten bevorzugten, kamen die Einwanderer vor allem aus Südeuropa, aus Spanien, Portugal und Italien. Einen Überblick bietet W. T. K. Nugent [8], der neben der Auswanderung nach Nordamerika auch Brasilien und Argentinien abdeckt.

Über 4 Millionen spanische Einwanderer kamen ab Mitte des 19. Jahrhunderts bis zur Weltwirtschaftskrise nach Argentinien. Angesichts der zahlenmäßigen Bedeutung der Einwanderung, die die demographische Struktur des Landes innerhalb weniger Jahrzehnte völlig veränderte, liegen zahlreiche Studien zur Migration nach Argentinien vor, die oft auf der Basis eines spezifischen europäischen Herkunftslandes arbeiten. Zudem enthält jede Geschichte Argentiniens ein Kapitel zur Migration, und auch wirtschafts- und sozialgeschichtliche Studien beschäftigen sich intensiv mit diesem Thema. Ähnliches gilt für Brasilien und Uruguay, in eingeschränkterem Maße für Chile und Peru oder Costa Rica. Da die Forschungen fast immer die nationale Ebene im Blick haben, sollen sie hier nicht einzeln vorgestellt werden, sondern nur einige methodisch und/oder thematisch exemplarische Werke oder solche, in denen der neuere Forschungsstand gut zusammengefasst ist.

<small>Nationale Darstellungen zur Migration</small>

Insgesamt betont die neuere Forschung zur Migration nach Lateinamerika, im Einklang mit der allgemeinen Migrationsforschung, weniger die klassischen *push and pull*-Faktoren, sondern vielmehr die Bedeutung von Netzwerken und regionalen Clustern. Beispielhaft sei hier auf neuere Studien zur Migration von Spaniern nach Argentinien verwiesen. J. C. Moya [8] untersuchte die meist aus dem bäuerlichen und Arbeitermilieu Spaniens stammenden Migranten anhand von Archivquellen und Zeitzeugeninterviews, um Ursprünge und Motive dieser Masseneinwanderung, den Alltag der Migranten, ihre Vergemeinschaftsprozesse sowie ihre politischen und gesellschaftlichen Aktivitäten zu analysieren. Obwohl dieser Massenmigration strukturelle Bedingungen zugrunde lagen, wies Moya der Existenz von Migrantennetzwerken entscheidende Bedeutung zu. Auch B. zur Nieden [8] unter-

<small>Migrationsnetzwerke</small>

suchte die Migrationsbewegungen zwischen Spanien und Argentinien, in diesem Fall als eine *entangled history* und plädierte in der Folge für die Aufweichung der gängigen Periodisierungen. Aufbauend auf diesen und zahlreichen anderen Studien zu anderen Einwanderergruppen in Argentinien legte F. Devoto [8] 2009 eine hervorragende Zusammenfassung der Migrationsgeschichte Argentiniens vor, die die verschiedenen Aspekte von Migration und Mobilität sowie die unterschiedlichen Definitionen von Migranten analysiert, die geographischen Ebenen, auf denen das Phänomen betrachtet werden kann, darstellt und neben demographischen und politischen Aspekten auch die alltagsgeschichtliche Dimension der Migration mit einbezieht.

Deutsche Migranten in Lateinamerika

Von den vielen unterschiedlichen Migrantengruppen, deren Untersuchung zumeist ihren Herkunfts- und Aufnahmeländern folgt (die Italiener in Argentinien, die Franzosen in Brasilien, die Chinesen in Peru etc.), sollen hier nur die wichtigsten Studien zu den deutschen Migranten in Lateinamerika kurz vorgestellt werden. Diese standen bis in die 1970er Jahre lange unter dem „Deutschtumsparadigma", und hoben vor allem die vermeintlichen oder realen zivilisatorischen Leistungen der Deutschen sowie ihren „Beitrag zum Aufbau der Nation", wie es oft heißt, hervor. Eine solche Perspektive dominiert auch den inzwischen veralteten Sammelband von H. Fröschle, der allerdings als einziger eine Gesamtschau der deutschen Einwanderungen in Lateinamerika, gegliedert nach Ländern, gibt [Fröschle, 8]. Erst in den letzten Jahren haben sich Historiker sowohl in Lateinamerika als auch in Deutschland mit neueren theoretischen Ansätzen und anderen Perspektiven dem Thema zugewandt, dann allerdings zumeist unter einer spezifischen Fragestellung und erneut mit dem Fokus auf jeweils ein Land. Zur deutschen Einwanderung nach Argentinien legte die französische Historikerin A. Saint-Sauveur Henn [8] die umfassendste Studie vor. Allerdings ist es nicht ganz einfach, die „deutschen" Einwanderer von den deutschsprachigen zu trennen, zumal unter letzteren zahlreiche Wolgadeutsche waren, die im Landesinneren siedelten und dort agrarische Kolonien gründeten. Viele deutsche Einwanderer blieben hingegen in Buenos Aires und gründeten Vereine und andere Assoziationen, in denen sich auch die politische Polarisierung in Deutschland im frühen 20. Jahrhundert widerspiegelte [vgl. hierzu Newton, 8 und Bindernagel, 8].

Auch wenn, ähnlich wie in Argentinien, die deutschen Auswanderer im Vergleich zu jenen aus den ehemaligen Mutterländern sowie aus Italien zahlenmäßig nicht so wichtig waren, so sind sie in Südbrasilien aufgrund ihres kompakten Siedlungsgebietes, dem sie auch architektonisch ihren Stempel aufdrückten, sehr sichtbar. Für die deutschsprachige Auswanderungspolitik nach Brasilien legte F. Schulze [8] eine umfassende Studie vor, die über die einschlägigen Publikationen und den Stand der Forschung zur deutschen Migration nach Brasilien informiert. Einen guten ersten Überblick bietet auch G. Seyferth [8]; zum Einstieg in die Thematik kann aber auch der Film von Edgar Reiz dienen, der sich mit der Auswanderung aus dem Hundsrück befasst [Reitz, 8]. Die Zusammenhänge zwischen der Abschaffung der Sklaverei und der Förderung der Einwanderung in Brasilien thematisieren E. S. Cassidy [8] und R. W. Wagner [Deutsche als Ersatz für Sklaven, 8], für die Schweizer Immigration vgl. B. Ziegler [8].

Migration und Abolition

Auch in Chile entstanden deutschsprachige Kolonien. Eine historiographisch traditionelle und von den „Deuschtumsdiskursen" beeinflusste, aber immer noch informative Untersuchung zur deutschen Migration nach Chile stammt von J. P. Blancpain [8]. Einen neueren Überblick bieten G. Dufner/J. Fermandois Huerta/S. Rinke [4]. Eine wie in Chile zahlenmäßig nicht allzu große, aber wirtschaftlich und soziopolitisch einflussreiche deutsche Einwanderung gab es auch in Costa Rica und Guatemala, wo die Migranten vor allem im Anbau und Vertrieb von Kaffee erfolgreich waren, vgl. hierzu aus sozioökonomischer Perspektive die Arbeiten von T. Schoonover [8] sowie R. W. Wagner [Los Alemanes en Guatemala, 8]. Darüber hinaus suchten Ost- und Südosteuropäer, unter ihnen viele Juden, die vor Pogromen und Verfolgung flüchteten, Zuflucht in Lateinamerika. Einen aktuellen Einblick in die jüdische Migration nach Chile und Argentinien ab dem Ende des 19. Jahrhunderts bieten der von R. Rein, S. Rinke und N. Zysman herausgegebene Sammelband *The new ethnic studies in Latin America* [8] und die Monographie von J. L. Elkin [8].

Chile

Zentralamerika

Jüdische Migranten

Neben der hier geschilderten Migration aus Europa kam es aber auch zu weiteren Migrationsbewegungen im Zusammenhang mit der Abolition der Sklaverei, die stärker den Charakter von Zwangsmigration hatten und insbesondere Asiaten aus China nach Lateinamerika und die Karibik brachten. Siehe hierzu E. Hu-DeHart [Chinese Coolie Labour in Cuba in the Nineteenth Century,

Asiatische Zwangsmigration

8], W. LOOK LAI/C. B. TAN [8], A. J. MEAGHER [8]. Die chinesische Migration in Brasilien und in Chile untersuchten D. L. CHOU [8] und A. P. LEE [8]. Ein Klassiker der historischen Erforschung der chinesischen Diaspora in Peru ist der Titel von RODRÍGUEZ PASTOR [3.5], zur chinesischen Migration nach Mexiko siehe R. CHAO ROMERO [3.5]. Die Erforschung der chinesischen Migration hat häufig auch einen interamerikanischen Fokus, da insbesondere zwischen chinesischen Migranten in Mexiko und den USA ein reger Austausch und zahlreiche Familien- und Handelsnetzwerke existierten [siehe z. B. HU-DEHART, Immigrants to a Developing Society, 8; YOUNG, 8; ANDERSON/LEE, 3.5].

Japanische Migranten in Brasilien und Peru

Für Brasilien ist darüber hinaus die japanische Einwanderung von besonderer Bedeutung. Hier war die staatliche Initiative wesentlich für den gesamten Migrationsprozess, der Bundesstaat São Paulo unterstützte die Anwerbung japanischer Arbeitskräfte für die Kaffeewirtschaft. Insgesamt stieg diese Einwanderung zwischen 1920 bis etwa 1935 auf 140.000 Migranten und die Japaner zählen nach den Portugiesen zur zweitgrößten Gruppe von Einwanderern [LESSER, 8; LONE, 8; CARVALHO, 8]. Zur japanischen Migration nach Peru seit 1899 siehe den Aufsatz von A. Takenaka [8] oder ausführlich die klassische Studie von C. H. GARDINER [8].

Jüdische und arabische Einwanderung

Eine andere, mitunter quellenmäßig schwer zu fassende Einwanderergruppe sind Einwohner des ehemaligen Osmanischen Reiches. Juden, muslimische Araber aus dem heutigen Libanon und Syrien, palästinensische Christen sowie Armenier werden aufgrund ihrer Registrierung bei der Einwanderung oft bis heute unter dem Begriff *turcos* („Türken") subsumiert. Zu Argentinien siehe S. HYLAND [19], einen allgemeinen Überblick bieten die Sonderausgabe der Zeitschrift *The Americas* [„Turco" Immigrants in Latin America, 8], sowie I. KLICH/J. LESSER [8] und I. KLICH/BALÁN [8].

9 Transnationale lateinamerikanische Identitäten

Nationale wie auch kontinentale Identitätsvorstellungen entwickelten sich nach der Unabhängigkeit erst langsam und sie sind bis heute umstritten, da sie nach wie vor mit ethnischen bzw. rassistischen sowie politischen Vorstellungen verbunden sind. Neben den Identitätsvorstellungen auf nationaler Ebene hat sich die Forschung in letzter Zeit erneut kritisch mit dem Begriff Lateinamerika und seiner Entstehung auseinandergesetzt. Wie in Kapitel I.4.3 dargelegt, entstand die Vorstellung von einer gesamtlateinamerikanischen Identität um die Mitte des 19. Jahrhunderts im Kontext der US-amerikanischen Filibuster-Interventionen in Zentralamerika sowie der französischen Propagierung einer *race latine*. Diese attestiert den „lateinischen" Kulturen eine besondere Spiritualität, während die angelsächsischen Völker als materialistisch geprägt angesehen wurden. Lateinamerikanische Intellektuelle, für die Paris inzwischen zur neuen kulturellen Metropole und Vorbild geworden war, formulierten diese Ideen, die von Napoleon III. aufgegriffen und zur Propagierung Frankreichs als dem geistigen und kulturellen Zentrum der Latinität genutzt wurden. Zu den Lateinamerikanern in Paris siehe J. STRECKERT [9], zur Entstehung des Begriffs und seiner Kontexutalisierung siehe M. ROJAS MIX [9] sowie M. TENORIO-TRILLO [9]. Die um die Jahrhundertmitte in Europa entstandenen Ideen wurden gegen Ende des Jahrhunderts von verschiedenen lateinamerikanischen Denkern aufgenommen, so insbesondere von J. E. RODÓ [9] und dem Kubaner J. MARTÍ [9]. Während die Ideen von RODÓ heute vor allem aufgrund seiner literarischen Bedeutung weiterleben, wird MARTÍ nicht nur in Kuba als der bedeutendste Vordenker eines Panamerikanismus lateinamerikanischen Ursprungs angesehen, der nach wie vor zahlreiche Studien inspiriert. Neuere Arbeiten zu MARTÍ und seinen Ideen zum *latinoamericanismo* liegen vor von M. VAN DELDEN/ Y. GRENIER [9: 33–52], I. ESCALONA CHÁDEZ [9]; C. ABEL/N. TORRENTS [9] und P. GUADARRAMA GONZÁLEZ [9].

latinité

Frankreich als kulturelles Leitbild

José Martí

Diese gesamtlateinamerikanischen Identitätsentwürfe waren auch geprägt von der Abwehr der im Zeitalter des Positivismus aufkommenden rassistischen Vorurteile, die, wie neuere Forschungen betonen, nicht nur von den USA, sondern auch von den lateinamerikanischen Eliten ausgingen. Insbesondere der Kulturwissenschaftler W. MIGNOLO wies aus einer postkolonialen Perspektive darauf hin, dass es sich um ein Elitenprojekt mit rassistischen Untertönen handelte. Seiner Meinung nach muss die „Idee Lateinamerika" als ein politisches Projekt der kreolisch-mestizischen Eliten angesehen werden, die auf diese Weise versuchten, die vermeintlich von den indigenen und afrikanisch geprägten Unterschichten ausgehenden Bedrohungen in einem Prozess der internen Kolonialisierung zurückzudrängen [MIGNOLO, 9]. Ähnlich, wenn auch etwas differenzierter, argumentiert M. TENORIO-TRILLO

Neuere Perspektiven auf den Begriff Lateinamerika

[9]. Dieser verweist allerdings auch auf die anti-imperialen und utopischen Züge des Begriffs. So verbindet sich seiner Meinung nach mit der Vorstellung von Lateinamerika nicht nur ein französisches imperiales Projekt, sondern auch die Abwehr des US-Imperialismus, und des (realen oder vermeintlichen) Materialismus und Individualismus der angelsächsischen Kultur. Darüber hinaus beinhaltet die Idee eine nicht-westliche Ontologie und hat revolutionäre Projekte verschiedener Art befruchtet. Der Wert und die Langlebigkeit des Begriffs, so Tenorio-Trillo, liegt gerade darin, dass er historisch immer wieder hinterfragt und mit neuer Bedeutung aufgeladen wurde.

Latinos/Hispanics in den USA

Exemplarisch hat S. Hensel [9] diese Bedeutungsverschiebungen für die „lateinamerikanischen" Gruppen in den USA untersucht. Dort galten Mexikaner zu Beginn des 20. Jahrhunderts zeitweilig als eigene *mexican race*, später wurden vor allem Mexikaner und Puerto Ricaner als *hispanics*, und damit als „weiß" identifiziert bzw. entwickelten eine solche Identitätsvorstellung. Der Schritt zu einer Identifikation als *latinos* hat dann zwar einerseits mit der zunehmenden Immigration anderer Lateinamerikaner zu tun, hat aber auch, so M. Tenorio-Trillo [9] und P. Palomino [9], über die Verbreitung populärer „lateinamerikanischer" Musik in den USA und Europa stattgefunden. Die in der Einleitung kurz angesprochene Sonderrolle Brasiliens im lateinamerikanischen Kontext wird neuerdings von O. Preuss [9] relativiert, der auf die lange Tradition transnationaler Bezüge brasilianischer und hispano-amerikanischer Intellektueller und Politiker hinweist.

Sonderrolle Brasiliens

10 Rassismus, *mestizaje* und Transkulturation

Ethnizität, Rassismus

Forschungen zu Ethnizität, Rassismus und den daraus resultierenden Debatten über nationale Identitäten sind zentrale Themen der Historiographie zu Lateinamerika, die immer wieder unter neuen thematischen und methodischen Aspekten (diskursanalytisch, demographisch, rechtshistorisch, kunsthistorisch etc.) bearbeitet werden. Diese Analysen nehmen oft auf aktuelle politische Debatten und Interventionen der ethnischen Gruppen Bezug, um zu zeigen, wie rassistisch oder ethnisch aufgeladene Vorstellungen immer wieder neu konstruiert und eingesetzt wurden, oder wie die Eliten die komplexe ethnische Situation ihrer jeweiligen

Regionen interpretierten – als ein Hindernis oder als eine Basis für die Schaffung nationaler Identitäten. Allerdings ist die Abgrenzung von „Rasse" und Ethnizität oft schwierig, und vor allem Studien von US-Amerikanern heben hervor, dass auch die Grenzen zwischen den ethnischen Kategorien in Lateinamerika relativ durchlässig und nicht über eine *one drop rule* definiert sind [TANNENBAUM, 3.1]. Historische Studien zum Rassismus in Lateinamerika sind oft nicht eindeutig von denjenigen zu Ethnizitätsdiskursen zu unterscheiden, zumal in den USA noch immer von *race* gesprochen wird.

Rassistisch aufgeladene, „rassialisierte" Diskurse entwickelten sich in Lateinamerika in der Folge der Staatsbildungsprozesse und der Ideen des *blanqueamiento/branqueamento*. Sie beruhen auf kolonialzeitlichen Vorstellungen der religiös basierten *limpieza de sangre* sowie auf der Adaption europäischer Vorstellungen von „Menschenrassen" seit der Aufklärung. Da europäische Denker die sich als „weiß" verstehenden kreolisch-mestizischen Eliten Lateinamerikas aber oft als degeneriert darstellten, reinterpretierten diese die rassistischen Theorien aus den USA und Europa. „Rassenmischung" galt ihnen nun nicht als Degeneration, sondern als „Verbesserung", und mestizische Identitätsentwürfe sollten das Problem einer nationalen Identität, die entsprechend europäischer Theorien als homogen gedacht wurde, lösen. Wichtigste Beispiele für die Schaffung einer mestizischen nationalen Identität sind das revolutionäre Mexiko, in dem Bildungsminister Vasconcelos die indigen-europäischen Mestizen, ganz im Einklang mit einigen seiner Zeitgenossen, zu einer neuen, „kosmischen Rasse" erhob, sowie Brasilien, das in den 1940er Jahren den Begriff der „Rassendemokratie" für sich reklamierte. Angesichts dieser auch in anderen Staaten postulierten Homogenisierung spielte die Frage nach ethnischen Beziehungen und Rassismus lange Zeit in der historischen Forschung eine untergeordnete Rolle, bis sie im Zuge der neuen Sozial- und Kulturgeschichte sowie des Wiedererstarkens indigener aber auch afroamerikanischer Bewegungen seit den 1990er Jahren erneut in das Zentrum sozialhistorischer Forschungen rückte.

Die Forschungen zu *mestizaje/mestiçagem* kamen durch die Arbeiten des schwedischen Historikers M. MÖRNER in Gang, dessen *Race Mixture in Latin America* [10] bis heute ein Klassiker ist. Allerdings ging es MÖRNER, anders als der Titel vermuten lässt, nicht

— „Aufweißung"

— Vermischung als Identität

— *mestizaje /mestiçagem*

um biologische oder demografische Studien, sondern er interessierte sich vor allem für die soziokulturellen Aspekte von *mestizaje*, die, wie er betonte, wichtiger für die Kategorisierung gewesen seien als phänotypische. Seither sind eine Reihe von Einzelforschungen erschienen, die das Thema unter verschiedenen Aspekten bearbeiten. Viele beschäftigen sich mit der Kolonialzeit, in der die Grundlagen der postkolonialen Gesellschaftsstrukturen gelegt wurden, in den letzten Jahren kamen aber auch neuere Studien zum 19. und 20. Jahrhundert sowie eine theoretische Debatte hinzu, die zum Teil von aktuellen Problemen und postkolonialen Diskussionen angestoßen wurde. So wird bemängelt, dass der Begriff *mestizaje* letztlich eurozentrisch bleibt, vor allem da er die afroamerikanische Bevölkerung weitgehend unbeachtet lasse. Zwar sei ein Fortschritt gegenüber dem eurozentrischen Denken á la Sarmiento zu konstatieren, aber dennoch seien nationale Identitäten, die auf solch ambivalenten biologisch-kulturellem Fundament stünden, problematisch. *Mestizaje* sei demzufolge eine Ideologie, hinter deren homogenisierenden nationalen Diskurs sich rassistische Ausgrenzung (der Indigenen oder Schwarzen) verberge. Andererseits habe der „*mestizaje*-Kult" die Probleme von „*race and class*" nicht gelöst, sondern verkompliziert, da einer Rhetorik der Inklusion eine Praxis der Exklusion gegenübergestanden habe [STUTZMAN in: WHITTEN, 10: 25–93]. Dies habe Mulatten und Mestizen ermöglicht, sich mit den weißen Eliten und ihren Theorien zu identifizieren – im Gegensatz zu den indigenen oder schwarzen Gruppen. Andere Autoren weisen auch darauf hin, dass *mestizaje* Gender- und soziale Hierarchien perpetuierten, indem z. B. Mestizisierung meist als ein Prozess der Verbindung von indigenen Frauen und europäischen Männern dargestellt wird [GRAHAM, 10; MILLER, 10; HOOKER, 10; MALLON, 10]. WADE hingegen lehnt eine einfache Gegenüberstellung von elitären homogenisierenden und subalternen Ideologien der Differenz (wie einige der oben genannten Autoren sie postulieren) ab. Er ist der Auffassung, dass auch die homogenisierenden nationalen Diskurse differenzierende Elemente beinhalten. So sind die ausgegrenzten *indígenas* und Afroamerikaner konstitutiver Teil der mestizischen Ideologie, und zwar nicht nur als Voraussetzung für eine zukünftige Vermischung. Auch weist WADE darauf hin, dass *mestizaje* nicht nur ein Diskurs, sondern auch ein gelebter Prozess ist. Beide sind eng miteinander verwoben und interagieren, zusammen mit

Kritik am *mestizaje* – Konzept

weiteren Elementen [WADE, Rethinking „Mestizaje", 10; Race and ethnicity in Latin America, 10].

Angesichts der Vielzahl der Veröffentlichungen zu diesem Themenkomplex sollen hier vor allem übergreifende Darstellungen genannt werden, die als Basis für eine spezifischere Beschäftigung mit dem Thema dienen können [GRAHAM, 10; STEPAN, 10; APPELBAUM/MACPHERSON/ROSEMBLATT, 3.5; THURNER/GUERRERO, 10]. Zum Verhältnis von *mestizaje* und Nationsbildung siehe, stellvertretend für viele länderbezogene Einzeldarstellungen, die übergreifenden Darstellungen von L. MARTINEZ-ECHAZABAL [10] sowie S. GRUZINSKI [10] und T. HEDRICK [10]. Neueren Datums liegen außerdem Untersuchungen von T. PÉREZ VEJO/P. YANKELEVICH [10] sowie P. WADE u. a. [Mestizo Genomics, 10] vor.

<small>Übergreifende Darstellungen</small>

Für die Literaturwissenschaft hat A. CORNEJO POLAR [10] eine wegweisende Studie verfasst, eine fachwissenschaftliche Auseinandersetzung findet sich bei J. E. D. CASTRO [10]. Aus soziologischer Perspektive hat jüngst ein US-amerikanisches Team unter E. E. TELLES versucht, den aktuellen *ethno-racial qualifications* und ihren Auswirkungen auf die soziale und ökonomische Ungleichheit in einer quantitativen Studie näher zu kommen. Sie bediente sich dabei eines 1944 von dem chilenischen Anthropologen Alejandro Lipschutz geprägten Begriffs, der die lateinamerikanischen Staaten als „Pigmentokratien" bezeichnete [TELLES, 10].

<small>Kulturwissenschaftliche Zugänge</small>

Länderstudien zum Thema oder zu einzelnen Aspekten, z. B. dem Indigenismus, sind zahlreich, insbesondere zu Mexiko, Peru und Brasilien. Daher werden hier nur exemplarisch einige neuere Studien genannt, die als Ausgangspunkt für weitere Lektüren dienen können. Ein neueres Werk zu dem Thema in Mexiko, das auch die afromexikanische Bevölkerung mit einbezieht, ist von C. A. SUE [10]. Eine speziellere regionale Studie zu den Maya in Yucatán stellt die Arbeit von W. GABBERT [10] dar, der seinen Ausführungen jedoch grundlegende Feststellungen zum Problem von Ethnizität und *mestizaje* voranstellte.

<small>Einzelstudien</small>

Für Zentralamerika sei auf die Studie von R. SOTO QUIRÓS/D. DÍAZ ARIAS [10] verwiesen, die eine gute allgemeine Einleitung (mit Literaturhinweisen) enthält. Die Autoren analysieren neben den „mestizischen" Nationen Zentralamerikas vor allem den „Sonderfall" Costa Rica, wo ähnlich wie in Argentinien bis weit ins 20. Jahrhundert hinein an der Konstruktion der nationalen Identität als „weiß" festgehalten wurde. In beiden Ländern wurde durch diese Identitätsdiskurse nicht nur die indigene Bevölkerung, die es auch in diesen Staaten gab und gibt, marginalisiert, sondern vor allem die Existenz von ehemals Versklavten und afroamerikanischer Bevölkerung aus dem kollektiven Gedächtnis getilgt [siehe hierzu auch L. Gudmundson/J. Wolfe, 10, vergleichend L. Gudmundson, 10]. Zur afroargentinischen Bevölkerung in Argentinien forschte A. Windus [3.5].

Ethnizität und Rassismus in Brasilien

Für Brasilien liegt der Fokus der Forschungen zu den ethnischen Beziehungen auf der afrobrasilianischen Bevölkerung, für einen Überblick siehe L. Schwarcz [Constructing Ethnic Labels, 10]. Gegen Ende des 19. und beginnenden 20. Jahrhunderts diskutierte man in Brasilien zunächst weniger die Vermischung als vielmehr die Vorstellung einer „Aufweißung", *branqueamento*, der Bevölkerung durch Einwanderung und ethnische Mischung. Eine kurze Einführung in die Thematik auf Deutsch findet sich bei A. Hofbauer [Das Konzept der „Rasse", 10; ausführlicher ders., Uma história de branqueamento ou o negro em questão, 10]. Einführend zur Rezeption von Rassentheorien in Brasilien liegen Publikationen von L. Schwarcz [O espetáculo das raças, 10] sowie T. E. Skidmore [10] vor. Zu Leben und Werk des im Darstellungsteil erwähnten Raimundo Nina Rodrigues siehe überblicksartig L. Schwarcz [Nina Rodrigues, 10]. Den Zusammenhang von *branqueamento* und Einwanderungspolitik beleuchteten ausführlich G. R. Andrews [Afro-Latin America, 2.1: 135–142] sowie P. Domingues [10: 60–81]. Indirekt spielt das Thema auch in der Arbeit von S. Schuster [10] zu Brasiliens Selbstdarstellung auf den Weltausstellungen eine Rolle, hier finden sich auch eine Reihe von Analysen zur Visualisierung der Vorstellungen der Nation. J. Lesser hingegen hat sich allgemeiner mit der „Ethnizität" der Einwanderer in Brasilien auseinandergesetzt und diese als ein spielerisch und flexibel einsetzbares Medium interpretiert, mit dem Migranten sich in der Mehrheitsgesellschaft zu positionieren versuchen. Dies habe auch, so Lesser, die brasilianische Vorstellung von der nationalen Identität beeinflusst und den *branqueamento*-Diskurs letztlich in den Hintergrund gedrängt [Lesser, 10].

Allerdings gab es in Brasilien auch bereits früh die Vorstellung einer von Toleranz und Vermischung geprägten Gesellschaft. In seinem Essay *Como se deve escrever a História do Brasil* von K. F. P. v. Martius [10: 381–403], der 1843 vom *Instituto Histórico e Geográfico Brasileiro* in einem vom Pedro II. ausgelobten Wettbewerb prämiert wurde, beschrieb Martius den Ursprung der Nation in „einzigartigem" Erbe aus der Verbindung von „drei Rassen" – Indigene, Afrikaner und Portugiesen [Martius, 10]. Diese Vorstellungen wurden später zentral für die Konstruktion der brasilianischen Nationalidentität, insbesondere seit G. Freyres [3.2] Schriften und der Regierung von Getúlio Vargas (zu Vargas siehe OGG 49: Lateinamerika seit 1930).

Angesichts der historiographischen Bedeutung sei hier die Auseinandersetzung brasilianischer und internationaler Historiker mit den Schriften des Soziologen G. Freyre, allen voran dem 1933 erschienenen Buch *Casa grande e Senzala* [dt: Herrenhaus und Sklavenhütte, 3.2] etwas ausführlicher dargestellt. Freyre untersucht darin die Rolle der Zuckerrohrplantagen des brasilianischen Nordostens, die seiner These zufolge die Gesellschaft geprägt habe. Die Vermischung von portugiesischen „Herren", afrikanischen Sklaven und Indigenen, die durch das enge Zusammenleben und das weitgehende Fehlen staatlicher und kirchlicher Kontrolle entstanden sei, sei für die brasilianische Mentalität konstitutiv. Dabei schreibt er nicht nur der biologischen Vermischung, sondern auch dem Einfluss afroamerikanischer oder indigener Ammen und Kindermädchen einen wichtigen Einfluss zu. Aufgrund des enormen Erfolges dieses Buches, das in der Vargas Ära zudem den Nerv der Zeit traf, verbreiteten sich diese Ideen rasch und bestimmten auch die historische Forschung lange Zeit. Familienhistoriker hinterfragten allerdings ab den 1980er Jahren die These von der Allgegenwart von Versklavten in den Haushalten, vor allem für den urbanen Süden, der ganz andere sozioökonomische Prägungen hat. Vor allem aber hat die von G. Freyre beschriebene harmonische Vermischung (*miscigenação*) bzw. Mestizisierung (*mestiçagem*), die er auch extensiv in ihren sexuellen Aspekten beschreibt, Widerspruch hervorgerufen. Von der später in Brasilien propagierten „Demokratie der Rassen" ist hier zwar noch nicht die Rede, die Idee liegt aber nicht weit. Die These von der brasilianischen „Rassendemokratie", die das Selbstverständnis der Brasilianer bis Ende des 20. Jahrhunderts prägte, wurde Anfang der 1940er Jahre zur positiven Abgrenzung gegenüber dem faschistischen Europa sowie gegenüber den USA, deren Rassismus man betonte, benutzt. Entscheidend und diametral entgegengesetzt zu den rassistischen Theorien der Positivisten und Sozialdarwinisten war hierbei, wie

Gilberto Freyre

„Rassendemokratie"

schon bei Freyre, jedoch die Zurückweisung der Inferioritätstheorien. Ähnlich wie die *branqueamento*-These ist jedoch auch diejenige von der Vermischung (*miscigenação*) bzw. Mestizisierung (*mestiçagem*) in gewisser Weise ambivalent, denn auch ihr liegt eine essentialistische Vorstellung von Rasse zugrunde, die sie durch die Vermischung allerdings aufzuheben versucht. Und, hier liegt der Unterschied von Freyres Theorien zu denjenigen seiner Vorgänger, die aktuellen Unterschiede und sozialen Hierarchien werden auf historisch-kulturelle Ursachen, wie z. B. das System der Sklaverei, nicht auf eine biologische Konstitution zurückgeführt [vgl. Andrews, Brazilian Racial Democracy, 10].

Freyre als Kulturhistoriker

Als in den 1960er Jahren die Vorstellung von der brasilianischen „Rassendemokratie" zu wanken begann, wuchs auch die Kritik an G. Freyre. Diese ist inzwischen nuancierteren Urteilen gewichen. Hierzu haben nicht zuletzt die Arbeiten von P. Burke und M. L. G. Pallares-Burke beigetragen, die sein Gesamtwerk in den Blick genommen und kontextualisiert haben. Dabei heben sie Freyres Bedeutung für die Entstehung der *Nouvelle Histoire* und der Kulturgeschichte hervor. Auch wird heute betont, dass Freyre bereits Begriffe wie Hybridität und Transnationalismus gebrauchte, rund ein halbes Jahrhundert bevor diese von „westlichen" Theoretikern „entdeckt" wurden [vgl. hierzu Lehmann, 10; Gerstenberger, 10; Burke/Pallares-Burke, 10].

Transkulturation

Ähnlich wie G. Freyre hat auch der kubanische Anthropologe F. Ortiz bereits in den 1940er Jahren eine Theorie zu den kulturellen Folgen von Kolonialherrschaft und *mestizaje* formuliert. Er führte dabei den Begriff der Transkulturation ein. Dieser beschreibt die Folgen des asymmetrischen kolonialen Kulturkontaktes als eine Kulturveränderung, die in einem dynamischen Prozess alle beteiligten Kulturen, wenn auch in unterschiedlichem Maße, verändert [Ortiz, Contrapunteo cubano del tabaco y el azúcar, 7.1.3]. Sein Modell fand zunächst wenig Beachtung, bis es in den 1980er Jahren von Literatur- und Kulturtheoretikern aufgegriffen wurde [Pratt, 10].

11 *Modernismo*

Moderne als Konzept

Moderne ist als Konzept ebenso wie als historische Erfahrung für Lateinamerika seit der Eroberung und seiner Bezeichnung als

"Neue Welt" durchaus real und wichtig. Gleichwohl wurde der Kontinent in der Regel lediglich als "Zulieferer" für die Moderne gesehen, für eine entstehende, von Europa ausgehende, globale Weltwirtschaft. Seit der Unabhängigkeit beschäftigten sich Schriftsteller und Intellektuelle Lateinamerikas immer wieder mit diesem vermeintlichen Defizit an Modernität, das Lateinamerika zugeschrieben wurde. In diesem Kontext entstanden einerseits historische Werke, wie L. ALAMÁNS *Disertaciones sobre la historia de México, 1844–52* (Entwürfe über die Geschichte Mexikos) [11] oder die *Historia de la esclavitud* (Geschichte der Sklaverei) des kubanischen Ökonomen und Historikers J. A. SACO [11], andererseits zahlreiche literarische und quasi-literarische Texte, die die Projekte der Modernisierung des Kontinents reflektierten, unter ihnen der bereits mehrfach erwähnte Essay D. F. SARMIENTOS: *Facundo o Civilización y barbarie* (1845) [11] oder VILLAVERDES: *Cecilia Valdés* (1879) [11]. All diesen Texten ist gemein, dass sie sich in größerem oder kleinerem Ausmaß den Debatten um die Moderne Lateinamerikas widmen.

Der *modernismo* gehört zu den letzten dieser Diskurse um die Modernität des Kontinents im 19. Jahrhundert und seine Bezeichnung, welche auf den nicaraguanischen Poeten Rubén Darío zurückgeht, deutet auf eine veränderte Haltung zur Moderne hin: Statt über die Notwendigkeit zu diskutieren, sich zu modernisieren, schrieben die *modernistas* aus der Überzeugung heraus, bereits modern zu sein. Für die frühen unter ihnen war die Moderne eine bereits unwiderrufliche Realität in Lateinamerika, es ging ihnen lediglich darum, ihre sozialen und ökonomischen Fehlstellen zu überwinden. Kritiker ganz unterschiedlicher ideologischer Provenienz nahmen die Fortschrittsgläubigkeit des *modernismo* unter die Lupe: Der uruguayische Marxist, Schriftsteller und Literaturkritiker A. RAMA [11] warf den Modernisten vor, sich von Politik und Gesellschaft abgewandt zu haben, um in einem Elfenbeinturm ziselierte Lyrik und Prosa zu schreiben. Der argentinische Schriftsteller und Literaturkritiker N. JITRIK [11] verortete die Modernisten als eine Art literarische Bourgeoisie (*entrepreneurs*) in ihrem Versuch, die lateinamerikanische Literatur aufzuwerten durch die Imitation von Mechanismen kapitalistischer Produktionsweisen. Der mexikanische Schriftsteller O. PAZ [Los hijos del limo, 11; dt. Die andere Zeit der Dichtung, 11] interpretierte den *modernismo* als "Antimoderne Moderne" in seiner Ablehnung des

Kritik am *modernismo*

Hispanismus, dessen Kosmopolitismus auf der Bewunderung alles Französischen basiert habe.

Brasilianischer *modernismo*

Der etwas spätere brasilianische *modernismo* orientierte sich ebenfalls an der europäischen Avantgarde, bei gleichzeitiger Betonung brasilianischer Eigenheiten in den Sujets und einem Stil, der nationalspezifisch sein sollte. Diese „Doppelbewegung" mit ihrem produktiven Widerspruch lässt sich nach S. Miceli mit dem Begriff der *arte nacional estrangeira* (nationale fremde Kunst) fassen [Miceli, 11: 194]. Zudem handelte es sich, wie in Kap. I.8.3 dargelegt, weniger um eine rein literarische als vielmehr eine alle Kunstsparten umfassende Bewegung, die sich zudem stark mit der Geschichte des Landes auseinandersetzte. Einen Schwerpunkt auf die „anthropophagischen" Autoren und Künstler Oswald de Andrade, Mário de Andrade und Tarsila do Amaral legten M. E. Boaventura [11] und S. L. P. Bellei [11]. Die Verbindung des *modernismo* zum *cinema novo* ist Thema der Arbeit von P. Schulze [11], diese bietet auch eine gute und aktuelle Diskussion des *modernismo*, die als Einstieg für deutsche Leser hilfreich ist. Einen guten Überblick zum Modernismus in Bezug zu den europäischen Avantgarden liefert L. Helena [11].

12 Bildung und Wissenschaft

Aufbau staatlicher Schulsysteme

Die Geschichte der Bildung in Lateinamerika seit der Unabhängigkeit wird im Allgemeinen innerhalb der nationalstaatlichen Entwicklung behandelt, Überblickswerke gibt es kaum. Es gibt jedoch Phasen, die fast überall nachzuvollziehen sind. Hierzu gehört zunächst der Aufbau staatlich kontrollierter Schulsysteme, der vor allem durch die Auseinandersetzungen mit der katholischen Kirche gekennzeichnet ist. Staatliche Schulen wurden, mit Ausnahme Kolumbiens, in der zweiten Hälfte des 19. Jahrhunderts überall durchgesetzt. Anschließend entwickelten kritische Intellektuelle wie der Kubaner J. Martí oder der uruguayische Bildungsreformer J. P. Varela Konzepte zur staatlich organisierten und finanzierten Bildung aller Schichten, die als Voraussetzung für den gesellschaftlichen Fortschritt der unabhängigen lateinamerikanischen Nationen gesehen wurden. Dennoch spielten und spielen heute noch Schulen und Universitäten in kirchlicher Trägerschaft in Lateinamerika eine wichtige Rolle – als Alternativen zum oft defizitären öffentlichen Sektor.

Im Zuge der Reform der Bildungssysteme und der durch Schulen und Museen getragenen Nationsbildung wurden in vielen lateinamerikanischen Staaten gegen Ende des 19. Jahrhunderts neue Universitäten und Nationalmuseen gegründet, die insbesondere auf dem südamerikanischen Kontinent von europäischen Wissenschaftlern mitgeprägt wurden. Diese fanden gerade im Hinblick auf die neu konstituierten Disziplinen wie die Anthropologie oder die Archäologie hier ein lohnendes Betätigungsfeld. Wichtig ist in diesem Zusammenhang vor allem der deutsche Anthropologe und Max Uhle als „Vater der peruanischen Archäologie" (siehe hierzu Kap. II.13). Nationalmuseen

Europäische Einflüsse prägten auch das Universitätssystem, das mit der von Argentinien ausgehenden Universitätsreform ab 1918 einen Modernisierungsschub erlebte. Grundlegend für diese wichtige Bewegung ist noch immer J. C. PORTANTIERO [12]; eine neuere, knappe Darstellung findet sich bei N. MILANESIO [12]. Die Netzwerke der intellektuellen Reformer untersuchten M. BERGEL und R. MARTÍNEZ MAZZOLA [12]. Zum Thema der Universitätsreform und ihrer Akteure siehe auch die kommentierten Quellen in B. POTTHAST/K. SCHEMBS [12]. Wichtig für Lateinamerika sind die im Zuge der Mexikanischen Revolution eingeführten Landschulen (*escuelas rurales*), die sich besonders an die indigene Bevölkerung richteten, und in den folgenden Jahrzehnten in vielen lateinamerikanischen Ländern etabliert wurden. Letztlich liegen diesen auch die heutigen Konzepte von ausdifferenzierten Bildungskonzepten für verschiedene ethnische Gruppen zugrunde [CIVERA CERECEDO/ALFONSECA GINER DE LOS RÍOS/ESCALANTE, 12]. Universitäten

Die iberische und lateinamerikanische Wissenschaftsgeschichte – sowohl der Kolonialzeit als auch des 19. und 20. Jahrhunderts – hat in den letzten Jahrzehnten einen Aufschwung erlebt. Die alten Vorstellungen und „schwarzen Legenden" spanisch-katholischer Rückständigkeit und Aberglaubens hatten die iberische und lateinamerikanische Wissensproduktion lange als isoliert von oder als Antithese zur nordatlantischen wissenschaftlichen Moderne dargestellt. Im Zuge des Aufbrechens dieses Narrativs erschienen eine Reihe von Studien, welche die Relevanz lateinamerikanischer Wissenschaft betonen, so etwa der Vorreiterrolle der peruanischen pharmazeutischen Forschung oder der Wissenschaft argentinischen Kriminologie um 1900 [GOOTENBERG, 12; RODRIGUEZ, 12]. Im Zuge dessen entstanden zunehmend Arbeiten, die europäische und nordamerikanische Reisende nicht länger als „einsame Pioniere" im Land zeichneten, sondern als Akteure, die sehr stark auf einheimische Expertise, kreolische oder indigene „Informanten" etc. zurückgriffen. Ein prominentes Beispiel sind hier die Arbeiten von J. CAÑIZARES-ESGUERRA, der die Originalität der naturwissenschaftlichen Erkenntnisse Alexander von Humboldts in Frage stellte und die Rolle lateinamerikanischer Forscher, mit denen Humboldt zusammenarbeitete, hervorhob [CAÑIZARES-ESGUERRA, 12; RIVIALE, 12]. Wurden diese Arbeiten anfangs oft polemisch aufgenommen, sind sich Historiker mittlerweile einig, dass die Idee, Wissen entstehe in Europa und werde in einem einheitlichen, formlosen „Außereuropa" lediglich rezipiert, falsch ist. Neuere Forschungen betonen die Abhängigkeit europäischer (Forschungs-)Reisender und Gelehrter von Wissensvermittlern und Wissen aus eben diesem „Außereuropa", gerade in den „Humanwissenschaften vom Fremden". Sie zeigen die Notwendigkeit, beidseitig Fragen zu stellen und sich auszutauschen. Einen guten Überblick findet man bei J. J. SALDAÑA [12, Einleitung]. Für neuere Arbeiten, die die Verflechtung von einheimischer und europäischer Wissensproduktion analysieren, siehe S. GÄNGER [12], M. CUETO [12] und P. A. SCHELL [12].

Politisches Denken

Statt vieler Einzelfallstudien zu politischem Denken, Philosophie und Wissenschaftsgeschichte, sei hier lediglich auf die umfassende Studie von N. Werz verwiesen [12]. Eine neuere Auseinandersetzung mit dem Positivismus auf Spanisch bietet J. D. REY MORATÓ [12].

13 Forschungsreisen

Bis zur Unabhängigkeit blieb die europäische Auswanderung in die Kolonialgebiete Spaniens und Portugals aufgrund der Monopol- und Abschottungspolitik beider Mächte weitgehend auf die eigenen Untertanen beschränkt, weshalb ihr Umfang relativ gering war. Reisen von Europäern nach Lateinamerika, die nicht aus Spanien oder Portugal stammten, waren stark eingeschränkt, obwohl es in früherer Vergangenheit einige bedeutende Forschungsreisen gegeben hatte, wie etwa die achtjährige Expedition des

Grafen Johann Moritz von Nassau-Siegen nach Brasilien (1636–1644) oder den Aufenthalt der Frankfurter Malerin und Naturforscherin Maria Sibylla Merian in der holländischen Kolonie Suriname (1699–1701) [DAVIS, 13; BEUYS, 13]. Forschungsexpeditionen, wie die unter Leitung von Alexander von Humboldt, waren erst gegen Ende der Kolonialzeit im Zuge der Bourbonischen Reformen im 18. Jahrhundert möglich, vgl. hierzu das von Ottmar Ette geleitete Projekt einer digitalen kritischen Gesamtausgabe der Schriften und Tagebücher Humboldts durch die Berlin-Brandenburgische Akademie der Wissenschaften. Alexander von Humboldts Forschungsexpedition, die oft als „zweite Entdeckung Amerikas" bezeichnet wird, inspirierte nicht zuletzt aufgrund der guten Vermarktung durch Humboldt weitere Forschungs- und sonstige Reisen nach Lateinamerika, die nach der Öffnung für außerhalb der Iberischen Kolonialreiche lebende Personen seitens der unabhängigen Staaten sprunghaft anstiegen. Ähnliche Unternehmungen wie jene von Humboldt und Aimé Bonpland in Hispanoamerika gab es auch in Brasilien. Die frühen wissenschaftlichen Expeditionen setzten Maßstäbe und regten in der Folge zahlreiche weitere Forschungsreisen an, etwa zwischen 1817 und 1835 unter der Leitung des Zoologen Johann Baptist von Spix und des Botanikers und Ethnographen Carl Friedrich Philipp von Martius [SPIX/MARTIUS, 13]. Siehe hierzu K. M. LISBOA [A nova Atlântida de Spix e Martius, dt: Spix und Martius auf der Entdeckung des Nord(ost)ens Brasiliens, 13].

Frühe Forschungsreisen

Die von den zahlreichen Reisenden produzierten Berichte und Nachlässe gehören mit zu den wertvollsten Quellen, die Historikern zur Erforschung des 19. Jahrhunderts zur Verfügung stehen, zumal der Aufbau eines nationalen Archivwesens in vielen Ländern erst spät einsetzte und diese aufgrund politischer Umwälzungen oft große Lücken aufweisen. Insbesondere in Deutschland entstand u. a. im Zuge der Konstituierung der modernen Archäologie und Ethnologie um 1900 ein ganzes Netzwerk deutscher Südamerikaforscher, deren Nachlässe in deutschen Museen und Bibliotheken erst allmählich aufgearbeitet werden [WOLFF, 13]. Zu nennen sind hier, stellvertretend für viele andere, der Ethnologe und Mediziner Robert Lehmann-Nitsche (1872–1938), der lange in Argentinien forschte und dessen Nachlass für Historiker, Literaturwissenschaftler, Ethnologen oder Musikwissenschaftler eine wahre Fundgrube darstellt [HOFFMANN/WOLFF, 13]. Max Uhle (1856–

Nachlässe von Forschungsreisenden in Deutschland

1944) wird heute als „Begründer der peruanischen Archäologie" gefeiert [Rowe, 13; Höflein, 13]. Ethnologen wie Theodor Koch-Grünberg (1872–1924) oder Paul Ehrenreich (1855–1914) machten sich um die Erforschung der Indigenen der Amazonasregion verdient. Wichtig wegen ihres frühen fotografischen Nachlasses sind auch die Vulkanologen Alphons Stübel (1835–1904) und Wilhelm Reiß (1838–1908) [Brockmann u. a., 13]. Man könnte aber auch den Arzt und Naturforscher Eduard Poeppig nennen, der 1818 den Naturwissenschaftlichen Verein Leipzigs mitbegründete, eine von vielen im 19. Jahrhundert gegründeten Institutionen, die wissenschaftliche Ergebnisse sammelten und veröffentlichten, aber auch Forschungsreisen finanzierten [Schröter, 13]. Der Mathematiker Eduard Mühlenpfordt hielt sich von 1827 bis 1835 in Mexiko auf und verfasste einen 1844 erschienenen Bericht über die gesellschaftlichen und wirtschaftlichen Begebenheiten und naturräumlichen Verhältnisse [Raddatz, 13]. Die Reisenden hinterließen ethnologische und anthropologische, geografische, geologische, linguistische und archäologische Schriften und oft auch eine umfangreiche Sammlung von Fotografien und Artefakten. Die Nachlässe bieten aufgrund ihrer Vielfältigkeit Ansatzpunkte für innovative Arbeiten sowohl im Hinblick auf Wissensproduktion und -diffusion als auch auf die Erforschung von Ikonografien, Stereotypen und kulturellen Verflechtungen.

Fotografie

Zu den deutschen Wissenschaftlern in Lateinamerika, insbesondere in Argentinien, liegt ein Sammelband von S. Carreras und K. Carrillo Zeiter vor [13]. Für Peru hat U. Raina [13] ihre Rolle, wenn auch nicht ganz überzeugend, unter dem Paradigma des „intelektuellen Imperialismus" untersucht. Im Zuge des *visual turn* in den Geschichtswissenschaften entstanden in den letzten Jahren weitere Arbeiten, die sich unter anderem mit bedeutenden fotografischen Sammlungen von Reisenden oder Wissenschaftlern in Lateinamerika im 19. und frühen 20. Jahrhundert befassen. Einen Einblick in die Reichhaltigkeit dieser visuellen Archive bieten für das Ibero-Amerikanische Institut Preußischer Kulturbesitz G. Wolff [Forscher und Unternehmer mit Kamera, 13] sowie für das ethnologische Museum in Berlin-Dahlem M. Fischer und M. Kraus [13]. Den Zusammenhängen von Wissenschaft mit dem neuen Medium der Fotografie spürt die Arbeit von K. Reinert [13] nach, aus postkolonialer kulturwissenschaftlicher Perspektive untersuchten J. Andermann und J. H. Rowe diesen Themenkomplex kritisch [13].

Neben Wissenschaftlern fand aber auch eine große Zahl anderer Reisender den Weg nach Lateinamerika, und ihre Berichte erfreuen sich in der europäischen und US-amerikanischen Öffentlichkeit großer Beliebtheit. María Mercedes Santa Cruz y Montalvo, Condesa de Merlin – eine kubanisch-französische Schriftstellerin und Intellektuelle – hinterließ einen bereits unter Zeitgenossen vielbeachteten Bericht über ihre (Rück)reise nach Kuba im Jahre 1840, indem sie neben ihren persönlichen Beobachtungen eine Vielzahl von gesellschaftspolitischen Aspekten einfließen lässt, siehe hierzu A. Méndez Rodenas [13]. Ähnliches gilt für die französisch-peruanische Schriftstellerin, Sozialistin und Frauenrechtlerin Flora Tristán [Tristán 13]; zu ihrer Biographie und ihrem Werk siehe C. Llinàs Carmona [13]. Überblicke über die umfangreiche Reiseliteratur bieten die von N. Leask herausgegebene Anthologie *Travels, Explorations and Empires* [13] sowie W. L. Bernecker/ G. Krömer [13] und aus geschlechtergeschichtlicher Perspektive U. Schmieder [13]. Fragen der Perspektivität, der Eigen- und Fremdwahrnehmung, des Wissens- und Kulturtransfers in diesen historischen Reiseberichten analysierte aus kulturwissenschaftlicher Perspektive M. L. Pratt [10]. Die durch Bildmedien – insbesondere auch durch Bildpostkarten – transportierten Vorstellungen und Wahrnehmungen von Südamerika im Zeitraum von 1880 bis 1930 thematisierte H. Onken [13].

Reiseberichte

14 Indigene Bevölkerung und indigene Bewegungen

Die Position der Indigenen ist eines der zentralen Themen der lateinamerikanischen Geschichte. Sie ist eng verknüpft mit der Rolle, die Ethnizität und ethnische Beziehungen in den jeweiligen Epochen und Ländern spielen. Dabei lassen sich, wie im Darstellungsteil skizziert, trotz aller nationalen Unterschiede, gewisse allgemeine Tendenzen ausmachen. Die Zahl der Publikationen zu einzelnen Themen, die in diesen Komplex fallen, ist enorm hoch, gleichzeitig jedoch in den meisten Fällen auf eine Bewegung oder ein Land konzentriert. Daher werden hier vor allem Sammelwerke, vergleichende Arbeiten oder Überblicksartikel genannt. Einen guten Einstieg in die Thematik und die wichtigsten Forschungslinien vor allem in der englischsprachigen Forschung findet man bei F. E. MALLON [14, in: MOYA, 1.3], sowie bei S. SCHEUZGER [14].

Indigenität als politisches Konstrukt

Zunächst muss jedoch darauf hingewiesen werden, dass die Definition von Indigenität und damit auch von indigenen Bewegungen auf den fiskalischen Kategorisierungen der heterogenen einheimischen Bevölkerung im Zuge der Kolonialisierung entstanden ist. Indigenität stellt somit ein politisches Konstrukt dar, das die indigene Bevölkerung von der spanischen sowie der afrikanisch stämmigen und den Sklaven unterschied und den jeweiligen Gruppen unterschiedliche Rechte und Pflichten zusprach. Im Kontext der regionalen oder nationalen Identitätsbildung seit dem 18. Jahrhundert nutzten die Eliten Lateinamerikas dann allerdings die präkolumbische Geschichte zur Schaffung einer nationalen Identität. Dies führte zu einer Heroisierung der alten Kulturen durch die gesellschaftlichen Eliten, die im Gegensatz zu den „schmählichen" Überresten der indigenen Kulturen im 19. Jahrhundert gesehen wurden [EARLE, 14].

(Post-)Kolonialer Widerstand

Im Laufe der Zeit wandelte sich diese Fremdzuschreibung als eigene Gruppe jedoch, zumal die Indigenen bereits im Laufe der Kolonialzeit Mechanismen entwickelt hatten, sich das politische und rechtliche System zunutze zu machen, um eigene Interessen zu verfolgen. Die Strategien reichten von friedlichen Praktiken der Ausnutzung anerkannter politischer und rechtlicher Mechanismen bis hin zu militanten Aufständen bzw. bewaffneter Verteidigung ihrer Anliegen. Das Verhältnis zwischen Indigenen und Staat im 19. und 20. Jahrhundert muss daher stets im Lichte postkolonialer Strukturen gesehen werden. Ein Überblick für das erste Jahrhundert nach der Unabhängigkeit im Andenraum (Kolumbien, Ecuador, Peru und Bolivien) über die unterschiedlichen Politiken einer Einbeziehung der Indigenen in die Nation findet sich bei B. LARSON [14] sowie CH. BÜSCHGES [14].

Inklusion vs. Exklusion

Nach der Unabhängigkeit stellte sich zunächst die Frage nach der staatsbürgerlichen Rolle der indigenen Bevölkerung, da fast überall die rechtliche Sonderstellung, die sie noch in der Kolonialzeit hatten, abgebaut wurde. Die Indigenen wurden damit formal zu gleichberechtigten Staatsbürgern, in der Praxis jedoch blieben alte Vorurteile und sozioökonomische Unterschiede bestehen. Die Forschung hat lange Zeit die Frage der Staats- und Nationsbildung als ein reines Elitenprojekt angesehen und die indigene (wie die ländliche Bevölkerung insgesamt) eher als Opfer oder marginalisierte Gruppen beschrieben, die höchstens in ihrer Rolle als Soldaten in den Unabhängigkeits- und Staatbildungskriegen eine Rolle spielten. Die Abkehr von der heroischen Geschichtsschreibung des 19. Jahrhunderts sowie das Erstarken indigener Bewegungen in den 1980er Jahren führten dann zu einer differenzierteren Betrachtung der Rolle der unteren Schichten seit der Gründung und Konsolidierung der Republiken.

Allerdings konzentrierte sich die Forschung dabei, auch aufgrund des politischen Klimas der 1960er bis 1980er Jahre, stark auf indigene Widerstandskämpfe gegenüber dem Nationalstaat bzw. auf die Rolle indigener Gruppen als politische Akteure. Dieser Befund gilt zwar stärker für die Anthropologie und die Politikwissenschaft, hat aber auch die historische Forschung nicht ganz unbeeinflusst gelassen. In Abgrenzung zu diesen Arbeiten entstanden in den 1990er Jahren zahlreiche innovative Studien zur Rolle der Indigenen in den Prozessen der Staats- und Nationsbildung, die den Blick nicht nur auf eine subalterne Gruppe lenkten, sondern auch auf Regionen, die von den Nationalhistoriographien aufgrund ihrer hauptstädtischen Perspektive bislang nicht in den Blick genommen worden waren. Damit wurde auch die Heterogenität der Interessen im Staatsbildungsprozess deutlich, und die Unterscheidungen nach Region, Klasse und ethnischer Zugehörigkeit führte zu einem wesentlich differenzierteren Bild. Darüber hinaus verschränkten sich die Diskussionen um alternative Konzepte von Staatsbürgerschaft mit denjenigen von Ethnizität in fruchtbarer Weise. Besonders für Mexiko und den Andenraum haben diese Studien darauf aufmerksam gemacht, dass es auf regionaler Ebene durchaus eigenständige Staatsprojekte gab, die die indigene Bevölkerung mit einbezogen. Diese stellten sowohl eine Alternative zur spanischen Kolonialherrschaft als auch zur kreolischen Republik dar, konnten sich aber letztlich nicht durchsetzen [VAN YOUNG, The Other Rebellion, 2.1; WALKER, 2.1; MÉNDEZ GASTELUMENDI, 2.1; IRUROZQUI, „A bala, piedra y palo", 2.2; DIES., La ciudadanía en debate en América Latina, 14]. Die indigenen Gruppen fanden somit durchaus eigene Wege, um ihre Interessen zu verteidigen, um die herrschenden Strukturen für die Fortführung eigener Traditionen zu nutzen bzw. sich neue Räume zu schaffen, in denen die eigene Kultur gepflegt, erhalten und auch ins öffentliche Leben getragen werden konnte. Dies schließt einzelne Aufstände mit ein. Der daraus resultierende „komplexe und wider-

Indigene politische Akteure

sprüchliche Dialog" [MALLON, 14, in: MOYA, 1.3: 289] hält bis heute an.

Indigene Staatsbürgerschaft

Generell kann man feststellen, dass die republikanischen Staaten relativ rasch von der Vorstellung abkamen, die Indigenen als vollwertige Staatsbürger zu behandeln und zur kolonialen Praxis zurückgingen, diese als separate Gemeinschaften zu betrachten, die mit harter Hand erzogen und regiert werden mussten, bis sie vollwertige Bürger der Republik sein konnten. Dies führte dazu, dass die Geschichte der indigenen Bevölkerung oft lediglich als diejenige eines Verlustes politischer Autonomie und der Kontrolle über das Gemeindeland beschrieben wurde, der allgemeines wirtschaftliches und soziales Elend nach sich zog. Dies ist aber eine ex-post Interpretation die übersieht, dass die indigene Bevölkerung vor allem in jenen Staaten, in denen sie einen Großteil der Bevölkerung stellten, als Tribut- bzw. Steuerzahler sowie als Arbeitskraft eine wirtschaftlich wichtige Rolle spielten. Diese konnten sie einsetzen, um Garantien auf ihren Landbesitz zu erstreiten. Sie führten damit eine Praxis fort, die von einigen Forschern als „kolonialer Pakt" bezeichnet wird, der zufolge der Staat die Gemeinden schützte, solange sie den Regierenden Tribut und politische Unterstützung (oder zumindest keinen Widerstand) leisteten. So zumindest sah es T. PLATT [14] für Bolivien im 19. Jahrhundert, der von einem „Reziprozitätspakt" sprach. Diese These führte, vor allem für den andinen Raum, zu einer lebhaften Debatte, in der betont wurde, dass dies nicht auf alle Indigenen zutraf, zumal nicht alle über eigenes Land verfügten [GIL MONTERO, 14: 2016; MÉNDEZ GASTELUMENDI, 14].

Für Bolivien konnte M. IRUROZQUI [„A bala piedra y palo", 2.2; La mirada esquiva, 2.2] zeigen, dass die indigene Bevölkerung sich ihrer Bedeutung als Arbeiter, Steuerzahler und Soldaten durchaus bewusst war und sowohl in der Eigen- als auch in der Fremdwahrnehmung damit ihren Patriotismus und ihre Nützlichkeit für die Gesellschaft unter Beweis stellte. Somit konstituierten sich die Indigenen als Staatsbürger, unabhängig von der konkreten rechtlichen Regelung (siehe Kap. II.2.2). Staatsbürgerschaft als Prozess und nicht als fixierter rechtlicher Status bedeutet aber auch, dass dieser umkehrbar ist. Die Rolle der Indigenen für den Aufbau des Staates konnte daher später von einem offiziellen Diskurs der weißen Eliten wieder in den Hintergrund gedrängt werden. Dies lag auch daran, dass die Modernisierung einen Prozess der wirtschaftlichen und politischen Marginalisierung der indigenen Bevölkerung einleitete.

Indigene bedienten sich somit sowohl traditioneller Privilegien und Taktiken, um ihre Rechte zu verteidigen, als auch, wenn opportun, des Diskurses von Freiheit und Antikolonialismus, der durch die Unabhängigkeitskriege Fuß gefasst hatte. Diese verschiedenen Strategien, die jeweils von den regionalen Bedingungen abhingen, wurden 1997 in dem von L. Reina herausgegebenen Sammelband erstmals umfassend vorgestellt [Reina, La Reindianización de América, 4]. Die im Titel der Publikation angesprochene Re-Indianisierung bedeutet hier die Politisierung von Indigenität und die damit verbundene Einforderung von Rechten (Anerkennung von Kultur, Sprache, Religion, Institutionen) sowie die Präsenz der Gruppen in der politischen Öffentlichkeit. Diesem Sammelband liegen zahlreiche Einzelstudien zugrunde, die das Verhältnis von Staat und indigenen Gemeinden seit Gründung der Republiken (bzw. des Kaiserreiches Brasilien) jeweils auf nationaler Ebene untersuchen – siehe hierzu auch die Sammelbände von G. Urban und J. Sherzer, [14] sowie H. Díaz-Polanco [14]. Für Peru und Mexiko, nach Guatemala und Bolivien die beiden Staaten mit dem größten indigenen Bevölkerungsanteil, hat F. E. Mallon eine grundlegende vergleichende Studie vorgelegt [Peasant and Nation, 2.1]

Re-Indianisierung

Das Verhältnis von Indigenen und Staat mündete zu Beginn des 20. Jahrhunderts in die im Darstellungsteil näher erläuterte indigenistische Strömung, die allerdings, darin ist sich die Forschung einig, keine indigene Bewegung war, sondern von den politischen und künstlerischen (weißen oder mestizischen) Eliten ausging, die eine Verbesserung der Lebensbedingungen der indigenen Bevölkerung anstrebten. Zu den Wegbereitern des *indigenismo* zählt der mexikanische Anthropologe M. Gamio mit seiner programmatischen Publikation *Forjando Patria* [14]. Zu Gamio und den Diskussionen um Indigenismus und Staat siehe den von D. Gleizer herausgegebenen Sammelband [14], zum Indigenismus in den verschiedenen lateinamerikanischen Staaten den Sammelband von H. Díaz-Polanco [14], zum einflussreichen mexikanischen *indigenismo* G. Maihold [Identitätssuche in Lateinamerika, 14] und A. S. Dawson [14]. Mit dem Werk des peruanischen Indigenisten José Carlos Mariátegui beschäftigten sich E. von Oertzen [14] und G. Maihold [José Carlos Mariátegui, 14].

Indigenismus

15 Gender, Sexualität, Familien

Genderstudien haben in der Lateinamerikaforschung in den letzten drei Jahrzehnten einen großen Aufschwung erlebt und sind heute eines der dynamischsten Felder der Lateinamerikaforschung. Prinzipiell folgen sie, wenn auch mit einem anderen Rhythmus, den Fragestellungen und Theorien in den USA und Europa, allerdings haben gerade lateinamerikanische Forscher sehr früh die dort entwickelten Paradigmen hinterfragt oder bestätigt. Der vielleicht bedeutendste Beitrag der Lateinamerikaforschung zur Theoriebildung (nicht nur in den Genderstudien) ist die frühe und intensive Betonung des Zusammenspiels von Gender, Klasse und Ethnizität. Das aus der sozialwissenschaftlichen Diskussion stammende Konzept der Intersektionalität [ZAPATA GALINDO, 15; CÉLLERI/SCHWARZ/WITTGER, 15], also der Interrelationalität von Differenzkategorien wie Ethnie, Gender, sozialer Hierarchie oder Alter, ist inzwischen auch in den Geschichtswissenschaften und insbesondere in den historischen Genderstudien fest verankert.

Einen allgemeinen Überblick über die Familien- und Genderstrukturen bietet POTTHAST [Familienstrukturen und Genderbeziehungen, 15; Von Müttern und Machos, 15] sowie N. B. MILANICH [15, in MOYA 1.3; 15, in: HOLLOWAY 1.4]. Grob lassen sich die Studien zu Gender und Familie in die Bereiche Staatsbildung, Öffentlichkeit und Arbeit sowie Familienstrukturen und Maskulinität gliedern [POTTHAST, Von Müttern und Machos, 15]. Die Zusammenhänge von Staatsbildung und der Ausprägung von Genderrollen sind zentrale Themen der Sammelbände von E. DORE und M. MOLYNEUX [15] sowie S. CAULFIELD/S. C. CHAMBERS/L. PUTNAM [15]. Die auf traditionellen Moralvorstellungen und patriarchalisch-kolonialen Hierarchien basierenden Rechtssysteme wurden im Laufe des 19. Jahrhunderts zunehmend von Männern und Frauen, die „moderne" Vorstellungen von Genderbeziehungen hatten, hinterfragt. Denn die mit der Gründung der Republiken verbundenen gesellschaftlichen und wirtschaftlichen Reformen zeitigten widersprüchliche Ergebnisse [SLOANE, 15; GUY, 15]. Während einige Frauen durch Bildung und individuelle Rechte neue Entfaltungsmöglichkeiten erhielten, bedeuteten die liberalen Ordnungen für die meisten eine Einbuße im Hinblick auf rechtlichen und sozialen Schutz [DORE/MOLYNEUX, 15; LEÓN DE LEAL/RODRÍGUEZ SÁENZ/MARTÍNEZ CARREÑO, 15]. Insgesamt

Republik und Gender

klaffte zwischen den Vorstellungen liberaler Politiker und den Effekten ihrer Politik eine große Diskrepanz, denn der Rhetorik von Gleichheit und Freiheit stand eine Stärkung patriarchalischer Familienstrukturen und die Akzentuierung der Genderrollen gemäß bürgerlicher europäischer Vorstellungen entgegen. Diese entsprachen aber kaum der Lebensrealität der meisten Familien und so konnte diese Diskrepanz im Laufe des 19. Jahrhunderts von den Frauen der mittleren und oberen Schichten genutzt werden, um politische und zivile Rechte einzufordern [Hunefeldt, 2.2; Chambers, 2.2; Shumway, 2.2; García Peña, 2.2; Christiansen, 2.2]. Auch V. Giordano [in: Lobato/Venturoli, 2.2] hat in ihrer Untersuchung auf die zentrale Funktion der Familie als Matrix für staatsbürgerliche, politische und soziale Rechte hingewiesen. Formale politische Rechte erhielten die Frauen in Lateinamerika allerdings erst ab den 1930er Jahren in einem gänzlich anderen sozio-politischen Kontext.

Die Widersprüche zwischen liberal-bürgerlichen Gesellschaftsvorstellungen und der sozialen Realität in Lateinamerika lassen sich auch an einem spezifisch lateinamerikanischen Phänomen ablesen: der starken Verbreitung von Frauen als Haushaltsvorständen zu Beginn des 19. Jahrhunderts. Als Ursache dafür werden meist die wirtschaftlichen Veränderungen und die daraus resultierende Migration genannt, das Phänomen als solches hat allerdings auch soziokulturelle Gründe [Kuznesof, 15; Potthast-Jutkeit, 15; Potthast, „Jetzt denk' ich nicht ans Heiraten", 15]. Die Frage, ob die vielen von Frauen geführten Haushalte Ausdruck relativer wirtschaftlicher und sozialer Macht der Frauen sind, oder ob sie, im Gegenteil, deren Ohnmacht und Marginalisierung widerspiegeln, ist umstritten. Ebenso sind die Auswirkungen auf die Praxis des Patriarchats noch nicht genügend untersucht. *„We know that female headship was widespread and persistent in Latin America, and we can generate explanations for why this was so, but we know much less about the significance of this fact for the gender order"*, schreibt Milanich in einem sehr instruktiven Artikel über die Geschichte der Familie in Lateinamerika [Milanich 15, in: Holloway 1.4: 465). Dies gilt auch für das 20. Jahrhundert, als die „alleinstehenden Frauen" im Zuge der Entwicklungsforschung in das Blickfeld der Sozialwissenschaften gerieten. H. Safa schrieb ein einflussreiches Buch über den „Mythos des männlichen Brotverdieners" in den karibischen Unterschichten und

Frauen als Haushaltsvorstände

suchte die Ursachen im Erbe der Sklaverei und des Kolonialismus [Safa, 15]. Andere Studien haben diese allzu einfache Erklärung inzwischen modifiziert, allerdings bleibt die mit Ethnie, Klasse und Gender verbundene soziale Hierarchie ein wichtiger Erklärungsfaktor.

Kindheit   Zur Frage der Kindheit gibt es inzwischen ebenfalls einige Studien. Für die verschiedenen Perspektiven auf die Kindheit siehe die Sammelbände von T. Hecht [15], B. Potthast/S. Carreras [15], J. Rodríguez Jiménez/ E. Mannarelli [15].

16 Urbanisierung

Die stadtgeschichtliche Forschung zu Lateinamerika schöpft einerseits aus allgemeinen Überblicken von Geographen [Bähr/Mertins, 16; Greenfield, 16], die sich vor allem der Urbanisierung und generellen Stadtentwicklung widmen, oder Soziologen wie M. Castells [16], andererseits aus einer Reihe von Einzelfallstudien, von denen hier nur exemplarisch einige hervorgehoben werden können. Klassisch für die historische Forschung sind die Arbeiten von G. M. Joseph/M. D. Szuchman [16], J. L. Romero [16] und auf Deutsch B. Potthast [16]. Die Einzelfallstudien haben sich zunächst stark auf die Zeit des wirtschaftlichen Aufschwungs, der Massenmigration und der Entstehung der modernen Metropolen konzentriert, wichtige Beispiele hierfür finden sich bei J. D. Needell [A tropical belle époque, 16], K. Schultz [16], T. Meade [16], A tropical belle époque, [16], für Mexiko M. Johns [16], M. Tenorio-Trillo [16], für Buenos Aires A. Gorelik [16] und J. F. Liemur/G. Silvestri [16].

Die „soziale Frage"   Ein Schwerpunkt der Forschung lag auf der Entstehung der Stadtplanungen und -umbauten um die Wende zum 20. Jahrhundert, die den europäischen Metropolen nachempfunden waren. Darüber hinaus wurde die Frage der sozialen und politischen Folgen dieses Prozesses diskutiert. Diese wurde als die „soziale Frage" (*cuestión social*) bezeichnet und führte insbesondere in Argentinien und Uruguay sowie dem nachrevolutionären Mexiko zur Entstehung von Sozialpolitiken. Für Argentinien hat dies J. Suriano [La cuestión social, 16] sehr gut aufgearbeitet, für Brasilien J. Hahner [16].

Ein wichtiges Thema ist dabei auch die Veränderung der Genderrollen und die Diskussion um die Prostitution, in der politische, medizinische, soziale und moralische Fragen miteinander verknüpft wurden [Guy, 16]. Einen guten Literaturüberblick bietet der Review-Essay von T. J. Gilfoyle [16]. Stärker auf die medizinischen Fragen konzentrierte sich J. D. Needell [The Revolta contra Vacina of 1904, 16]. V. Höse [16] hingegen beleuchtete die zeitgenössische Wahrnehmung der mit der Metropolisierung einhergehenden sozialen Probleme. Auch die Entstehung von anarchistischen, katholischen und sozialistischen Gewerkschaften in Argentinien, Chile oder Brasilien werden in diesem Zusammenhang abgehandelt [Carreras/Tarcus/Zeller, 16: 5]. Zu den Anarchisten siehe J. Suriano [Auge y Caida del anarquismo, 16; ders., Anarquistas, 7.2.2] und Suriano/Anapios [16].

17 Die Mexikanische Revolution

Die Mexikanische Revolution, eine der weltweit epochalen Umwälzungen der ersten Hälfte des 20. Jahrhunderts, wurde in den vergangenen Jahrzehnten so ausführlich erforscht, interpretiert und re-interpretiert, wie kaum ein anderer Prozess der lateinamerikanischen Geschichte und die Anzahl der Publikationen ist kaum noch überschaubar. Deshalb können hier nur die Grundlinien und Tendenzen der Forschung wiedergegeben werden. Die wichtigsten auf Deutsch und Englisch erschienenen Gesamtdarstellungen – und mittlerweile Klassiker – der Geschichte der Revolution sind von F. Katz [Deutschland, Díaz und die mexikanische Revolution, 17; The Life and Times of Pancho Villa, 17], J. W. Wilkie [17], J. Womack [17], H. W. Tobler [Die mexikanische Revolution, 17], J. M. Hart [17], A. Knight [The Mexican Revolution, 17; Mexico, c. 1930–1946, 17], M. J. González [17] sowie M. K. Vaughan/S. Lewis [17]. Unter den Gesamtdarstellungen wurden etliche auch von mexikanischen Historikern verfasst, an dieser Stelle seien stellvertretend nur einige genannt: J. Meyer [La revolución mejicana, 17]; A. Gilly [17]; H. Aguilar Camín/L. Meyer [17]; R. E. Ruíz [17].

Gesamtdarstellungen

Der 100. Jahrestag der Revolution im Jahre 2010 bot Anlass zu weiteren zahlreichen Neuinterpretationen, aus denen hervorgeht, dass die Deutung der Revolution im Hinblick auf die Herausbildung der modernen Staatsnation Mexiko heute überwiegend positiv ausfällt. Sie gilt als wichtigster Katalysator für die politische, gesellschaftliche und wirtschaftliche Entwicklung Mexikos im

Neuinterpretationen anlässlich des 100. Jahrestags

20. Jahrhundert, mit der durch die Ideologie der *mestizaje* und des Indigenismus die Integration breiter Bevölkerungsschichten in ein neues nationales Projekt durchgesetzt werden konnte. Eine allseitig anerkannte Revolutionsdefinition existiert allerdings bis heute nicht. Nach den großen revisionistischen Diskussionen der 1960er bis 1980er Jahre, die den progressiven Charakter der Revolution in Frage stellten, war unter der konservativen Regierung der *Partido de Acción Nacional* (PAN), in deren Regierungszeit (2000–2012) die 100 Jahr-Feiern fielen, eine andere Art von „Degradierung", diesmal von offizieller Seite festzustellen. Nicht ganz überraschend ist, dass die Konservativen die gesellschaftspolitischen Ergebnisse der Revolution völlig anders gewichteten. Der „demokratischen" Revolution des Díaz-Herausforderers Francisco I. Madero, der mit seiner Losung „effektives Wahlrecht, keine Wiederwahl" 1911 den Sturz des greisen Autokraten Porfirio Díaz herbeiführte, wurde von konservativer Seite sehr viel größere Bedeutung zugemessen, und er wurde als der einzig wahre Revolutionär ins Zentrum der Erinnerung an die Revolution gestellt. Hinter dieser politisch motivierten Deutung verbirgt sich die konservative Kritik am politischen Gegner, der Partei der institutionalisierten Revolution (PRI), die das Land quasi als Einparteiensystem von 1929 bis 2000 über 70 Jahre regierte. Der britische Historiker A. Knight, einer der einflussreichsten Historiker der Revolution, stellte 2010 fest, dass die die Feiern begleitenden Veranstaltungen, Ausstellungen und Publikationen „respektvoller" mit der Geschichte umgegangen seien als in der Vergangenheit, dafür aber weniger respektvoll mit der offiziellen Ideologie [Knight, The myth of the Mexican Revolution, 17: 260–263]. Da Mexiko 2010 einen doppelten Jahrestag, den Beginn der Unabhängigkeitsbewegung 1810 und den der Revolution beging, wurden auch diese beiden historischen Zäsuren zueinander in Beziehung gesetzt. Aus kulturwissenschaftlicher Perspektive, sich mit der Erinnerungspolitik an beide Prozesse auseinandersetzend, siehe die von F. Leinen herausgegebene Anthologie *México 2010: Kultur in Bewegung – Mythen auf dem Prüfstand* [17] oder A. Mayer [17].

Einblick in aktuellere Debatten und neuere Forschungen angesichts des 100. Jahrestags bietet die von L. Rojas und S. Deeds herausgegebene Anthologie *México a la luz de sus revoluciones* [17], die aus einer internationalen Konferenz anlässlich des Jahrestags hervorging. Das Gros der Forschungen, die nach 2000 kaum mehr große Narrative hervorbrachten, sondern in viele thematische, regionale und sektorale Studien mündeten, fand und findet vor allem in Mexiko statt. Für einen historiographiegeschichtlichen Überblick bis zum Beginn der 2000er Jahre mit einer systematischen Bibliographie, die spanisch- und englischsprachige Publikationen des gesamten 20. Jahrhunderts miteinbezieht, siehe L. Barrón/F. Katz [17]. Einen aktuellen Überblicksartikel über das Revolutionsgeschehen, der einen knappen Einblick in die Forschung eröffnet, eine englischsprachige Bibliographie enthält und die Historiographiegeschichte resümiert, bietet J. Buchenau 2015 online in der *Oxford Research Encyclopedia* erschienener Artikel *The Mexican Revolution, 1910–1946* [17]. Buchenau bezieht sich auch auf die Frage der Periodisierung. Während in älteren Darstellungen die Revolution zumeist in zwei Phasen unterteilt wurde, die Jahre des Umsturzes, der bewaffneten Aufstände und Revolutionskriege von 1910 bis 1920 und die Jahre des Wiederaufbaus und der Konsolidierung des neuen Staats 1920–1940, werden heutzutage differenziertere Zäsuren bevorzugt. Die erste Zäsur wird heute eher mit der Abstimmung über die Revolutionsverfassung von 1917 gesehen, während die zweite Phase mit der Etablierung der revolutionären Partei 1929 endet und in eine dritte Phase mündet, deren Kulminationspunkt die Regierung unter Lázaro Cárdenas ist, die die radikalsten Reformen, wie die Agrarreform und die Nationalisierung der Erdölförderung umfasst und 1946 mit dem Ende der „moderaten" Regierung Miguel Alemáns endet.

<small>Periodisierung und Zäsuren</small>

Über den Charakter der Revolution wurde vor allem in den 1960er bis 1980er Jahren gestritten und die Kontroversen setzten an unterschiedlichen Punkten an. Kritisiert wurde beispielsweise die homogenisierende Deutung der offiziellen Geschichtsschreibung, die die Einheitlichkeit unterschiedlicher Bewegungen forcierte. Dies war der Anstoß für umfangreiche Regionalstudien, anhand derer in den letzten Jahrzehnten herausgearbeitet werden konnte, dass die Revolution regional, aber auch sozial äußerst heterogen verlief und häufig gegenläufige Tendenzen entwickelte, die immer wieder in unterschiedliche Koalitionen mündeten. Einen Überblick darüber bietet der Aufsatz von A. Bantjes [17]. Eine entscheidende Stoßrichtung dieser homogenisierenden Geschichtsschreibung war die Marginalisierung des bäuerlichen und sozialradikalen Flügels, den Pancho Villa und Emiliano Zapata vertraten [Katz, Life and Times of Pancho Villa, 17; Womack, Zapata

<small>Debatten über den Charakter der Revolution</small>

<small>Regionale Perspektiven</small>

and the Mexican Revolution, 17] zugunsten der sozialkonservativen Richtung der Revolutionsführer aus Nordmexiko. Diese Sichtweite kontrastiert mit neueren Studien über die revolutionäre Verfassung des Jahres 1917, die sich auch mit der Frage auseinandersetzten, inwieweit sich die Forderungen der bäuerlichen und radikalen Strömungen, insbesondere hinsichtlich der Agrarfrage, letztendlich doch durchsetzen konnten [MARVÁN LABORDE, 17].

Revision der historischen Deutung

Eine Revision der historischen Deutung der Revolution entwickelte sich nach Oktober 1968, als die PRI-Regierung unter Präsident Díaz Ordaz anordnete, angesichts der bevorstehenden Olympischen Spiele eine studentische Demonstration für die Demokratisierung des Landes auf dem zentralen Tlatelolco-Platz in Mexiko-Stadt gewaltsam zu beenden. Dieses als „Massaker vom Tlatelolco" in die Geschichte eingegangene, blutige Ende der mexikanischen Studentenbewegung (siehe OGG 49: Lateinamerika seit 1930) löste unter vielen Intellektuellen des Landes große Zweifel am revolutionären Charakter der Revolution aus. Im Gegensatz zur bis dahin vorherrschenden Perspektive wurden jetzt vor allem die Kontinuitäten zwischen der autokratischen Regierung Porfirio Díaz', der Revolution selbst und dem postrevolutionären Regime der „institutionalisierten Revolution" hervorgehoben. Dem Urteil des französischen Historikers J. MEYER zufolge [La revolución mejicana, 17: 197–234] manifestierten sich diese vornehmlich in den Kontinuitäten eines Staats, dessen autoritärer Grundcharakter bereits im Porfiriat gelegt worden war und der durch die Revolution konsolidiert wurde, und zwar auch hinsichtlich der sozioökonomischen Entwicklungsstrategie, die eine kapitalistische Produktionsweise nie in Frage stellte. Auch der Sozialwissenschaftler A. CÓRDOVA [17] stellte diese Kontinuität zwischen Porfiriat und postrevolutionärem Staat in der Entwicklung des modernen Kapitalismus fest. Die nachrevolutionäre Entwicklung Mexikos wurde jetzt als „neoporfiristische" Politik gedeutet, womit die institutionalisierte Revolution zu ihrem Ausgangspunkt zurückgekehrt sei. Der Revolution wurde ihr „revolutionärer" Charakter aberkannt und der Historiker und Sozialwissenschaftler R. E. RUÍZ [17] stufte sie gar lediglich zu einer *„great rebellion"* herab, eine „große Rebellion" ohne tiefgreifende Veränderung der Klassen- und Besitzstrukturen und der äußeren Abhängigkeit [COCKROFT 17; GILLY, 17]. Einen Überblick über diese einflussreiche Debatte bieten A. KNIGHTS Aufsatz *The Mexican Revolution: Bour-*

Zweifel am revolutionären Charakter

Autoritäre Kontinuitäten der „institutionalisierten Revolution"

geois? Nationalist? Or just a great Rebellion? [17] sowie H. W. TOBLER [Mexiko im 20. Jahrhundert, 17]. KNIGHT diskutierte unter anderem die Frage nach dem tendenziell autoritären Charakter der Revolution, wie er sich 1968 manifestiert hatte und zu der sich ebenfalls zahlreiche Historiker und Sozialwissenschaftler äußerten [CÓRDOVA, 17; MEYER, Historical Roots of the Autoritarian State in Mexico, 17; AGUILAR CAMÍN, 17]. Außer Zweifel steht heutzutage allerdings, dass es sich um eine „echte" Revolution gehandelt hatte, da dadurch letztendlich die alte Oligarchie gewaltsam verdrängt und Staatsapparat und Armee des Díaz-Regimes zerstört wurden. Die Revolution brachte den Aufstieg einer neuen revolutionären Elite und Führungsschicht hervor sowie eine Verfassung, die auf demokratischen Grundsätzen basierte und Grundlage für den Aufbau eines neuen Staats bildete.

Verknüpft mit der Frage um die ideologische Einordnung der Revolution tauchten weitere Zweifel auf, etwa die, ob es sich eher um eine „bürgerliche" Revolution gehandelt habe, wie sie das 18. und 19. Jahrhundert hervorgebracht hatten, oder ob sie nicht schon stärker den Revolutionstypus des 20. Jahrhunderts repräsentierte, der sich mit der Russischen Revolution herausgebildet habe. Historiker marxistischer Orientierung interpretierten die Revolution als eine Auseinandersetzung klar unterscheidbarer gesellschaftlicher Schichten, waren sich allerdings über die zentralen Trägergruppen (der „nationalen Bourgeoisie", der „Kleinbürger", der „Arbeiterklasse" und der „Bauern") und ihre Rollen uneinig. A. KNIGHT erörterte auch diese Frage [*The Mexican Revolution: Bourgeois? Nationalist? Or just a great Rebellion?*, 17] und bezweifelte die Gültigkeit marxistischer Klassenkategorien. Er betonte dennoch den Einfluss der Revolution auf den Wandel der soziokulturellen Bestimmungsfaktoren für gesellschaftliches und politisches Handeln und den Wandel der Mentalitäten. Ihm zufolge entsprach die Revolution eher dem Typus einer „bürgerlichen" Revolution. A. KNIGHT hatte vor allem die *longue durée* im Auge, die langfristigen strukturellen Veränderungen, die seiner Meinung nach, unterstützt durch eine breite bäuerliche Bewegung, vor allem zur Überwindung der vorkapitalistischen Verhältnisse im Agrarsektor beitrugen. Für ihn war sie eine „echte" soziale Revolution, weil sie auf einer breiten bäuerlichen Bewegung basierte und mit einer tiefgreifenden Umstrukturierung der Eigentumsver-

Ideologische Einordnungen

hältnisse im Agrarsektor einhergegangen war [KNIGHT, The Mexican revolution. Porfirians, Liberals and Peasants, 17: Bd. 1].

Global vergleichende Perspektiven

Andere Historiker führten ins Feld, dass die Mexikanische Revolution von ihren strukturellen Voraussetzungen, aber auch von ihrem Verlauf her eher den großen Revolutionen des 20. Jahrhunderts als den bürgerlichen Revolutionen des 18. und 19. Jahrhunderts zuzuordnen sei. F. KATZ, dessen Lebenswerk die Erforschung der Mexikanischen Revolution war, war der erste Historiker, der sie aus globaler Perspektive in ihrer Bedeutung mit anderen großen Revolutionen der Epoche verglich [The secret war in Mexico, 17]. J. M. HART [17] gewichtete die globalen Einflüsse auf die Revolution sehr stark. H. W. TOBLER, einer der einflussreichsten deutschsprachigen Historiker der Mexikanischen Revolution, teilte diese Ansicht zwar nicht, verwies aber auf Gemeinsamkeiten und Parallelen zur Russischen und Chinesischen Revolution. Alle drei Revolutionen hätten in sogenannten „peripheren" Regionen der Welt stattgefunden, und insbesondere der Agrarsektor habe in allen drei Revolutionen großes Gewicht gehabt [TOBLER, Die mexikanische Revolution, 17: 9–19]. Über andere zentrale Charakteristika einer „echten" Revolution im Gegensatz zu den in Lateinamerika grassierenden *pronunciamientos*, also Staatsstreichen und Palastrevolutionen, besteht unter Sozialwissenschaftlern und Historikern Konsens. Auch über die entscheidenden Voraussetzungen der Revolution besteht weitgehendes Einvernehmen: Die politische Zentralisierung, d. h. die Ausdehnung und Stärkung des Nationalstaats auf Kosten regionaler und lokaler Autonomien, die zunehmende agrarische Kommerzialisierung und die damit verbundene Agrarkrise gelten als die wichtigsten strukturgeschichtlichen und langfristigen Ursachen, wie F.-X. GUERRA in seinem einflussreichen zweibändigen Werk *Le Mexique. De L'Ancien Régime a la Révolution* [17] anhand des staatlichen Zentralisierungsprozesses im letzten Drittel des 19. Jahrhunderts veranschaulichte.

Nationalismus und Xenophobie

In den neueren Forschungen wird der fast ausnahmslos positiv gedeutete Nationalismus hinterfragt, der eng mit allen vorgestellten Deutungsschemata verbunden ist. Erst in jüngerer Zeit untersuchen Historiker die rassistischen Ausgrenzungen und die gesetzliche Diskriminierung „unerwünschter Fremder" in der Revolution. Dass der revolutionäre Nationalismus Mexikos alles andere als ein inklusives Projekt war, zeichnete sich bereits von Anfang an durch die Ausgrenzung von Bevölkerungsgruppen ab, die – anders als die Indigenen – als „fremd" bzw. „nicht-mexikanisch" galten. Davon waren zwar auch Spanier und US-Amerikaner betroffen, insbesondere aber die etwa 20.000 chinesischen Einwanderer, die sich ab den 1890er Jahren vor allem im Norden Mexikos angesiedelt hatten. Sie waren während der Revolution durch rassistische Ausschreitungen bedroht und wurden danach einer diskriminierenden Gesetzgebung unterworfen, die 1931 in ihrer Ausweisung aus Mexiko kulminierte. Nur selten thematisiert wurde, dass die Mexikanische Revolution mit einem rassistischen Massaker begann, dem Mitte Mai 1911 über dreihundert Chinesen und Japaner zum Opfer fielen. Eines der Standardwerke, die mittlerweile über zwanzig bändige *Historia de la Revolución Mexicana,* widmet dem „Chinesen-Problem" gerade einmal acht Seiten [KRAUZE/MEYER/REYES, 17: Bd. 11, 203 ff.]. Federführend in der Untersuchung der Diskriminierung „Fremder" ist der argentisch-mexikanische Historiker P. YANKELEVICH [Extranjeros indeseables en Méxio, 17]. Der am einflussreichen *Colegio de México* wirkende Historiker verwies auf die extrem xenophobe Kehrseite der Revolution [YANKELEVICH, Inmigración y racismo, 17; DERS., ¿Deseables o inconvenientes, 17]. Während sich seit den 1960er Jahren fast ausschließlich US-amerikanische Historiker [HU-DEHART, On Coolies and Shopkeepers, 3.5; DIES., Immigrants to a developing society, 8] mit diesem Thema befasst hatten, konnten mexikanische Historiker mittlerweile anhand von Quellen aus mexikanischen Archiven neue Details über die transnationale Dimension der chinesischen Diaspora und die Hintergründe ihrer Ausgrenzung herausarbeiten [SCHIAVONE CAMACHO, 17; VELÁZQUEZ MORALES, 17; CHANG, 17]. Ein relativ gut erforschtes Thema sind die *slackers,* die mehreren zehntausend US-amerikanischen Kriegsdienstverweigerer, die mit Kriegseintritt der USA 1917 vor ihrer Rekrutierung Zuflucht in Mexiko fanden, siehe D. LABOTZ [17].

Andere neuere Forschungsrichtungen beschäftigen sich mit kulturgeschichtlichen bzw. kulturwissenschaftlichen Fragestellungen wie den Mythen, den Imaginarien und visuellen Medien, die die Revolution hervorbrachte, darunter Kunstwerke, Filme und Fotografien [PICK, 17; EINFELDT, 17; VAUGHAN/LEWIS, 17; ZIMMERING, 17]. Auch die Transformation von Geschlechterrollen im Zuge der Mexikanischen Revolution ist ein zwar nicht ganz neues Thema, das mit der von H. FOWLER-SALAMINI und M. K. VAUGHAN herausgege-

_{Revolutionsmythen}

_{Genderspezifische Perspektiven}

benen Anthologie *Women of the Mexican countryside* [17] in den 1990er Jahren einen ersten Höhepunkt erlebte, aber kontinuierlich weiterbearbeitet wird. Dabei wurden immer wieder neue Fragestellungen aufgeworfen und fruchtbare Erkenntnisse zutage gebracht [OLCOTT/VAUGHAN/CANO, 17; SLUIS, 17; HERNÁNDEZ HERNÁNDEZ, 17; FOWLER-SALAMINI, 17].

18 Lateinamerika in seinen globalen Verflechtungen

18.1 Lateinamerika in der Globalgeschichte

Seit der Eroberung und Kolonisierung stand Lateinamerika im Zentrum von Prozessen globaler Reichweite und war ein entscheidendes Experimentierfeld für globale Entwicklungen, beispielsweise für spätere Kolonisationsprozesse in Afrika oder Asien. Es ist also ein Paradoxon, dass Lateinamerika in den einflussreichen Konzeptionalisierungen der „neuen" Globalgeschichte oft eine untergeordnete Rolle spielt. In der Vergangenheit wurde die Geschichte Lateinamerikas häufig einfach auf einen Anteil an der Geschichte der europäischen Expansion reduziert und bediente damit das Erfolgsnarrativ des „Aufstiegs des Westens". Einen guten Überblick über diese ältere Debatte bietet J. ADELMAN [18.1]. ADELMANS Artikel ist Teil eines Dossiers in der *Hispanic American Historical Review* (HAHR), das sich mit der Verortung Lateinamerikas in der Weltgeschichte beschäftigt. Die Verflochtenheit der Geschichte Lateinamerikas mit der Expansionsgeschichte Europas und die daraus erwachsende, problematische Identifikation Lateinamerikas mit Europa diskutierte M. CARMAGNANI [18.1].

Kritik an der „neuen" Globalgeschichte

Auch wenn der *mainstream* der heutigen Globalgeschichtsschreibung vielleicht nicht mehr vordergründig der Erfolgsgeschichte der europäischen Expansion folgt, so liegt ihr Fokus weiterhin auf den Dynamiken der Machtverhältnisse zwischen „dem Westen" (Europa/USA) und Asien. So erwähnte beispielsweise der Historiker K. POMERANZ in seiner einflussreichen Publikation *The Great Divergence* [18.1] zwar Lateinamerika, kategorisierte es aber als „peripher" für weltgeschichtliche Entwicklungen. Auch C. BAYLYS *Birth of the Modern World* [18.1] verortet Lateinamerika in der Peripherie der Globalgeschichte – im Gegensatz zu China, Südasien und Europa. Der Historiker Dominic Sachsenmaier hat auf die entscheidende Bedeutung der Orte hingewiesen, an denen Globalgeschichte geschrieben wird. Einer der Befunde ist dabei, dass die Globalhistoriker offenbar den Regionen den Vorzug geben, die mit dem British Empire in Verbindung standen. Unter dem *label* der Globalgeschichte veröffentlichen Historiker immer wieder Monographien und Aufsätze, ohne Lateinamerika überhaupt zu erwähnen bzw. näher zu spezifizieren, eine „britische bzw. angelsächsische Arroganz" – eine bedauernswerte Ignoranz. Der britische Lateinamerikahistoriker M. BROWN, der sich mit einem Aufsatz in die Debatte einmischte [18.1] führte etwa das Argument ins Feld, dass J. OSTERHAMMELS *Verwandlung der Welt* [18.1] zwar ein gutes Korrektiv zu dieser spezifischen globalhistorischen Sichtweise biete, weil in seiner Darstellung die Prozesse und Entwicklungen Lateinamerikas immer mitbehandelt würden: Damit bringe er Lateinamerika zurück von den Rändern, lasse es aber weiter an der Peripherie globaler Entwicklungen.

<small>Lateinamerika an der „Peripherie globaler Entwicklungen"?</small>

Lateinamerikahistoriker haben demgegenüber schon immer argumentiert, dass der Kontinent die erste Großregion der Welt ist, die nachhaltig von Eroberungs- und Kolonisationsprozessen verändert wurde, und zwar bereits seit Beginn der Frühen Neuzeit und daher konstituierend für diesen Epochenbegriff ist. Während Afrika, Asien und Europa seit Jahrtausenden ökonomisch und kulturell miteinander verbunden waren, trat Amerika jetzt als „Neue Welt" quasi aus dem Nichts in die interkontinentalen Beziehungen ein. Der Kontinent wurde innerhalb eines vergleichsweise kurzen Zeitraums politisch, religiös, wirtschaftlich und kulturell so tiefgreifend verändert, wie es mit keinem der drei zuvor genannten Kontinente bzw. keiner Weltregion geschehen war – und zwar bis auf die lokale Ebene, ganz davon abgesehen, dass die sogenannte Entdeckung dieses Kontinents in beschleunigtem Maße auch Veränderungen auf anderen Kontinenten zur Folge hatte, wahrscheinlich am deutlichsten auf Europa. Siehe hierzu L. BENTON [18.1] sowie B. HAUSBERGER [18.1].

<small>Spezifische historische Entwicklungen Lateinamerikas</small>

Weltgeschichtlich gesehen gibt es allerdings „epochale Unterschiede" in der Geschichte der Kontinente. In diesem Sinne wurde Lateinamerika „zu früh" kolonisiert und aufgrund des zeitlichen Abstands zu den Kolonisationsprozessen in anderen Teilen der Welt ist es „zu früh" unabhängig geworden, um sich so einfach in die Überblicksdarstellungen über die koloniale Ausdehnung Europas vom 17. Jahrhundert über Imperialismus und Kolonialismus bis zur Entkolonisierung einordnen zu lassen. Damit verbunden ist ein häufig diskutiertes historiographisches Problem über den Beginn von Globalisierungsprozessen. Einen Überblick über diese seit Mitte der 1990er Jahre geführte, vielschichtige Debatte in den Geschichtswissenschaften bieten der von M. GRANDNER, D. ROTHERMUND und W. SCHWENTKER 2005 herausgegebene Sammelband *Globalisierung und Globalgeschichte* [18.1]. Lateinamerikahistoriker ordnen außerdem – wie in diesem Band bereits angesprochen – die Unabhängigkeit des Kontinents in den Kontext der Atlantischen Revolutionen (US-amerikanische Unabhängigkeit – Französische Revolution – Unabhängigkeit Lateinamerikas) ein. Auf die Geschichte Europas fokussierte Historiker tendieren weiterhin dazu, die Staats- und Nationsbildung in Lateinamerika eher als defizitäre Kopien des europäischen Modells zu interpretieren. In der Historiographie in Lateinamerika hingegen wird spätestens seit dem 200. Jahrestag des Beginns der Unabhängigkeit auf die Originalität der überwiegend republikanischen Verfassungen der jungen lateinamerikanischen Nationen hingewiesen [siehe z. B. RINKE, 2.1]. Eine knappe Stellungnahme zu dieser Debatte bietet S. HENSEL [18.1], siehe außerdem M. CHUST CALERO [18.1] und vgl. die Ausführungen in II.2.

18.2 Verflechtungen mit Europa, Afrika und Asien

Europäische Interessen

Für Lateinamerika wurde das 19. Jahrhundert häufig als Epoche zwischen „altem" und „neuem" Imperialismus bezeichnet, die in einer ersten Phase charakterisiert ist durch das Vordringen der neueren imperialistischen Mächte Europas, insbesondere Großbritanniens (in geringerem Maße auch Frankreichs und Deutschlands) in das Vakuum, welches das Ende der iberischen Kolonialreiche hinterlassen hatte. Die zweite Phase, die sich von etwa 1870 bis zur Weltwirtschaftskrise erstreckt, ist durch die Ablösung der europäischen Mächte durch die auf dem Kontinent aufsteigende Kolonialmacht USA gekennzeichnet. Diesem Themenkomplex widmete sich aus wirtschaftshistorischer Perspektive ein älteres, aber nach wie vor lesenswertes Dossier der Zeitschrift *Geschichte & Gesellschaft* „Lateinamerika zwischen altem und neuem Imperialismus" [ABELSHAUSER u. a., 18.2] mit Beiträgen deutschsprachiger Lateinamerikahistoriker wie W. BERNECKER, H. W. TOBLER, J. PUHLE oder R. LIEHR. Im Zentrum der Aufmerksamkeit stehen die ausländischen Wirtschaftsinteressen der europäischen Imperialmächte in Mexiko, Peru und Kolumbien, die Machtverschiebungen zwischen den imperialistischen Mächten und deren unterschiedliche Auswirkungen auf Wirtschaft, Gesellschaft und Politik der jungen lateinamerikanischen Staaten. Diese Debatte geht auch auf einen Aufsatz der britischen Historiker J. GALLAGHER und R. ROBINSON [2.1] zurück, die sich auf die neue ab 1880 einsetzende Phase des britischen Imperialismus bezogen. Diesen bezeichneten sie als *informal empire*, weil er, auf den Prinzipien des Freihandels beruhend, informelle (wirtschaftliche) Herrschaftsverhältnisse formellen (politischen) den Vorrang gegeben habe.

Hinter diesen Debatten standen auch die Kontroversen um die Gültigkeit dependenztheoretischer Ansätze zur Erklärung der nach dem Ende der Kolonialzeit anhaltenden wirtschaftlichen Außenorientierung Lateinamerikas und der „Unterentwicklung" des Kontinents. Diese werden im Folgeband (OGG 49: Lateinamerika seit 1930) weiter ausgeführt. Bezüglich des Stellenwerts des Außenhandels brachte die Debatte noch andersgelagerte Argumente hervor, die sich im Wesentlichen in drei unterschiedlichen Positionen manifestierten: Erstere verfocht die Ansicht, dass die imperialistischen Mächte ganz entscheidenden Einfluss auf Außenwirtschaft und Außenhandel der Länder Lateinamerikas genommen hätten, und zwar insbesondere durch wirtschaftliche Akteure wie Handelskaufleute, die mit einem weitverzweigten Netz von informellen und persönlichen Kontakten subtil Einfluss auf die Gastländer ausübten. Häufig bekleideten diese – so im Falle hanseatischer Kaufleute – auch politische Ämter wie das des Konsuls der Hansestädte in Übersee, was ihnen ein sehr großes Gewicht bei der Gestaltung der Handelspolitik verlieh, wie W. BERNECKER in seiner Publikation [18.2] über die Handelsnetzwerke deutscher Kaufmannsfamilien aufzeigte. Die zweite Position rückte die Handlungsmacht einheimischer Eliten stärker ins Zentrum, die mit den ausländischen Interessen „kollaborierten". Das dritte Deutungsschema verband Elemente der beiden ersten. Es besagte, dass die schwachen lateinamerikanischen Staaten unfähig gewesen seien, sich gegen die politische und wirtschaftliche Stärke der nordatlantischen Staaten durchzusetzen, die unter britischer Führung

Debatten um den Stellenwert des Außenhandels und der wirtschaftlichen Akteure

die Prinzipien des Freihandels verfochten. Die fehlende innere Stabilität der Staaten verhinderte einen wirksamen Widerstand gegen die massive Freihandelspolitik der entwickelteren Länder des Nordens. Weitere Arbeiten zur Handelspolitik des deutschen Reichs mit dem unabhängigen Mexiko legten F. BECKER [18.2] und H. DANE [18.2] vor.

Deutschland und Lateinamerika

Der Leipziger Historiker M. KOSSOK beschäftigte sich schon in den 1960er Jahren mit der Geschichte der deutsch-lateinamerikanischen Beziehungen und dem Umstand, dass Preußen als Teil des im Nachgang zum Wiener Kongress 1815 begründeten monarchischen Bündnisses der Heiligen Allianz mit Russland und Österreich in monarchischer Solidarität mit Spanien und Portugal zunächst weder politische noch wirtschaftliche Beziehungen mit den unabhängigen Staaten Lateinamerikas einging. Denn diese hatten sich bekanntlich mehrheitlich gegen eine monarchische Staatsform entschieden [KOSSOK, Im Schatten der Heiligen Allianz, 18.2; DERS., Kolonialgeschichte und Unabhängigkeitsbewegung in Lateinamerika, 18.2]. Ausnahmen im Spannungsfeld zwischen legitimistischer Außenpolitik und handelspolitischem Liberalismus bildeten die deutschen Länder, die nicht von der dominanten preußischen Monarchie oder Österreich abhängig waren, sondern der britischen Krone unterstanden, wie etwa das Königreich Hannover, das als erstes 1827 einen Freundschafts- und Handelsvertrag mit Mexiko unterzeichnete. Auch der von S. CARRERAS und G. MAIHOLD herausgegebene Sammelband [18.2] thematisiert in erster Linie die Handels- und Wirtschaftsbeziehungen, aber auch bedeutende kulturelle Einflüsse, wie etwa das Beispiel des argentinischen Gelehrten Ernesto Quesada. Dieser war ein Bewunderer deutscher Wissenschaft, seine Bibliotheksstiftung aus dem Jahre 1930 bildete den Grundstock des heutigen Iberoamerikanischen Instituts in Berlin, in dem sich heutzutage eine der weltweit bedeutendsten Bibliotheken zur Geschichte, Gesellschaft, Wirtschaft und Kultur Spaniens, Portugals, Lateinamerikas und der Karibik befindet. Der von M. ZEUSKE und U. SCHMIEDER herausgegebene Tagungsband [18.2] thematisiert ebenfalls wirtschaftliche und im weiteren Sinne wissenschaftliche Beziehungen zwischen Zentraleuropa und Lateinamerika und ihre Resonanz in zeitgenössischen deutschsprachigen Publikationen. Die politisch-diplomatischen Beziehungen zwischen Deutschland/Europa und Mexiko ab dem letzten Drittel des 19. Jahrhunderts bis zur Mexikanischen Revolution zählten zu den Forschungsschwerpunkten des Historikers F. Katz [Deutschland, Díaz und die mexikanische Revolution, 17; The Secret war in Mexico, 17].

Afrika

Über den transatlantischen Sklavenhandel sind Lateinamerika und die Karibik seit Jahrhunderten mit Afrika verbunden. Als der Afrika-Historiker A. Wirz vor fast vier Jahrzehnten konstatierte, dass aufgrund der millionenfachen Zwangsmigration von Afrikanern die Amerikas als eine „Erweiterung Afrikas" [Wirz, 18.2: 36] angesehen werden könnten, stieß dies unter Lateinamerikahistorikern auf Kritik. Ungeachtet dessen haben in den vergangenen Jahrzehnten die Forschungen über den transatlantischen Sklavenhandel, die Versklavung von Afrikanern, die Abolition der Sklaverei und die Postemanzipationsgesellschaften einen enormen Bedeutungszuwachs erfahren und dokumentieren diese tiefgreifenden Verbindungen. Sie wurden in Kap. II. 3 bereits ausführlich thematisiert. Zu den damit verbundenen Debatten über die Einflüsse afrikanischer Kulturen in Lateinamerika oder der Bedeutung der afrikanischen Diaspora in den Amerikas siehe L. Heywood/J. Thornton [18.2], L. Heywood, [3.1], S. Mintz/R. Price, [18.2] und J. H. Sweet [3]. Durch die atlantischen Verflechtungen zwischen Afrika, Europa [Thornton, 18.2] und den Amerikas hat sich die Perspektive auf die Geschichte beider Kontinente deutlich verändert. Das ist nicht zuletzt dem Umstand zu verdanken, dass sich in diese Debatten auch Afrikahistoriker einmischten [siehe Yelvington, 18.2; Hatzky/Schmieder, 3]. *Atlantische Verflechtungsgeschichte*

Auch wenn die soziale und kulturelle Gleichstellung afrikanischstämmiger Bevölkerungsgruppen in den Gesellschaften Lateinamerikas noch immer nicht verwirklicht ist, ist doch zumindest in der historischen Forschung die Akzeptanz für die Existenz eines „Afro-Lateinamerika" vorhanden, das sich kulturell von anderen Bevölkerungsgruppen unterscheidet und die jahrhundertelange Präsenz von Afrikanern die Gesellschaften und die Kulturen Lateinamerikas entscheidend geprägt hat. Einblicke in die afro-lateinamerikanische Geschichte im 19. und 20. Jahrhundert bieten G. R. Andrews [18.2], S. B. Schwartz [18.2: 429–433] und B. Vinson III [18.2]. Neuere Studien beschäftigen sich auch mit den wechselsei- *Afro-Lateinamerika* tigen Einflüssen zwischen Afrika und Lateinamerika bzw. der Karibik im 19. Jahrhundert [Otero, 18.2].

Asien

Lateinamerikas Verflechtungen mit Asien sind viel älter, sie gehen möglicherweise sogar schon auf präkolumbische Verbindungen über den Pazifik zurück. In der spanischen Kolonialzeit gab es eine regelmäßige Schiffsverbindung zwischen dem an der mexikanischen Pazifikküste gelegenen Acapulco und Manila auf den Philippinen, die sogenannte Manila-Galeone, die ab 1565 eingerichtet wurde und bis 1810 verkehrte. Über diese Handelsroute, die vor allem Silber nach Asien und im Gegenzug begehrte asiatische Güter (Porzellan, Gewürze, Seide) zurück nach Mexiko transportierte, gelangten die ersten Asiaten nach Lateinamerika [Bonialián, 18.2]. Eine große Anzahl kam allerdings erst im 19. Jahrhundert nach Lateinamerika, die Mehrzahl von ihnen als sogenannte *indentured labourers*, Kontraktarbeiter, auch als *coolies* bezeichnet, die die afrikanischen Sklaven auf den Plantagen ersetzen sollten oder die, wie in den USA, für den Eisenbahnbau angeheuert wurden. Die asiatische Migration war insbesondere an den Pazifikküsten Lateinamerikas – vor allem in Peru und Mexiko – bedeutend sowie in den Plantagenzonen der Karibik (siehe hierzu auch Kap. II. 3).

19 Lateinamerika und die USA

19.1 Der Kubanisch-US-Amerikanisch-Spanische Krieg

Kontroversen um die Gründe der US-Intervention

Die ältere (US-amerikanische) Forschung zum Kubanisch-US-amerikanisch-Spanischen Krieg von 1898 unterstellte der US-Regierung für gewöhnlich wohlmeinende Intentionen für ihr Eingreifen in den kubanischen Unabhängigkeitskrieg: Es sei um die Wiederherstellung des Friedens gegangen, denn schließlich habe es keine direkte Annexion gegeben, sondern eine „friedvolle Aufsicht", geregelt durch das *Platt Amendment* (siehe hierzu auch Kap. I.2.8 und I.3.5.) Stellvertretend für diese Interpretation steht die Arbeit von S. Bemis [19.1], der die US-Intervention positiv beurteilte, weil sie der Verteidigung der nationalen Sicherheit gedient habe. Die neuere Forschung widerspricht dieser Deutung. So kam etwa L. A. PÉREZ JR. [On becoming Cuban, 19.1] zu dem Schluss, dass mit dem Krieg von 1898 versucht worden sei, Kuba von einer spanischen Kolonie in die Abhängigkeit der USA zu überführen. Forschungsdebatten wurden insbesondere um die Gründe für die Intervention geführt: W. LAFEBER [The New Empire, 19.1] unternahm eine ökonomische Analyse und widersprach den Deutungen von S. BEMIS [The Latin American Policy of the United States, 19.1]. T. SCHOONOVER [The United States in Central America, 8] folgte dem Ansatz von LAFEBER und führte das Konzept des *social imperialism* ein, das die Bedeutung der Übersee-Expansion für die Lösung interner Probleme hervorhob. LAFEBER [Inevitable Revolutions, 19.1] kam zu ähnlichen Ergebnissen: Der Krieg von 1898 sei für die Administration von US-Präsident William McKinley die letzte Option gewesen, Spanien endgültig aus den Amerikas zu verdrängen und gleichzeitig über die Philippinen, die bis 1898 ebenfalls unter spanischer Kolonialherrschaft standen und danach durch die USA kolonisiert wurden, den Einfluss auf Asien auszuweiten. Während LAFEBER ein kontinuierliches Bemühen um die Gründung eines *commercial empire* seit den 1860er Jahren hervorhob, betonte R. BEISNER [19.1: 21] zwar ebenfalls die Bedeutung der Absatzmärkte, widersprach aber LAFEBERS These der Kontinuität. Vielmehr beurteilte er den Krieg von 1898 als ein „unvermeidbares Risiko", weil US-Politiker der vermeintlichen Bestimmung gefolgt seien, die Kontrolle der USA über die Karibik auszuweiten.

Auch die Ursachen und die Auswirkungen des Kubanisch-US-Amerikanisch-Spanischen-Kriegs wurden unterschiedlich gedeutet: Während A. OFFNER [19.1] den traditionellen Ansätzen der Politik- und Diplomatiegeschichte folgte, stellte D. M. PLETCHER [6] die seiner Ansicht nach eher experimentelle US-Politik in Zusammenhang mit den Auswirkungen des Kriegs, der als „Eroberungskrieg" das Selbstverständnis der Vereinigten Staaten hinsichtlich ihrer Rolle in der Welt entscheidend verändert habe. K. HOGANSON [19.1] wählte einen kulturgeschichtlichen Zugriff und machte eine Männlichkeitskrise bei vielen US-Amerikanern (mit)verantwortlich für die Kriegsambitionen, L. A. PÉREZ JR. [The War of 1898, 19.1] betonte vor allem den Rassismus vieler US-Politiker. Zur Kriegsführung und den Auswirkungen gilt die Publikation von D. TRASK [19.1] nach wie vor als Standardwerk, für eine etwas aktuellere Perspektive steht L. A. PÉREZ JR. [The War of 1898, 19.1; On be-

<small>Debatten über Ursachen und Auswirkungen</small>

coming Cuban, 19.1], der auf die traditionelle Ignoranz von US-Historikern gegenüber den Aktivitäten der kubanischen Rebellen hinwies. Erste Studien, die die kubanische Perspektive des Unabhängigkeitskriegs in den Fokus rückten, und darunter explizit die der mehrheitlich daran beteiligten Afrokubaner, kamen von A. Ferrer [3.4] und J. L. Tone [19.1]. Zur Kulturgeschichte Kubas unter der US-Besatzung arbeitete M.Iglesias Utset [19.1]. Eine kommentierte Quellensammlung bieten B. Berner/K. Goldstein [19.1.]. Das Standardwerk für die Perspektive des deutschen Kaiserreichs auf die Konflikte, die die US-amerikanische Politik gegenüber Lateinamerika auslöste, ist immer noch R. Fiebig-von Hase [19.1].

Die europäische Perspektive wurde in dem Sammelband von S. Hilton und S. Ickringill [19.1] zusammengefasst, mit den ruinösen Auswirkungen des Kriegs auf Spanien beschäftigen sich M. Langa Laorga/O. Ruiz-Manjón [19.1], A. Vilanova [19.1] und E. Baldovín Ruiz/J. M. Cuenca Toribio [19.1]. Die Auswirkungen auf Kuba, Lateinamerika und die USA thematisierten R. Quesada Monge [19.1], L. Zea/A. Santana [19.1] bzw. M. Fernández Carcassés [19.1] und die Position Mexikos findet sich bei M. Tinker Salas [19.1]. Neuere Studien zu den Kriegsfolgen verfassten G. Keller/C. Candelaria [19.1], den Verlauf des Kriegs thematisierte E. F. Dolan [19.1] und über den globalen Kontext bzw. die lange Vorgeschichte des Kriegs schrieb T. Schoonover [Uncle Sam's War of 1898, 19.1, Germany in Central America, 8]. Die Anfänge des US-Imperialismus und den Aufstieg der USA zur Weltmacht untersuchten J. Torruella [19.1], J.-D. Avenel [19.1], W. E. Lenz [19.1], E. Thomas [19.1], J. A. Montero Jiménez [19.1] und S. Kinzer [19.1]. Den US-Imperialismus auf Kuba, Puerto Rico und den Philippinen thematisierten R. Edgerton [19.1] und G. Cervera [19.1].

Auswirkungen auf Lateinamerika

19.2 *Roosevelt Corollary*, *Big Stick Policy* und Dollardiplomatie

In der älteren US-amerikanischen Forschung erfuhren das *Roosevelt Corollary*, die US-Interventionen in der Karibik und Zentralamerika – auch bezeichnet als *protective imperialism* – und die Phase der *Dollar Diplomacy* eine durchweg positive Beurteilung, u. a. bei S. Bemis [19.1] und D. Munro [19.2]. Seit den 1980er Jahren veränderten sich jedoch die Debatten hinsichtlich der Bedeutung der Sicherheit für das US-amerikanische Handeln im frühen

20. Jahrhundert: L. Langley [The United States and the Caribbean in the 20th Century, 19.2] sprach von der Bildung eines US-Imperiums ohne Kolonien, der eigennützige und uneigennützige Motive zu Grunde gelegen hätten. L. Langley [The Banana Wars, 19.2] maß zunächst der politischen Ordnung größere Bedeutung bei, während er zusammen mit T. Schoonover [The Banana Men, 19.2] weltsystemtheoretischen Ansätzen folgend, die ökonomischen Interessen des US-Imperialismus in Zentralamerika und der Karibik ins Zentrum rückte. A. Calhoun [19.2], D. Healy [19.2] und I. Musicant [19.2] analysierten die Interrelation verschiedener Faktoren und Motive. Die *Big Stick Policy* von US-Präsident Theodore Roosevelt gegenüber Lateinamerika und der Karibik wurde von zahlreichen, aber vor allem konservativen US-Historikern positiv beurteilt, sie hoben seinen Realismus und seine moralischen Überzeugungen hervor: F. W. Marks [19.2], H. Herwig [19.2] und L. Gould [19.2] betonten, Roosevelts Handeln sei von der Furcht vor deutschen Interventionen geleitet gewesen. R. Collin [19.2] hingegen widersprach vehement Interpretationen, die Roosevelt als expansionistisch handelnden Präsidenten sahen. Zu einem gegenteiligen Urteil gelangte N. Mitchell [19.2], die u. a. in deutschen Archiven forschte und zu dem Ergebnis kam, das wilhelminische Deutschland habe keine ernsthaften Ambitionen in der Karibik verfolgt, während die Roosevelt- und Taft-Administrationen entsprechende Ängste geschürt hätten, um ihre eigenen expansionistischen Intentionen zu legitimieren.

US-Interessen in Zentralamerika und der Karibik

Debatten um US-Imperialismus

19.3 US-Besatzungen in Zentralamerika und der Karibik

Dem kubanisch-amerikanischen Historiker L. A. Pérez Jr. [The War of 1898, 19.1; Dependency, 19.3] zufolge waren das *Platt Amendment* und der wirtschaftliche Protektionismus für die USA adäquate wenn auch unvollendete Instrumente, um an Stelle einer Annexion die eigenen Interessen zu vertreten. Ganz ähnlich hatten zuvor schon D. Healy [19.3], J. R. Benjamin [19.3] und J. M. Hernández [19.3] argumentiert, die u. a. auch die Verbindungen zwischen den USA und den kubanischen Eliten untersuchten. L. A. Pérez Jr. [Cuba in the American Imagination, 19.3] bezog sich auf die Auswirkungen der US-Besatzung, insbesondere hinsichtlich kultureller Entwicklungen, und auf das kubanische Nationalbewusstsein.

Auch die Forschungen zu anderen US-Besatzungen im karibischen Raum thematisieren nicht nur die Motive der US-amerikanischen Akteure, sondern beispielsweise auch die Auswirkungen auf die unter der Besatzung lebenden Bevölkerungen und deren Reaktionen [siehe u. a. LANGLEY, The Banana Wars, 19.2 und MUSICANT, 19.2 zu Nicaragua, CALDER, 19.3 zur Dominikanischen Republik, MAJOR, 19.3 zu Panama sowie PLUMMER, 19.3 und RENDA, 19.3 zu Haiti]. Hervorzuheben ist E. S. ROSENBERGS [19.3] kulturgeschichtlicher Zugang und seine Untersuchung von Diskursen über Maskulinität, Geld, *whiteness* und Expertenwissen sowie zum Widerstand der Bevölkerung gegen die Besatzungen. Aus politikgeschichtlicher Perspektive thematisierte A. MCPHERSON [The Irony of Legal Pluralism in U. S. Occupations, 19.3; The invaded, 19.3] u. a. Anti-Imperialismus und Widerstand gegen US-Besatzungen in der Karibik.

Rolle der USA in der Mexikanischen Revolution

Die Rolle der USA in der Mexikanischen Revolution thematisierten F. KATZ [The Secret War in Mexico, 17, The Life and Times of Pancho Villa, 17], L. HALL/D. COERVER [Texas and the Mexican Revolution, 19.3, Revolution on the border, 19.3] und HALL [19.3]. Die mexikanischen Exilanten in den USA untersuchten D. RAAT [19.3], D. RAAT/M. BRESCIA [19.3], J. SANDOS [19.3] und R. STOUT [19.3]. Die ökonomischen Konsequenzen der Mexikanischen Revolution für die US-Wirtschaftsinteressen nahmen L. MEYER [19.3], G. M. JOSEPH [19.3] und M. WASSERMAN [19.3] in Augenschein. Die beiden letztgenannten folgten dependenztheoretischen Ansätzen, J. BROWN [19.3] identifizierte die Kontrolle ausländischer Ölfirmen als Teil des revolutionären *statemaking* in Mexiko. J. BRITTON [19.3] wählte einen Ansatz der *intellectual history* und analysierte die Wahrnehmung der Revolution durch US-amerikanische Künstler und Wissenschaftler. Der US-lateinamerikanische Handel, US-Investitionen und „Dollar-Infusion" in Lateinamerika wurden u. a. von R. THORP [19.3], P. DRAKE [19.3], M. KRENN [19.3], H. DELPAR [19.3] und P. DOSAL [19.3] behandelt. Einen Überblick über die US-amerikanische Lateinamerikapolitik der 1920er Jahre bietet W. I. COHEN [19.3].

19.4 Imperialismus und Antiimperialismus

Anti-Imperialismus ist in Lateinamerika ein Synonym für „Anti-Amerikanismus", bzw. *antiyanquismo*, denn auch Lateinamerikaner verstehen sich als Amerikaner. Lateinamerikaner setzten sich spätestens seit der der Proklamation der Monroe-Doktrin 1823 kritisch damit auseinander bzw. opponierten dagegen. Die Doktrin richtete sich zwar vordergründig gegen das Vormachtstreben europäischer Mächte in Lateinamerika, reklamierte aber eben auch bereits den nordamerikanischen Hegemonialanspruch auf den gesamten Kontinent. Simón Bolívar und José Martí rangierten unter den prominentesten Stimmen, die vor den Übergriffen des aufsteigenden Imperiums auf dem Kontinent warnten. Der neueren historischen Forschung zufolge hat der *antiyanquismo* seine Wurzeln „südlich des Rio Grande", weil keine andere Weltregion in so hohem Maß der wirtschaftlichen, politischen und kulturellen Macht der USA ausgesetzt war. Die Attraktivität des *antiyanqiusmo* und das politische Konzept, den „Yankee-Imperialismus" zu bekämpfen, rührt daher, dass Armut und soziale Ungleichheit in Lateinamerika stets mit dem Reichtum der USA in Zusammenhang gebracht wurden. Einen guten Überblick über den Forschungsstand und Einsichten in dieses ideologisch hoch aufgeladene Feld bieten A. McPherson [Anti-Americanism in Latin America and the Caribbean, 19.4; Yankee No! Anti-Americanism in U. S.-Latin American Relations, 19.4], A. Baker/D. Cupery [19.4: 106–130] und Ch. Hatzky [Views from the South, 19.4]. Aus lateinamerikanischer Perspektive liegen vergleichsweise wenige Untersuchungen älteren Datums vor, die wichtigsten sind von C. Rangel [19.4] sowie die von M. Aguirre und A. Montes herausgegebene Anthologie *De Bolivar al frente Sandinista* [19.4]. Unstrittig ist die Ungleichheit der Wechselbeziehungen zwischen Nord- und Südamerika, in den letzten Jahren wurden allerdings vermehrt die vielfältigen Kontakte und Verflechtungen, die *entanglements*, in den Blick genommen, siehe hierzu den Sammelband *Anti-Americanism* [Ross/Ross, 19.4].

antiyanquismo

Der Anti-Imperialismus in Gestalt von politischen Organisationen und als neue politische Kraft formierte sich jedoch erst nach dem Ende des Ersten Weltkrigs. Es waren insbesondere die kommunistischen Parteien, die als Reaktion auf die Russische Revolution und mittels der Kommunistischen Internationale ab 1919 in den meisten lateinamerikanischen Ländern gegründet wurden, anti-imperialistische Propaganda entfalteten und sich dabei auf Lenins Postulat des „Imperialismus als höchster Stufe des Kapitalismus" beriefen. Die Bedrohung durch den Imperialismus für Lateinamerika wurde schon zum damaligen Zeitpunkt auch zu einem Feld politisch-ideologischer Studien [Fraina, 19.4; Nearing/Freeman, 19.4] und der Kampf gegen den Imperialismus zu einer wichtigen Komponente nationalistischer und linker Strömungen in ganz Lateinamerika. Die 1924 in Mexiko gegründete *Liga Antimperialista de las Américas* (LADLA) war eine der wichtigsten kommunistischen Frontorganisationen, die einen nicht unerheblichen Einfluss im liberalen Bürgertum des Kontinents verzeichnen konnte [Melgar Bao/Breña, 19.4: 9–14; Hatzky, Julio A. Mella, 19.4; Spenser/Ortiz Peralta, 19.4; Jeifetz/Jeifetz/Huber, 19.4].

In Opposition zum Anti-Imperialismus kommunistischer Provenienz gründete der peruanische Intellektuelle Víctor Raúl Haya de la Torre 1924 die *Alianza Popular Revolucionaria Americana* (APRA) die erste anti-imperialistische Partei Lateinamerikas. Die Forschung über die APRA war lange Zeit geprägt durch den Antagonismus zwischen Kommunismus und Anti-Imperialismus, der durch die Gründung der APRA manifest wurde. Die beiden peruanischen Gegenspieler in dieser Auseinandersetzung waren der (unabhängige) Kommunist José Carlos Mariátegui, der einen Klassenstandpunkt vertrat und Haya de la Torre, dessen Konzept ein klassenübergreifendes, eher populistisches war [Alexander, 19.4; Villanueva, 19.4: 57–76].

III Quellen und Literatur

1 Archive, Bibliotheken und Historiographie

1.1 Archive und Bibliotheken

L. Busse, u. a. (Hrsg.), Clio Guide – Ein Handbuch zu digitalen Ressourcen für die Geschichtswissenschaften. Berlin 2016.

R. Hauschild-Thiessen, Führer durch die Quellen zur Geschichte Lateinamerikas in der Bundesrepublik Deutschland. Bremen 1972.

S. Hensel/F. Schulze, Clio-Online Guide Lateinamerika. in: L. Busse, u. a. (Hrsg.), Clio Guide – Ein Handbuch zu digitalen Ressourcen für die Geschichtswissenschaften. Berlin 2016.

H.-O. Kleinmann, Lateinamerika. Probleme und Perspektiven. Stuttgart 1992.

P. C. d. Lago, O século XIX nos documentos latino-americanos. El siglo XIX en los documentos latino-americanos. São Paulo 2003.

A. Rama (Hrsg.), Der lange Kampf Lateinamerikas. Texte und Dokumente von José Martí bis Salvador Allende. Frankfurt am Main 1982.

S. Rinke/G. Fischer/F. Schulze (Hrsg.), Geschichte Lateinamerikas vom 19. bis zum 21. Jahrhundert. Quellenband. Stuttgart, Weimar 2009.

1.2 Mündliche Überlieferungen

D. Carey Jr., Oral history in Latin America. Unlocking the Spoken Archive. New York 2017.

R. Conrad (Hrsg.), Children of God's fire. A documentary history of black slavery in Brazil. Princeton 1984.

R. Law/P. E. Lovejoy, The Biography of Mahommah Gardo Baquaqua. His Passage from Slavery to Freedom in Africa and America. Princeton 2006.

D. A. Yerxa, Recent themes in the history of Africa and the Atlantic world. Historians in conversation. Columbia 2008.

1.3 Historiographie in Lateinamerika

C. A. Aguirre Rojas, La historiografía en el siglo XX. Historia e historiadores entre 1848 y ¿2025?. Rosario 2017.

E. Galeano, Die offenen Adern Lateinamerikas. Die Geschichte eines Kontinents. Wuppertal 2009 [1973].

N. García Canclini, Culturas híbridas. Estrategias para entrar y salir de la modernidad. México 2009.

J. Horowitz, Argentine historical writing in an era of political and economic instability, in: A. Schneider/D. Woolf (Hrsg.), The Oxford History of Historical Writing. Volume 5. Historical writing since 1945. Oxford 2011, 422–439.

A. Knight, Latinoamérica. Un balance historiográfico, in: Historia y grafía 10. 1998, 165–207.

S. Macintyte/J. Maiguashca/A. Pók (Hrsg.), The Oxford History of Historical Writing. Volume 4. 1800–945. Oxford 2011.

J. Maiguashca, Historians in Spanish South America. Cross-References between Centre and Periphery, in: S. Macintyte/J. Maiguashca/A. Pók (Hrsg.), The Oxford History of Historical Writing. Volume 4. 1800–1945. Oxford 2011, 463–489.

J. Malerba, A história na América Latina. Ensaio de crítica historiográfica. Rio de Janeiro 2009.

W. D. Mignolo, Epistemischer Ungehorsam. Rhetorik der Moderne, Logik der Kolonialität und Grammatik der Dekolonialität. Wien, Berlin 2012.

W. D. Mignolo, Local histories/global designs. Coloniality, subaltern knowledges, and border thinking. Princeton 2012.

M. Moraña/E. D. Dussel/C. A. Jáuregui (Hrsg.), Coloniality at large. Latin America and the postcolonial debate. Durham 2008.

J. C. Moya (Hrsg.), The Oxford Handbook of Latin American History. Oxford 2011.

I. Rodríguez (Hrsg.), The Latin American Subaltern Studies Reader. Durham 2001.

B. d. S. Santos, Epistemologien des Südens. Gegen die Hegemonie des westlichen Denkens. Münster 2018.

A. Schneider/D. Woolf (Hrsg.), The Oxford history of historical writing. Volume 5. Historical Writing Since 1945. Oxford 2011.

G. Zermeño Padilla, Mexican Historical Writing, in: A. Schneider/D. Woolf (Hrsg.), The Oxford History of Historical Writing. Volume 5. Historical Writing Since 1945. Oxford 2011, 454–472.

1.4 Gesamtdarstellungen der Geschichte Lateinamerikas

C. Auroi/A. Helg (Hrsg.), Latin America 1810–2010. Dreams and legacies. London 2012.

P. J. Bakewell, A history of Latin America. C. 1450 to the present. Malden 2004.

W. H. Beezley/C. M. MacLachlan, Latin America. The peoples and their history. Belmont 2007.

W. L. Bernecker, u. a. (Hrsg.), Handbuch der Geschichte Lateinamerikas. 3 Bde. Stuttgart 1996.

W. L. Bernecker, u. a. (Hrsg.), Lateinamerika 1870–2000. Geschichte und Gesellschaft. Wien 2007.

L. Bethell (Hrsg.), The Cambridge History of Latin America. 12 Vols. Cambridge 1984–2008.

J. C. Chasteen, Born in blood and fire. A concise history of Latin America. New York 2006.
L. A. Clayton/M. L. Conniff/S. M. Gauss, A New History of Modern Latin America. Oakland 2017.
F. Edelmayer/B. Hausberger/B. Potthast (Hrsg.), Lateinamerika 1492–1850/70. Wien 2005.
W. Fowler, Latin America since 1780. London, New York 2008.
C. Hatzky/B. Potthast, Lateinamerika 1800–1930. Berlin 2021.
C. Hatzky/B. Potthast, Lateinamerika seit 1930. Berlin 2021.
S. Hensel/B. Potthast, Das Lateinamerika-Lexikon. Wuppertal 2013.
T. H. Holloway (Hrsg.), A Companion to Latin American history. Chichester 2011.
H.-J. König, Kleine Geschichte Lateinamerikas. Bonn 2006.
M. Lucena Salmoral, Atlas histórico de Latinoamérica. Desde la prehistoria al siglo XXI. Madrid 2009.
G. Maihold/H. Sangmeister/N. Werz, Lateinamerika. Handbuch für Wissenschaft und Studium. Baden-Baden 2019.
C. E. Martin/M. Wasserman, Latin America and its people. Boston 2012.
T. A. Meade, A history of modern Latin America. 1800 to the present. Chichester, Malden 2010.
H. Pérez Brignoli, Historia global de América Latina. Del siglo XXI a la Independencia. Madrid 2018.
S. Rinke, Geschichte Lateinamerikas. Von den frühesten Kulturen bis zur Gegenwart. München 2010.
S. Rinke, Lateinamerika. Darmstadt 2015.
T. E. Skidmore/P. H. Smith, Modern Latin America. New York 2014.
N. Werz, Lateinamerika. Eine politische Landeskunde. Baden-Baden 2013.
E. Williamson, The Penguin history of Latin America. London 2009.
T. C. Wright, Latin America since independence. Two centuries of continuity and change. Lanham, Boulder, New York, London 2017.

1.5 Nationalgeschichten

Argentinien
S. Carreras/B. Potthast, Eine kleine Geschichte Argentiniens. Berlin 2009.
M. Riekenberg, Kleine Geschichte Argentiniens. München 2009.
J. Suriano (Hrsg.), Nueva Historia Argentina. (13 Bde.). Buenos Aires 1998–2005.

Bolivien
H. S. Klein, A concise history of Bolivia. Cambridge 2011.
H. S. Klein, Historia mínima de Bolivia. México 2013.
J. Querejazu Calvo, Bolivia. Historia abreviada. Sucre 2003.

Brasilien
B. Fausto/S. Fausto, A Concise History of Brazil. Cambridge, New York 2014.
H.-J. König, Geschichte Brasiliens. Stuttgart 2014.

S. Rinke/F. Schulze, Kleine Geschichte Brasiliens. München 2013.

Chile
S. Collier/W. F. Sater, A History of Chile, 1808–1994. Cambridge 1996.
S. H. Rinke, Kleine Geschichte Chiles. München 2007.
R. Sagredo Baeza, Historia mínima de Chile. México 2014.

Costa Rica
I. Molina Jiménez/S. P. Palmer, The history of Costa Rica. San José 2004.

Dominikanische Republik
F. Moya Pons, The Dominican Republic. A National History. Princeton 2010.

Ecuador
E. Ayala Mora, Resumen de historia del Ecuador. Quito 2014.
G. Lauderbaugh, The history of Ecuador. Santa Barbara 2012.
M. Luna Tamayo/A. Andrade Stacey/M. Alvarado, Historia del Ecuador. Madrid 2004.

El Salvador
C. M. White, History of El Salvador. Westport 2009.

Guatemala
J. D. Contreras Reynoso, Breve historia de Guatemala. Guatemala 1998.
G. Grandin, The blood of Guatemala. A history of race and nation. Durham 2000.

Haiti
W. L. Bernecker, Kleine Geschichte Haitis. Frankfurt am Main 1996.
J. D. Popkin, A concise history of the Haitian revolution. Malden 2012.

Honduras
T. M. Leonard, The history of Honduras. Santa Barbara 2011.

Karibik
N. Foote (Hrsg.), The Caribbean history reader. New York 2013.
B. Hausberger/G. Pfeisinger (Hrsg.), Die Karibik. Geschichte und Gesellschaft, 1492–2000. Wien 2005.
S. Palmié/F. Scarano, The Caribbean. A History of the Region and its Peoples. Chicago 2011.

Kolumbien
D. Bushnell, The Making of Modern Colombia. A Nation in Spite of Itself. Berkeley 1993.
H.-J. König, Kleine Geschichte Kolumbiens. München 2008.
J. O. Melo, Historia mínima de Colombia. México 2017.
M. Palacios Rozo/F. R. Safford, Historia de Colombia. País fragmentado, sociedad dividida. Bogotá 2012.

Kuba
A. de la Fuente, A Nation for All. Race, Inequality, and Politics in Twentieth Century Cuba. Chapel Hill 2001.
M. Zeuske, Kleine Geschichte Kubas. München 2016.

Mexiko
W. L. Bernecker/H. Pietschmann/H. W. Tobler (Hrsg.), Eine kleine Geschichte Mexikos. Frankfurt am Main 2007.
A. Hernández Chávez, Mexico. A brief history. Berkeley 2006.
P. L. Russell, The history of Mexico. From pre-conquest to present. New York, London 2010.

Nicaragua
C. L. Staten, The history of Nicaragua. Santa Barbara 2010.
F. Kinloch Tijerino, Historia de Nicaragua. Managua 2012.

Panama
A. Castillero Calvo, Historia general de Panamá. (3 Bde.). Panamá 2004.
R. C. Harding, The history of Panama. Westport 2006.

Paraguay
P. Lambert/A. Nickson, The Paraguay reader. History, culture, politics. Durham, London 2013.
I. Telesca, u. a. (Hrsg.), Historia del Paraguay. Asunción 2010.

Peru
C. Contreras/M. Zuloaga Rada, Historia mínima de Perú. México, Madrid 2014.
C. Hunefeldt, A brief history of Peru. New York 2004.
P. F. Klarén, Peru. Society and nationhood in the Andes. New York 2000.

Puerto Rico
J. Duany, The Puerto Rican Nation on the Move. Identities on the Island and in the United States. Chapel Hill 2002.
R. Fernandez, The Disenchanted Island. Puerto Rico and the United States in the Twentieth Century. New York, Westport 1992.

Uruguay
B. Nahum, Breve historia del Uruguay independiente. Montevideo 2013.
G. Caetano (Hrsg.), Uruguay. (3 Bde.). Montevideo, Madrid 2015.

Venezuela
E. Pino Iturrieta, Historia mínima de Venezuela. México 2018.
M. Zeuske, Kleine Geschichte Venezuelas. München 2007.
M. Zeuske, Von Bolívar zu Chavez. Zürich 2008.

Zentralamerika
R. H. Holden, Oxford Handbook of Central American History. Oxford 2020.
R. Pastor Fasquelle, Historia mínima de Centroamérica. Madrid 2013.
H. Pérez Brignoli, Breve historia de Centroamérica. Madrid 2000.

1.6 Fachzeitschriften

Cahiers des Amériques Latines
Canadian Journal of Latin American and Caribbean Studies

Comparativ, Leipziger Beiträge zur Universalgeschichte und vergleichenden Gesellschaftsforschung
Estudios Americanos (EEAA)
Hispanic American Historical Review (HAHR)
Iberoamericana
Ibero-Amerikanisches Archiv, Zeitschrift für Sozialwissenschaften und Geschichte
Jahrbuch für Geschichte Lateinamerikas (früher: Jahrbuch für Geschichte von Staat, Wirtschaft und Gesellschaft Lateinamerikas) (JbLA)
Journal of Caribbean History (JCH)
Journal of Inter-American Studies and World Affairs
Journal of Latin American Studies (JLAS)
Lateinamerika: Analysen und Berichte
Latin American Perspectives (LAP)
Latin American Research Review (LARR)
Revista de Indias (RI)
Slavery & Abolition
William & Mary Quarterly
The American Historical Review (AHR)
The Americas (TAM)

1.7 Links

América en la Historia Económica: Boletín de fuentes, letzter Zugriff: 10.04.2021, verfügbar unter: http://alhe.mora.edu.mx/index.php/ALHE
Bancroft Library, letzter Zugriff: 10.04.2021, verfügbar unter: https://www.lib.berkeley.edu/libraries/bancroft-library
Berlin-Brandenburgische Akademie der Wissenschaften, Edition Humboldt Digital. letzter Zugriff 26.08.2020, online verfügbar unter: https://edition-humboldt.de/
Biblioteca Nacional de España, letzter Zugriff: 10.04.2021, verfügbar unter: https://www.aecid.es/ES/biblioteca/biblioteca-digital
Bonn Center for Dependency and Slavery, letzter Zugriff: 10.04.2021, verfügbar unter: https://www.dependency.uni-bonn.de/en
Comisión Económica para América Latina (CEPAL), letzter Zugriff: 10.04.2021, verfügbar unter: https://www.cepal.org/en/library
edition humboldt digital, letzter Zugriff: 05.07.2021, verfügbar unter: https://edition-humboldt.de/
H-LatAm, letzter Zugriff: 10.04.2021, verfügbar unter: https://networks.h-net.org/h-latam
Ibero-Amerikanisches Institut Preußischer Kulturbesitz (IAI-SPK), letzter Zugriff: 10.04.2021, verfügbar unter: https://www.iai.spk-berlin.de/
Lateinamerika-Institut der FU Berlin, letzter Zugriff: 10.04.2021, verfügbar unter: https://www.lai.fu-berlin.de/

Latin American Network Information Center (LANIC), letzter Zugriff: 10.04.2021, verfügbar unter: http://lanic.utexas.edu/
Leibniz Institut für Länderkunde/Digitales Porträtarchiv, letzter Zugriff: 10.04.2021, verfügbar unter: http://www.digiporta.net/
J. C. Miller, The Bibliography of Slavery and World Slaving. letzter Zugriff: 12.04.2020, online verfügbar unter: http://www2.vcdh.virginia.edu/bib/about.php.
National Security Archive der George Washington University, letzter Zugriff: 10.04.2021, verfügbar unter: https://nsarchive2.gwu.edu/
Nürnberger Menschenrechtszentrum (NMRZ), letzter Zugriff: 10.04.2021, verfügbar unter: https://www.menschenrechte.org/kategorie/regionen/amerika/
Seminar on the Acquisition of Latin American Library Materials (SALALM), letzter Zugriff: 10.04.2021, verfügbar unter: https://salalm.org/collection-development-resources/digital-primary-resources/
Transatlantic Slave Trade Database, letzter Zugriff: 10.04.2021, verfügbar unter: https://www.slavevoyages.org/
Brazilian Studies der University of Indiana, letzter Zugriff: 10.04.2021, verfügbar unter: https://clacs.indiana.edu/research/brazilian-studies.html

2 Unabhängigkeit und Staatsbildung

2.1 Die Independencias

J. Adelman, Sovereignty and revolution in the Iberian Atlantic. Princeton 2006.
J. Adelman, The Rites of Statehood. Violence and Sovereignty in Spanish America, 1789–1821, in: Hispanic American Historical Review 90/3. 2010, 391–422.
G. R. Andrews, Spanish American Independence. A Structural Analysis, in: Latin American Perspectives 12/1. 1985, 105–132.
G. R. Andrews, Afro-Latin America, 1800–2000. Oxford, New York 2004.
T. Anna, The Fall of the Royal Government in Peru. Lincoln 1978.
T. Anna, Spain and the loss of America. Lincoln 1983.
T. Anna, The Mexican Empire of Iturbide. Lincoln 1990.
A. Annino, Historia de las elecciones en Iberoamérica, siglo XIX. De la formación del espacio político nacional. Buenos Aires 1995.
A. Annino/F.-X. Guerra (Hrsg.), Inventando la nación. Iberoamérica siglo XIX. México 2003.
C. I. Archer, The Wars of Independence in Spanish America. Wilmington 2000.
R. J. Barman, Brazil. The forging of a nation, 1789–1852. Stanford 1988.
N. L. Benson, Mexico and the Spanish Cortes, 1810–1822. Eight essays. Austin 1966.
L. Bethell (Hrsg.), The Independence of Latin America. Cambridge 1987.

R. Blaurock, Monarchische Ideen und Initiativen am Río de la Plata zu Beginn der Unabhängigkeitsepoche (1808–1816). Frankfurt am Main, Berlin 1998.

D. A. Brading, Bourbon Spain and Its American Empire, in: L. Bethell (Hrsg.), The Cambridge History of Latin America. Vol. II., Cambridge 1984, 389–439.

M. T. Calderón/C. Thibaud, Las revoluciones en el mundo atlántico. Bogotá 2006.

N. P. Canny/A. Pagden (Hrsg.), Colonial identity in the Atlantic world, 1500–1800. Princeton 1987.

M. Carmagnani, Formación y crisis de un sistema feudal. América Latina del siglo XVI a nuestros días. México 1980.

M. Carmagnani, Die koloniale Raumordnung. Mutterland, Peripherie und Grenzgebiete, in: H. Pietschmann (Hrsg.), Handbuch der Geschichte Lateinamerikas. Band 1. Mittel-, Südamerika und die Karibik bis 1760. Stuttgart 1994, 534–555.

M. Carmagnani/G. Bidart Campos (Hrsg.), Federalismos latinoamericanos: México, Brasil, Argentina. México 1996.

G. Carrera Damas, El culto a Bolívar. Caracas 1969.

M. A. Centeno, u. a., Internal Wars and Latin American Nationalism, in: J. A. Hall (Hrsg.), Nationalism and war. Cambridge, New York 2013, 279–305.

M. A. Centeno, Blood and Debt. War and the Nation-State in Latin America. University Park 2002.

J. C. Chasteen, Heroes on horseback. A life and times of the last Gaucho Caudillos. Albuquerque 1995.

J. C. Chasteen, Americanos. Latin America's Struggle for Independence. New York 2008.

J. C. Chiaramonte, Provincias o estados? Los orígenes del federalismo rioplatense, in: F.-X. Guerra (Hrsg.), Las revoluciones hispánicas. Independencias americanas y liberalismo español. Madrid 1995, 167–205.

J. C. Chiaramonte, Fundamentos intelectuales y políticos de las independencias. Notas para una nueva historia intelectual de Iberoamérica. Buenos Aires 2010.

J. C. Chiaramonte, Nation and State in Latin America. Political Language during Independence. Buenos Aires 2010.

M. Chust Calero/J. A. Serrano Ortega, Debates sobre las independencias iberoamericanas. Münster, Madrid, Frankfurt am Main 2007.

E. V. d. Costa, The Brazilian empire. Myths & histories. Chapel Hill 2000.

M. P. Costeloe, Response to revolution. Imperial Spain and the Spanish American revolutions, 1810–1840. Cambridge, New York 1986.

C. Davies/C. Brewster/H. Owen, South American independence. Gender, politics, text. Liverpool 2011.

A. de la Fuente, Children of Facundo. Caudillo and Gaucho Insurgency during the Argentine Formation Process (La Rioja, 1853–1870). Durham 2001.

J. I. Domínguez, Insurrection or loyalty. The breakdown of the Spanish American empire. Cambridge 1980.

J. Fernández Sebastián, Diccionario político y social del mundo iberoamericano. Madrid 2009.

J. Fernández Sebastián/N. Goldman, Diccionario político y social del mundo iberoamericano. Madrid 2014.

J. R. Fisher/A. J. Kuethe/A. MacFarlane (Hrsg.), Reform and insurrection in Bourbon New Granada and Peru. Baton Rouge, London 1990.

W. Fowler, Forceful negotiations. The origins of the pronunciamiento in nineteenth-century Mexico. Lincoln 2010.

J. L. R. Fragoso, Homens de grossa aventura. Acumulação e hierarquia na praça mercantil do Rio de Janeiro, 1790–1830. Rio de Janeiro 1992.

J. Gallagher/R. Robinson, The Imperialism of Free Trade, in: The Economic History Review 6/1. 1953, 1–15.

D. Gerstenberger, Gouvernementalität im Zeichen der globalen Krise. Der Transfer des portugiesischen Königshofes nach Brasilien. Köln 2013.

N. Goldman/R. D. Salvatore, Caudillismos rioplatenses. Nuevas miradas a un viejo problema. Buenos Aires 1998.

R. Graham, Independence in Latin America. A comparative approach. New York, St. Louis, San Francisco, London 1994.

P. F. Guardino, The time of liberty. Popular political culture in Oaxaca, 1750–1850. Durham, London 2005.

V. Guedea, Los procesos electorales insurgentes, in: Estudios de Historia Novohispana 11/11. 1991, 201–249.

V. Guedea, The first popular elections in Mexico City, 1812–1813, in: J. E. Rodríguez O. (Hrsg.), The origins of Mexican national politics, 1808–1847. Wilmington 1997, 39–64.

F.-X. Guerra, Modernidad e independencias. Ensayos sobre las revoluciones hispánicas. Madrid 1992.

F.-X. Guerra (Hrsg.), Las revoluciones hispánicas. Independencias americanas y liberalismo español. Madrid 1995.

J. A. Hall (Hrsg.), Nationalism and war. Cambridge 2013.

T. Halperín Donghi, Revolución y guerra. Formación de una élite dirigente en la Argentina criolla. México 1979.

T. Halperín Donghi/N. Sánchez-Albornoz (Hrsg.), Reforma y disolución de los imperios ibéricos, 1750 – 1850. Madrid 1985.

B. R. Hamnett, Roots of insurgency. Mexican regions, 1750–1824. Cambridge, New York 1986.

B. R. Hamnett, Process and Pattern. A Re-Examination of the Ibero-American Independence Movements, 1808–1826, in: Journal of Latin American Studies 29/2. 1997, 279–328.

B. R. Hamnett/R. Gómez Ciriza, Revolución y contrarrevolución en México y el Perú. Liberalismo, realeza y separatismo (1800–1824). México 1978.

N. Harwich Vallenilla, La historia patria, in: A. Annino/F.-X. Guerra (Hrsg.), Inventando la nación. Iberoamérica siglo XIX. México 2003, 533–546.

E. J. Hobsbawm, The age of revolution 1789–1848. New York 1996.

M. Irurozqui, (Hrsg.), Dossier: Violencia política en América Latina, siglo XIX, in: Revista de Indias 69/246. 2009, 9–182.

F. Katz (Hrsg.), Riot, rebellion, and revolution. Rural social conflict in Mexico. Princeton 1988.

J. Kinsbruner, Independence in Spanish America. Civil wars, revolutions, and underdevelopment. Albuquerque, Ann Arbor 2000.

A. Knight/L. Orensanz, Crítica. Eric Van Young, *the Other Rebellion* y la historiografía mexicana, in: Historia Mexicana 54/2. 2004, 445–515.

H.-J. König, Auf dem Weg zur Nation. Nationalismus im Prozess der Staats- und Nationbildung Neu-Granadas 1750 bis 1856. Stuttgart 1988.

M. Kossok, Zur Spezifik der Nationwerdung und Staatsbildung in Lateinamerika. in: M. Middell/M. Zeuske (Hrsg.), Ausgewählte Schriften. Leipzig 2000.

M. Kossok/L. Roura i Aulinas/M. Chust Calero, La ilusión heroica. Colonialismo, revolución, independencias en la obra de Manfred Kossok. Castelló de la Plana 2010.

D. M. Ladd, The Mexican nobility at Independence, 1780–1826. Austin 1976.

J. Lynch, Bourbon Spain, 1700–1808. Oxford, Cambridge 1989.

J. Lynch, Caudillos in Spanish America, 1800–1850. Oxford 1992.

J. Lynch, San Martín. Argentine Soldier, American Hero. New Haven 2009.

J. Malerba, A corte no exílio. Civilização e poder no Brasil às vésperas da Independência, 1808 a 1821. São Paulo 2000.

F. E. Mallon, Peasant and Nation. The Making of Postcolonial Mexico and Peru. Berkeley 1995.

K. R. Maxwell, Conflicts and conspiracies. Brazil and Portugal 1750–1808. Cambridge 1973.

C. Méndez Gastelumendi, The Plebeian Republic. The Huanta Rebellion and the Making of the Peruvian State, 1820–1850. Durham 2005.

M. Middell/M. Zeuske (Hrsg.), Ausgewählte Schriften. Leipzig 2000.

M. Morrison (Hrsg.), Revolutionary currents. Nation building in the transatlantic world. Lanham 2004.

C. G. Mota, 1822. Dimensões. São Paulo 1972.

S. O'Phelan Godoy, Rebellions and revolts in eighteenth century Peru and Upper Peru. Köln, Wien, Weimar 1985.

M. Palacios Rozo (Hrsg.), Las independencias hispanoamericanas. Interpretaciones 200 años después. Bogotá 2009.

R. R. Palmer, The Age of the democratic revolution. A political history of Europe and America, 1760–1800. Princeton 1964.

H. Pietschmann, El desarrollo estatal de Hispanoamérica. Enfoques metodológicos, in: Chronica nova 21. 1993, 469–492.

H. Pietschmann (Hrsg.), Handbuch der Geschichte Lateinamerikas. Band 1. Mittel-, Südamerika und die Karibik bis 1760. Stuttgart 1994.

M. Riekenberg, Caudillismus. Zu einem Grundbegriff der spanischen und hispanoamerikanischen Geschichte. in: Neue Politische Literatur 40/2. 1995, 237–253.

S. Rinke, Revolutionen in Lateinamerika. Wege in die Unabhängigkeit 1760–1830. München 2010.

J. E. Rodríguez O. (Hrsg.), The origins of Mexican national politics, 1808–1847. Wilmington 1997.

J. E. Rodríguez O., The independence of Spanish America. Cambridge, New York 1998.

J. E. RODRÍGUEZ O., Sobre la supuesta influencia de la independencia de los Estados Unidos en las independencias hispanoamericanas, in: Revista de Indias 70/250. 2010, 691–714.
A. J. RUSSELL-WOOD (Hrsg.), From colony to nation. Essays on the independence of Brazil. Baltimore 1975.
A. SÁEZ ARANCE, Simón Bolívar. El Libertador y su mito. 2013.
D. F. SARMIENTO, Barbarei und Zivilisation. Das Leben des Facundo Quiroga. Frankfurt am Main 2007.
R. L. SCHEINA, Latin America's Wars. Volume I. The Age of the Caudillo, 1791–1899. Dulles 2003.
R. L. SECKINGER, Interpreting Brazilian Independence, in: Latin American Research Review 12/1. 1977, 228–231.
C. SEMPAT ASSADOURIAN, Modos de producción en América Latina. Córdoba, Buenos Aires 1978.
S. SERULNIKOV, Revolution in the Andes. The age of Túpac Amaru. Durham 2013.
M. B. N. D. SILVA, Cultura e sociedade no Rio de Janeiro. (1808–1821). São Paulo 1977.
S. M. SOCOLOW, The merchants of Buenos Aires, 1778–1810. Family and commerce. Cambridge, New York 1978.
S. J. STERN, Resistance, rebellion, and consciousness in the Andean peasant world, 18th to 20th centuries. Madison 1987.
J. TUTINO, From insurrection to revolution in Mexico. Social bases for agrarian violence, 1750–1940. Princeton 1989.
J. TUTINO, The Revolution in Mexican Independence. Insurgency and the Renegotiation of Property, Production, and Patriarchy in the Bajío, 1800–1855, in: Hispanic American Historical Review 78/3. 1998, 367–418.
J. TUTINO, New Countries. Capitalism, Revolutions, and Nations in the Americas, 1750–1870. Durham, London 2016.
V. URIBE URÁN (Hrsg.), State and society in Spanish America during the Age of Revolution. Wilmington 2001.
E. VAN YOUNG, The Other Rebellion. Popular Violence, Ideology, and the Mexican Struggle for Independence, 1810–1821. Stanford 2001.
E. VAN YOUNG, To Throw Off a Tyrannical Government. Atlantic Revolutionary Traditions and Popular Insurgency in Mexico, 1800–1821, in: M. MORRISON (Hrsg.), Revolutionary currents. Nation building in the transatlantic world. Lanham 2004, 127–172.
C. F. WALKER, Smoldering Ashes. Cuzco and the Creation of Republican Peru, 1780–1840. Durham, London 1999.
M. ZEUSKE, Simón Bolívar. History and myth. Princeton 2013.

2.2 Staatsbürgerschaft, Wahlen und Parteien

O. C. CANSANELLO, De súbditos a ciudadanos. Ensayo sobre las libertades en los orígenes republicanos: Buenos Aires, 1810–1852. Buenos Aires 2003.
J. M. D. CARVALHO, Desenvolvimiento de la ciudadanía en Brasil. Mexico 1995.

S. C. Chambers, From subjects to citizens. Honor, gender, and politics in Arequipa, Peru, 1780–1854. University Park 1999.

T. K. Christiansen, Disobedience, slander, seduction, and assault. Women and men in Cajamarca, Peru, 1862–1900. Austin 2004.

M. Chust Calero/J. Marchena Fernández (Hrsg.), Las armas de la nación. Independencia y ciudadanía en Hispanoamérica (1750–1850). Madrid, Frankfurt am Main 2007.

C. A. Forment, Democracy in Latin America, 1760–1900. Chicago, London 2003.

W. Gabbert, Violence and the Caste War of Yucatán. Cambridge 2019.

A. L. García Peña, El fracaso del amor. Género e individualismo en el siglo XIX mexicano, in: Historia Mexicana 56/2. 2006, 662–671.

V. Giordano, Modernidad, modernización y sufragio universal: la experiencia de Argentina, Brasil, Chile y Uruguay, in: M. Z. Lobato/S. Venturoli (Hrsg.), Formas de ciudadanía en América Latina. Madrid 2013, 41–64.

F.-X. Guerra, Voces del pueblo. Redes de comunicación y orígenes de la opinión en el mundo hispánico (1808–1814), in: Revista de Indias 62/225. 2002, 357–384.

A. Hernández Chávez, From res publicae to republic. The evolution of republicanism in early Mexico, in: J. E. Rodríguez O. (Hrsg.), The divine charter. Constitutionalism and liberalism in nineteenth-century Mexico. Lanham 2005, 35–61.

C. Hunefeldt, Liberalism in the bedroom. Quarreling spouses in nineteenth-century Lima. University Park 2000.

M. Irurozqui, Ebrios, vagos y analfabetos. El sufragio restringido en Bolivia, 1826–1952, in: Revista de Indias 56/208. 1996, 697–742.

M. Irurozqui, „A bala, piedra y palo". La construcción de la ciudadanía política en Bolivia, 1826–1952. Sevilla 2000.

M. Irurozqui, La mirada esquiva. Reflexiones históricas sobre la interacción del estado y la ciudadanía en los Andes (Bolivia, Ecuador y Perú), siglo XIX. Madrid 2005.

M. Irurozqui, Sobre el tributo y otros atributos ciudadanos. Sufragio censuario, fiscalidad y comunidades indias en Bolivia, 1825–1839, in: Bicentenario. Revista de Historia de Chile y América 5/2. 2006, 35–66.

N. Jacobsen/C. Aljovín de Losada, Political cultures in the Andes, 1750–1950. Durham 2005.

A. Lettieri, La construcción de la república de la opinión. Buenos Aires frente al interior en la década de 1850. Buenos Aires 2006.

M. Z. Lobato/S. Venturoli (Hrsg.), Formas de ciudadanía en América Latina. Madrid 2013.

F. Macías, De „cívicos" a „guardias nacionales". Un análisis del componente militar en el proceso de construcción de la ciudadanía. Tucumán, 1840–1860, in: M. Chust Calero/J. Marchena Fernández (Hrsg.), Las armas de la nación. Independencia y ciudadanía en Hispanoamérica (1750–1850). Madrid, Frankfurt am Main 2007, 263–290.

C. McEvoy Carreras, La utopía republicana. Ideales y realidades en la formación de la cultura política peruana (1871–1919). Lima 1997.

S. A. MEJÍAS, Las revoluciones y el „sagrado derecho de insurrección de los pueblos". Pactismo y soberanía popular en Centroamérica, 1838–1871, in: Estudios Interdisciplinarios de América Latina y el Caribe 15/2. 2004, 11–39.

U. MÜCKE, Das Indianerbild des peruanischen Liberalismus im 19. Jahrhundert. Münster 1998.

U. MÜCKE, Der Partido Civil in Peru 1871–1879. Zur Geschichte politischer Parteien und Repräsentation in Lateinamerika. Stuttgart 1998.

E. POSADA CARBÓ (Hrsg.), Elections before democracy. The history of elections in Europe and Latin America. Basingstoke 1996.

J. E. RODRÍGUEZ O. (Hrsg.), The divine charter. Constitutionalism and liberalism in nineteenth-century Mexico. Lanham 2005.

H. SABATO, Citizenship, Political Participation and the Formation of the Public Sphere in Buenos Aires, 1850s–1880s, in: Past & Present 136/1. 1992, 139–163.

H. SABATO, Ciudadanía política y formación de las naciones. Perspectivas históricas de América Latina. México 1999.

H. SABATO, Buenos Aires en armas. La revolución de 1880. Buenos Aires 2008.

H. SABATO/A. R. LETTIERI, La vida política en la Argentina del siglo XIX. Armas, votos y voces. Buenos Aires 2003.

J. M. SHUMWAY, The case of the ugly suitor & other histories of love, gender, & nation in Buenos Aires, 1776–1870. Lincoln 2005.

C. THIBAUD, Repúblicas en armas. Los ejércitos bolivarianos en la guerra de Independencia en Colombia y Venezuela. Bogotá 2003.

J. S. VALENZUELA, Democratización vía reforma. La expansión del sufragio en Chile. Buenos Aires 1985.

2.3 Die Rolle der katholischen Kirche

J. P. BASTIAN, La mutación religiosa en América Latina: para una sociología del cambio social en la modernidad periférica. México 2012.

J. P. BASTIAN/D. M. LÓPEZ VEGA (Hrsg.), La Modernidad Religiosa. Europa Latina y América Latina en Persperctiva Comparada. México 2004.

R. BLANCARTE, Laicidad y secularización en México, in: J. P. BASTIAN/D. M. LÓPEZ VEGA (Hrsg.), La Modernidad Religiosa. Europa Latina y América Latina en Persperctiva Comparada. México 2004, 45–60.

M. CHOWNING, The Catholic Church and the Ladies of the Vela Perpetua. Gender and Devotional Change in Nineteenth-Century Mexico, in: Past & Present 221/1. 2013, 197–237.

R. DI STEFANO, La Excepción Argentina. Construcción del Estado y de la Iglesia en el Siglo XIX, in: Procesos: Revista Ecuatoriana de Historia/40. 2014, 91–114.

R. DI STEFANO, Le Processus Historique de Sécularisation et de Laïcité en Amérique Latine, in: A. MARTIN (Hrsg.), La Laïcité en Amérique Latine. Paris 2014, 11–47.

E. Dussel (Hrsg.), The Church in Latin America 1492–1992. Tunbridge Wells 1992.
E. D. Langer, Expecting Pears from an Elm Tree. Franciscan Missions on the Chiriguano Frontier in the Heart of South America, 1830–1949. Durham 2009.
J. Lynch, New Worlds. A Religious History of Latin America. New Haven 2012.
A. Martin (Hrsg.), La Laïcité en Amérique Latine. Paris 2014.
U. Mücke, Gegen Aufklärung und Revolution. Die Entstehung des konservativen Denkens in der iberischen Welt (1770–1840). Köln, Weimar, Wien 2008.
M. D. O'Hara, A Flock Divided. Race, Religion, and Politics in Mexico, 1749–1857. Durham 2010.
H.-J. Prien, Christianity in Latin America. Leiden, Boston 2013.
P. Schmidt/S. Dorsch/H. Herold-Schmidt (Hrsg.), Religiosidad y Clero en América Latina – Religiosity and Clergy in Latin America (1767–1850). La Época de las Revoluciones Atlánticas – The Age of the Atlantic Revolutions. Köln 2011.
J. F. Schwaller, The History of the Catholic Church in Latin America. From Conquest to Revolution and Beyond. New York, London 2011.

3 Sklavenhandel und Sklaverei

H. Aptheker, Negro Slave Revolts in the United States 1526–1860. New York 1940.
M. R. Assunção, Capoeira. A history of an Afro-Brazilian martial art. London, New York 2005.
M. Barcia Paz, Seeds of Insurrection. Domination and Resistance on Western Cuban Plantations, 1808–1848. Baton Rouge 2008.
H. M. Beckles/V. Shepherd (Hrsg.), Caribbean Slavery in the Atlantic World. A Student Reader. Oxford 2000.
L. W. Bergad, The Comparative Histories of Slavery in Brazil, Cuba, and the United States. Cambridge 2007.
J. Borst/R. Fuchs/M. Urioste-Buschmann (Hrsg.), Crossing Thresholds. Gender and Decoloniality in Caribbean Knowledge. Entertext: An interdisciplinary humanities e-journal. 2018 (Special issue).
G. Campbell/E. Elbourne (Hrsg.), Sex, Power and Slavery. Athens 2014.
G. Campbell/S. Miers/J. C. Miller (Hrsg.), Women and Slavery. Athens, Ohio 2007.
E. Christopher/C. Pybus/M. Rediker (Hrsg.), Many Middle Passages. Forced Migration and the Making of the Modern World. Berkeley 2007.
P. D. Curtin, The Atlantic Slave Trade: A Census. Madison, London 1969.
D. B. Davis, The Problem of Slavery in Western Culture. Ithaca 1966.
S. Drescher/S. L. Engerman (Hrsg.), A Historical Guide to World Slavery. New York 1998.
W. E. B. Du Bois, The Souls of Black Folk. Chicago 1903.

D. Eltis, u. a. (Hrsg.), The Cambridge World History of Slavery. Cambridge, New York 2011–2017.
D. Eltis/D. Richardson (Hrsg.), Routes to slavery. Direction, ethnicity and mortality in the transatlantic slave trade. London 1997.
S. Engerman/J. Inikori (Hrsg.), The Atlantic Slave Trade. Effects on Economies, Societies and Peoles in Africa, the Americas and Europe. Durham 1992.
S. L. Franklin, Women and Slavery in Nineteenth Century Colonial Cuba. Rochester 2012.
G. García Rodríguez, Conspiraciones y Revueltas. La Actividad Política de los Negros en Cuba (1790–1845). Santiago de Cuba 2003.
G. García Rodríguez, Voices of the Enslaved in Nineteenth Century Cuba. A Documentary History. Chapel Hill 2011.
D. Geggus (Hrsg.), The Impact of the Haitian Revolution in the Atlantic World. Columbia 2001.
P. Gilroy, The Black Atlantic. Modernity and double consciousness. Cambridge 1993.
C. Hatzky/U. Schmieder (Hrsg.), Sklaverei und Postemanzipationsgesellschaften in Afrika und der Karibik, in: Periplus. Jahrbuch für außereuropäische Geschichte 2010, 1–193.
G. J. Heuman/T. G. Burnard (Hrsg.), The Routledge History of Slavery. London, New York 2011.
J. E. Inikori/S. Engerman (Hrsg.), Forced migration. The Impact of the Export Slave Trade on African Societies. London 1981.
M. Karasch, Slave Life in Rio de Janeiro, 1808–1850. Princeton 1987.
H. S. Klein, The Middle Passage. Comparative Studies in the Atlantic Slave Trade. Princeton 1978.
H. S. Klein, The Atlantic Slave Trade. Cambridge 1999.
J. Laviña/J. L. Ruiz-Peinado, Resistencias esclavas en las Américas. Aranjuez 2006.
J. Laviña/M. Zeuske, The Second Slavery. Mass Slaveries and Modernity in the Americas and in the Atlantic Basin. Zürich, Berlin 2014.
A. Leonard/D. Pretel (Hrsg.), The Caribbean and the Atlantic world economy. Circuits of trade, money and knowledge, 1650–1914. Houndmills, New York 2015.
F. V. Luna/H. S. Klein, Slave Economy and Society in Minas Gerais and São Paulo, Brazil in 1830, in: Journal of Latin American Studies 36/1. 2004, 1–28.
P. Manning, The Slave Trade. The Formal Demography of a Global System, in: S. Engerman/J. Inikori (Hrsg.), The Atlantic Slave Trade. Effects on Economies, Societies and Peoles in Africa, the Americas and Europe. Durham 1992, 117–144.
J. C. Miller, Way of Death. Merchant Capitalism and the Angolan Slave Trade, 1730–1830. London 1988.
J. C. Miller, Slavery and Slaving in World History. A Bibliography. Armonk 1999.
M. Moreno Fraginals, The sugarmill: the socioeconomic complex of sugar in Cuba, 1760–1860. New York 1976.
M. Nishida, Slavery and Identity. Ethnicity, Gender, and Race in Salvador, Brazil, 1808–1888. Bloomington 2003.

S. Palmié, Slave cultures and the cultures of slavery. Knoxville 1995.
O. Patterson, Slavery and Social Death. A Comparative Study. Cambridge 1982.
R. Price (Hrsg.), Maroon societies. Rebel slave communities in the Americas. Baltimore 1996.
J. J. Reis, Slave Resistance in Brazil. Bahia, 1807–1835. in: Luso-Brazilian Review 25/1. 1988, 111–144.
J. J. Reis/A. Brakel, Slave Rebellion in Brazil. The Muslim Uprising of 1835 in Bahia. Baltimore 1993.
J. J. Reis/E. Silva, Negociação e Conflito. A Resistência Negra no Brasil Escravista. São Paulo 1989.
M. Rodrigo, From Periphery to Centre: Transatlantic Capital Flows, 1830–1890, in: A. Leonard/D. Pretel (Hrsg.), The Caribbean and the Atlantic world economy. Circuits of trade, money and knowledge, 1650–1914. Houndmills, New York 2015, 217–237.
V. Sanz/M. Zeuske, Microhistoria de esclavas y esclavos, in: Millars. Espai i Història. Vol. XLII /1. 2017, (número monográfico).
U. Schmieder (Hrsg.), Postemanzipation und Gender. Leipzig 2007.
U. Schmieder, Masculine and Feminine Identities of Slaves, Patrocinados and Freedmen in Cuba in the 1880s, in: J. Borst/R. Fuchs/M. Urioste-Buschmann (Hrsg.), Crossing Thresholds. Gender and Decoloniality in Caribbean Knowledge. Entertext: An interdisciplinary humanities e-journal. 2018 (Special issue).
R. J. Scott, Degrees of freedom. Louisiana and Cuba after slavery. Cambridge 2005.
P. Scully/D. Paton, Gender and Slave Emancipation in the Atlantic World. Durham 2005.
V. Shepherd/B. Brereton/B. Bailey (Hrsg.), Engendering History. Caribbean Women in Historical Perspective. London 1995.
D. Tomich, Through the Prism of Slavery. Labor, Capital, and World Economy. Lanham 2004.
D. Tomich/P. Muñoz Luna, La Segunda Esclavitud y el Capitalismo Mundial. Una Perspectiva para la Investigación Histórica, in: Historia Social/90. 2018, 149–164.
E. Williams, Capitalism and slavery. Chapel Hill 1944.
M. Zeuske, Mongos und Negreiros. Atlantische Sklavenhändler im 19. Jahrhundert und der iberische Sklavenhandel 1808/1820–1873, in: C. Hatzky/U. Schmieder (Hrsg.), Sklaverei und Postemanzipationsgesellschaften in Afrika und der Karibik. Periplus. Jahrbuch für außereuropäische Geschichte 2010, 57–116.
M. Zeuske, Sklavenhändler, Negreros und Atlantikkreolen. Eine Weltgeschichte des Sklavenhandels im atlantischen Raum. Berlin 2015.
M. Zeuske, Handbuch Geschichte der Sklaverei. Eine Globalgeschichte von den Anfängen bis zur Gegenwart. Berlin, München, Boston 2019.

3.1 Kreolisierung

L. F. D. ALENCASTRO, O trato dos viventes. Formação do Brasil no Atlântico Sul, séculos XVI e XVII. São Paulo 2001.

A. L. ARAUJO (Hrsg.), African Heritage and Memories of Slavery in Brazil and the South Atlantic World. Amherst 2015.

I. BERLIN, Many Thousands Gone. TheFirst Two Centuries of Slavery in North America. Cambridge 1998.

M. P. CANDIDO, Different Slave Journeys. Enslaved African Seamen on Board of Portuguese Ships, c.1760–1820s, in: Slavery & Abolition 31/3. 2010, 395–409.

O. M. G. D. CUNHA, The Things of Others. Ethnographies, Histories, and other Artefacts. Leiden, Boston 2020.

J. C. CURTO, Enslaving spirits. The Portuguese-Brazilian alcohol trade at Luanda and its Hinterland, c. 1550–1830. Leiden, Boston 2004.

J. C. CURTO/P. E. LOVEJOY, Enslaving connections. Changing cultures of Africa and Brazil during the era of slavery. Amherst 2004.

J. C. CURTO/R. SOULODRE-LAFRANCE (Hrsg.), Africa and the Americas. Interconnections during the Slave Trade. Trenton 2005.

A. DE LA FUENTE, Slave Law and Claims-Making in Cuba. The Tannenbaum Debate Revisited, in: Law and History Review 22/2. 2004, 339–369.

L. M. HEYWOOD, Central Africans and Cultural Transformations in the American Diaspora. New York 2002.

H. S. KLEIN/F. V. LUNA, Slavery in Brazil. New York 2010.

H. S. KLEIN/B. VINSON III, Historia mínima de la esclavitud en América Latina y en el Caribe. México 2013.

P. E. LOVEJOY (Hrsg.), Unfree Labour in the Development of the Atlantic World. Ilford, Essex 1994.

F. V. LUNA, u. a., Escravismo em São Paulo e Minas Gerais. São Paulo 2009.

J. L. MATORY, Black Atlantic Religion. Tradition, Transnationalism, and Matriarchy in the Afro-Brazilian Candomblé. Princeton 2005.

S. W. MINTZ/R. PRICE, An Anthropological Approach to the Afro-American Past. A Caribbean Perspective. Philadelphia 1976.

R. PRICE, The Concept of Creolization, in: D. ELTIS, u. a. (Hrsg.), The Cambridge World History of Slavery. Cambridge, New York. Vol 3. 2011, 513–537.

M. RÖHRIG ASSUNÇÃO, Angola in Brazil. The Formation of Angoleiro Identity in Bahia, in: A. L. ARAUJO (Hrsg.), African Heritage and Memories of Slavery in Brazil and the South Atlantic World. Amherst 2015, 109–148.

U. SCHMIEDER, War die iberoamerikanische Sklaverei milde? In: Zeitschrift für Weltgeschichte 4/1. 2003, 115–132.

J. H. SWEET, Recreating Africa. Culture, kinship, and religion in the African-Portuguese world, 1441–1770. Chapel Hill 2003.

F. TANNENBAUM, Slave and Citizen. The Negro in the Americas. New York 1946.

J. K. THORNTON, Africa and Africans in the making of the Atlantic world, 1400–1800. Cambridge 1998.

P. Verger, Flux et reflux de la traite des nègres entre le golfe du Bénin et Bahia de todos os Santos, du dix-septième au dix-neuvième siècle. Paris, La Haye 1968.

3.2 Brasilien

L. R. d. Barros Mott, Rosa Egipcíaca. Uma santa africana no Brasil. Rio de Janeiro 1993.
L. W. Bergad, Slavery and the Demographic and Economic History of Minas Gerais, Brazil, 1720–1888. Cambridge 1999.
F. H. Cardoso, Capitalismo e escravidão no Brasil meridional. o negro na sociedade escravocrata do Rio Grande do Sul. São Paulo 1962.
S. Chalhoub, Visões da liberdade. Uma história das últimas décadas da escravidão na corte. São Paulo 1990.
F. Fernandes, A integração do negro na sociedade de classes. São Paulo 1965.
A. M. Filho/R. B. Martins, Slavery in a Nonexport Economy. Nineteenth-Century Minas Gerais Revisited, in: The Hispanic American Historical Review 63/3. 1983, 537–568.
Z. L. Frank, Dutra's world. Wealth and family in nineteenth-century Rio de Janeiro. Albuquerque 2004.
G. Freyre, Herrenhaus und Sklavenhütte. Ein Bild der brasilianischen Gesellschaft. München 1990 [1933].
D. T. Graden, From Slavery to Freedom in Brazil. Bahia, 1835–1900. Albuquerque 2006.
K. Grinberg, Liberata, a lei da ambigüidade. As ações de liberdade da Corte de Apelação do Rio de Janeiro no século XIX. Rio de Janeiro 1994.
R. E. Harding, A Refuge in Thunder. Candomblé and Alternative Spaces of Blackness. Bloomington 2000.
H. Kraay (Hrsg.), Afro-Brazilian Culture and Politics. Bahia, 1790s to 1990s. Armonk 1998.
S. H. Lara, Campos da violência. Escravos e senhores na Capitania do Rio de Janeiro, 1750–1808. Rio de Janeiro 1988.
R. d. B. Marquese, As desventuras de um conceito. Capitalismo histórico e historiografia sobre a escravidão brasileira, in: Revista de História 169. 2013, 223–253.
K. M. d. Q. Mattoso/S. B. Schwartz, To Be a Slave in Brazil. 1550–1888. New Brunswick 1986.
C. Moura, Rebeliões da senzala. Quilombos, insurreições, guerrilhas. São Paulo 1959.
C. A. Paiva/H. S. Klein, Slave and Free in Nineteenth Century Minas Gerais. Campanha in 1831, in: Slavery & Abolition 15/1. 1994. 1–21.
L. N. Parés, A formação do Candomblé. História e ritual da nação jeje na Bahia. Saõ Paulo 2006.
S. R. R. d. Queiroz, Escravidão negra em São Paulo. Um estudo das tensões provocadas pelo escravismo no século XIX. Rio de Janeiro, Brasília 1977.

J. J. Reis, Candomblé in Nineteenth-Century Bahia. Priests, Followers, Clients, in: Slavery & Abolition 22/1. 2001, 91–115.
S. B. Schwartz, Patterns of Slaveholding in the Americas. New Evidence from Brazil, in: The American Historical Review 87/1. 198, 55–86.
S. B. Schwartz, Sugar Plantations in the Formation of Brazilian Society. Bahia, 1550–1835. Cambridge 1985.
S. B. Schwartz, Recent Trends in the Study of Slavery in Brazil, in: Luso-Brazilian Review 25/1. 1988, 1–25.
E. Silva, Prince of the people. The life and times of a Brazilian free man of colour. London, New York 1993.

3.3 Sainte-Domingue/Haiti

F. Blancpain, La colonie française de Saint-Domingue. De l'esclavage à l'indépendance. Paris 2004.
M. Cottias, D'une abolition à l'autre. Anthologie raisonnée de textes consacrés à la seconde abolition de l'esclavage dans les colonies françaises. Marseille 1998.
M. Dorigny, Les Abolitions de l'Esclavage (1793–1888). Paris 2018.
L. Dubois, A Colony of Citizens. Revolution & Slave Emancipation in the French Caribbean, 1787–1804. Kingston 2004.
L. Dubois, Avengers of the New World. The story of the Haitian revolution. Harvard Univ. Cambridge 2005.
L. Dubois/J. S. Scott (Hrsg.), Origins of the Black Atlantic. New York 2010.
A. Ferrer, Freedom's Mirror. Cuba and Haiti in the Age of Revolution. New York 2014.
C. E. Fick, The Making of Haiti. The Saint Domingue Revolution From Below. Knoxville 2004.
S. Fischer, Modernity disavowed. Haiti and the cultures of slavery in the age of revolution. Durham 2004.
B. Gainot, La révolution des esclaves. Haïti, 1763–1803. Paris 2017.
D. B. Gaspar/D. P. Geggus (Hrsg.), A Turbulent Time. The French Revolution and the Greater Caribbean. Bloomington 2003.
F. Gauthier, L'aristocratie de l'épiderme. Le combat de la Société des Citoyens de Couleur, 1789–1791. Paris 2007.
D. Geggus, The Haitian Revolution. A Documentary History. Indianapolis 2014.
O. Gliech, Saint-Domingue und die Französische Revolution. Das Ende der weißen Herrschaft in einer karibischen Plantagenwirtschaft. Köln, Weimar, Wien 2011.
C. L. R. James, The Black Jacobins. Toussaint l'Ouverture and the San Domingo Revolution. New York 1963.
L. C. Jennings, French Anti-Slavery. The Movement for the Abolition of Slavery in France, 1802–1848. Cambridge, New York 2000.
S. Peabody, There Are No Slaves in France. The Political Culture of Race and Slavery in the Ancien Régime. New York 1996.

J. D. POPKIN, You Are All Free. The Haitian Revolution and the Abolition of Slavery. Cambridge 2010.

F. RÉGENT, La France et ses esclaves. De la colonisation aux abolitions, 1620–1848. Paris 2012.

F. RÉGENT/J.-F. NIORT/P. SERNA, Les colonies, la Révolution française, la loi. Rennes 2014.

K. SCHÜLLER, Die deutsche Rezeption haitianischer Geschichte in der ersten Hälfte des 19. Jahrhunderts. Ein Beitrag zum deutschen Bild vom Schwarzen. Köln, Wien, Weimar 1992.

K. SCHÜLLER, From Liberalism to Racism: German Historians, Journalists, and the Haitian Revolution from the Late Eighteenth to the Early Twentieth Centuries, in: D. GEGGUS (Hrsg.), The Impact of the Haitian Revolution in the Atlantic World. Columbia 2001, 23–43.

M.-R. TROUILLOT, Silencing the past. Power and the production of history. Boston 1995.

C. WANQUET, La France et la première abolition de l'esclavage, 1794–1802. Le cas des colonies orientales, Ile de France (Maurice) et La Réunion. Paris 1998.

3.4 Abolition

C. M. AZEVEDO, Abolitionism in the United States and Brazil. A Comparative Perspective. New York 1995.

L. BETHELL, The Abolition of the Brazilian Slave Trade. Britain, Brazil and the Slave Trade Question, 1807–1869. Cambridge 1970.

R. BLACKBURN, The Overthrow of Colonial Slavery. 1776–1848. London, New York 1988.

R. BLACKBURN, The American crucible. Slavery, emancipation and human rights. London 2013.

P. BLANCHARD, Slavery and Abolition in Early Republican Peru. Wilmington 1992.

P. BLANCHARD, Under the Flags of Freedom. Slave Soldiers and the Wars of Independence in Spanish South America. Pittsburgh 2008.

A. BORUCKI, From shipmates to soldiers. Emerging Black identities in the Río de la Plata. Albuquerque 2015.

K. BOSL, Die Sklavenbefreiung in Brasilien, eine soziale Frage für die Kirche? Die Katholische Kirche und das Ende der Sklaverei in der Kaffeeprovinz São Paulo, 1871–1888. Stuttgart 1999.

CH. BÜSCHGES/S. RINKE (Hrsg.), Das Ende des alten Kolonialsystems. Dokumente zur Geschichte der europäischen Expansion 8. Wiesbaden 2019.

A. M. CALDEIRA, Escravos e traficantes no império português. O comércio negreiro português no Atlântico durante os séculos XV a XIX. Lissabon 2013.

H. CATEAU/S. H. H. CARRINGTON (Hrsg.), Capitalism and slavery fifty years later. Eric Eustace Williams. A reassessment of the man and his work. New York 2000.

M. D. Childs, The 1812 Aponte Rebellion in Cuba and the Struggle Against Atlantic Slavery. Chapel Hill 2006.
R. E. Conrad, The destruction of Brazilian slavery, 1850–1888. Malabar 1993.
D. J. Davis (Hrsg.), Beyond Slavery. The Multilayered Legacy of Africans in Latin America and the Caribbean. Lanham 2007.
S. Drescher, Econocide. British Slavery in the Era of Abolition. Pittsburgh 1977.
S. Drescher, The Mighty Experiment: Free Labor vs. Slavery in British Emancipation. New York 2002.
S. Drescher, Abolition. A History of Slavery and Antislavery. Cambridge 2009.
S. Engerman/R. Fogel, Time on the Cross. The Economics of American Negro Slavery. New York 1974.
A. Ferrer, Insurgent Cuba. Race, nation, and revolution, 1868–1898. Chapel Hill 1999.
M. Florentino, Tráfico, cativeiro e liberdade. Rio de Janeiro, séculos XVII-XIX. Rio de Janeiro 2005.
J. M. Fradera/C. Schmidt-Nowara, Slavery and Antislavery in Spain's Atlantic Empire. New York 2013.
S. Hahn, Forging Freedom, in: G. J. Heuman/T. G. Burnard (Hrsg.), The Routledge History of Slavery. London, New York 2011, 298–313.
A. Helg, Our Rightful Share. The Afro-Cuban Struggle for Equality, 1886–1912. Chapel Hill 1995.
A. Helg, Liberty and Equality in Caribbean Colombia, 1770–1835. Chapel Hill 2004.
J. Kemner, Dunkle Gestalten? Freie Farbige in Santiago de Cuba (1850–1886). Münster 2010.
J. Landers, Slavery and abolition in the Atlantic world. New sources and new findings. Basingstoke 2017.
H. M. Mattos, Das cores do silêncio. Os significados da liberdade no sudeste escravista, Brasil século XIX. Rio de Janeiro 1998.
J. D. Needell, The party of order. The conservatives, the state, and slavery in the Brazilian monarchy, 1831–1871. Stanford 2006.
J. M. Ramos Guédez, La africanía en Venezuela: esclavizados, abolición y aportes culturales. Caracas 2012.
C. Schmidt-Nowara, Empire and Antislavery. Spain, Cuba, and Puerto Rico, 1833–1874. Pittsburgh 1999.
C. Schmidt-Nowara, Slavery, Freedom and Abolition in Latin America and the Atlantic world. Albuquerque 2011.
R. J. Scott, The Abolition of slavery and the aftermath of emancipation in Brazil. Durham 1988.
R. J. Scott, Slave emancipation in Cuba. The transition to free labor, 1860–1899. Pittsburgh 2000.
B. L. Solow/S. L. Engerman (Hrsg.), British Capitalism and Caribbean Slavery. The Legacy of Eric Williams. Cambridge 1987.
U. Schmieder/K. Füllberg-Stolberg/M. Zeuske, The end of slavery in Africa and the Americas. A comparative approach. Berlin 2011.
T. G. Vincent, The legacy of Vicente Guerrero, Mexico's first Black Indian president. Gainesville 2001.

3.5 Postemanzipation

W. W. Anderson/R. G. Lee (Hrsg.), Displacements and Diasporas. Asians in the Americas. New Brunswick, New Jersey, London 2005.

G. R. Andrews, Blacks and Whites in São Paulo, Brazil, 1888–1988. Madison 1991.

N. P. Appelbaum/A. S. Macpherson/K. A. Rosemblatt, Race and Nation in Modern Latin America. Chapel Hill 2003.

K. Butler, Freedoms Given, Freedoms Won. Afro-Brazilians in Post-Abolition São Paulo and Salvador. New Brunswick 1998.

R. Chao Romero, The Chinese in Mexico. 1882–1940. Tucson 2011.

F. Cooper/T. C. Holt/R. J. Scott, Beyond slavery. Explorations of race, labor, and citizenship in postemancipation societies. Chapel Hill 2000.

O. M. G. d. Cunha/F. d. S. Gomes, Quase-cidadão. Histórias e antropologias da pós-emancipação no Brasil. Rio de Janeiro 2007.

A. de la Fuente/G. R. Andrews (Hrsg.), Afro-Latin American studies. An Introduction. Cambridge 2018.

L. Dubois/J. D. Garrigus, Slave revolution in the Caribbean, 1789–1804. A brief history with documents. New York 2006.

E. Hu-DeHart, On Coolies and Shopkeepers. The Chinese as Huagong (Laborers) and Huasheng (Merchants) in Latin America/Caribbean, in: W. W. Anderson/R. G. Lee (Hrsg.), Displacements and Diasporas. Asians in the Americas. New Brunswick, London 2005, 78–111.

E. Hu-DeHart, La trata amarilla. The „Yellow Trade" and the Middle Passage, in: E. Christopher/C. Pybus/M. Rediker (Hrsg.), Many Middle Passages. Forced Migration and the Making of the Modern World. Berkeley 2007, 166–183.

C. Hünefeldt, Paying the Price of Freedom. Family and Labor among Lima's Slaves, 1800–1854. Berkeley 1994.

M.-H. Jung, Coolies and Cane. Race, Labor, and Sugar in the Age of Emancipation. Baltimore 2006.

W. Look Lai, Indentured Labor, Caribbean Sugar. Chinese and Indian Migrants to the British West Indies, 1838–1918. Baltimore 1993.

U. Mücke, Aus einer anderen Welt. Asiatische Einwanderer in die Amerikas, ca. 1850–1945, in: Periplus: Jahrbuch für außereuropäische Geschichte 2004, 117–142.

N. P. Naro (Hrsg.), Blacks, Coloureds and National Identity in Nineteenth-Century Latin America. London 2003.

B. Potthast, Sklavenfamilien. Ein Forschungsüberblick, in: Comparativ 7/1. 1997, 18–31.

H. Rodríguez Pastor, Herederos del dragón. Historia de la comunidad China en el Perú. Lima 2000.

U. Schmieder, Nach der Sklaverei. Martinique und Kuba im Vergleich. Berlin, Münster 2014.

R. J. Scott/T. C. Holt/F. Cooper (Hrsg.), Societies After Slavery. A Select Annotated Bibliography of Printed Sources on Cuba, Brazil, British Colonial Africa, South Africa, and the British West Indies. Pittsburgh 2002.

M. Turner (Hrsg.), From Chattel Slaves to Wage Slaves. The Dynamics of Labour Bargaining in the Americas. Kingston 1995.
A. Windus, Afroargentinier und Nation. Konstruktionsweisen afroargentinischer Identität im Buenos Aires des 19. Jahrhunderts. Leipzig 2005.
L. Yun, The Coolie Speaks. Chinese Indentured Laborers and African Slaves in Cuba. Philadelphia 2008.

4 Kriegs- und Grenzforschung

D. Abente Brun, The war of the Triple Alliance. Three explanatory models, in: Latin American Research Review 22/2. 1987, 47–69.
M. V. Baratta, La Guerra del Paraguay y la construcción de la identidad nacional. Buenos Aires 2019.
N. Böttcher/I. Galaor/B. Hausberger (Hrsg.), Los buenos, los malos y los feos. Poder y resistencia en América Latina. Frankfurt am Main, Madrid 2005.
E. Brahm García, Preparados para la guerra. Pensamiento militar chileno bajo influencia alemana 1885–1930. Santiago de Chile 2003.
I. Buisson, Gewalt und Gegengewalt im „guerra de castas" in Yukatan, 1847–1853, in: Jahrbuch für Geschichte Lateinamerikas 15/1. 1978, 7–28.
L. Capdevila, Una guerra total: Paraguay, 1864–1870. Ensayo de Historia del tiempo presente. Asunción, Buenos Aires 2010.
E. Cavieres Figueroa/C. Aljovín de Losada, Chile-Perú. Perú-Chile. 1820–1920. Desarrollos políticos, económicos y culturales, in: História 39/1. 2006, 329–336.
M. A. Centeno, The Centre did Not Hold. War in Latin America and the Monopolisation of Violence, in: J. Dunkerley (Hrsg.), Studies in the formation of the nation-state in Latin America. London 2002, 54–76.
B. M. Chesterton, The Chaco War. Environment, Ethnicity, and Nationalism. London 2016.
J. J. Chiavenato, Genocidio Americano. La guerra del Paraguay. Asunción 2008.
G. Cid, La guerra contra la Confederación. Imaginario nacionalista y memoria colectiva en el Siglo XIX chileno. Santiago 2011.
W. P. d. Costa, A espada de Dâmocles. O exército, a Guerra do Paraguai e a crise do Império. São Paulo 1996.
P. H. Covington (Hrsg.), Latin American frontiers, borders, and hinterlands. Research needs and resources. Albuquerque 1990.
F. Doratioto, Maldita guerra. Nova história da Guerra do Paraguai. São Paulo 2002.
G. Dufner/J. Fermandois Huerta/S. Rinke (Hrsg.), Deutschland und Chile, 1850 bis zur Gegenwart: Ein Handbuch. Chile y Alemania, 1850 hasta hoy: un manual. Stuttgart 2016.
J. Dunkerley (Hrsg.), Studies in the formation of the nation-state in Latin America. London 2002.
F. Gil Lozano/V. S. Pita/M. G. Ini (Hrsg.), Historia de las mujeres en la Argentina. Buenos Aires 2000.

C. Haake, Two stories. Yaqui resistence in Sonora and Yucatan towards the end of Porfiriato, in: N. Böttcher/I. Galaor/B. Hausberger (Hrsg.), Los buenos, los malos y los feos. Poder y resistencia en América Latina. Frankfurt am Main, Madrid 2005, 345–365.

B. Hillekamps, Der Streit um die Falkland-Inseln. Köln 1978.

E. Hu-DeHart, Yaqui resistance and survival. The struggle for land and autonomy, 1821–1910. Madison 1984.

H. Kraay/T. L. Whigham (Hrsg.), I die with my country. Perspectives on the Paraguayan War, 1864–1870. Lincoln 2004.

R. C. Laver, The Falklands Malvinas case. Breaking the Deadlock in the Anglo-Argentine Sovereignty Dispute. Den Haag 2001.

F. López-Alves, State formation and democracy in Latin America, 1810–1900. Durham 2000.

L. Malosetti Costa, Mujeres en la frontera, in: F. Gil Lozano/V. S. Pita/M. G. Ini (Hrsg.), Historia de las mujeres en la Argentina. Buenos Aires 2000, 87–109.

E. Manero, A Retrospective Look at the Nature of National Borders in Latin America, in: D. Wastl-Walter (Hrsg.), The Ashgate research companion to border studies. Farnham, Burlington 2011, 301–323.

C. McEvoy Carreras, Guerreros civilizadores. Política, sociedad y cultura en Chile durante la Guerra del Pacífico. Santiago de Chile 2011.

L. A. Moniz Bandeira, A expansão do Brasil e a formção dos estados na Bacia do Prata. Argentina, Uruguai e Paraguai (da colonização à Guerra da Tríplice Aliança). Rio de Janeiro 2012.

K. Motzkau/V. Höse/A. Sáez Arance (Hrsg.), Identidades nacionales en América Latina. Stuttgart 2017.

V. Palermo, Salen las heridas. Las Malvinas en la cultura argentina contemporanea. Buenos Aires 2007.

B. Potthast, „Paradies Mohammeds" oder „Land der Frauen"? Zur Rolle von Frau und Familie in Paraguay im 19. Jahrhundert. Köln, Weimar, Wien 1994.

B. Potthast/T. L. Whigham, The Paraguayan Rosetta Stone. New Insights into the Demographics of the Paraguayan War, 1864–1870, in: Latin American Research Review 34/1. 1999, 174–186.

B. Potthast/T. L. Wigham/V. Blinn Reber, Some Strong Reservations: A Critique of Vera Blinn Reber's „The Demographics of Paraguay: A Reinterpretation of the Great War, 1864–70", in: Hispanic American Historical Review 70/4. 1990, 667–675.

L. Reina, Las rebeliones campesinas en México. 1819–1906. México 1984.

L. Reina (Hrsg.), La Reindianización de América, Siglo XIX. México 1997.

M. Riekenberg, Staatsbildung von der Grenze her? Zur Entwicklung der indianischen Grenze und politischen Rolle der Grenzgesellschaften im südlichen Hispanoamerika, in: Zeitschrift für Geschichtswissenschaft 41/8. 1993, 716–729.

M. Riekenberg, Ethnische Kriege in Lateinamerika im 19. Jahrhundert. Stuttgart 1997.

R. Salles, Guerra do Paraguai. Escravidão e cidadania na formação do exército. Rio de Janeiro 1990.
C. Sanhueza, Chile y Alemania 1871–1914. Un vínculo que se solidifica, in: G. Dufner/J. Fermandois Huerta/S. Rinke (Hrsg.), Deutschland und Chile, 1850 bis zur Gegenwart: Ein Handbuch. Chile y Alemania, 1850 hasta hoy: un manual. Stuttgart 2016.
C. Sanhueza, El debate sobre el *embrujamiento alemán*. Circulación de saberes e identidad. Chile, fines del siglo XIX. in: K. Motzkau/V. Höse/A. Sáez Arance (Hrsg.), Identidades nacionales en América Latina. Stuttgart 2017, 209–219.
W. F. Sater, Andean Tragedy. Fighting the War of the Pacific, 1879–1884. Lincoln 2007.
W. F. Sater/H. Herwig, The Grand Illusion. The Prussianization of the Chilean Army. Lincoln 1999.
B. Schröter, Die Entstehung einer Grenzregion. Wirtschaft, Gesellschaft und Politik im kolonialen Uruguay 1725–1811. Köln, Wien, Weimar 1999.
R. W. Slatta, Historical Frontier Imagery in the Americas, in: P. H. Covington (Hrsg.), Latin American frontiers, borders, and hinterlands. Research needs and resources. Albuquerque 1990, 5–25.
N. Sobrevilla, The Caudillo of the Andes, Andrés de Santa Cruz. New York 2011.
D. Wastl-Walter (Hrsg.), The Ashgate research companion to border studies. Farnham Burlington 2011.
T. L. Whigham, The Paraguayan War. Causes and Conduct. Lincoln 2002.
T. L. Whigham, La Guerra de la Triple Alianza. (3 vols.). Asunción 2010–2012.

5 Gewalt: Ursachen und Phänomene

W. Ansaldi/V. Giordano, América Latina. Tiempos de violencias. Buenos Aires 2014.
K. Bodemer/S. Kurtenbach/K. Meschkat, Violencia y regulación de conflictos en América Latina. Caracas 2001.
F. Escalante Gonzalbo, Ciudadanos imaginarios. Memorial de los afanes y desventuras de la virtud y apología del vicio triunfante en la república mexicana. México 2011.
T. Fischer/M. Krennerich, Politische Gewalt in Lateinamerika. Frankfurt am Main 2000.
W. Gabbert, The longue durée of colonial violence in Latin America, in: Historical Social Research 37/3. 2012, 254–275.
K. Koonings/D. Kruijt, Societies of fear. The legacy of civil war, violence and terror in Latin America. London 2000.
K. Koonings/D. Kruijt, Fractured cities. Social exclusion, urban violence and contested spaces in Latin America. London, New York 2007.
G. O'Donnell, On the State, Democratization and some Conceptional Problems: A Latin American View with Glances at some Postcommunist Countries, in: World Development 21/8. 1993, 1355–1369.

W. G. Pansters, Violence, coercion, and state-making in twentieth-century Mexico. The other half of the centaur. Stanford 2012.
M. Riekenberg, Zum Wandel von Herrschaft und Mentalität in Guatemala. Ein Beitrag zur Sozialgeschichte Lateinamerikas. Köln 1990.
M. Riekenberg, Staatsferne Gewalt. Eine Geschichte Lateinamerikas (1500–1930). Frankfurt am Main, New York 2014.
H. W. Tobler/P. Waldmann, Staatliche und parastaatliche Gewalt in Lateinamerika. Frankfurt am Main 1991.
J. Tutino, From insurrection to revolution in Mexico. Social bases of agrarian violence, 1750–1940. Princeton 1986.
P. Waldmann, Der anomische Staat. Über Recht, öffentliche Sicherheit und Alltag in Lateinamerika. Opladen 2002.

6 Supranationale Zusammenschlüsse

P. R. d. Almeida, O Estudo das Relações Internacionais do Brasil. Brasilia 2006.
W. L. Bernecker, Simón Bolívar, in: N. Werz (Hrsg.), Populisten Revolutionäre, Staatsmänner. Politiker in Lateinamerika. Frankfurt am Main 2010, 80–103.
H. Bernstein, Making an inter-American mind. Gainesville 1961.
C. Bueno, Pan-Americanismo e Projetos de Integração. Temas recorrentes na história das relações hemisféricas (1826–2003), in: Política Externa 13/1. 2004, 65–80.
D. Bushnell/N. Macaulay, The Emergence of Latin America in the Nineteenth Century. New York 1994.
J. J. Caicedo Castilla, El panamericanismo. Buenos Aires 1961.
L. A. Cervo/W. Döpke (Hrsg.), Relacões internacionais dos paises americanos. Vertentes da história. Brasilia 1994.
B. A. Coates, The Pan-American Lobbyist. William Elleroy Curtis and U. S. Empire, 1884–1899, in: Diplomatic History 38/1. 2014, 22–48.
G. Connell-Smith/N. Wolf, El sistema interamericano. México 1971.
F. Cuevas Cancino, Del Congreso de Panamá a la Conferencia de Caracas. 1826–1954. Caracas 1955.
G. A. de la Reza, El Congreso de Panamá de 1826 y otros ensayos de integración latinoamericana en el siglo XIX. Estudio y fuentes documentales anotadas. México 2006.
G. A. de la Reza, El ciclo confederativo. Historia de la integración latinoamericana en el siglo XIX. Lima 2012.
G. A. de la Reza, The Formative Platforms of the Congress of Panama (1810–1826): the Pan-American Conjecture Revisited, in: Revista Brasileira de Política Internacional 56/1. 2013, 5–21.
P. O. Díaz, El Congreso de Panamá y la unidad latinoamericana. Caracas 1982.
H. E. Escarra Malavé, Bolívar, El congreso de Panamá y el nacionalismo latinoamericano. Caracas 1977.

E. Gil, Evolución del panamericanismo. El credo de Wilson y el panamericanismo. Buenos Aires 1933.
E. A. Heredia, La guerra de los congresos: el panhispanismo contra el panamericanismo. Córdoba 2007.
A. D. Lacayo, El Congreso Anfictiónico. Visión bolivariana de la América anteriormente española. Managua 2001.
T. M. Leonard (Hrsg.), United States-Latin American relations, 1850–1903. Establishing a relationship. Tuscaloosa 1999.
J. B. Lockey, Origenes del panamericanismo. Caracas 1927.
C. Marichal, México y las conferencias panamericanas 1889–1938. Antecedentes de la globalización. México 2002.
R. A. Martínez, De Bolívar a Dulles. El panamericanismo, doctrina y práctica imperialista. México 1959.
L. A. Moniz Bandeira, Conflito e Integração na América do Sul -Brasil, Argentina e Estados Unidos: da Tríplice Aliança ao Mercosul (1870–2003). Brasilia 2003.
F. Pividal, Bolívar. Pensamiento precursor del antiimperialismo. Havanna 1977.
D. M. Pletcher, The Diplomacy of Trade and Investment. American Economic Expansion in the Hemisphere, 1865–1900. Columbia 1998.
J. P. Quintero, El Congreso Anfictiónico de Panamá y la política internacional de los Estados Unidos. Bogotá 1977.
S. Rinke, Lateinamerika und die USA. Von der Kolonialzeit bis heute. Darmstadt 2012.
L. C. V. G. Santos, O Brasil entre a América e a Europa. O império e o interamericanismo (do Congresso do Panamá à Conferência de Washington). São Paulo 2003.
W. F. Sater, Chile. Clash of Global Visions II, in: T. M. Leonard (Hrsg.), United States-Latin American relations, 1850–1903. Establishing a relationship. Tuscaloosa 1999, 169–196.
D. Sheinin (Hrsg.), Beyond the ideal. Pan Americanism in Inter-American affairs. Westport 2000.
J. Smith, The First Conference of American States (1889–1890) and the Early Pan American Policy of the United States, in: D. Sheinin (Hrsg.), Beyond the ideal. Pan Americanism in Inter-American affairs. Westport 2000, 19–32.
J. S. Tulchin, Argentina. Clash of Global Visions I. in: T. M. Leonard (Hrsg.), United States-Latin American relations, 1850–1903. Establishing a relationship. Tuscaloosa 1999, 147–168.
J. Vasconcelos, Bolivarismo y monroísmo. Temas iberoamericanos. Santiago de Chile 1934.
N. Werz (Hrsg.), Populisten Revolutionäre, Staatsmänner. Politiker in Lateinamerika. Frankfurt am Main 2010.
A. P. Whitaker, The Western Hemisphere idea. Its rise and decline. Ithaca 1954.

7 Wirtschaftsgeschichte und Entwicklungskonzepte

V. Bulmer-Thomas, The Economic History of Latin America since Independence. Cambridge, New York 1994.
V. Bulmer-Thomas, The Economic History of Latin America since Independence. New York 2014.
J. H. Coatsworth/A. M. Taylor (Hrsg.), Latin America and the world economy since 1800. Cambridge, Mass. 1998.
S. Haber (Hrsg.), How Latin America fell behind. Essays on the Economic Histories of Brazil and Mexico 1800–1914. Stanford 1997.
L. Prados de la Escosura, Lost Decades? Economic Performancce in Post-Independence Latin America, in: Journal of Latin American Studies 41/2. 2009, 279–307.

7.1 Wirtschaftsgeschichte und -historiographie

7.1.1 Periodisierung

7.1.2 Überblickswerke

W. L. Bernecker/H. W. Tobler, Development and underdevelopment in America. Contrasts of economic growth in North and Latin America in historical perspective. Berlin 1993.
L. Bértola/J. A. Ocampo, El desarrollo económico de América Latina desde la Independencia. México 2013.
L. Bethell (Hrsg.), The Cambridge History of Latin America. Vol. III. Cambridge 1984.
L. Bethell (Hrsg.), The Cambridge History of Latin America. Vol. VI, Part 1: Economy and Society. Cambridge 1994.
M. D. Bordo/R. Cortés Conde, Transferring Wealth and Power from the Old to the New World. Monetary and Fiscal Instituions in the 17th through the 19th Century. Cambridge 2001.
N. Böttcher/B. Hausberger, Dinero y negocios en la historia de América Latina. Veinte ensayos dedicados a Reinhard Liehr. Frankfurt am Main 2003.
V. Bulmer-Thomas/J. H. Coatsworth/R. Cortés Conde (Hrsg.), The Cambridge Economic History of Latin America (2 Vols.). Cambridge 2006, 2008.
E. Cárdenas/J. A. Ocampo/R. Thorp (Hrsg.), An Economic History of Twentieth-Century Latin America. Basingstoke 2000.
C. F. Cardoso/H. Pérez Brignoli, Historia económica de América Latina. Barcelona 1979.
R. Cortés Conde/S. Hunt/J. M. C. d. Mello (Hrsg.), The Latin American Economies. Growth and the Export Sector, 1880–1930. New York, London 1985.
R. Cortés Conde/S. J. Stein (Hrsg.), Latin America. A Guide to Economic History, 1830–1930. Berkeley 1977.

R. Liehr (Hrsg.), América Latina en la época de Simón Bolivar. La formación de las economías nacionales y los intereses económicas europeos, 1800–1850. Berlin 1989.

R. Liehr, La deuda pública en América Latina en perspectiva historica. Frankfurt am Main 1995.

R. Liehr, Die Phasen der Auslandsverschuldung Mexikos und Kolumbiens 1820–1920, in: Geschichte und Gesellschaft: Zeitschrift für historische Sozialwissenschaft 14/2. 1988, 153–177.

C. Marichal, A century of debt crises in Latin America. From independence to the Great Depression, 1820–1930. Princeton 1989.

C. Marichal/P. Tedde de Lorca (Hrsg.), La formación de los bancos centrales en España y América Latina. Siglos XIX y XX. Madrid 1994.

L. Prados de la Escosura/S. E. Amaral, La independencia americana: consecuencias económicas. Madrid 1993.

J. Santiso/J. Dayton-Johnson, The Oxford Handbook of Latin American Political Economy. Oxford, New York 2012.

S. Stein/B. Stein, The colonial heritage of Latin America. Oxford, New York 1978.

7.1.3 Länder und Regionalstudien

L. W. Bergad/F. Iglesias García/M. d. C. Barcia, The Cuban Slave Market, 1790–1880. Cambridge 1995.

V. Bulmer-Thomas/J. H. Coatsworth/R. Cortés Conde (Hrsg.), The Cambridge Economic History of Latin America (2 Vols). Cambridge 2006.

M. Carmagnani, Estado y mercado. La economía pública del liberalismo mexicano, 1850–1911. México 1994.

R. Cepero Bonilla, Azúcar y Abolición. Apuntes para una historia crítica del abolicionismo. La Habana 1948.

R. Cortés Conde, Dinero, deuda y crisis. Evolución fiscal y monetaria en la Argeninta 1862–1890. Buenos Aires 1989.

P. Gootenberg, Between Silver and Guano. Commercial Policy and the State in Postindependence Peru. Princeton 1989.

F. Grumblies/A. Weise (Hrsg.), Unterdrückung und Emanzipation in der Weltgeschichte. Zum Ringen um Freiheit, Kaffee und Deutungshoheit. Hannover 2014.

R. Guerra y Sánchez, Sugar and Society in the Caribbean. An Economic History of Cuban Agriculture. New Haven 1964.

T. Halperín Donghi, Guerra y finanzas en los orígenes del Estado argentino, 1791–1850. Buenos Aires 1982.

F. Iglesias García, Del ingenio al central. La Habana 1999.

M. A. Irígoin, u. a. (Hrsg.), La desintegración de la economía colonial. Comercio y moneda en el interior del espacio colonial (1800–1860). Buenos Aires 2003.

P. Martín Aceña/A. Meisel/C. Newland (Hrsg.) La historia económica en Latinoamérica, in: Journal of Iberian and Latin American Economic History/Revista de Historia Económica 17/1. 1999 (Número extraordinario).

S. W. Mintz, Die süße Macht. Kulturgeschichte des Zuckers. Frankfurt am Main 1985.

M. Moreno Fraginals, El ingenio. El complejo económico social cubana del azúcar. La Habana 1964.

F. Ortiz, Contrapunteo cubano del tabaco y el azúcar. La Habana 1940.

F. Ortiz, Cuban Counterpoint. Tobacco and Sugar. New York 1947.

B. Tenenbaum, The Politics of Penury. Debts and Taxes in Mexico, 1821–1856. Albuquerque 1986.

D. Tomich, Through the Prism of Slavery. Labor, Capital, and World Economy. Lanham 2004.

S. Topik, The Political Economy of Brazilian State, 1889–1930. Austin 1987.

V. Wünderich, Die Globalisierung in der Kaffeetasse. Vom Reiz der Kolonialwaren und der Konsumgeschichte, in: F. Grumblies/A. Weise (Hrsg.), Unterdrückung und Emanzipation in der Weltgeschichte. Zum Ringen um Freiheit, Kaffee und Deutungshoheit. Hannover 2014, 9–25.

7.2 Sektorale Studien

7.2.1 Agrarwirtschaft

S. Amaral, The Rise of Capitalism on the Pampas. The Estancias of Buenos Aires, 1785–1870. Cambridge 1998.

B. J. Barickman, A Bahian Counterpoint. Sugar, Tobacco, Cassava, and Slavery in the Recôncavo, 1780–1860. Stanford 1998.

A. Bauer, Rural Spanish America. 1870–1930. in: L. Bethell (Hrsg.), The Cambridge History of Latin America. Vol. IV. Cambridge 1986, 121–186.

L. Bethell (Hrsg.), The Cambridge History of Latin America. Vol. IV. Cambridge 1986.

F. Chevalier, La formation des grands domaines au Mexique. Terre et société aux 16e–17e siècles. Paris 1952.

J. H. Coatsworth, Patterns of Rural Rebellion in Latin America. Mexico in Comparative Perspective, in: F. Katz (Hrsg.), Riot, rebellion, and revolution. Rural social conflict in Mexico. Princeton 1988, 21–64.

R. Cortés Conde, El progreso argentino, 1880–1914. Buenos Aires 1979.

W. Dean, Latifundia and Land Policy in Nineteenth-Century Brazil, in: Hispanic American Historical Review 51/4. 1971, 606–625.

P. Dosal, Doing Business with the Dictators. A Political History of United Fruit in Guatemala. Wilmington 1992.

K. Duncan/I. Rutledge/C. Harding, Land and labour in Latin America. Essays on the development of agrarian capitalism in the nineteenth and twentieth centuries. Cambridge 2008.

W. P. GLADE, The Latin American Economies. A Study of their Instituional Evolution. New York 1969.
A. O. HIRSCHMAN, Journeys Toward Progress. Studies of Economic Policy-Making in Latin America. Boulder 1993.
A. O. HIRSCHMAN, Land Use and Land Reform in Columbia, in: A. O. HIRSCHMAN, Journeys Toward Progress. Studies of Economic Policy-Making in Latin America. Boulder 1993, 93–158.
T. L. KARNES, Tropical Enterprise. The Standard Fruit and Steamship Company in Latin America. Baton Rouge 1978.
H. S. KLEIN, Haciendas and Ayllus. Rural Society in the Bolivian Andes in the Eighteenth and Nineteenth Centuries. Stanford 1993.
A. KNIGHT, Land and Society in Revolutionary Mexico. The Destruction of the Great Hacienda, in: Estudios Mexicanos 7/1. 1991, 73–104.
H. LINDO-FUENTES, Weak Foundations. The Economy of El Salvador in the Nineteenth Century. Berkeley 1990.
F. V. LUNA/H. S. KLEIN, Slavery and the Economy of Sao Paulo, 1750–1850. Stanford 2003.
D. MCCREERY, Rural Guatemala. 1760–1940. Stanford 1994.
M. MÖRNER, The Spanish Amercian Haciendas. A Survey of Recent Research and Debate, in: Hispanic American Historical Review 53/2. 1973, 183–216.
B. P. M. MUELLER, The Economic History, Political Economy and Frontier Settlement of Land in Brazil. Champaign-Urbana 1994.
J. M. PAIGE, Coffee and Power. Revolution and the Rise of Democracy in Central America. Cambridge 1997.
M. PALACIOS ROZO, Coffee in Colombia, 1850–1870. An Economic, Social, and Political History. Cambridge 1980.
J. T. PARSONS, Antioqueño Colonization in Western Colombia. Berkeley 1968.
Y. PINEDA, Industrial Development in a Frontier Economy. The Industrialization of Argentina. Stanford 2010.
H. SABATO, Agrarian Capitalism and the World Market. Buenos Aires in the Pastoral Age, 1840–1890. Albuquerque 1990.
J. STUBBS, Tobacco on the Periphery. A Case Study in Cuban Labour History, 1860–1958. Cambridge 1984.
E. VAN YOUNG, Mexican Rural History since Chevalier. The Historiography of the Colonial Hacienda, in: Latin American Research Review 18/3. 1983, 5–61.
E. VAN YOUNG, Rural History, in: J. C. MOYA (Hrsg.), The Oxford Handbook of Latin American History. Oxford 2011, 309–341.

7.2.2 Industrialisierung, Lohnarbeit und Arbeiterbewegung

C. CALDERÓN/L. SERVÉN, Infrastructure in Latin America, in: J. A. OCAMPO (Hrsg.), The Oxford Handbook of Latin American Economics. Oxford 2011, 659–690.
A. CHOMSKY/A. LAURIA-SANTIAGO (Hrsg.), Identity and struggle at the margins of the nation-state. The laboring peoples of Central America and the Hispanic Caribbean. Durham 1998.

P. DeShazo, Urban workers and labor unions in Chile, 1902–1927. Madison 1983.
B. Fausto, Trabalho urbano e conflito social. Saõ Paulo 1977.
L. Gamboa Ojeda, La urdimbre y la trama. Historia social de los obreros textiles de Atlixco, 1899–1924. Puebla 2001.
A. Gómez-Galvarriato, Premodern Manufacturing, in: V. Bulmer-Thomas/J. H. Coatsworth/R. Cortés Conde (Hrsg.), The Cambridge Economic History of Latin America. Vol. 1. The colonial era and the short nineteenth century. Cambridge 2006, 357–394.
A. Gómez-Galvarriato/J. G. Williamson, Was it Prices, Productivity or Policy? American Industrialisation after 1870, in: Journal of Latin American Studies 41/4. 2009, 663–694.
S. Haber, The Political Economy of Industrialization, in: V. Bulmer-Thomas/J. H. Coatsworth/R. Cortés Conde (Hrsg.), The Cambridge Economic History of Latin America. Vol. 2. The Long Twentieth Century. Cambridge 2006, 537–584.
E. Q. Hutchison, Labors appropriate to their sex. Gender, labor, and politics in urban Chile, 1900–1930. Durham 2001.
T. M. Klubock, Contested communities. Class, gender, and politics in Chile's El Teniente copper mine, 1904–1951. Durham 1998.
C. M. Lewis, Industry in Latin America before 1930, in: L. Bethell (Hrsg.), The Cambridge History of Latin America. Vol. IV. Cambridge 1986.
J. A. Ocampo (Hrsg.), The Oxford Handbook of Latin American Economics. Oxford 2011.
H. Sabato/L. A. Romero, Los trabajadores de Buenos Aires. La experiencia del mercado, 1850–1880. Buenos Aires 1992.
G. Salazar Vergara, Labradores, peones y proletarios. Formación y crisis de la sociedad popular chilena del siglo XIX. Santiago de Chile, Chile 2000.
R. Salvucci, Export-Led Industrialization, in: V. Bulmer-Thomas/J. H. Coatsworth/R. Cortés Conde (Hrsg.), The Cambridge Economic History of Latin America. Vol. 2. The Long Twentieth Century. Cambridge 2006, 249–292.
J. Sanz Fernández, Historia de los ferrocarriles de Iberoamérica, 1837–1995. Madrid 1998.
A. Smith, Der Wohlstand der Nationen. München 1974.
D. Sowell, The early Columbian Labor Movement: Artisans and politics in Bogotá 1832–1919. Philadelphia 1992.
W. Summerhill, Order against Progress. Government, Foreign Investment, and Railroads in Brazil, 1854–1913. Stanford 2003.
W. Summerhill, The Development of Infrastructure, in: V. Bulmer-Thomas/J. H. Coatsworth/R. Cortés Conde (Hrsg.), The Cambridge Economic History of Latin America. Vol. 2. The Long Twentieth Century. Cambridge 2006, 293–328.
J. Suriano, Anarquistas. Cultura y política libertaria en Buenos Aires, 1890–1910. Buenos Aires 2004.
M. Trujillo Bolio, Operarios fabriles en el Valle de México. 1864–1884. México 1997.

7.3 Die „neue" ökonomische Geschichte Lateinamerikas

S. ENGERMAN/K. SOKOLOFF, Factor Endowments, Institutions, and Differential Paths of Growth Among New World Economics. A View from Economic Historians in the United States, in: S. HABER (Hrsg.), How Latin America fell behind. Essays on the Economic Histories of Brazil and Mexico 1800–1914. Stanford 1997, 260–306.

S. HABER (Hrsg.), Political Institutions and Economical Growth in Latin America. Essays in Policy, History and Political Economy. Stanford 2000.

W. KNÖBL, Die Kontigenz der Moderne. Wege in Europa, Asien und Amerika. Frankfurt am Main 2007.

J. MAHONEY, Colonialism and Postcolonial Development. Spanish America in Comparative Perspective. Cambridge 2010.

A. PORTES/L. D. SMITH, Institutions count. Their role and significance in Latin American development. Berkeley 2012.

R. D. SALVATORE/J. H. COATSWORTH/A. E. CHALLÚ, Living standards in Latin American history. Height, welfare, and development; 1750–2000. Cambridge 2010.

8 Migration

F. BINDERNAGEL, Deutschsprachige Migranten in Buenos Aires. Geteilte Erinnerungen und umkämpfte Geschichtsbilder 1910–1932. Paderborn 2018.

J. P. BLANCPAIN, Los Alemanes en Chile. 1816–1945. Santiago de Chile 1985.

D. D. CARVALHO, Migrants and identity in Japan and Brazil. The Nikkeijin. London, New York 2003.

E. S. CASSIDY, The Ambivalence of Slavery, The Certainty of Germanness: Representations of Slave-Holding and Its Impact Among German Settlers in Brazil, 1820–1889, in: German History 33/3. 2015, 367–384.

D. L. CHOU, Chile y China. Inmigración y relaciones bilaterales (1845–1970). Santiago de Chile 2004.

F. DEVOTO, Historia de la inmigración en la Argentina. Buenos Aires 2009.

J. L. ELKIN, The Jews of Latin America. Boulder 2014.

H. FRÖSCHLE (Hrsg.), Die Deutschen in Lateinamerika. Schicksal und Leistung. Tübingen, Basel 1979.

C. H. GARDINER, The Japanese and Peru, 1873–1973. Albuquerque 1975.

E. HU-DEHART, Immigrants to a Developing Society. The Chinese in Northern Mexico, 1875–1932, in: The Journal of Arizona History 21/3. 1980, 275–312.

E. HU-DEHART, Chinese Coolie Labour in Cuba in the Nineteenth Century. Free Labour or Neo-Slavery? In: Slavery & Abolition 14/1. 1993, 67–86.

S. HYLAND JR., More Argentine Than You. Arabic-Speaking Immigrants in Argentina. Albuquerque 2017.

I. KLICH/J. BALÁN (Hrsg.), Árabes y judíos en América Latina. Historia, representaciones y desafíos. Buenos Aires 2006.

I. KLICH/J. LESSER (Hrsg.), Arab and Jewish Immigrants in Latin America. Images and Realities, London 1998.

I. Klich / J. Lesser, Special edition:„Turco" Immigrants in Latin America, in: The Americas 53/1. 1996.
A. P. Lee, Mandarin Brazil. Race, representation, and memory. Stanford 2018.
J. Lesser (Hrsg.), Searching from home abroad. Japanese Brazilians and transnationalism. Durham, London 2003.
S. Lone, The Japanese community in Brazil, 1908–1940. Between samurai and carnival. Houndmills, Basingstoke, Hampshire 2001.
W. Look Lai/C. B. Tan (Hrsg.), The Chinese in Latin America and the Caribbean. Leiden 2010.
A. J. Meagher, The coolie trade. The traffic in Chinese Laborers to Latin America 1847–1874. Philadelphia 2008.
J. C. Moya, Cousins and Strangers. Spanish Immigrants in Buenos Aires, 1850–1930. Berkeley 1998.
R. C. Newton, German Buenos Aires, 1900–1933. Social Change and Cultural Crisis. Austin 1977.
W. T. K. Nugent, Crossings. The Great Transatlantic Migrations, 1870–1914. Bloomington 1995.
R. Rein/S. Rinke/N. Zysman (Hrsg.), The New Ethnic Studies in Latin America. Leiden, Boston 2017.
E. Reitz, Die andere Heimat. Chronik einer Sehnsucht. (Film) Deutschland / Frankreich 2013.
A. Saint Sauveur-Henn, Die deutsche Einwanderung in Argentinien, 1870–1933. Zur Wirkung der politischen Entwicklung in Deutschland auf die Deutschen in Argentinien, in: H. M. Meding (Hrsg.), Nationalsozialismus und Argentinien. Beziehungen, Einflüsse und Nachwirkungen. Frankfurt am Main 1995, 11–30.
A. Saint Sauveur-Henn, Un siècle d'émigration allemande vers l'Argentine 1853–1945. Köln 1995.
N. Sánchez-Albornoz, La población de América latina. Desde los tiempos precolombinos al año 2025. Madrid 1994.
T. Schoonover, Germany in Central America. Competitive Imperialism, 1821–1929. Tuscaloosa 1998.
F. Schulze, Auswanderung als nationalistisches Projekt. ‚Deutschtum' und Kolonialdiskurse im südlichen Brasilien (1824–1941). Köln, Weimar, Wien 2016.
G. Seyferth, The diverse understandings of foreign migration to the South of Brazil (1818–1950), in: Vibrant: Virtual Brazilian Anthropology 10/2. 2013, 118–162.
A. Takenaka, The Japanese in Peru: History of Immigration, Settlement, and Racialization, in: Journal of Latin American Perspectives 31/136. 2004, 77–98.
R. Wagner, Los Alemanes en Guatemala. 1828–1944. Guatemala 1996.
R. W. Wagner, Deutsche als Ersatz für Sklaven. Arbeitsmigranten aus Deutschland in der brasilianischen Provinz São Paulo 1847–1914. Frankfurt am Main 1995.
E. Young, Alien nation. Chinese migration in the Americas from the Coolie era through World War II. Chapel Hill 2014.

B. Ziegler, Schweizer statt Sklaven. Schweizer. Auswanderer in den Kaffee-Plantagen von São Paulo (1852– 1866). Stuttgart 1985.

B. Zur Nieden, Konjunkturen der Migration. Spanisch-argentinische Diskurse und Politiken um das Recht auf Migration. Berlin 2013.

9 Transnationale lateinamerikanische Identitäten

C. Abel/N. Torrents, José Martí. Revolutionary democrat. London 2015.

I. Escalona Chádez, José Marti., Aproximaciones. Santiago de Cuba 2013.

P. Guadarrama González, José Martí. Humanismo práctico y latinoamericanista. Santa Clara 2015.

S. Hensel, Leben auf der Grenze. Diskursive Aus- und Abgrenzungen von Mexican Americans und Puertoricanern in den USA. Frankfurt am Main 2004.

J. Martí, Nuestra América. in: Obras Escogidas. La Habana 1992 [1891], 480– 487.

W. D. Mignolo, The Idea of Latin America. Malden 2005.

P. Palomino, The Invention of Latin American Music. A Transnational History. New York 2020.

O. Preuss, Bridging the Island. Brazilians' Views of Spanish America and Themselves, 1865–1912. Madrid 2011.

J. E. Rodó, Ariel. Montevideo 2017 [1900].

M. Rojas Mix, Los cien nombres de América. Eso que descubrió Colón. Barcelona 1991.

J. Streckert, Die Hauptstadt Lateinamerikas. Eine Geschichte der Lateinamerikaner im Paris der Dritten Republik (1870–1940). Köln, Wien, Weimar 2013.

M. Tenorio-Trillo, Latin America. The Allure and Power of an Idea. Chicago 2017.

M. van Delden/Y. Grenier, Gunshots at the fiesta. Literature and politics in Latin America. Nashville 2009.

10 Rassismus, *mestizaje* und Transkulturation

G. R. Andrews, Brazilian Racial Democracy, 1900–1990: An American Counterpoint, in: Journal of Contemporary History 31/3. 1996, 493–507.

A. Botelho/L. M. Schwarcz (Hrsg.), Um enigma chamado Brasil. 29 intérpretes e um país. São Paulo 2009.

P. Burke/M. L. G. Pallares-Burke, Gilberto Freyre. Social Theory in the Tropics. Oxford 2008.

J. E. D. Castro, Mestizo Nations. Culture, Race, and Conformity in Latin American Literature. Tucson 2002.

A. Cornejo Polar, Mestizaje, transculturación, heterogeneidad, in: Revista Crítica Literaria Latinoamericana 20/40. 1994, 368–371.

P. Domingues, Uma história não contada. Negro, racismo e branqueamento em São Paulo no pós-abolição. São Paulo 2004.
G. Fischer (Hrsg.), Brasilien in der Welt. Region, Nation und Globalisierung 1870–1945. Frankfurt am Main 2013.
W. Gabbert, Becoming Maya. Ethnicity and social inequality in Yucatán since 1500. Tucson 2004.
D. Gerstenberger, Gilberto Freyre: Nationalhistoriker oder Vordenker der Globalgeschichte? In: G. Fischer (Hrsg.), Brasilien in der Welt. Region, Nation und Globalisierung 1870–1945. Frankfurt am Main 2013, 51–70.
R. Graham, The Idea of Race in Latin America, 1870–1940. Austin1990.
S. Gruzinski, La pensée métisse. Paris 1999.
L. Gudmundson, Black into White in Nineteenth Century Spanish America. Afro-American Assimilation in Argentina and Costa Rica, in: Slavery & Abolition 5/1. 1984, 34–49.
L. Gudmundson, De „Negro" a „Blanco" en la Hispanoamérica del Siglo XIX. La Asimilación Afroamericana en Argentina y Costa Rica, in: Mesoamérica 7/12. 1986, 309–329.
L. Gudmundson/J. Wolfe (Hrsg.), Blacks and Blackness in Central America. Between Race and Place. Durham 2010.
T. Hedrick, Mestizo Modernism. Race, Nation, and Identity in Latin American culture 1900–1940. New Brunswick, London 2003.
A. Hofbauer, Das Konzept der „Rasse" und die Idee des „branqueamento" im Brasilien des 19. Jahrhunderts. Ideologische Grundlagen des „brasilianischen Rassismus", in: Wiener Zeitschrift zur Geschichte der Neuzeit/1. 2003, 38–63.
A. Hofbauer, Uma história de branqueamento ou o negro em questão. São Paulo 2006.
J. Hooker, Indigenous Inclusion/Black Exclusion. Race, Ethnicity and Multicultural Citizenship in Latin America, in: Journal of Latin American Studies 37/2. 1999, 285–310.
D. Lehmann, Gilberto Freyre. The Reassessment Continues, in: Latin American Research Review 43/1. 2008, 208–218.
J. Lesser, Negotiating National Identity. Immigrants, Minorities, and the Struggle for Ethnicity in Brazil. Durham 1999.
J. Lesser, Immigration, Ethnicity, and National Identity in Brazil, 1808 to the Present. Cambridge 2013.
F. E. Mallon, Constructing Mestizaje in Latin America. Authenticity, Marginality, and Gender in the Claiming of Ethnic Identities, in: Journal of Latin American Anthropology 2/1. 1996, 170–181.
L. Martinez-Echazabal, Mestizaje and the Discourse of National/Cultural Identity in Latin America, 1845–1959, in: Latin American Perspectives 25/3. 1998, 21–42.
K. F. P. v. Martius, Como se deve escrever a História do Brasil, in: Revista do Instituto Histórico e Geográfico Brasileiro 6/24. 1845, 381–403.
M. G. Miller, Rise and fall of the cosmic race. The cult of mestizaje in Latin America. Austin 2004.
M. Mörner, Race mixture in the history of Latin America. Boston 1967.

T. Pérez Vejo/P. Yankelevich (Hrsg.), Raza y Política en Hispanoamérica. México 2016.
M. L. Pratt, Imperial Eyes. Travel Writing and Transculturation. London 1992.
S. Schuster, Die Inszenierung der Nation. Das Kaiserreich Brasilien im Zeitalter der Weltausstellungen. Frankfurt am Main 2015.
L. M. Schwarcz, O espetáculo das raças. Cientistas, instituições e questão racial no Brasil; 1870–1930. São Paulo 1993.
L. M. Schwarcz, Nina Rodrigues. Um radical do pessimismo, in: A. Botelho/L. M. Schwarcz (Hrsg.), Um enigma chamado Brasil. 29 intérpretes e um país. São Paulo 2009, 90–103.
L. M. Schwarcz, Constructing Ethnic Labels – A Mestizo and Tropical Country. The Creation of the Official Image of Independent Brazil, in: Revista Europea de Estudios Latinoamericanos y del Caribe 80. 2006, 25–42.
T. E. Skidmore, Black into White. Race and Nationality in Brazilian Thought. Durham, London 1993.
R. Soto Quirós/D. Díaz Arias, Mestizaje, indígenas e identidad nacional en Centroamérica. De la colonia a las repúblicas liberales. San José 2006.
N. Stepan, The Hour of Eugenics. Race, Gender, and Nation in Latin America. Ithaca 1996.
R. Stutzman, El Mestizaje: An All-Inclusive Ideology of Exclusion, in: N. E. Whitten (Hrsg.), Cultural transformations and ethnicity in modern Ecuador. Urbana 1981, 45–93.
C. A. Sue, Land of the Cosmic Race. Race Mixture, Racism, and Blackness in Mexico. Oxford 2013.
E. E. Telles, Pigmentocracies. Ethnicity, Race, and Color in Latin America. Chapel Hill 2014.
M. Thurner/A. Guerreno, After Spanish Rule. Postcolonial Predicaments of the Americas. Durham 2003.
P. Wade, Rethinking „Mestizaje". Ideology and Lived Experience, in: Journal of Latin American Studies 37/2. 2005, 239–257.
P. Wade, Race and ethnicity in Latin America. London 2010.
P. Wade, u. a., Mestizo Genomics. Race Mixture, Nation, and Science in Latin America. Durham 2014.
N. E. Whitten (Hrsg.), Cultural transformations and ethnicity in modern Ecuador. Urbana 1981.

11 Modernismo

L. Alamán, Disertaciones sobre la historia de México (1844–52). México 1969.
F. Barker/P. Hulme/M. Iversen (Hrsg.), Cannibalism and the Colonial World. Cambridge 1998.
S. L. P. Bellei, Brazilian Anthropophagy Revisited, in: F. Barker/P. Hulme/M. Iversen (Hrsg.), Cannibalism and the Colonial World. Cambridge 1998, 87–109.
M. E. Boaventura, A vanguarda antropofágica. São Paulo 1985.

E. Echeverría, El matadero, in: Revista del Río de la Plata 1/4. 1871, 556–585.
L. Helena, Modernismo brasileiro e vanguarda. São Paulo 2005.
N. Jitrik, Las contradicciones del modernismo. Productividad poética ysituación sociológica. México 1978.
S. Miceli, Nacional estrangeiro. História social e cultural do modernismo artístico em São Paulo. São Paulo 2003.
O. Paz, Los hijos del limo. Del romanticismo a la vanguardia. Barcelona 1974.
O. Paz, Die andere Zeit der Dichtung. Von der Romantik zur Avantgarde. Frankfurt am Main 1989.
Á. Rama, Rubén Darío y el modernismo: circunstancia socioeconómica de un arte americano. Caracas 1970.
J. A. Saco, Historia de la esclavitud de los indios en el nuevo mundo. Seguida de la Historia de los repartimientos y encomiendas. Ann Arbor 1974.
D. F. Sarmiento, Facundo o Civilización y barbarie. Madrid 1990.
P. W. Schulze, Strategien „kultureller Kannibalisierung". Postkoloniale Repräsentationen vom brasilianischen Modernismo zum Cinema Novo. Bielefeld 2015.
C. Villaverde, Cecilia Valdés o La loma del Ángel. Madrid 2008.

12 Bildung und Wissenschaft

C. Altamirano/J. Myers (Hrsg.), Historia de los Intelectuales en América Latina. Los Avatares de la Ciudad Letrada en el Siglo XX. Buenos Aires 2010.
M. Bergel/R. Martínez Mazzola, América Latina Como Práctica. Modos de Sociabilidad Intelectual de los Reformistas Universitarios (1918–1930), in: C. Altamirano/J. Myers (Hrsg.), Historia de los Intelectuales en América Latina. Los Avatares de la Ciudad Letrada en el Siglo XX. Buenos Aires 2010, 119–145.
J. Cañizares-Esguerra (Hrsg.), Nature, Empire, and Nation. Explorations of the History of Science in the Iberian World. Stanford 2006.
A. Civera Cerecedo/J. Alfonseca Giner de los Ríos/C. Escalante, Campesinos y escolares. La construcción de la escuela en el campo latinoamericano, siglos XIX y XX. Zinacantepec 2011.
M. Cueto, Natural History, High-Altitude Physiology and Evolutionary Ideas in Peru, in: T. Glick/M. A. Puig-Samper/R. Ruiz (Hrsg.), The Reception of Darwinism in the Iberian World. Spain, Spanish America and Brazil. Dordrecht 1999.
S. Gänger, Relics of the past. The collecting and study of pre-Columbian antiquities in Peru and Chile, 1837–1911. Oxford 2014.
T. Glick/M. A. Puig-Samper/R. Ruiz (Hrsg.), The Reception of Darwinism in the Iberian World. Spain, Spanish America and Brazil. Dordrecht 1999.
P. Gootenberg, A Forgotten Case of „Scientific Excellence on the Periphery". The Nationalist Cocaine Science of Alfredo Bignon, 1884–1887, in: Comparative studies in society and history 49/1. 2007, 202–232.

N. Milanesio, Gender and Generation. The University Reform Movement in Argentina, 1918, in: Journal of Social History 39/2. 2005, 505–529.

J. C. Portantiero, Estudiantes y política en América Latina. El proceso de la reforma universitaria, 1918–1938. México 1978.

B. Potthast/K. Schembs (Hrsg.), Student Protests in the Global South. Annotated Sources (1918–2018). Köln 2019.

P. Riviale, Charles Wiener o el disfraz de una misión lúcida. in: Boletín del Instituto Francés de Estudios Andinos 32/2. 2003, 539–547.

J. D. Rey Morató, América Latina 1810-2010: filosofía, religión y política en el espacio antropológico, una teoría de la comunicación y la cultura. Madrid 2010.

J. Rodriguez, South Atlantic Crossings. Fingerprints, Science, and the State in Turn-of-the-Century Argentina, in: The American Historical Review 109/2. 2004, 387–416.

J. J. Saldaña, Science in Latin America. A history. Austin 2007.

P. A. Schell, The Sociable Sciences. Darwin and his Contemporaries in Chile. New York 2013.

N. Werz, Das neuere politische und sozialwissenschaftliche Denken in Lateinamerika. Freiburg 1992.

13 Forschungsreisen

J. Andermann/W. Rowe, Images of power. Iconography, culture and state in Latin America. New York 2005.

W. L. Bernecker/G. Krömer (Hrsg.), Die Wiederentdeckung Lateinamerikas. Die Erfahrung des Subkontinents in Reiseberichten des 19. Jahrhunderts. Frankfurt am Main 1997.

B. Beuys, Maria Sibylla Merian. Künstlerin – Forscherin – Geschäftsfrau. Eine Biographie. Berlin 2016.

J. Born (Hrsg.), Curt Unckel Nimuendajú. Ein Jenenser als Pionier im brasilianischen Nord(ost)en. Wien 2007.

A. Brockmann, u. a., Spurensuche. Zwei Erdwissenschaftler im Südamerika des 19. Jahrhunderts. Schloß Cappenberg. Unna 1994.

S. Carreras/K. Carrillo Zeiter (Hrsg.), Las ciencias en la formación de las naciones americanas. Frankfurt am Main, Madrid 2014.

N. Z. Davis, Metamorphosen. Das Leben der Maria Sibylla Merian. Berlin 2003.

M. Fischer/M. Kraus (Hrsg.), Exploring the Archive. Historical Photography from Latin America. The Collection of the Ethnologisches Museum Berlin. Köln 2015.

K. Hoffmann/G. Wolff, Ethnologie Argentiniens und internationale Wissenszirkulation. Nachlass von Robert Lehmann-Nitsche (1872–1938), in: Jahrbuch Preussischer Kulturbesitz 44, 311–322.

M. Höflein, Leben und Werk Max Uhles. Eine Bibliographie. Berlin 2002.

N. Leask (Hrsg.), Travels, Explorations and Empires. Writings from the Era of Imperial Expansion, 1770–1835. London 2001.

K. M. Lisboa, A nova Atlântida de Spix e Martius. Natureza e civilização na Viagem pelo Brasil, 1817–1820. São Paulo 1997.

K. M. Lisboa, Spix und Martius auf der Entdeckung des Nord(ost)ens Brasiliens, in: J. Born (Hrsg.), Curt Unckel Nimuendajú. Ein Jenenser als Pionier im brasilianischen Nord(ost)en. Wien 2007, 237–251.

C. Llinàs Carmona, Flora Tristán, una filósofa social. Barcelona 2018.

A. Méndez Rodenas, Gender and Nationalism in Colonial Cuba. The Travels of Santa Cruz y Montalvo, Condesa de Merlin. Nashville 1998.

H. Onken, Ambivalente Bilder. Fotografien und Bildpostkarten aus Südamerika im Deutschen Reich (1880–1930). Bielefeld 2019.

C. Raddatz, Mejicanische Bilder. Reiseabenteuer, Gegenden, Menschen und Sitten. Heidelberg 2000.

U. Raina, Intellectual Imperialism in the Andes. German Anthropologists and Archaeologists in Peru; 1870– 1930. Philadelphia 2007.

K. Reinert, Indianerbilder. Fotografie und Wissenschaft in Peru und im La Plata Raum von 1892 bis 1910. Wiesbaden 2017.

J. H. Rowe, Max Uhle, 1856–1944. A Memoir of the Father of Peruvian Archaeology. Berkeley, Los Angeles 1954.

U. Schmieder, Geschlecht und Ethnizität in Lateinamerika im Spiegel von Reiseberichten. Mexiko, Brasilien und Kuba 1780–1880. Stuttgart 2003.

B. Schröter, Alexander von Humboldt und die „Nachfolger" – Eduard Friedich Poeppig, in: M. Zeuske/B. Schröter (Hrsg.), Alexander von Humboldt und das neue Geschichtsbild von Lateinamerika. Leipzig 1992, 92–98.

J. B. v Spix/K. F. P. v. Martius, Reise in Brasilien in den Jahren 1817–1820. (3 Bde.). München 1823, 1828, 1831.

F. Tristán, Meine Reise nach Peru. Fahrten einer Paria. Frankfurt am Main 2004.

G. Wolff (Hrsg.), Die Berliner und Brandenburger Lateinamerikaforschung in Geschichte und Gegenwart. Personen und Institutionen. Berlin 2001.

G. Wolff, Forscher und Unternehmer mit Kamera. Geschichten von Bildern und Fotografen aus der Fotothek des Ibero-Amerikanischen Instituts. Berlin 2014.

M. Zeuske/B. Schröter (Hrsg.), Alexander von Humboldt und das neue Geschichtsbild von Lateinamerika. Leipzig 1992.

14 Indigene Bevölkerung und indigene Bewegungen

Ch. Büschges, Von Staatsbürgern und „Bürgern eigenen Sinnes". Liberale Republiken, indigene Gemeinden und Nationalstaat im Südamerikanischen Andenraum während des 19. Jahrhunderts, in: Geschichte in Wissenschaft und Unterricht 12. 2008, 697–710.

A. S. Dawson, From Models for the Nation to Model Citizens. „Indigenismo" and the ‚Revindication' of the Mexican Indian, 1920–40, in: Journal of Latin American Studies 30/2. 1998, 279–308.

H. Díaz-Polanco (Hrsg.), Autonomía regional. La autodeterminación de los pueblos indios. México 1991.
R. Earle, The Return of the Native. Indians and Mythmaking in Spanish America, 1810–1930. Durham 2008.
M. Gamio, Forjando patria. Pro-nacionalismo. Boulder 2010 [1916].
R. Gil Montero, La construcción de Argentina y Bolivia en los Andes Meridionales: Población, tierras y ambiente en el siglo XIX. Buenos Aires 2008.
D. Gleizer (Hrsg.), Nación y alteridad. Mestizos, indígenas y extranjeros en el proceso de formación nacional. México 2015.
M. Irurozqui, La ciudadanía en debate en América Latina. discusiones historiográficas y una propuesta teórica sobre el valor público de la infracción electoral. Lima 2004.
B. Larson, Trials of Nation Making. Liberalism, Race, and Ethnicity in the Andes, 1810–1910. Cambridge, New York 2004.
G. Maihold, Identitätssuche in Lateinamerika. Das indigenistische Denken in Mexiko. Saarbrücken 1986.
G. Maihold, José Carlos Mariátegui. Nationales Projekt und Indio-Problem: Zur Entwicklung der indigenistischen Bewegung in Peru. Frankfurt am Main 1988.
F. E. Mallon, Indigenous Peoples and Nation-States in Spanish America, 1780–2000, in: J. C. Moya (Hrsg.), The Oxford Handbook of Latin American History. Oxford 2011, 281–308.
C. Méndez Gastelumendi, Pactos sin tributo: caudillos y campesinos en el nacimiento de la República: Ayacucho, 1825–1850. in: H. H. Abendroth, u. a. (Hrsg.), El siglo XIX: Bolivia y América latina. Lima 2015, 533–550.
T. Platt, Estado boliviano y ayllu andino: tierra y tributo en el norte de Potosí. Lima 1982.
S. Scheuzger, Die Re-Ethnisierung gesellschaftlicher Beziehungen: neuere indigene Bewegungen, in: W. L. Bernecker, u. a. (Hrsg.), Lateinamerika 1870–2000. Geschichte und Gesellschaft. Wien 2007, 191–211.
G. Urban/J. Sherzer, Nation-States and Indians in Latin America. Austin 1991.
E. von Oertzen, José Carlos Mariategui. Revolution und peruanische Wirklichkeit. Ausgewählte politische Schriften. Frankfurt am Main 1986.

15 Gender, Sexualität, Familien

S. Caulfield/S. C. Chambers/L. Putnam, Honor, status, and law in modern Latin America. Durham 2005.
D. Célleri/T. Schwarz/B. Wittger (Hrsg.), Interdependencies of Social Categorisations. Madrid, Frankfurt am Main, Orlando 2013.
E. Dore/M. Molyneux, Hidden histories of gender and the state in Latin America. Durham 2000.
D. J. Guy, Women, Peonage, and Industrialization. Argentina, 1810–1914, in: Latin American Research Review 16/3. 1981, 65–89.

T. Hecht (Hrsg.), Minor Omissions. Children in Latin American History and Society. Madison 2002.

E. Kuznesof, Household Composition and Headship as Related to Changes in Mode of Production, in: Comparative Studies in Society and History 22/1. 1980, 78–108.

M. León de Leal/E. Rodríguez Sáenz/A. Martínez Carreño, ¿Ruptura de la inequidad? Propiedad y género en la América Latina del siglo XIX. Bogotá, México 2005.

N. B. Milanich, The Historiography of Latin American Families, in: J. C. Moya (Hrsg.), The Oxford Handbook of Latin American History. Oxford 2011, 382–406.

N. B. Milanich, Women, Gender, and Family in Latin America, 1820–2000, in: T. H. Holloway (Hrsg.), A companion to Latin American history. Malden, Oxford 2008, 461–479.

M. Mitterauer/N. Ortmayr/I. Grau (Hrsg.), Familie im 20. Jahrhundert. Traditionen, Probleme, Perspektiven. Frankfurt am Main. 1997.

B. Potthast, „Jetzt denk' ich nicht ans Heiraten". Die Entwicklung in Lateinamerika, in: M. Mitterauer/N. Ortmayr/I. Grau (Hrsg.), Familie im 20. Jahrhundert. Traditionen, Probleme, Perspektiven. Frankfurt am Main 1997, 71–86.

B. Potthast, Familienstrukturen und Genderbeziehungen, in: F. Edelmayer/B. Hausberger/B. Potthast (Hrsg.), Lateinamerika 1492–1850/70. Wien 2005, 244–263.

B. Potthast, Von Müttern und Machos. Eine Geschichte der Frauen Lateinamerikas. Wuppertal 2010.

B. Potthast/S. Carreras (Hrsg.), Entre la familia, la sociedad y el Estado. Niños y jóvenes en América Latina (siglos XIX–XX). Madrid, Frankfurt am Main 2005.

B. Potthast-Jutkeit, The Ass of a Mare and other Scandals. Marriage and Extramarital Relations in Nineteenth-Century Paraguay, in: Journal of Family History 16/3. 1991, 215–239.

P. Rodríguez Jiménez/M. E. Mannarelli, Historia de la infancia en América Latina. Bogotá 2007.

H. I. Safa, The myth of the male breadwinner. Women and industrialization in the Caribbean. Boulder 1995.

K. A. Sloane, Runaway Daughters. Seduction, Elopement, and Honor in Nineteenth-Century Mexico. Albuquerque 2008.

M. I. Zapata Galindo, Intersektionalität und Gender Studies in Lateinamerika, in: QJB – Querelles. Jahrbuch für Frauen- und Geschlechterforschung 16. 2013. (Online-Artikel)

16 Urbanisierung

J. Bähr/G. Mertins, Die lateinamerikanische Großstadt. Verstädterungsprozesse und Stadtstrukturen. Darmstadt 1995.

S. Carreras/H. Tarcus/J. Zeller, Die deutschen Sozialisten und die Anfänge der argentinischen Arbeiterbewegung. Anthologie des Vorwärts (Buenos Aires 1886–1901). Buenos Aires 2008.

M. Castells, The city and the grassroots. A cross-cultural theory of urban social movements. London 1983.

T. J. Gilfoyle, Prostitutes in History. From Parables of Pornography to Metaphors of Modernity, in: The American Historical Review 104/1. 1999, 117–141.

A. Gorelik, La grilla y el parque. Espacio público y cultura urbana en Buenos Aires, 1887–1936. Buenos Aires 2016.

G. M. Greenfield, Latin American urbanization. Historical profiles of major cities. Westport 1994.

D. J. Guy, Medical Imperialism Gone Awry: The Campaign Against Legalized Prostitution in Latin America, in: T. Meade/M. Walker (Hrsg.), Science, Medicine and Cultural Imperialism. New York 1991, 75–94.

J. E. Hahner, Poverty and Politics. The Urban Poor in Brazil, 1870–1920. Albuquerque 1986.

V. Höse, Wie die Anderen leben. Die Soziale Frage in der argentinischen Magazinpresse (1900–1920). Bielefeld 2018.

M. Johns, The city of Mexico in the age of Díaz. Austin 1997.

G. M. Joseph/M. D. Szuchman, I saw a city invincible. Urban portraits of Latin America. Wilmington 1996.

J. F. Liernur/G. Silvestri, El umbral de la metrópolis. Transformaciones técnicas y cultura en la modernización de Buenos Aires; 1870–1930. Buenos Aires 1993.

M. Z. Lobato, u. a. (Hrsg.), Buenos Aires. Manifestaciones, fiestas y rituales en el siglo XX. Buenos Aires 2011.

T. Meade/M. Walker (Hrsg.), Science, Medicine and Cultural Imperialism. New York 1991.

T. A. Meade, „Civilizing" Rio. Reform and resistance in a Brazilian city, 1889–1930. University Park 1997.

J. D. Needell, The Revolta Contra Vacina of 1904. The Revolt against „Modernization" in Belle-Epoque Rio de Janeiro, in: The Hispanic American Historical Review 67/2. 1987, 233–269.

J. D. Needell, A tropical belle époque : elite culture and society in turn-of-the-century Rio de Janeiro, Cambridge 1987.

B. Potthast, Urbanisierung und sozialer Wandel. in: W. L. Bernecker, u. a. (Hrsg.), Lateinamerika 1870–2000. Geschichte und Gesellschaft. Wien 2007, 114–129.

J. L. Romero, Latinoamérica. Las ciudades y las ideas. México 2001.

K. Schultz, Tropical Versailles. Empire, monarchy, and the Portuguese royal court in Rio de Janeiro, 1808–1821. New York 2001.

J. Suriano, La cuestión social y el complejo proceso de construcción inicial de las políticas sociales en la Argentina moderna, in: Ciclos 11/21. 2001, 123–147.

J. Suriano, Auge y Caída del Anarquismo. Argentina 1880–1930. Buenos Aires 2005.

J. Suriano/L. Anapios, Anarquistas en las calles de Buenos Aires 1890–1930, in: M. Z. Lobato, u. a. (Hrsg.), Buenos Aires. Manifestaciones, fiestas y rituales en el siglo XX. Buenos Aires 2011, 77–100.

M. Tenorio Trillo, 1910 Mexico City. Space and Nation in the City of the Centenario, in: Journal of Latin American Studies 28/1. 1996, 75–104.

17 Die Mexikanische Revolution

H. Aguilar Camín, The Relevant Tradition. Sonoran Leaders in the Revolution, in: D. A. Brading (Hrsg.), Caudillo and peasant in the Mexican Revolution. Cambridge 2008, 92–113.

H. Aguilar Camín/L. Meyer, In the Shadow of the Mexican Revolution. Contemporary Mexican History, 1910–1989. Austin 1993.

A. A. Bantjes, The Mexican Revolution, in: T. H. Holloway (Hrsg.), A companion to Latin American history. Malden, Oxford 2008, 330–346.

L. Barrón/F. Katz, Historias de la revolución mexicana. México 2004.

L. Bethell (Hrsg.), The Cambridge History of Latin America. Vol. VII. Latin America since 1930. Mexico, Central America and the Caribbean. Cambridge 1990.

L. Bethell (Hrsg.), Mexico Since Independence. Cambridge 1994.

D. A. Brading (Hrsg.), Caudillo and peasant in the Mexican Revolution. Cambridge 2008.

J. Buchenau, The Mexican Revolution, 1910–1946, in: Oxford Research Encyclopedia of Latin American History. 2015. (Online-Artikel)

J. O. Chang, Chino. Anti-Chinese Racism in Mexico, 1880–1940. Champaign 2017.

J. D. Cockcroft, Intellectual precursors of the Mexican revolution 1900–1913. Austin, London 1976.

A. Córdova, La ideología de la Revolución Mexicana. La era del desarrollismo: proyecto de investigación. México 1977.

K. Einfeldt, Moderne Kunst in Mexiko. Raum, Material und nationale Identität. Bielefeld, Berlin 2010.

H. Fowler-Salamini, Working Women, Entrepreneurs, and the Mexican Revolution: The Coffee Culture of Córdoba, Veracruz 2013.

H. Fowler-Salamini/M. K. Vaughan, Women of the Mexican countryside, 1850–1990. Tucson 1994.

A. Gilly, La revolución interrumpida. Mexico, 1910–1920: Una guerra campesina por la tierra y el poder. México 1974.

M. J. Gonzáles, The Mexican Revolution, 1910–1940. Albuquerque 2002.

F.-X. Guerra, Le Mexique. De l'Ancien Régime à la Révolution. Paris 1985.

J. M. Hart, Revolutionary Mexico. The coming and process of the Mexican Revolution. Berkeley 1988.

Ó. M. Hernández Hernández, Historia, cultura y masculinidades en Tamaulipas. Ciudad Victoria 2013.

F. Katz, Deutschland, Díaz und die mexikanische Revolution. Die deutsche Politik in Mexiko 1870–1920. Berlin 1964.
F. Katz, The Secret War in Mexico. Europe, The United States, and the Mexican Revolution. Chicago 1981.
F. Katz, The Life and Times of Pancho Villa. Stanford 1998.
A. Knight, The Myth of the Mexican Revolution, in: Past & Present 209/1. 2010, 223–273.
A. Knight, The Mexican Revolution. Bourgeois? Nationalist? Or Just a „Great Rebellion"?, in: Bulletin of Latin American Research 4/2. 1985, 1–37.
A. Knight, The Mexican revolution. Porfirians, Liberals and Peasants. Vol. 1. Cambridge 1986.
A. Knight, The Mexican Revolution. Counter-Revolution and Reconstruction. Vol. 2. Cambridge 1986.
A. Knight, Mexico, c. 1930–1946, in: L. Bethell (Hrsg.), The Cambridge History of Latin America. Vol. VII. Latin America since 1930. Mexico, Central America and the Caribbean. Cambridge 1990, 3–82.
E. Krauze/J. Meyer/C. Reyes (Hrsg.), Historia de la Revolución Mexicana 1924–1928. Estado y sociedad con Calles. México 1977.
D. LaBotz, American „Slackers" in the Mexican Revolution: International Proletarian Politics in the Midst of a National Revolution, in: The Americas 62/4. 2006, 563–590.
F. Leinen (Hrsg.), México 2010. Kultur in Bewegung – Mythen auf dem Prüfstand. Düsseldorf 2012.
I. Marván Laborde, La revolución mexicana. 1908–1932. México 2010.
A. Mayer, México en tres momentos, 1810–1910–2010. Hacia la conmemoración del bicentenario de la Independencia y del centenario de la Revolución Mexicana. Retos y perspectivas. México 2007.
J. A. Meyer, La revolución mejicana. 1910–1940. Barcelona 1973.
L. Meyer, Historical Roots of the Autoritarian State in Mexico, in: J. L. Reyna/R. S. Weinert (Hrsg.), Authoritarianism in Mexico. Philadelphia 1977, 3–22.
J. Olcott/M. K. Vaughan/G. Cano, Sex in revolution. Gender, politics, and power in modern Mexico. Durham 2006.
Z. Pick, Constructing the Image of the Mexican Revolution. Cinema and the Archive. Austin 2010.
J. L. Reyna/R. S. Weinert (Hrsg.), Authoritarianism in Mexico. Philadelphia 1977.
L. Rojas/S. M. Deeds, México a la luz de sus revoluciones. Vol. 2. 2014. México 2014.
R. E. Ruíz, The Great Rebellion. Mexico, 1905–1924. New York 1980.
J. M. Schiavone Camacho, Chinese Mexicans. Transpacific migration and the search for a homeland, 1910–1960. Chapel Hill 2012.
A. Sluis, Deco Body, Deco City. Female Spectacle and Modernity in Mexico City, 1900–1939. Lincoln, London 2016.
H. W. Tobler, Die Mexikanische Revolution. Gesellschaftlicher Wandel und politischer Umbruch, 1876–1940. Frankfurt am Main 1984.
H. W. Tobler, Mexiko im 20. Jahrhundert. Die Revolution und ihre Folgen, in: W. L. Bernecker/H. Pietschmann/H. W. Tobler (Hrsg.), Eine kleine Geschichte Mexikos. Frankfurt am Main 2007, 243–366.

M. K. Vaughan/S. E. Lewis, The eagle and the virgin. Nation and cultural revolution in Mexico; 1920–1940. Durham 2006.
C. Velázquez Morales, Diferencias políticas entre los inmigrantes chinos del noroeste de México (1920–1930). El caso de Francisco L. Yuen. in: Historia Mexicana 55/2. 2005, 461–512.
J. W. Wilkie, The Mexican Revolution. Federal Expenditure and Social Change Since 1910. Berkeley 1967.
J. Womack, Zapata and the Mexican Revolution. Harmondsworth 1972.
J. Womack, The Mexican Revolution 1910–1920, in: L. Bethell (Hrsg.), Mexico Since Independence. Cambridge 1994, 125–200.
P. Yankelevich, Extranjeros indeseables en México (1911–1940). Una aproximación cuantitativa a la aplicación del artículo 33 constitucional, in: Historia Mexicana 53/3. 2004, 693–744.
P. Yankelevich, ¿Deseables o inconvenientes?: Las fronteras de la extranjería en el México posrevolucionario. Madrid 2011.
P. Yankelevich, Inmigración y racismo. Contribuciones a la historia de los extranjeros en México. México 2015.
R. Zimmering (Hrsg.), Der Revolutionsmythos in Mexiko. Würzburg 2005.

18 Lateinamerika in seinen globalen Verflechtungen

18.1 Lateinamerika in der Globalgeschichte

J. Adelman, Latin American and World Histories. Old and New Approaches to the Pluribus and the Unum, in: Hispanic American Historical Review 84/3. 2004, 399–410.
C. A. Bayly, The birth of the modern world. 1780–1914. Global connections and comparisons. Malden 2005.
L. Benton, No Longer Odd Region Out. Repositioning Latin America in World History, in: Hispanic American Historical Review 84/3. 2004, 423–430.
M. Brown, The global history of Latin America, in: Journal of Global History 10/3. 2015, 365–386.
M. Carmagnani, The other West. Latin America from Invasion to Globalization. Berkeley 2011.
M. Chust Calero (Hrsg.), Las independencias iberoamericanas en su laberinto. Valencia 2010.
M. Grandner/D. Rothermund/W. Schwentker, Globalisierung und Globalgeschichte. Wien 2005.
B. Hausberger, Lateinamerika in globaler Vernetzung, in: B. Schäbler (Hrsg.), Area Studies und die Welt. Weltregionen und neue Globalgeschichte. Wien 2007, 150–177.
S. Hensel, Außereuropäische Geschichte – Globalgeschichte – Geschichte der Weltregionen aus der Perspektive einer Lateinamerikahistorikerin.

02.12.2017. letzter Zugriff: 12.04.2021, online verfügbar unter: https://www.hsozkult.de/debate/id/diskussionen-4357
J. Osterhammel, Die Verwandlung der Welt. Eine Geschichte des 19. Jahrhunderts. München 2016.
K. Pomeranz, The great divergence. China, Europe and the making of the modern world economy. Princeton 2009.
B. Schäbler (Hrsg.), Area Studies und die Welt. Weltregionen und neue Globalgeschichte. Wien 2007.

18.2 Verflechtungen mit Europa, Afrika und Asien

W. Abelshauser/u. a. (Hrsg.), Geschichte und Gesellschaft. Zeitschrift für Historische Sozialwissenschaft. Lateinamerika zwischen altem und neuem Imperialismus. Göttingen 1988.
G. R. Andrews, Afro-Latinoamérica, 1800–2000. Madrid, Frankfurt am Main 2007.
F. Becker, Die Hansestädte und Mexiko. Handelspolitik, Verträge und Handel, 1821–1867. Wiesbaden 1984.
W. L. Bernecker, Die Handelskonquistadoren. Europäische Interessen und mexikanischer Staat im 19. Jahrhundert. Stuttgart 1988.
M. A. Bonialían, China en la América colonial. Bienes, mercados, comercio y cultura del consumo desde México hasta Buenos Aires. México, Buenos Aires 2014.
S. Carreras/G. Maihold (Hrsg.), Preußen und Lateinamerika. Im Spannungsfeld von Kommerz, Macht und Kultur. Münster 2004.
H. Dane, Die wirtschaftlichen Beziehungen Deutschlands zu Mexiko und Mittelamerika im 19. Jahrhundert. Köln, Wien 1971.
L. M. Heywood/J. K. Thornton, Central Africans, Atlantic Creoles, and the Foundation of the Americas, 1585–1660. New York 2007.
M. Kossok, Im Schatten der Heiligen Allianz. Deutschland und Lateinamerika 1815–1830. Berlin 1964.
M. Kossok, Kolonialgeschichte und Unabhängigkeitsbewegung in Lateinamerika. Ausgewählte Schriften. Band 1. Hrsg. Von Matthias Middell in Verbindung mit Michael Zeuske. Leipzig 2000.
S. W. Mintz/R. Price, The Birth of African American Culture. An Anthropological Perspective. (New edition of: „An Anthropological Approach to the Afro-American Past"). Boston 1992.
S. Otero, Afro-Cuban Diasporas in the Atlantic World. Rochester 2010.
S. B. Schwartz, Black Latin America. Legacies of Slavery, Race, and African Culture, in: Hispanic American Historical Review 82/3. 2002, 429–433.
M. P. Smith/J. Eade (Hrsg.), Transnational ties. Cities, migrations, and identities. New Brunswick 2008.
J. K. Thornton, Africa and Africans in the making of the Atlantic world, 1400–1680. Cambridge 1992.

B. Vinson III, Introduction. African (Black) Diaspora History, Latin American History, in: The Americas 63/1. 2006, 1–18.
A. Wirz, Sklaverei und kapitalistisches Weltsystem. Frankfurt am Main 1989.
K. A. Yelvington, Afro-Atlantic dialogues. Anthropology in the diaspora. Santa Fe 2006.
M. Zeuske/U. Schmieder (Hrsg.), Regiones europeas y Latinoamérica. Siglos XVIII y XIX. Simposio Internacional: Regiones Europeas y Latinoamérica (Siglos XVIII y XIX), Frankfurt am Main, Madrid 1999.

19 Lateinamerika und die USA

19.1 Der Kubanisch-US-Amerikanisch-Spanische Krieg

J.-D. Avenel, La guerre hispano-américaine de 1898. La naissance de l'impérialisme américain. Paris 2007.
E. Baldovín Ruiz/J. M. Cuenca Toribio, Cuba, el desastre español del siglo XIX. Astorga 2010.
R. L. Beisner, From the Old Diplomacy to the New, 1865–1900. Arlington Heights 1986.
S. F. Bemis, The Latin American Policy of the United States. New York 1943.
S. F. Bemis, The Latin American policy of the United States. An historical interpretation. New York 1967.
B. K. Berner/K. Goldstein (Hrsg.), Spanish-American war. A documentary history with commentaries. Madison 2014.
G. P. Cervera, El estreno del imperio. La guerra de 1898 en Cuba, Puerto Rico y Filipinas. Havana 2005.
E. F. Dolan, The Spanish-American War. Brookfield 2001.
R. B. Edgerton, „Remember the Maine, to hell with Spain". America's 1898 adventure in imperialism. Lewiston 2004.
M. Fernández Carcassés, 1898, alcance y significación. Santiago de Cuba 2009.
R. Fiebig-von Hase, Lateinamerika als Konfliktherd der deusch-amerikanischen Beziehungen 1890–1930. Göttingen 1986.
S. L. Hilton/S. J. S. Ickringill (Hrsg.), European Perspectives of the Spanish-American War of 1898. Bern 1999.
K. Hoganson, Fighting for American Manhood. How Gender Politics Provoked the Spanish-American and Philipine-American Wars. New Haven 1998.
M. Iglesias Utset,, A Cultural History of Cuba during the U. S. Occupation, 1898–1902. Chapel Hill 2011.
G. D. Keller/C. Candelaria (Hrsg.), The legacy of the Mexican and Spanish-American wars. Legal, literary, and historical perspectives. Tempe, Ariz. 2000.
S. Kinzer, The true flag. Theodore Roosevelt, Mark Twain, and the birth of American empire. New York 2017.
W. Lafeber, The New Empire: An Interpretation of American Expansion, 1860–1898. Ithaca 1963.

W. Lafeber, Inevitable Revolutions. The United States in Central America. New York 1993.
M. A. Langa Laorga/O. Ruiz-Manjón (Hrsg.), Los significados del 98. La sociedad española en la génesis del siglo XX. Madrid 1999.
L. Lenz, Power and Policy. America's First Steps to Superpower, 1889–1922. New York 2008.
J. A. Montero Jiménez, El despertar de la gran potencia. Las relaciones entre España y los Estados Unidos (1898–1930). Madrid 2011.
J. L. Offner, An unwanted war. The diplomacy of the United States and Spain over Cuba, 1895–1898. Chapel Hill 1992.
L. A. Pérez Jr., The War of 1898. The United States and Cuba in History and Historiography. Chapel Hill 1998.
L. A. Pérez Jr., On becoming Cuban. Identity, nationality, and culture. Chapel Hill 1999.
R. Quesada Monge, El legado de la guerra hispano-antillana-norteamericana. San José 2001.
T. D. Schoonover, Uncle Sam's War of 1898 and the origins of globalization. Lexington 2003.
E. Thomas, The war lovers. Roosevelt, Lodge, Hearst, and the rush to empire, 1898. New York 2010.
M. Tinker Salas, The enduring legacy. Oil, culture, and society in Venezuela. Durham 2009.
J. L. Tone, War and Genocied in Cuba, 1895–1898. Chapel Hill 2006.
J. R. Torruella, Global intrigues. The era of the Spanish-American War and the rise of the United States to world power. San Juan 2007.
D. F. Trask, The war with Spain in 1898. New York 1981.
A. Vilanova (Hrsg.), La crisis española de Fin de Siglo y la Generación del 98. Actas del Simposio Internacional (Barcelona, noviembre de 1998). Barcelona 1999.
L. Zea/A. Santana, El 98 y su impacto en Latinoamérica. México 2001.

19.2 *Roosevelt Corollary*, *Big Stick Policy*, Dollardiplomatie

F. S. Calhoun, Power and principle. Armed intervention in Wilsonian foreign policy. Kent, Ohio 1986.
F. S. Calhoun, Uses of force and Wilsonian foreign policy. Kent, Ohio 1993.
R. H. Collin, Theodore Roosevelt's Caribbean. The Panama Canal, the Monroe Doctrine, and the Latin American context. Baton Rouge 1990.
L. Gould, The Presidency of William McKinley. Lawrence, Kan. 1991.
D. Healy, Drive to Hegemony. The United States in the Caribbean, 1898–1917. Madison 1988.
H. Herwig, Germany's Vision of Empire in Venezuela, 1871–1914. Princeton 1986.
L. D. Langley, The United States and the Caribbean in the 20th Century. Athens 1982.

L. D. Langley, The Banana Wars. An inner History of American Empire, 1900–1934. Lexington 1983.

L. D. Langley/T. D. Schoonover, The Banana Men. American Mercenaries and Entrepeneurs in Central America, 1880–1930. Lexington 1995.

F. W. Marks, Velvet on iron. The diplomacy of Theodore Roosevelt. Lincoln 1979.

N. Mitchell, The danger of dreams. German and American imperialism in Latin America. Chapel Hill 1999.

D. G. Munro, Intervention and Dollar Diplomacy in the Caribbean, 1900–1921. Princeton 1964.

I. Musicant, The banana wars. A history of United States military intervention in Latin America from the Spanish-American War to the invasion of Panama. New York 1990.

19.3 US-Besatzungen in Zentralamerika und der Karibik

J. R. Benjamin, The United States and Cuba. Hegemony and Dependent Development, 1880–1934. Pittsburgh 1977.

J. A. Britton, Revolution and Ideology. The Image of the Mexican Revolution in the United States, 1910–1960. Lexington 1995.

J. C. Brown, Oil and Revolution in Mexico. Berkeley 1992.

B. J. Calder, The Impact of Intervention. The Dominican Republic during the U. S. Occupation of 1916–1924. Austin 1984.

W. I. Cohen, Empire without Tears. American Foreign Relations, 1921–1933. New York 1998.

H. Delpar, The Enormous Vogue of Things Mexican. Cultural Relations between the United States and Mexico, 1920–1935. Tuscaloosa 1992.

P. J. Dosal, Doing Business with the Dictators. A Political History of the United Fruit Company in Guatemala, 1899–1944. Wilmington 1993.

P. W. Drake, The Money Docter in the Andes. The Kemmerer Missions, 1923–1933. Durham 1989.

L. B. Hall, Oil, Banks, and Politics. The United States and Post-Revolutionary Mexico, 1917–1924. Austin 1995.

L. B. Hall/D. M. Coerver (Hrsg.), Texas and the Mexican Revolution. A Study in State and National Border Policy, 1910–1920. San Antonio 1984.

L. B. Hall/D. M. Coerver, Revolution on the border. The United States and Mexico, 1910–1920. Albuquerque 1988.

D. Healy, The United States in Cuba, 1898–1902. Generals, Politicians, and the search for Policy. Madison 1963.

J. M. Hernández, Cuba and the United States. Intervention and Militarism, 1868–1933. Austin 1993.

M. J. Hogan/T. G. Paterson (Hrsg.), Explaining the history of American foreign relations. Cambridge, New York 1991.

G. M. Joseph, Revolution from Without. Yucatan, Mexico, and the United States, 1880–1924. Cambridge 1982.

M. L. KRENN, United States Policy towards Economic Nationalism in Latin America, 1917–1929. Wilmington 1990.

J. MAJOR, Prize Possession. The United States and the Panama Canal, 1903–1979. Cambridge 1993.

A. L. MCPHERSON, The Irony of Legal Pluralism in U. S. Occupations, in: The American Historical Review 117/4. 2012, 1149–1172.

A. L. MCPHERSON, The invaded. How Latin Americans and their allies fought and ended U. S. occupations. Oxford 2014.

L. MEYER, Mexico and the United States in the Oil Controversy, 1917–1942. Austin 1972.

L. A. PÉREZ JR., Dependency, in: M. J. HOGAN/T. G. PATERSON (Hrsg.), Explaining the history of American foreign relations. Cambridge, New York 1991, 162–175.

L. A. PÉREZ JR., Cuba in the American Imagination. Metaphor and the Imperial Ethos. Chapel Hill 2008.

B. G. PLUMMER, Haiti and the great powers, 1902–1915. Baton Rouge 1988.

D. W. RAAT, Revoltosos. Mexico's Rebels in the United States, 1903–1923. College Station, Tex. 1981.

W. D. RAAT/M. M. BRESCIA, Mexico and the United States. Ambivalent vistas. Athens 2010.

M. A. RENDA, Taking Haiti. Military Occupation and the Culture of U. S. Imperialism, 1915–1940. Chapel Hill 2001.

E. S. ROSENBERG, Financial Missionaries to the World. The Politics and Culture of Dollar Diplomacy, 1900–1930. Cambridge 1999.

J. A. SANDOS, Revolution in the Borderlands. Anarchism and the Plan of San Diego, 1904–1923. Norman 1992.

J. A. STOUT, Border Conflict. Villistas, Carrancistas, and the Punitive Expedition, 1915–1920. Fort Worth 1999.

R. THORP, Latin America and the International Economy from the First World War to the World Depression, in: L. BETHELL (Hrsg.), The Cambridge History of Latin America. Vol. IV. Cambridge 1986, 57–82.

M. WASSERMAN, Capitalists, Caciques, and Revolution. The Native Elite and Foreign Enterprise in Chihuahua, Mexico, 1854–1911. Chapel Hill 1984.

19.4 Imperialismus und Antiimperialismus

M. AGUIRRE/A. MONTES, De Bolívar al Frente Sandinista. Antología del pensamiento anti-imperialista latinoamericano. Madrid 1979.

R. J. ALEXANDER, Aprismo. The Ideas and Doctrines of Víctor Raúl del la Torre. Kent 1973.

A. BAKER/D. CUPERY, Anti-Americanism in Latin America. Economic Exchange, Foreign Policy Legacies, and Mass Attitudes toward the Colossus of the North, in: Latin American Research Review 48/2. 2013. 106–130.

L. C. FRAINA, El imperialismo americano. Mexiko 1922.

J. Hansen/C. Helm/F. Reichherzer (Hrsg.), Making Sense of the Americas. How Protest Related to America in the 1980s and Beyond. Frankfurt am Main 2015.

C. Hatzky, Julio Antonio Mella (1903–1929). Eine Biografie. Frankfurt am Main 2004.

C. Hatzky, Views from the South. Latin American Roots of Anti-Imperialism and Anti-Americanism. in: J. Hansen/C. Helm/F. Reichherzer (Hrsg.), Making Sense of the Americas. How Protest Related to America in the 1980s and Beyond. Frankfurt am Main 2015. 31–52.

L. S. Jeifetz/V. L. Jeifetz/P. Huber, La Internacional Comunista y América Latina 1919–1943. Diccionario biográfico. Basel 2004.

A. L. McPherson, Yankee no! Anti-Americanism in U. S.-Latin American relations. Cambridge, London 2003.

A. L. McPherson (Hrsg.), Anti-Americanism in Latin America and the Caribbean. Oxford 2010.

R. Melgar Bao/M. O. Breña, The Anti-Imperialist League of the Americas between the East and Latin America, in: Latin American Perspectives 35/2. 2008. 9–24.

S. Nearing/J. Freeman, Dollar Diplomacy. A Study in American Imperialism. New York 1926.

C. Rangel, Del buen salvaje al buen revolucionario. Mitos y realidades de América Latina. Caracas 1976.

A. Ross/K. Ross, Anti-Americanism. New York 2004.

D. Spenser/R. Ortiz Peralta, La Internacional Comunista en México. Los primeros tropiezos. Documentos, 1919–1922. México 2006.

V. Villanueva, The Petty-Bourgeois Ideology of the Peruvian Aprista Party, in: Latin American Perspectives 4/3. 1977, 57–76.

Chronologischer Überblick

1791–1804	Sklavenrevolution, Abolition und Unabhängigkeit Haitis
1807/08	Flucht des portugiesischen Königshofs nach Brasilien
1807	Verbot des Sklavenhandels im Atlantik durch das britische Parlament
1808	Beginn der Besetzung der Iberischen Halbinsel durch napoleonische Truppen
1809-1835	Welle von Sklavenaufständen in Salvador da Bahia, Brasilien
1810	Beginn des Unabhängigkeitskampfes in Mexiko Aufstand der ländlichen Bevölkerung unter der Führung von Miguel Hidalgo
1810	Einberufung einer verfassungsgebenden Versammlung ohne Standesunterschiede in Spanien unter Beteiligung von Abgeordneten aus Hispanoamerika (Cortes von Cádiz)
1810–1826	Unabhängigkeitskriege in Hispanoamerika
1810	Mairevolution im Vizekönigreich La Plata, Absetzung des Vizekönigs in Bogotá.
1811–1812	Unabhängigkeitserklärung Venezuelas, 1. Republik
1812	Simón Bolívar tritt als politischer und militärischer Führer an die Spitze der Unabhängigkeitsbewegungen im nördlichen Südamerika
1812	Erste liberale Verfassung von Spanien nach dem Prinzip der Volkssouveränität mit (formaler) Gleichberechtigung Hispanomerikas
1815	„Vereinigte Königreiche Portugal, Brasilien und Algarve"
1816	Ausrufung der unabhängigen „Vereinigten Provinzen von Südamerika"
1819/20	Entstehung Groß-Kolumbiens unter Simon Bolívar
1821	Unabhängigkeit Mexikos
1821	Plan von Iguala, Unabhängigkeit Mexikos als konstitutionelle Monarchie
1822	„Grito do Ipiranga", Unabhängigkeit Brasiliens als Kaiserreich
1823	Monroe-Doktrin Zurückweisung des europäischen Einflusses auf dem amerikanischen Doppelkontinent
1823	Unabhängigkeit der „Vereinigten Provinzen Zentralamerikas"
1824	Schlacht von Ayacucho. Sieg Bolívars über die Truppen Spaniens
1826	Kongress von Panama zur Schaffung einer kontinentalen, lateinamerikanischen Einheit
1833	Anerkennung der Unabhängigkeit etlicher lateinamerikanischer Staaten durch die USA

1829–1852	*Caudillo*-Herrschaft Juan Manuel Rosas' im La Plata-Raum
1830	Groß-Kolumbien löst sich in die Staaten Venezuela, Kolumbien und Ecuador auf
1835/36 und 1846-1848	Texanischer Unabhängigkeitskrieg und Mexikanisch-US-amerikanischer Krieg. Mexiko verliert im Vertrag von Guadalupe Hidalgo die heutigen Staaten Kalifornien, Arizona, Utah, Nevada, Texas, Teile von New Mexico, Colorado und Wyoming an die USA
1836–1839	Peruanisch-bolivianische Konföderation
1847/48	Kastenkrieg in Yucatán
1850	Krieg zwischen Brasilien und Argentinien
Um 1850	Abschaffung der Sklaverei in Venezuela, Ecuador, Kolumbien, Argentinien, Peru, Paraguay und Uruguay
1853	Erste nationale Verfassung in Argentinien
1855	„La Reforma" Einleitung einer Phase des radikalen Liberalismus in Mexiko
1858–1872	Präsidentschaft des liberalen Reformers Benito Juárez in Mexiko. Erster indigener Präsident Lateinamerikas
1860–1875	Konservativ-klerikale Diktatur unter Gabriel García Moreno in Ecuador
1861	Gewaltsame Besetzung des Mapucheterritoriums durch chilenische Truppen
1862–1867	Besatzung Mexikos durch französische Truppen Kaisertum unter Maximilian von Habsburg
1863	Verfassung der „Vereinigten Staaten von Kolumbien"
1864/5–1870	Tripel-Allianz- oder Paraguay-Krieg
1868-1880	Erster kubanischer Unabhängigkeitskrieg
1872	Sieg des Partido Civil in Peru Ablösung der *caudillo*-Herrschaft durch zivilen Präsidenten
1876 und 1885	Aufstände in Kolumbien
1876	Grenzstreit zwischen Venezuela und Britisch Guayana
1876–1911	Präsidentschaft Porfirio Díaz' in Mexiko („Porfiriat")
1879–1883	Salpeterkrieg zwischen Chile, Peru und Bolivien
1879–1885	„Eroberung der Wüste" Feldzug gegen die indigene Bevölkerung in Argentinien
1867–1909	Aufstände der Yaqui und Mayo in Mexiko und ihre anschließende Deportation
1883	Formale Angliederung des Mapucheterritoriums an den chilenischen Staat
1886	Abschaffung der Sklaverei in Kuba
1886	Kolumbien wird zentralistische Republik
1888	Verabschiedung der *Lei Áurea*. Abschaffung der Sklaverei in Brasilien
1889	Ende der Monarchie in Brasilien und Ausrufung der Republik
1889	Interamerikanische Konferenz in Washington
1891	*Nuestra América* von José Martí, Kuba

1895–1898	Zweiter kubanischer Unabhängigkeitskrieg
1896/97	Aufstand von Canudos in Brasilien
1898/99	Kubanisch-US-amerikanisch-Spanischer Krieg und Frieden von Paris
1898–1902	Kuba unter US-amerikanischer Militärverwaltung
1899–1902	Krieg der Tausend Tage in Kolumbien
1900	*Ariel* von José Enrique Rodó, Uruguay
1901	*Platt Amendment* (Kuba)
1902–1903	Seeblockade Venezuelas durch Großbritannien, Italien und Deutschland zur Schuldeneintreibung
1903/1906–1914	Unabhängigkeit Panamas / Bau des Panamakanals
1910–1920	Erste Phase der Mexikanischen Revolution
1911	Sturz Porfirio Díaz' in Mexiko
1917	Revolutionsverfassung in Mexiko
1918	Studentenbewegung und Universitätsreform in Argentinien
1920–1924	Nationale Bildungsreform in Mexiko unter José Vasconcelos
1927–1934	Guerillakrieg Sandinos in Nicaragua
1929	Gründung des *Partido Nacional Revolucionario* (PNR, Vorläufer der PRI) in Mexiko
1929–1940/46	Institutionalisierung der Mexikanischen Revolution
1929	Börsencrash in New York und Beginn der Weltwirtschaftskrise
1929–1933	Weltwirtschaftskrise in Lateinamerika
1932–1935	Chaco-Krieg zwischen Bolivien und Paraguay

Personenregister

Adams, John Quincy 47, 64
Alamán, Lucas 150, 231
Alberdi, Juan Bautista 167
Alegría, Ciro 134
Alemán, Miguel 247
Amaral, Tarsila do 139–140, 232
Andrade, Mário de 139, 232
Andrade, Oswald de 139–140, 232
Antônio Conselheiro (Antônio Vicente Mendes Maciel) 61
Arguedas, Alcides 134

Bancroft, Hubert Howe 148
Barros Arana, Diego 148
Batlle y Ordóñez, José 128–129
Betancourt, Rómulo 121
Bilbao, Francisco 2
Billinghurst, Guillermo 119
Blaine, James G. 200–201
Bloch, Marc 213
Boas, Franz 135
Bolívar, Simón 21–23, 25–26, 29, 74, 79, 151, 154–155, 166, 190, 199–200, 263
Bonpland, Aimé 235

Calles, Plutarco Elías 85, 124, 126
Cárdenas, Lázaro 127, 149, 247
Carlos III. 157
Carlos IV. 17
Castro, Fidel 86
Céspedes, Carlos Manuel de 46
Chambi, Martin 134
Chávez, Hugo 154
Che Guevara, Ernesto 86
Comte, Auguste 52, 75, 151
Coolidge, Calvin 85
Cuauhtémoc 74, 108
Cunha, Euclides da 61

Darío, Rubén 138–139, 231
De Pauw, Cornelis 13, 73
Della Valle, José 194
Dessalines, Jean Jaques 16

Díaz Ordaz, Gustavo 248
Díaz, Porfirio 33, 84, 112, 114, 122, 246, 248
Douglass, Frederic 174
Drago, Luis María 70

Ehrenreich, Paul 236

Felipe V. 157
Fernando VII. 17, 19–23
Figueres, José 122
Flores Magón, Enrique 114
Flores Magón, Ricardo 115
Floridablanca, Conde de 157
Freyre, Gilberto 140, 182, 229–230
Fuentes, Carlos 126

García Moreno, Gabriel 34
Gardo Baquaqua, Mahommah 147
Gomes, Antônio Carlos 74
Gómez, Máximo 46
González Prada, Manuel 116
Guerrero, Vicente 190

Haya de la Torre, Víctor Raúl 86, 121, 264
Hidalgo, Miguel 20, 23, 32, 171
Huerta, Victoriano 84
Hugo, Victor 80
Humboldt, Alexander von 13, 74, 234–235

Icaza, Jorge 134
Isabel, Kronprinzessin von Brasilien 45
Iturbide, Agustín de 23, 32, 155
Izaguirres, Leandro 74

João VI. von Portugal und Brasilien 16–17, 42–43
Johann Moritz Fürst von Nassau-Siegen 235
Joseph Bonaparte 17

Juárez, Benito 33, 64, 108
Koch-Grünberg, Theodor 236

Kolumbus, Christoph 74–75, 81, 108

l'Ouverture, Toussaint 16
La Condamine, Charles Marie de 13
Lacerda, João Batista de 77
Leguía, Augusto B. 136
Lehmann-Nitsche, Robert 233, 235
Lenin, Wladimir Iljitsch 264
Liberata 184
Lipschutz, Alejandro 227
Lombroso, Cesare 77
López de Santa Anna, Antonio 24, 28
López, Francisco Solano 56, 195

Maceo, Antonio 46
Machado, Gerardo 133
Madero, Francisco I. 84, 123, 246
Mahan, Alfred Thayer 68
Malfatti, Anita 139
María da Gloria von Portugal 43
Mariátegui, José Carlos 121, 135, 241, 264
Martí, José 46, 80, 86, 138–139, 223, 232, 263
Martius, Karl Friedrich Philipp von 229, 235
Matto de Turner, Clorinda 134
Maximilian von Habsburg 33, 63–64, 67, 98
McKinley, William 259
Meirelles, Victor 74
Mella, Julio A. 121
Merian, Maria Sibylla 235
Mignone, Francisco 139
Miguel de Bragança 43
Miranda, Francisco de 190
Mitre, Bartolomé 148, 150
Monroe, James 64
Montesquieu 13, 73
Morales, Melesio 74
Morelos, José María 20, 23
Morillo, Pablo 21
Mühlenpfordt, Eduard 236

Napoleon Bonaparte 16–17, 160
Napoleon III. 33, 63, 223
Núñez, Rafael 31

O'Sullivan, John L. 65
Obregón, Álvaro 124, 126
Oliveira Lima, Afonso de 159
Orozco, José Clemente 126

Paez, José Antonio 190
Paz Estenssoro, Víctor 122
Paz, Octavio von Brasilien 75
Pedro I. von Brasilien 17, 41–43
Pedro II. von Brasilien 43–44, 159, 229
Poeppig, Eduard 236
Pombal, Marqués de (Sebastião José de Carvalho e Melo) 11, 14
Porto Seguro, Visconde de 150
Pozas, Ricardo 134
Prestes, Luis Carlos 120

Quesada, Ernesto 145, 256
Quiroga, Facundo 163

Reiß, Wilhelm 236
Rivera, Diego 126
Rodó, José Enrique 80, 86, 138–139, 223
Rodrigues, Raimundo Nina 77, 228
Roosevelt, Theodore 68–71, 83, 261
Rosas, Juan Manuel de 27, 164

Sacasa, Juan B. 86
San Martín, José de 22, 29, 74
Sandino, Augusto César 85–86
Santa Cruz y Montalvo, María Mercedes, Condesa de Merlin 237
Santander, Francisco de Paula 200
Sarmiento, Domingo Faustino 72–73, 163–164, 226, 231
Siqueiros, David Alfaro 126
Somoza, Anastasio 86
Sonthonax, Léger-Félicité 187
Spencer, Herbert 75

Spix, Johann Baptist von 235
Stübel, Alphons 145, 236

Tamayo, Franz 137
Tobar, Carlos R. 83
Tristán, Flora 237
Túpac Amaru II. 13, 157
Túpac Katari 13, 157

Uhle, Max 233, 235

Varela, José Pedro 232
Vargas, Getúlio 114, 229
Varnhagen, Francisco Adolfo de 150, 159
Vasconcelos, José 125–127, 137, 140, 199, 225
Villa, Pancho 123, 247
Villa-Lobos, Heitor 139

Walker, William 66, 80
Wilson, Woodrow 83

Zapata, Emiliano 36, 123–124, 247
Zimmermann, Arthur 84

Ortsregister

Abya-Yala 82
Acapulco 258
Afrika 17, 40, 49, 66, 94, 105, 147, 176, 180–182, 190, 252–253, 257–258
Alaska 68
Aleuten 68
Algarve 17, 42
Amazonasgebiet 3, 6, 54–55, 58, 88
Amerika 5, 8, 10, 13–14, 17–19, 26, 40, 47, 73–74, 82, 161, 167, 218, 253
Ancón 57
Andenraum 3, 6, 13, 35–36, 54, 57, 61, 170, 238–239
Angola 40, 181
Angostura 21–22
Antofagasta 57
Arequipa 133
Argentinien 3, 6, 27, 29, 33, 39, 44, 49–50, 54, 56, 59, 62–64, 71, 76, 82, 84, 87–88, 90–91, 98–100, 103, 106–107, 110, 112–113, 116, 119–120, 131–133, 137, 148–149, 152, 163, 165, 170, 172, 190, 195–197, 204, 210, 214, 216, 218–222, 227, 233, 235–236, 244–245
Arica 57
Arizona 65
Asien 17, 49, 66–67, 78, 102, 252–253, 258–259
Asunción 56
Atacama 57, 196
Ayacucho 23

Bayonne 17
Belize 2
Berkeley 144, 148
Berlin 145–146, 236, 256
Bogotá 20
Bolivien 3, 22, 26, 29–30, 35, 39, 49, 57–58, 64, 68, 88, 91, 118, 122, 131, 134, 137, 168, 196, 210, 214, 238, 240–241
Boyacá 22
Brasilien 2–3, 7, 10–11, 13–14, 16–17, 24, 28–33, 37–43, 45, 47, 49–50, 54–56, 61, 71, 76–77, 81, 84, 87–88, 90–93, 95, 98–100, 102–107, 110, 112–113, 119–120, 130–131, 138–140, 144, 146, 148, 150, 152, 158–160, 163, 170, 174, 176, 178–179, 181–187, 189–190, 192–193, 195–196, 204, 210, 212, 214, 219–222, 224–225, 227–229, 232, 235, 241, 244–245
Britisch-Guayana 67–68
Buenos Aires 14, 21–22, 24, 27, 62, 74, 98, 103–104, 106, 109, 113, 115, 117, 119, 164, 168, 170, 216, 220, 244

Cádiz 12, 18–19, 22–23, 28, 32, 161
Callao 64
Cananea 119
Canudos 61
Caracas 20
Cartagena 20
Ceará 41
Chaco 3, 6, 55, 57–58, 60, 196
Chicago 74
Chihuahua 123
Chile 3, 6–7, 12, 22, 26, 29–30, 33, 38, 49, 54–55, 57, 59, 64, 68, 71, 76, 82, 84, 87–88, 90–91, 95, 99–100, 103, 105, 110, 112, 118–119, 131, 133, 137, 149, 168, 170, 189, 193, 196, 204, 216, 219, 221–222, 245
China 46–47, 78, 95, 105, 192, 205, 221, 253
Chincha-Inseln 64
Colorado 65
Cono Sur 3, 55, 58–59, 102, 107, 110, 112, 130, 133, 193

Córdoba 132
Costa Rica 76, 102, 105, 112, 122, 152, 219, 221, 227
Cúcuta 22
Cuzco 134

Deutschland 50, 63, 70, 84, 89, 92, 103, 144–145, 150, 220, 235, 245, 254, 256, 261
Dominikanische Republik 26, 38–39, 67, 70, 84, 105, 262

Ecuador 3, 22, 29, 33, 39, 64, 131, 134, 172, 189, 210, 238
El Salvador 83
England 15, 321
   siehe auch Großbritannien
Europa 3, 6, 14–15, 19, 24, 28, 30, 47, 50, 53–54, 63, 66, 72, 74–75, 78, 86–90, 92, 101, 103, 105, 109, 116, 134, 140, 145, 150, 165, 170, 172, 176, 199, 201–202, 208, 211, 219, 221, 223–225, 229, 231, 234, 242, 252–254, 256–257

Falkland Inseln 62–63, 197
Feuerland 59
Florida 47, 117
Frankreich 15–16, 28, 37, 50, 63, 72, 79, 87, 89, 92, 144, 150, 186, 188, 202, 223, 254
Französisch-Guayana 1

Großbritannien 11, 15, 28, 37, 39, 43–45, 50–51, 62–63, 65–66, 70, 80, 82, 87, 89, 92, 144, 148, 187, 202, 217, 254
   siehe auch England
Großkolumbien 22, 25–26, 48, 64
Guadeloupe 1, 116
Guam 68
Guatemala 33, 36, 83–84, 92, 96, 100, 102, 134, 137, 199, 210, 221, 241

Guayana 2
Guines 98

Haiti 2, 4, 15–16, 29, 37–38, 42, 45, 64, 71, 84, 147, 185–187, 191, 262
Hannover 256
Havanna 98, 106, 115, 117, 211
Hawaii 68
Hispaniola 26
Hispanoamerika 2–3, 7–8, 10, 12, 14, 18–19, 25, 27, 44, 71, 82, 132, 136, 138, 143, 163, 189–190, 235
   siehe auch Spanisch-Amerika
Hochperu 22, 26, 157
Honduras 83–84, 189

Iberische Halbinsel 11, 13–14, 17–18, 20
Iberoamerika 2, 15, 82, 162
Indien 78, 95, 105, 192
Indonesien 88
Italien 70, 103, 218–219, 221

Japan 78
Java 105

Kalifornien 65
Kanada 101, 148
Karibik 1–2, 4, 10, 12, 37, 39–40, 66, 68–71, 82–83, 87–88, 90, 93, 95, 99–100, 102, 105, 116–117, 120, 144, 174–177, 179, 182, 187–188, 190, 192, 198, 211–212, 216, 221, 256–260, 262
Key West 117
Kolumbien 3, 22, 26, 31, 33, 37, 39, 84, 88, 132, 152, 172, 189–190, 209–210, 214, 216, 232, 238, 255
Kongo 88, 181
Kuba 3, 11, 15, 24, 26, 37–40, 45–47, 68, 81, 84, 87, 95, 98, 102–103, 105, 117–118, 130–131, 133, 138, 144, 174, 176–177, 179, 187,

189, 191–192, 211–212, 214, 219, 223, 237, 259–260

La Plata-Region 11–12, 19, 21, 24, 27, 162, 190
Levante 3
Lima 22, 57, 116, 119
Lissabon 17, 40
Liverpool 147
London 48, 62, 115
Lusoamerika 2

Madrid 18
Magellanstraße 59
Malvinen-Inseln 62–63, 197
Manaus 74
Manila 258
Martinique 1, 116
Mesoamerika 147
Mexiko 3–4, 6–7, 20, 23–26, 28–33, 35–36, 38–39, 48–50, 55, 60, 63–65, 67–68, 74, 76, 79, 83–85, 87–89, 91–93, 96, 98–100, 102, 105, 107–108, 110, 112, 114–116, 118–120, 122, 124–127, 130–131, 133–135, 137–138, 140, 148–149, 152, 157–158, 161, 163, 168–169, 171–172, 190, 192, 197–198, 204, 209–210, 213, 216, 218, 222, 225, 227, 231, 236, 239, 241, 244–245, 247–248, 250–251, 255–256, 258, 260, 262, 264
Mexiko-Stadt 107, 117, 121, 207
Minas Gerais 114, 181, 183
Mittelamerika 1, 3, 99–100
Montevideo 26, 115, 118
Morelos 123
Moskau 120–121

Neu-Granada 7, 13, 20–22, 157, 189
Neu-Spanien 7, 11, 20, 23, 32
Nevada 65
New Mexico 65
New York 80, 147
Nicaragua 68, 70, 84–86, 262

Nordamerika 10, 37, 49–51, 65, 101, 174, 176, 179, 187–188, 219, 263

Osmanisches Reich 102, 222
Österreich 256

Panama 4, 26, 68–69, 71, 79, 84, 105, 199–200, 262
Pará 43
Paraguay 2–3, 19, 22, 26, 33–34, 39, 44, 48, 56, 58–59, 92, 131, 194–195, 197, 210
Paris 46, 74, 80, 139, 223
Patagonien 3, 54–55, 59–60, 119
Pernambuco 147
Peru 3, 7, 11, 22, 26, 28–30, 33, 35, 37, 39, 49, 55, 57, 64, 68, 87–88, 91–92, 95–96, 100, 102, 105, 113, 116, 118–121, 133–134, 136, 152, 157, 168–169, 190, 192, 196, 211, 219–220, 222, 227, 236, 238, 241, 255, 258
Philippinen 15, 45, 47, 68, 258–260
Portugal 2, 11, 14–15, 17, 37, 42–43, 45, 81, 103, 144, 156, 159–160, 162, 219, 234, 256
Puerto Barrios 92
Provincia Cisplatina/Banda Oriental 43
Puerto Rico 3, 11, 15, 26, 39, 45, 68, 81, 116, 189, 260
Puno 61

Québec 1

Rio de Janeiro 14, 17, 24, 41, 61, 104, 106, 108, 115, 120, 147
Río de la Plata 7, 12, 20–21, 26, 189
Rio Grande do Sul 43, 114
Russland 256

Saint-Domingue 15, 321
  siehe auch Haiti
Samoa 68
Santo Domingo 11

São Paulo 105–106, 114–115, 139, 181, 183, 222
São Salvador da Bahia 14, 40, 61, 181, 183
Sergipe 61
Sevilla 12, 143
Sonora 60, 123–124, 197
Spanien 2, 11–12, 14–15, 17–20, 22–23, 25–26, 28, 32, 37, 39, 45–47, 62, 64, 67, 80, 98, 103, 144, 156, 158, 161–162, 171, 200, 219–220, 234, 256, 259–260
Spanisch-Amerika 38, 47, 187, 189
  siehe auch Hispanoamerika
Südamerika 1, 20–22, 24, 37, 76, 83, 98–99, 103, 145, 174, 179, 187, 237, 263
Südasien 47, 253
Suriname 235

Tacna 57
Tampa 117
Tampico 118
Tarapacá 57
Texas 28, 65–66, 146, 262
Tlatelolco 248
Trafalgar 15
Trinidad 177, 186–187

Uruguay 22, 26, 29, 33, 39, 43–44, 54, 56, 76, 88, 92, 100, 103, 110, 128, 131, 133, 152, 170, 195, 204, 210, 219, 244
USA 4, 6, 26, 28, 32, 39, 46–47, 50–51, 53, 55, 60, 63–71, 75–76, 80–90, 92, 99–101, 103, 109, 120–121, 124–125, 140, 144, 150–151, 170, 174, 176, 178, 186–187, 189, 191, 193, 197, 199–203, 206, 208, 212, 217–218, 222–225, 229, 242, 252, 254, 258–263
Utah 65

Valparaíso 57, 64, 98, 115, 118
Venezuela 3, 7, 12, 19–22, 27, 33, 37, 39, 67–68, 70, 91, 103, 105, 121, 152, 170, 189–190, 210
Veracruz 24, 84

Wyoming 65

Yucatán 32, 60, 197, 227

Zentralamerika 12, 24–26, 38–39, 55, 66–68, 71, 76, 80, 83, 88, 90, 92–93, 102, 112, 136, 148, 169, 214, 216, 221, 223, 227, 260
Zirkum-karibischer Raum 2, 69, 117

Autorenregister

Abel, C. 223
Abelshauser, W. 255
Abente Brun, D. 195
Adelman, J. 159, 161, 163, 166, 252
Aguilar Camín, H. 245, 249
Aguirre Rojas, C. A. 148, 150
Aguirre, M. 263
Alamán, L. 150, 231
Alencastro, L. F. d. 181
Alexander, R. J. 264
Alfonseca Giner de los Ríos, J. 233
Aljovín de Losada, C. 169, 196
Almeida, P. R. d. 201
Amaral, S. 209, 214
Anapios, L. 245
Andermann, J. 236
Anderson, W. W. 222
Andrews, G. R. 39, 155, 159, 187, 189, 192, 228, 230, 257
Anna, T. 155, 158, 163
Annino, A. 154, 161, 167
Ansaldi, W. 199
Appelbaum, N. 192, 227
Aptheker, H. 178
Archer, C. I. 159
Avenel, J.-D. 260
Azevedos, C. M. 189

Bähr, J. 244
Bailey, B. 177
Baker, A. 263
Baldovín Ruiz, E. 260
Bantjes, A. 247
Baratta, V. 195
Barcia Paz, M. 179
Barcia, C. 212
Barickman, B. J. 214
Barman, R. J. 158
Barrón, L. 247
Barros Mott, L. 184
Bastian, J. P. 173
Bauer, A. 212
Bayly, C. 252
Becker, F. 256

Beckles, H. 175
Beisner, R. 259
Bellei, S. L. P. 232
Bemis, S. 258–260
Benjamin, J. R. 261
Benson, N. L. 161
Benton, L. 253
Bereton, B. 177
Bergad, L. 176, 183, 212, 214
Bergel, M. 233
Berlin, I. 180
Bernecker, W. L. 153, 200, 208, 237, 255
Berner, B. 260
Bernstein, H. 199
Bértola, L. 208
Bethell, L. 153, 160, 190, 205, 208, 216
Beuys, B. 235
Bidart Campos, G. 165
Bindernagel, F. 220
Blackburn, R. 189
Blancarte, R. 172
Blanchard, P. 189–190
Blancpain, F. 186
Blancpain, J. P. 221
Blaurock, R. 163
Blinn Reber, V. 194
Boaventura, M. E. 232
Bodemer, K. 198
Bonialián, M. A. 258
Bordo, M. D. 209
Borst, J. 178
Borucki, A. 190
Bosl, K. 190
Böttcher, N. 197, 209
Brading, D. A. 156
Brahm García, E. 196
Brakel, A. 184
Brescia, M. 262
Brewster, C. 155
Britton, J. 262
Brockmann, A. 236
Brown, J. 262

Brown, M. 253
Buchenau, J. 247
Bueno, C. 201
Buisson, I. 197
Bulmer-Thomas, V. 201–203, 205–207, 210, 218
Burke, P. 230
Burnard, T. 175
Büschges, CH. 189, 238
Bushnell, D. 199
Busse, L. 146
Butler, K. 192

Caicedo Castilla, J. 199–200
Caldeira, A. M. 191
Calder, B. 262
Calderón, C. 215
Calderón, M. T. 163
Calhoun, A. 261
Campbell, G. 177
Candelaria, C. 260
Candido, M. P. 181
Cañizares-Esguerra, J. 234
Canny, N. P. 156
Cano, G. 252
Cansanello, O. C. 169
Capdevila, L. 195
Cárdenas, E. 205
Cardoso, C. F. 206
Cardoso, F. H. 182
Carey Jr., D. 147
Carmagnani, M. 157, 159, 165, 211, 252
Carrera Damas, G. 154
Carreras, S. 236, 244–245, 256
Carrillo Zeiter, K. 236
Carrington, S. H. H. 188
Carvalho, D. d. 222
Carvalho, J. M. d. 170
Cassidy, E. S. 221
Castells, M. 244
Castro, J. E. D. 227
Cateau, H. 188
Caulfield, S. 242
Cavieres Figueroa, E. 196
Célleri, D. 242

Centeno, M. A. 165, 194
Cepero Bonilla, R. 211
Cervera, G. 260
Cervo, L. A. 201
Chalhoub, S. 184
Challú, A. E. 217
Chambers, S. C. 170, 242–243
Chang, J. O. 251
Chao Romero, R. 192, 222
Chasteen, J. C. 163–164, 198
Chesterton, B. M. 197
Chevalier, F. 213
Chiaramonte, J. C. 161–162, 165
Chiavenato, J. J. 195
Childs, M. D. 191
Chomsky, A. 216
Chou, D. L. 222
Chowning, M. 173
Christiansen, T. K. 170, 243
Chust Calero, M. 156, 158, 169, 254
Cid, G. 194
Civera Cerecedo, A. 233
Coatsworth, J. 202, 205–207, 210, 213, 217–218
Cockroft, J. D. 248
Coerver, D. 262
Cohen, W. I. 262
Collier, S. 196
Collin, R. 261
Connell-Smith, G. 199
Conrad, R. E. 147, 183, 190
Cooper, F. 191–192
Córdova, A. 248–249
Cornejo Polar, A. 227
Cortés Conde, R. 205–207, 209–210, 214–215
Costa, E. V. d. 155, 182
Costa, I. d. N. d. 183
Costa, W. P. d. 195
Costeloe, M. P. 158
Cottias, M. 186
Cuenca Toribio, J. M. 260
Cueto, M. 234
Cuevas Cancino, F. 200
Cunha, O. M. G. d. 181, 191
Cupery, D. 263

Curtin, P. 178
Curto, J. C. 181

Dane, H. 256
Davies, C. 155
Davis, D. B. 174
Davis, D. J. 189
Davis, N. Z. 235
Dawson, A. S. 241
Dayton-Johnson, J. 205
de la Fuente, A. 165, 179, 192
de la Reza, G. A. 200
Dean, W. 214
Deeds, S. 246
Delpar, H. 262
DeShazo, P. 216
Devoto, F. 220
Di Stefano, R. 172
Díaz Arias, D. 227
Díaz, P. O. 199
Díaz-Polanco, H. 241
Dolan, E. F. 260
Domingues, P. 228
Domínguez, J. I. 158
Döpke, W. 201
Doratioto, F. 195
Dore, E. 242
Dorigny, M. 187
Dorsch, S. 172
Dosal, P. 214, 262
Drake, P. 262
Drescher, S. 175, 188–189
Du Bois, W. E. B. 174
Dubois, L. 186, 191
Dufner, G. 221
Duncan, K. 213
Dunkerley, J. 194
Dussel, E. 173

Earle, R. 238
Edelmayer, F. 153
Edgerton, R. 260
Einfeldt, K. 251
Eisenstadt, S. 118
Elbourne, E. 177
Elkin, J. L. 221

Eltis, D. 176, 178
Engerman, S. 175–176, 178, 188, 217
Escalante Gonzalbo, F. 199
Escalante, C. 233
Escalona Chádez, I. 223
Escarra Malavé, H. E. 199

Faustos, B. 216
Fermandois Huerta, J. 221
Fernandes, F. 182
Fernández Carcassés, M. 260
Fernández Sebastián, J. 162
Ferrer, A. 186, 191, 260
Ffrench-Davis, R. 205
Fick, C. 186
Fiebig-von Hase, R. 260
Filho, A. M. 183
Fischer, G. 146
Fischer, M. 236
Fischer, S. 185–186
Fischer, T. 199
Fisher, J. R. 157
Florentino, M. 190
Fogel, R. 188, 217
Forment, C. A. 169
Fowler, W. 166
Fowler-Salamini, H. 251–252
Fragoso, J. L. R. 158
Fraina, L. C. 264
Frank, Z. L. 184
Franklin, S. 178
Freeman, J. 264
Freyre, G. 140, 182, 229–230
Fröschle, H. 220
Fuchs, R. 178
Füllberg-Stolberg, K. 190

Gabbert, W. 170, 197–198, 227
Gainot, B. 186
Galaor, I. 197
Galeano, E. 152, 202
Gallagher, J. 155, 255
Gamboa Ojeda, L. 216
Gamio, M. 135, 241
Gänger, S. 234
García Peña, A. L. 170, 243

332 — Autorenregister

García Rodríguez, G. 179
Gardiner, C. H. 222
Garrigus, D. 191
Gaspar, D. B. 186
Gauthier, F. 186
Geggus, D. 179, 185–186
Gerstenberger, D. 160, 230
Gil Montero, R. 240
Gil, E. 200
Gilfoyle, T. J. 245
Gilly, A. 245, 248
Gilroy, P. 175
Giordano, V. 170, 199, 243
Glade, W. P. 212
Gleizer, D. 241
Gliech, O. 186
Goldman, N. 162, 165
Goldstein, K. 260
Gómez Ciriza, R. 158
Gómez-Galvarriato, A. 216
González, M. J. 245
Gootenberg, P. 211, 234
Gorelik, A. 244
Gould, L. 261
Graden, D. T. 183
Graham, R. 155, 226–227
Grandner, M. 254
Greenfield, G. M. 244
Grenier, Y. 223
Grinberg, K. 184
Grumblies, F. 211
Gruzinski, S. 227
Guadarrama González, P. 223
Guardino, P. F. 165
Gudmundson, L. 228
Guedea, V. 161
Guerra y Sánchez, R. 211
Guerra, F.-X. 154, 158, 161, 169, 250
Guerrero, A. 227
Guy, D. J. 242, 245

Haake, C. 197
Haber, S. 203, 207, 216–217
Hahn, S. 189
Hahner, J. 244
Hall, L. 262

Halperín Donghi, T. 159, 161, 206, 210
Hamnett, B. R. 158–159, 161
Harding, C. 213
Harding, R. E. 184
Hart, J. M. 245, 250
Harwich Vallenilla, N. 154
Hatzky, CH. 177, 257, 263–264
Hausberger, B. 197, 209, 253
Hauschild-Thiessen, R. 145
Healy, D. 261
Hecht, T. 244
Hedrick, T. 227
Helena, L. 232
Helg, A. 190–191
Hensel, S. 146, 153, 224, 254
Heredia, E. 201
Hernández Chávez, A. 170
Hernández Hernández, Ó. M. 252
Hernández, J. M. 261
Herold-Schmidt, H. 172
Herwig, H. 196, 261
Heuman, G. 175
Heywood, L. 181, 257
Hillekamps, B. 197
Hilton, S. 260
Hirschman, A. O. 214
Hobsbawm, E. J. 15, 152, 159
Hofbauer, A. 228
Hoffmann, K. 235
Höflein, M. 236
Hoganson, K. 259
Holloway, T. H. 242–243
Holt, T. C. 191–192
Hooker, J. 226
Höse, V. 245
Hu-DeHart, E. 192, 197, 221–222, 251
Huber, P. 264
Hunefeldt, C. 170, 192, 196, 243
Hunt, S. 206
Hutchison, E. 216
Hyland, S. 222

Ickringill, S. 260
Iglesias García, F. 211–212
Iglesias Utset, M. 260

Inikori, J. E. 176, 178
Irígoin, M. A. 210
Irurozqui, M. 166, 168, 170, 239–240

Jacobsen, N. 169
James, C. L. R. 186
Jeifetz, L. S. 264
Jeifetz, V.-L. 264
Jennings, L. C. 187
Jitrik, N. 231
Johns, M. 244
Joseph, G. M. 244, 262
Jung, M. 192

Karasch, M. 179, 184
Karnes, T. L. 214
Katz, F. 159, 198, 213, 245, 247, 250, 257, 262
Keller, G. 260
Kemner, J. 191
Kinsbruner, J. 155
Kinzer, S. 260
Klarén, P. F. 196
Klein, H. S. 176, 178, 181, 183, 214
Kleinmann, H.-O. 146
Klich, I. 222
Klubock, T. 216
Knight, A. 152, 157, 213, 245–246, 248–250
Knöbl, W. 218
König, H.-J. 157
Koonings, K. 198
Kossok, M. 152, 158, 256
Kraay, H. 184, 195
Kraus, M. 236
Krauze, E. 251
Krenn, M. 262
Krömer, G. 237
Kruijt, D. 198
Kuethe, A. J. 157
Kurtenbach, S. 198
Kuznesof, E. 243

LaBotz, D. 251
Lacayo, A. D. 199
Ladd, D. M. 158

LaFeber, W. 259
Lago, P. C. d. 146
Landers, J. 189
Langa Laorga, M. 260
Langer, E. D. 173
Langley, L. 261–262
Lara, S. H. 184
Larson, B. 238
Lauria-Santiago, A. 216
Laver, R. C. 197
Laviña, J. 176, 179
Law, R. 147
Leask, N. 237
Lee, A. P. 222
Lee, R. G. 222
Lehmann, D. 230
Leinen, F. 246
Lenz, W. E. 260
León de Leal, M. 242
Lesser, J. 222, 228
Lettieri, A. R. 168–169
Lewis, C. 216
Lewis, S. 245, 251
Liehr, R. 208–209, 255
Liemur, J. F. 244
Lindo-Fuentes, H. 214
Lisboa, K. M. 235
Llinàs Carmona, C. 237
Lobato, M. Z. 170, 243
Lockey, J. 199
Lone, S. 222
Look Lai, W. 192, 222
López Vega, D. M. 173
López-Alves, F. 194
Lovejoy, P. E. 147, 181
Lucena Salmoral, M. 153
Luna, F. V. 181, 183, 214
Lynch, J. 155, 157, 164, 173

Macaulay, N. 199
MacFarlane, A. 157
Macías, F. 169
Macintyre, S. 149
Macpherson, A. 192, 227
Mahoney, J. 218
Maiguashca, J. 149

Maihold, G. 153, 241, 256
Major, J. 262
Malerba, J. 148, 160
Mallon, F. E. 157, 159, 226, 238, 240–241
Malosetti Costa, L. 194
Manero, E. 193
Mannarelli, E. 244
Manning, P. 178
Marchena Fernández, J. 169
Marichal, C. 201, 209
Marks, W. 261
Marquese, R. d. B. 185
Martí, J. 46, 80, 86, 138–139, 223, 232, 263
Martín Aceña, P. 210
Martin, A. 172
Martínez Carreño, A. 242
Martínez Mazzola, R. 233
Martínez, R. A. 199
Martinez-Echazabal, L. 227
Martins, R. B. 183
Martius, K. F. P. v. 228–229, 235
Marván Laborde, I. 248
Matory, J. L. 181
Mattos, H. M. 190
Mattoso, K. M. d. Q. 184
Maxwell, K. R. 160
Mayer, A. 246
McCreery, D. J. 214
McEvoy Carreras, C. 168, 196
McPherson, A. 262–263
Meade, T. 244
Meagher, A. J. 222
Meisel, A. 210
Mejías, S. A. 170
Mello, J. M. C. d. 206
Méndez Gastelumendi, C. 155, 170, 239–240
Méndez Rodenas, A. 237
Mertins, G. 244
Meschkat, K. 198
Meyer, J. 245, 251
Meyer, L. 245, 249, 262
Miceli, S. 232
Middell, M. 158

Miers, S. 177
Mignolo, W. 153, 223
Milanesio, N. 233
Milanich, N. B. 242–243
Miller, J. 175, 177
Miller, M. G. 226
Mintz, S. 180, 211, 214, 257
Mitchell, N. 261
Molyneux, M. 242
Moniz Bandeira, L. A. 195, 201
Montero Jiménez, J. A. 260
Montes, A. 263
Moraña, M. 152
Moreno Fraginals, M. 176, 211
Mörner, M. 213, 225
Mota, C. G. 160
Moura, C. 182
Moya, J. C. 116, 149, 213, 219, 238, 240, 242
Mücke, U. 169, 171, 192
Mueller, B. 214
Muñoz Luna, P. 177
Munro, D. 260
Musicant, I. 261–262

Naro, N. P. 192
Nearing, S. 264
Needell, J. D. 190, 244–245
Newland, C. 210
Newton, R. C. 220
Niort, J.-F. 186
Nishida, M. 178
Nugent, W. T. K. 219

O'Donnell, G. 199
O'Hara, M. D. 173
O'Phelan Godoy, S. 157
Ocampo, J. A. 205, 208
Oertzen, E. von 241
Offner, A. 259
Olcott, J. 252
Onken, H. 237
Ortiz Peralta, R. 264
Ortiz, F. 141, 211, 230
Osterhammel, J. 253

Otero, S. 258
Owen, H. 155

Pagden, A. 156
Paige, J. M. 214
Paiva, C. A. 183
Palacios Rozo, M. 163, 214
Palermo, V. 197
Pallares-Burke, M. L. G. 230
Palmer, R. R. 159
Palmié, S. 179, 191
Palomino, P. 224
Pansters, W. G. 198
Parés, L. N. 184
Parsons, J. T. 214
Paton, D. 177, 190, 192
Patterson, O. 177
Paz, O. 231
Peabody, S. 186
Pérez Brignoli, P. 153, 206
Pérez Jr., L. A. 259, 261
Pérez Vejo, T. 227
Pick, Z. 251
Pietschmann, H. 156
Pividal, F. 199
Platt, T. 240
Pletcher, D. M. 201, 259
Plummer, B. G. 262
Pók, A. 149
Pomeranz, K. 252
Popkin, J. 186
Portantiero, J. C. 233
Portes, A. 218
Posada Carbó, E. 167
Potthast, B. 153, 192, 194–195, 233, 242–244
Prados de la Escosura, L. 203, 209
Pratt, M. L. 230, 237
Preuss, O. 224
Price, R. 178, 180, 257
Prien, H.-J. 173
Puhle, H.-J. 255
Putnam, L. 242

Queiroz, S. R. R. d. 184
Quesada Monge, R. 260

Quintero, J. P. 199

Raat, D. 262
Raddatz, C. 236
Raina, U. 236
Rama, A. 146, 231
Ramos Guédez, J. M. 190
Rangel, C. 263
Régent, F. 186
Rein, R. 221
Reina, L. 197, 241
Reinert, K. 236
Reis, J. J. 179, 184
Reitz, E. 221
Renda, M. 262
Rey Morató, J. d. 234
Reyes, C. 251
Richardson, D. 178
Riekenberg, M. 165, 193, 199
Rinke, S. 146, 153, 163, 189, 200, 221, 254
Riviale, P. 234
Robinson, R. 155, 255
Rodó, J. E. 80, 86, 138–139, 223
Rodrigo, M. 177
Rodríguez Jiménez, J. 244
Rodríguez O., J. E. 161–162
Rodríguez Pastor, H. 192, 222
Rodríguez Sáenz, E. 242
Rodríguez, I. 152
Rodriguez, J. 234
Röhrig Assunção, M. 181
Rojas Mix, M. 223
Rojas, L. 246
Romero, J. L. 244
Romero, L. A. 216
Rosemblatt, K. 192, 227
Rosenberg, E. S. 262
Ross, A. 263
Ross, K. 263
Rothermund, D. 254
Roura i Aulinas, L. 158
Rowe, J. H. 236
Ruíz, R. E. 245, 248
Ruiz-Manjón, O. 260
Ruiz-Peinado, J. L. 179

Russell-Wood, A. J. 160
Rutledge, I. 213

Sabato, H. 168–170, 214, 216
Saco, J. A. 231
Sáez Arance, A. 154
Safa, H. 243–244
Saint-Sauveur Henn, A. 220
Salazar Vergara, G. 216
Saldaña, J. J. 234
Salles, R. 195
Salvatore, R. D. 165, 217
Salvucci, R. 216
Sánchez-Albornoz, S. 219
Sandos, J. 262
Sangmeister, H. 153
Sanhueza, C. 196
Santana, A. 260
Santiso, J. 205
Santos, L. C. V. G. 201
Sanz Fernández, J. 215
Sanz, V. 179
Sarmiento, D. F. 72–73, 163–164, 226, 231
Sater, W. F. 196, 201
Scheina, R. L. 165, 194
Schell, P. A. 234
Schembs, K. 233
Scheuzger, S. 238
Schiavone Camacho, J. M. 251
Schmidt, P. 172
Schmidt-Nowara, C. 189
Schmieder, U. 177–179, 190, 192, 237, 256–257
Schneider, A. 149
Schoonover, T. 221, 259–261
Schröter, B. 193, 236
Schüller, K. 186
Schultz, K. 244
Schulze, F. 146, 221
Schulze, P. 232
Schwaller, J. F. 173
Schwarcz, L. 228
Schwartz, S. B. 183–184, 257
Schwarz, T. 242
Schwentker, W. 254

Scott, R. J. 179, 186, 190–192
Scully, P. 177, 190, 192
Seckinger, R. L. 160
Sempat Assadourian, C. 159
Serna, P. 186
Serrano Ortega, J. A. 156
Serulnikov, S. 157
Servén, L. 215
Seyferth, G. 221
Sheinin, D. 201
Shepherd, V. 175, 177
Sherzer, J. 241
Shumway, J. M. 170, 243
Silva, E. 184
Silva, M. B. N. d. 160
Silvestri, G. 244
Skidmore, T. E. 228
Slatta, R. W. 193
Sloane, K. A. 242
Sluis, A. 252
Smith, A. 47, 52, 188, 215
Smith, J. 201
Smith, L. D. 218
Sobrevilla, N. 194
Socolow, S. M. 158
Sokoloff, K. 217
Solow, B. 188
Soto Quirós, R. 227
Soulodre-LaFrance, R. 181
Sowell, D. 216
Spenser, D. 264
Spix, J. B. v. 235
Stein, B. 208
Stein, S. 205, 208, 215
Stepan, N. 227
Stern, S. J. 159
Stout, R. 262
Streckert, J. 223
Stubbs, J. 214
Stutzman, R. 226
Sue, C. A. 227
Summerhill, W. 215
Suriano, J. 216, 244–245
Sweet, J. H. 181, 257
Szuchman, M. D. 244

Takenaka, A. 222
Tan, C. B. 222
Tannenbaum, F. 179, 225
Tarcus, H. 245
Taylor, A. 207
Tedde de Lorca, P. 209
Telles, E. E. 227
Tenenbaum, B. 211
Tenorio-Trillo, M. 223–224, 244
Thibaud, C. 163, 168
Thomas, E. 260
Thornton, J. K. 180, 257
Thorp, R. 205, 262
Thurner, M. 227
Tinker Salas, M. 260
Tobler, H. W. 199, 208, 245, 249–250, 255
Tomich, D. 176–177, 212
Tone, J. L. 260
Topik, S. 211
Torrents, N. 223
Torruella, J. 260
Trask, D. 259
Tristán, F. 237
Trouillot, M.-R. 185
Trujillo Bolio, M. 216
Tulchin, J. 201
Turner, M. 192
Tutino, J. 159, 198, 214

Urban, G. 241
Uribe Urán, V. 163, 170
Urioste-Buschmann, M. 178

Valenzuela, J. S. 168
van Delden, M. 223
van Young, E. 155, 157, 162, 165, 213, 239
Vasconcelos, J. 125–127, 137, 140, 199, 225
Vaughan, M. K. 245, 251–252
Velázquez Morales, C. 251
Venturoli, S. 170, 243
Verger, P. 181

Vilanova, A. 260
Villanueva, V. 264
Villaverde, C. 231
Vincent, T. C. 190
Vinson III, B. 181, 257

Wade, P. 226–227
Wagner, R. W. 221
Waldmann, P. 199
Walker, C. F. 157, 165, 239
Wanquet, C. 186
Wasserman, M. 262
Weise, A. 211
Werz, N. 153, 200, 234
Whigham, T. L. 194–195
Whitaker, A. 199
Whitten, N. E. 226
Wilkie, J. W. 245
Williams, E. 177, 187–188, 217
Williamson, J. G. 216
Windus, A. 192, 228
Wirz, A. 257
Wittger, B. 242
Wolfe, J. 228
Wolff, G. 235–236
Womack, J. 245, 247
Woolf, D. 149
Wünderich, V. 211

Yankelevich, P. 227, 251
Yelvington, K. A. 257
Young, E. 222
Yun, L. 192

Zapata Galindo, M. I. 242
Zea, L. 260
Zeller, J. 245
Zermeño Padilla, G. 149
Zeuske, M. 154, 158, 175–177, 179, 190, 256
Ziegler, B. 221
Zimmering, R. 251
zur Nieden, B. 219

Sachregister

ABC-Staaten 71
Abhängigkeit 50, 95, 96, 114, 124, 202, 234, 248, 259
– neokoloniale 63
– wirtschaftliche 50, 51, 204, 206
  siehe auch Dependenz
Abolition 16, 37, 38, 41, 45, 46, 66, 95, 147, 174, 175, 176, 182, 183, 186–192, 221, 257
– Abolitionismus 190
– abolitionistische Bewegung 37, 41, 174
Absatzmarkt 51, 67, 100
  siehe auch Markt
Absolutismus, aufgeklärter 6, 11
Abya-Yala 82
Afrika 17, 40, 49, 66, 94, 105, 147, 176, 180–182, 190, 252–254, 257, 258
Afrikaner 9, 10, 37, 40, 178, 180, 229
Afrikanisierung 40, 46, 189
Afroamerikaner, afroamerikanisch 5, 9, 10, 11, 37, 39, 76, 118, 136, 147, 155, 180, 187, 189, 190, 192, 225, 226, 228, 229, 257
– afroatlantisch 181
– afrobrasilianisch 139, 181, 184
– afrokubanisch 181
agency 179
  siehe auch Handlungsmacht
Agrarwirtschaft, Agrarsektor, agrarisch 49, 53, 55, 86, 88, 96, 97, 115, 120, 123, 157, 203, 213, 214, 217, 220, 248, 250
– Agrarerzeugnisse, -güter, -produkte 51, 53, 58, 88, 91, 92, 98, 100, 176, 206
– Agrarexport 53, 55, 58, 61, 86, 88, 91, 93–95, 97, 98, 100, 102, 122, 204, 206, 212, 214, 215, 217
– Agrarkolonien 102, 220
– Agrarreform 125, 127, 247
  siehe auch Landwirtschaft

Akademie 74, 235
– Geschichtsakademie 145, 150
– Militärakademie 44
Akteur 26, 133, 148, 164, 169, 177, 179, 190, 200, 202, 233, 234, 239, 255
– akteurszentriert 167
Alianza Popular Revolucionaria Americana (APRA) 86, 113, 121, 122, 264
Alltag 2, 4, 118, 219
– Alltagskultur, -leben, -geschichte 136, 148, 178, 179, 220
Alphabetisierung 19, 30, 168
  siehe auch Analphabetismus
American Federation of Labor (AFL) 118
Ämterkauf 13
Analphabetismus 126, 164
Anarchie, anarchistisch 16, 109, 113, 116, 119, 120, 169 245
– Anarchismus 116, 118, 120, 216
– Anarchisten 114, 245
Ancien Regime 6, 166
Annales 150, 151
Annexion 65, 66, 258, 261
Anthropologie 191, 233, 239
– Anthropologe 77, 135, 181, 185, 191, 211, 211, 227, 230, 233, 241
– anthropologisch 135, 174, 179, 181, 182, 183, 184, 212, 236
Anthropophagie, kulturelle 138, 140
Antiimperialismus 86, 120, 121, 263, 264 siehe auch Imperialismus
Antiklerikalismus, antiklerikal 79, 125, 126, 129
Antisklaverei-Bewegung *siehe* Abolitionsbewegung
antiyanquismo 263
Araber, arabisch 222
Arbeit, unfreie 94, 95, 115
  siehe auch Zwangsarbeit, Kontraktarbeit

Arbeiter 35, 69, 93, 115, 116–120, 124, 129, 130, 148, 240
- Arbeiterschaft 115, 117, 119, 120, 216
- Arbeiterbewegung 115–117, 120, 121, 148, 209, 215, 216
- Arbeiterklasse 117, 120, 249
  siehe auch Klasse
- Arbeiterorganisation 115–117, 119, 124, 216
- Arbeiterwohnungen 130
- Arbeiterfamilie 95, 130
- Arbeiterrechte 123
- Arbeiterschicht 110, 129, 219
- Arbeitersiedlung 108
- Landarbeiter 94, 95, 97, 103, 115
- Wanderarbeiter 96, 117
Arbeitskräfte 9, 95, 99, 117, 204
Architektur, architektonisch 107, 134, 221
Archiv 143–147, 149–151, 153, 206, 219, 235, 236, 251, 261
Aristokratie 38, 44
Armee 28, 34, 38, 44, 57, 60, 61, 123, 165, 195, 149 *siehe auch* Militär
Armenier 102, 222
Armut 36, 61, 110, 263
Assimilation, assimilatorisch 36, 135, 137
Atlantik, anarchistischer 116, 178
- Black Atlantic 175
Atlantikreolen 175, 177, 180
Atlantische Revolutionen *siehe* Revolutionen
audiencia 7, 8, 25
Aufklärung 40, 73, 80, 156, 171, 176, 189, 225
- Aufklärer 13
Aufstand, Aufständische 16, 18–20, 22, 23, 31, 32, 36, 42, 43, 46, 61, 69, 122–125, 157, 161, 165, 169, 170, 178, 197, 238, 239, 247
- indigener Aufstand 13, 60, 61, 197

- Sklavenaufstand 40, 42, 45, 198
  siehe auch Rebellion, Revolte
Aufweißung 40, 75–77, 102, 224, 228
  siehe auch blanqueamiento / branqueamento
Außenhandel 90, 91, 255
Außenorientierung 51, 53, 255
Außenpolitik, außenpolitisch
- Außenminister 28, 43, 44, 47, 64, 65, 69, 70, 81, 83, 84, 91, 150, 200, 256
Außenverschuldung 48
Auswanderung *siehe* Migration
Authentizität, authentisch 62, 121, 126, 147
autochthon 31 *siehe auch* indigen
Automobil 89
Autonomie, autonom 18–20, 23, 31, 34, 36, 46, 113, 114, 165, 197, 240, 250
Avantgarde 139, 232
Aymara 3
Azteken 72, 108

Bananen, Bananenplantagen 68, 88, 92, 100, 214
bandeirantes 194
Bank 53, 70, 87, 90, 100, 110, 205, 209, 211
Barbarei, *barbarie* 72, 73, 76, 138, 159, 164, 231
Batllismo 128
Bauch, freier 33, 38, 39, 40, 41, 184, 187
  siehe auch Abolition
Bauern 101, 124, 148, 198, 212, 213, 214, 249 *siehe auch* campesino
Baumwolle 14, 37, 89, 176, 188
Beamte 7, 9, 11, 13, 14, 91, 110
Begriffsgeschichte 162
Bergbau 68, 203, 215
- Bergbausektor 88, 122
  siehe auch Minen
Bevölkerung allgemein 5, 9–11, 14, 17, 19, 20, 30, 32, 36, 49, 51,

61, 64, 65, 73, 76, 77, 94, 102,
111, 120, 126, 133, 137, 138, 167,
217, 228, 238, 262
- indigene 6, 9, 10, 19, 20, 25, 33–
36, 50, 55, 60, 61, 76, 78, 96,
112, 124, 126, 127, 132–135, 137,
138, 140, 147, 148, 168, 170,
228, 233, 237–241,
- afroamerikanische 37, 45, 138,
140, 147, 174, 226, 228
- asiatische 77
- argentinische 103, 104, 106, 138,
228
- brasilianische 106, 140, 228
- mexikanische 107, 122, 124, 125,
126, 227
- panamaische 69
- paraguayische 56, 195
- Bevölkerungswachstum 11, 102,
109, 209
  siehe auch Araber, Armenier,
  Briten, Chinesen, Engländer,
  Franzosen, Japaner, Österreicher, Palästinenser, Portugiesen, Russen, Spanier, turcos
  siehe auch Demografie
Bewegungen, abolitionistische 37
- afroamerikanische 225
- feministische 109, 131
- indigene 225, 237–239
- ländliche 157, 213, 214
- revolutionäre 198, 247
- soziale 214
bicentenario siehe centenario
Big Stick Policy 70, 261
Bildung 8, 14, 33, 73, 110, 111, 127,
131, 132, 133, 135, 136, 232, 242
- Bildungssystem 34, 132
- Bildungseinrichtung 44, 126, 171
- Bildungsreform 125–127, 133, 232
Biographie, biographisch 147, 183,
184, 237
Blancos 128
blanqueamiento 76, 102, 225
  siehe auch branquemento,
  Aufweißung

Bodenschätze 85
Bolschewismus 85
Börse 48
Bourbonen 11, 17
Bourbonische Reformen 12, 18, 156,
157, 235
  siehe auch Reformen
bourgeois 249 siehe auch bürgerlich
Braganza 16
branqueamento 76, 225, 228, 230
  siehe auch blanqueamiento,
  Aufweißung
Briten 62, 105
  siehe auch Engländer
Bureau of the American
  Republics 201
Bürger 8, 14, 23, 25, 29, 30, 31, 34,
35, 71, 83, 111, 119, 168, 169,
240, 249, 264
  siehe auch Staatsbürger,
  ciudadano
Bürgerkrieg 13, 15, 19, 21, 24, 31, 33,
43, 50, 54, 61, 64, 67, 85, 105,
107, 149, 157, 161, 165, 196,
198, 200
bürgerlich 73, 113, 130, 158, 170,
243, 249, 250
  siehe auch bourgeois
Bürgerrechte 42, 113, 148, 174

cabildo 8, 20,
- cabildo abierto 8, 21
café com leite 114
calidad 10
campesino 94, 95
  siehe auch Kleinbauern
candomblé 181
Canudos, Aufstand von 61
carro completo 114
Casa del Obrero Mundial 118
casta, castas 10, 11, 60, 136, 173,
197
caudillo 26–28, 33, 73, 163–165, 198
- caudillismo 25, 159, 169

centenario, bicentenario, bicentenaire 155, 162, 163, 185, 186
    siehe auch Jahrestag
Chaco-Krieg *siehe* Krieg
Chibcha 2
Chinesen, chinesisch 3, 40, 102, 192, 220–222, 250, 251
Chronik 147
científicos 122
civilización 72, 231
    siehe auch Zivilisation
Clayton-Bulwer-Vertrag 67
Cochenille 12
Colegio de México 149, 251
Colorados 128
Comuneros 13, 157
Confederación de Artesanos Unión Universal 116
Confederación Nacional Obrera de Cuba (CNOC) 118
Confederación Regional de Obreros Mexicanos (CROM) 116, 124
Confédération Générale du Travail (CGT) 118
Conquista 12, 73, 193
conventillos 107–109
coolies 40, 46, 95, 192, 221, 251, 258
    siehe auch Zwangsarbeiter
coronéis 113
Cortes 17–19, 32
cortiços 107, 108
crisol de razas 138
    siehe auch Schmelztiegel
Cristiada 125
Cuba Libre 46
cuestión social 244
culture heroe 164

Dampfschifffahrt 97, 204
Datenbank 178, 183, 207
Dekolonial 153
    siehe auch kolonial, neo-kolonial, postkolonial
Demographie, demographisch 10, 38, 78, 94, 106, 178, 185, 197, 198, 219, 220, 224, 226
    siehe auch Bevölkerung
Demokrat, Demokratie 83, 84, 121, 128, 131, 193, 229, 246, 249
Demokratisierung 112, 131, 132, 166, 248
Denkmal, Denkmäler 74, 108, 154
Dependenztheorie 151, 155, 203, 208, 215, 217
Deportation 60, 197
Desamortisierung 35
Deutsch, deutsch 84, 102, 104, 146, 151, 153, 154, 163, 186, 196, 209, 228, 232–236, 244, 254–256, 261
– deutsche Siedlungskolonie 103
– deutsche Ein- und Auswanderung 105, 220, 221
    siehe auch Migration
Deutsche 59, 78, 102, 104, 145, 196, 209, 221, 232–234, 236, 255
– Deutschstämmige, deutschstämmig 105, 145, 150
Deutsches Reich 50, 84, 87, 256, 260
Día de la Raza 81
Diaspora 192, 222, 251, 257
digital 144, 146, 148, 207, 235
digital humanities 178, 207
Diktator 34, 63, 136
Diktaturen 76, 112, 133, 144
Diskriminierung 192, 250, 251
Diskurs 130, 226, 228, 240
– diskursanalytisch 224
Diversität, Diversifizierung 4, 14, 71, 78, 91, 92, 99, 102, 126, 151, 152, 154
Doktrin
– Doktrin der „unsichtbaren Hand" 53
– Drago-Doktrin 70
– Monroe-Doktrin 64, 65, 69, 70, 81, 199, 263
– Tobar-Doktrin 83
Dollar Diplomacy 85, 99, 260, 262

Dollar- und Kanonenbootdiplomatie 85
  siehe auch Dollar Diplomacy
Dollarimperialismus siehe
  Imperialismus

Edelmetalle 17, 21
Ehre 170
Einfuhr siehe Import
Einkommen 110
Einwanderer, Einwanderung 3, 77, 78, 94, 101–103, 105, 106, 109, 129, 138, 168, 219, 221, 228,
- chinesische 102, 251
- spanische 12, 78, 219
- europäische 41, 59, 73, 76, 99, 103–105, 106, 116, 128, 218, 219, 228
- deutsche 59, 104, 105, 220, 221
- jüdische 222
- koreanische 102
- levantinische 3, 222
- portugiesische 78
- japanische 102, 222
  siehe auch Bevölkerung, Immigranten, MigrationEisenbahn 58, 92, 97, 98, 215
- Eisenbahnlinie 92, 98
- Eisenbahnbau 94, 95, 98, 117, 258
ejido 97, 122
Elektrifizierung 97
Eliten 15, 16, 24, 29, 32, 34, 35, 36, 38, 41, 42, 44, 45, 51, 72, 73, 75, 76, 77, 108, 109, 111, 112, 114, 122, 125, 126, 128, 131, 132, 133, 151, 159, 160, 171, 190, 196, 217, 223, 224, 238, 240, 241, 249, 255, 261
- indigene 197
- kreolische 7, 8, 13, 14, 20, 51, 53, 69, 71, 72, 156, 158, 200, 202, 223, 225, 226,238
- Elitenkonflikte 13, 32, 36, 43, 112, 156, 158, 198
- Elitenkonsens 34, 111

Empire, british 217, 237
- *comercial* 259
- *informal* 255
  siehe auch *imperialism*
enganchadores 96
Engländer 7, 11, 17, 62
  siehe auch Briten
entanglement 159, 263
- *entangled history* 220
Enteignung 125, 172, 214
Entwicklung, demographische 10, 88
- industrielle 51, 67, 99
- sozio-politische 75, 76, 232, 243
- sozio-ökomische 36, 59, 218
- wirtschaftliche 35, 50, 51, 52, 70, 100, 125, 202–204, 206–208, 215, 218, 245, 248, 255
- Infrastrukturentwicklung 98, 107, 109, 215, 244
- Entwicklungsmodell 204
- Entwicklungsstrategie 52, 248, 101, 248,
- Entwicklung nach außen 53
- nach innen 101
  siehe auch Dependenz
Epidemien 107
Erbfolgekrieg, Spanischer siehe
  Krieg
Erdöl 90, 91, 100
- Erdölförderung 85, 89, 118, 247
- Erdölvorkommen 62, 196
- Erdölgesellschaften 125
- Nationalisierung 127
Eroberung der Wüste 59
Eroberungs- und Ausrottungskriege 60, 69,
Erwerbstätigkeit, außerhäusliche 129, 130
Essay 73, 80, 139, 163, 231
Ethnie, ethnisch, Ethnizität 6, 10, 24, 25, 40, 60, 61, 64–66, 71, 72, 75, 77–79, 111, 115, 135, 152, 157, 180, 182, 193, 196, 197, 214, 221, 222, 224, 225, 227, 228, 233, 237, 239, 242, 244
Ethnographie, Ethnograph 181, 235

Ethnologie, Ethnologe, ethnologisch 148, 180, 181, 235, 236
  siehe auch Anthropologie
Eugenik 76, 129
Europäer 5, 9, 10, 59, 65, 73, 102–104, 158, 218, 221, 234
Exil 14, 46, 80, 105, 117, 149, 163, 262
Exklusion 226, 238
Expansion
– europäische 189, 252, 259
– US-amerikanische 65, 69, 200, 261
– wirtschaftliche 58, 200
– territoriale 59, 65
Export 7, 12, 14, 17, 34, 35, 48, 49, 51, 53, 55, 58, 86–101, 015, 107, 115, 119, 122, 125, 133, 194, 196, 204–206, 210–212, 214, 215
  siehe auch Außenwirtschaft

Familie 16, 17, 94–96, 102, 107, 111, 129, 130, 156, 170, 177, 192, 222, 229, 242, 243, 245
Farbhölzer 12
favela 108
fazendeiro 93
Federación de Obreros Panaderos „Estrella del Perú" 116
Federación Libre de Trabajadores (FLT) 116
Federación Obrera Regional Argentina (FORA) 118
Federal Reserve Act 100
Feminisierung 130, 173
Feminismus, feministisch 109, 129, 131, 132
Feudalismus 73
Filibusterinvasion 80, 223
Finanzberater, US-amerikanische 100
  siehe auch Money Doctors
Finanzkrise 50, 53, 87, 88, 90, 111

Finanzwesen, Finanzsystem, Finanzstrukturen, Finanzordnung 11, 12, 47–49, 70, 86, 88, 91, 100, 207, 209–211,
finca de mozo 96
finqueros 93
Fischfang 62
Fleisch 91, 92
Flotte 12, 14, 15, 62, 87
Flüchtlinge 105
  siehe auch Exil
Föderalismus, föderal, Föderalisten 20, 24, 27, 36, 61, 163, 166
Foraker Act 68
Forschungsexpeditionen, Forschungsreisen, Forschungsreisende 13, 145, 234, 235, 236, 237
Forschung, vergleichende 158, 162, 174, 176, 179, 180, 184, 189, 190, 192, 202, 205, 213, 215, 228, 237, 241, 250
Fortschritt 62, 124
– gesellschaftlicher 52, 133, 139, 232
– technologischer 52, 99, 207
– wirtschaftlicher 52, 53, 80, 108, 133
Fortschrittsoptimismus 72, 73, 75–77, 111, 134, 189, 231
Fotografie, Fotografen 74, 134, 143, 145, 236, 251
Franco-Regime 195
  siehe auch Regime
Franzosen 18, 62, 105, 220
Frauen 108–110, 118, 129–132, 148, 155, 168, 170, 195, 242, 243
– indigene Frauen 226
– Frauenarbeit 129
– Frauenbewegungen 130
– Frauenrechte, Frauenrechtlerin 168, 170, 237
  siehe auch Feminismus
Freihandel 12, 27, 51–53, 188, 255, 256

Freilassung 21, 38, 40, 44, 187, 189
    siehe auch Manumission
Freimaurer 32, 44, 168
Frente Sandinista de Liberación Nacional (FSLN) 86
Freundschaftsvertrag 28, 256
Frieden, von Paris 46
– von Guadalupe Hidalgo 65
– von Paris 258
frontier 55
    siehe auch Grenze

gaucho 62, 138, 194
Gefolgschaft 26, 164
    siehe auch Klientel
Geheimgesellschaften 23
Gemeinschaften, imaginierte 71
    siehe auch Identität, Nationsbildung
Gender 129, 131, 170, 177, 190, 226, 242–244, 252
– Genderrollen 242, 243, 244
– Genderbeziehungen 129, 242, 244
– Genderstudien 242
    siehe auch Geschlechterbeziehungen
Generalkapitanat 7, 12, 26
Generalstreik 119
gens de couleur 15, 16
Genussmittel 49, 87, 89, 216
Geschichtsschreibung 148–153, 155–157, 163, 174, 185, 216, 239, 247, 252
Geschichtswissenschaft 151, 155, 175, 181, 205, 236, 242, 254
Geschlechter 10, 30, 177, 192
    siehe auch Gender
Gesetze des freien Bauches, der freien Geburt 33, 38–41, 184, 187
    siehe auch Abolition, *vientre libre*
Getreide 88
Gewalt 16, 159, 165, 166, 169, 182, 193, 198, 199,
– xenophobe 105

– ethnische 193
– politische 7, 32, 43, 124
Gewaltenteilung 29, 36
Gewaltkultur 165
Gewaltmonopol 31, 54, 194, 198
Gewerkschaften 109, 115–119, 129, 131, 209, 245
– anarchistische 109, 116, 118
Glaube, katholischer 79, 172, 173
    siehe auch Religion
Gläubiger 48, 87
Gleichberechtigung, gleichberechtigt 6, 23, 25, 34, 35, 42, 160, 165, 167, 238
Globalgeschichte, globalgeschichtlich 15, 160, 175, 185, 252–254
– Globalhistoriker, globalhistorisch 15, 159, 253
Globalisierung 177, 207, 254
gobernar es poblar 101
Gold 12, 47
Goldenes Gesetz 41, 187
    siehe auch *Lei Áurea*
Goldstandard 90, 101
golondrinas 103, 218
Grace-Vertrag 87
Gran Círculo de Obreros de México 115
Grenze, territorial 3, 11, 54–56, 59, 104, 119, 152
– Grenzkonflikte 54, 59, 83
– Grenzstreitigkeiten 54, 67, 195
– Grenzziehungen 25, 54, 58, 157
– Siedlungsgrenze 55, 59, 60
Grenzforschung 193
Grito do Ipiranga 42
Groschenhefte 145
Großbürgertum 111
Großgrundbesitz, Großgrundbesitzer 15, 35, 61, 93, 96, 97, 103, 104, 123, 125, 128, 164, 213
    siehe auch Latifundium
Gründungsmythen 154
Guano 89, 95, 211
Guarda Nacional 44

Guerilla 20, 23, 57, 60, 85, 86
guerra a muerte 21, 166
Guerra de Castas 60, 197
   siehe auch *castas*, Kastenkrieg

hacienda siehe Hazienda
Hafen, Häfen 9, 12, 17, 20, 27, 41, 57, 64, 84, 92, 97, 98, 103, 106, 108, 115, 118, 204
Halbfertigprodukte 67, 89
Halbpachtsystem 103
   siehe auch *parceria*
Handel 6, 7, 14, 17, 27, 28, 46, 47, 50, 52, 53, 55, 67, 82, 87, 88, 90, 91, 99, 101, 102, 105, 106, 110, 144, 203, 204, 211, 222, 255, 256, 258, 262
- Freihandel 12, 27, 51–53, 255, 256
- Monopolhandel 6, 12, 47
- Schmuggelhandel 11
- Sklavenhandel 10, 37–46, 66, 103, 174–183, 185, 187–189, 191, 212, 257
- Handelsbeziehungen, Handelsabkommen 88, 101, 256
- Handelsrestriktion 27, 51
- Handelskompanien, Handelsunternehmen 12, 14, 50
- Händler 7, 12, 13, 41, 101, 102, 175, 177, 255
Handlungsmacht 177, 182, 183, 189, 190, 255
   siehe auch *agency*
Handwerker 10, 37, 51, 52, 99, 101, 115, 198, 216
Hansestädte, hanseatisch 255
Hausangestellte 10, 37
Häute 12, 91, 92
Hautfarbe 73, 111, 177
Hay-Pauncefote-Vertrag 68
Haziendas 92, 95, 96, 159, 213, 217
Hegemonie, hegemonial 47, 64, 65, 67, 68, 71, 81, 86, 148, 151, 175, 263
Heilige Allianz 28, 256
Heimarbeit 129

Hemisphäre, westliche, *Western Hemisphere* 65, 66, 69, 81
Herrschaft 9, 18, 26, 58, 59, 68, 79, 84, 96, 113, 116, 123, 126, 127, 160, 163, 174, 182, 199, 255
   siehe auch Kolonialherrschaft
Herrscher 9, 16, 19, 23, 43, 44, 122, 163, 164
- indigene Herrscher 9, 108
Heterogenität, heterogen 2, 5, 77, 123, 130, 172, 238, 239, 247
Hierarchie 9, 12, 174, 177, 182
- koloniale 5, 242
- soziale 75, 167, 226, 230, 242, 244
- traditionelle 111
Hispanidad 81
Historiographie 183–185, 192, 200, 203, 211, 213, 215, 224, 239, 247, 254
Historismus 151
history, intellectual 262
- *entangled* 220
- *oral* 148
- *visual* 236
H-LatAm 146
Hochimperialismus 66, 87
   siehe auch Imperialismus
Homogenität, homogen 5, 35, 72, 73, 76–78, 135, 136, 225, 226, 247
huasos 194
Humanismus, humanistisch 132, 181, 187–189
Hybridität, hybrid 102, 141, 158, 230
Hygiene, hyienisch 102, 107, 129

Ibero-Amerikanisches Institut Preußischer Kulturbesitz 144, 236
Iberoconceptos 162
Identität ethnisch 78, 111, 180, 181, 192, 224–228
- kollektiv 115, 123, 137, 216
- kontinental 26, 77, 80, 222, 223
- kulturell 36, 71, 78, 138, 140, 224, 225

- national 25, 108, 126, 135, 137, 139–141, 156, 184, 195, 224–229, 238
- regional 25, 78

Identitätsbildung 8, 13, 25, 72, 81, 102, 126, 180
- Identitätsentwürfe 71, 73, 75, 77, 79, 81, 133, 135, 241
- Identitätspolitik 72

Ideologie, ideologisch 30, 31, 76, 109, 116, 121, 137, 161, 162, 174, 188, 199, 200, 217, 226, 231, 246, 249, 263, 264

Ikonografie 73, 236

Imaginarium, Imaginarien 138, 158, 193, 251

Immigration 40, 44, 76, 102, 104, 221, 224
  siehe auch Einwanderung und Migration

imperialism
- *informal* 50, 63, 93, 155, 255
- *protective* 260
- *social* 259

Imperialismus, „alter" und „neuer" 50, 254
- britischer 255
- intellektueller 236
- Dollarimperialismus 93
- US-Imperialismus 224, 260, 261, 263, 264
  siehe auch Hochimperialismus, *imperialism*

Imperium
- portugiesisches 6, 11, 17, 143, 160, 161
- spanisches 6, 11, 36, 161
- US-amerikanisches 200, 261, 263

Import 7, 12, 52, 53, 87, 89, 90, 99, 204
- Importsubstitution 215

Inconfidência Mineira 13

indentured laborers 95, 258
  siehe auch Zwangsarbeit

Independencias siehe Unabhängigkeit

Indianerschutzbehörden 135
- Indianerschutzgesetze 7

Indianisierung 136
- Re-Indianisierung 241
- *indianismo* 140

Indigene, indigen 3, 5, 6, 9–11, 13, 19, 20, 25, 34–36, 47, 50, 55, 58–61, 71–78, 82, 88, 96, 97, 110–112, 118, 120, 121, 124, 126, 127, 132–140, 147, 148, 155–157, 164, 168, 180, 173, 197, 198, 206, 212, 214, 223, 225, 226, 228, 229, 233, 234, 236–241, 251
  siehe auch Bevölkerung
- indigene Gemeinden, Territorien 3, 33, 36, 55, 59, 105, 193–195, 213, 241

Indigenismus, *indigenismo* 36, 124, 127, 133–137, 227, 241, 246

indio 9, 35

Industrial Workers of the World (IWW) 118

Industrialisierung 44, 51, 53, 76, 87, 88, 97–99, 101–103, 106, 110, 111, 115, 117, 122, 128, 129, 151, 202–204, 207, 209, 212, 215–218

Industrie 14, 51–53, 67, 68, 87, 88, 99, 100, 106, 110, 118, 129, 204, 211
- Industriestaaten 50
- Industrieunternehmen 87, 99
- Industriekapitalismus 155

Inflation 49, 119

Infrastruktur, infrastrukturell 6, 34, 48, 52, 55, 58, 94, 97, 98, 102, 104, 107, 117, 122, 124, 215

Inka 2, 72, 120, 134, 135

Inklusion 34, 226, 238

Inquisition 9, 19

Institutionalisierung 122, 127, 131, 150, 151, 246, 248

Integration, räumlich 166, 199–201
- politisch 36, 78, 126, 131, 135, 246
- wirtschaftlich 52, 53, 86, 204, 215

Intellektuelle, intellektuell 51, 72, 73, 79–82, 116, 121, 122, 134, 135, 145, 151, 152, 171, 202, 223, 224, 231–233, 237, 248, 264
Intendantensystem 12, 25
Interdisziplinär 174–176
International Union of American Republics 201
Internationale Arbeiterassoziation (IAA) 115
Internationale, Erste 115
– Internationalismus 120, 263
Intersektionalität 242
Intervention 43, 204, 215
– brasilianische 195
– europäische 28, 48, 63, 70, 71, 261
– US-amerikanische 47, 65, 69, 70, 71, 81, 83–85, 99, 100, 223, 258–260
– Interventionismus 83
Investitionen 34, 50, 66–68, 70, 85, 87–90, 97, 99, 100, 122, 124, 125, 204, 209, 215, 262
Italiener 102, 104, 220

Jahrestag 42, 75, 81,183, 186, 245, 246, 254
– Jahrfeier 75, 255, 260
  siehe auch *centenario*
Japaner 102, 222, 251
Jesuiten 14
Juden 103, 104, 105, 221, 222
junta, juntas 17–20, 21, 22
Junta Suprema Central Gubernativa 17, 18
Justiz 7, 170

Kaffee 31, 41, 44, 55, 88, 91–93, 95, 96, 100, 102, 103, 105, 107, 114, 176, 214, 221, 222
Kaiser 16, 17, 23, 42–45, 63, 64, 98
– Kaiserreich Brasilien 17, 24, 41–43, 113, 212, 241
– Kaiserreich Deutschland 260
– Kaiserreich Frankreich 79

– Kaiserreich Mexiko 23, 24, 26, 32, 33
Kakao 12
Kanal, interozeanisch 66–68
– Panamakanal 68, 69, 71, 98, 117, 121
Kannibalismus 139, 140
  siehe auch Antropophagie
Kanonenbootdiplomatie 70, 82, 85
  siehe auch *Dollar Diplomacy*
Kapital 48–51, 87, 88, 90, 93, 97, 117, 125, 177, 204, 209, 212, 218
Kapitalismus, kapitalistisch 39, 45, 52, 93, 155, 176, 177, 185, 188, 212, 213, 231, 248, 249, 264
Kastenkrieg 60
  siehe auch *guerra de castas*
katholisch, katholische Kirche 8, 10, 31, 32, 50, 72, 79, 116, 125, 129, 132, 171–173, 232, 233, 245
Katholizismus 5, 19, 23, 79, 173
Kaufkraft 51
Kaufleute 7, 12, 13, 37, 170, 255
  siehe auch Handel
Kautschuk 44, 55, 88, 90
Kelpers 62
Kirche, katholische siehe katholisch
Klasse 198, 239, 242, 244, 248, 264
– Arbeiterklasse 117, 120, 249
– Klassenbewußtsein 115, 264
– Klassenkonflikt 20
– Klassenfragen 135, 155, 162
– Klassenzugehörigkeit 111, 249
  siehe auch Arbeiterschicht, Elite, Mittelschichten, Proletariat, Unterschichten
Kleinbauern, kleinbäuerlich 35, 97, 191, 212–214
  siehe auch *campesino*
Klerus, klerikal 10, 23, 31, 34, 43, 171, 172
  siehe auch antiklerikal
Klient, Klientel, Klientelismus 93, 96, 134, 164, 165, 169
  siehe auch *patrón*
Klimatheorien 13, 73

kolonial 5, 6, 8–10, 17–19, 34, 46–49, 51, 54, 55, 64, 71, 77, 140, 143, 157, 158, 166, 198, 206, 208, 209, 213, 218, 230, 238, 240, 242, 254
- neo-kolonial 35, 47
- Kolonialherrschaft 5, 6, 50, 72, 135, 230, 239, 259
- Kolonialimperium 161
- Kolonialreich 6, 17, 41, 42, 47, 81, 105, 181, 211, 235, 254
- Kolonialzeit 3, 7, 10, 34, 47, 51, 59, 60, 78, 79, 93, 99, 105, 112, 156, 139, 143, 144, 147, 156–158, 167, 169, 171, 173, 197, 202, 206, 207, 211–213, 217, 218, 225, 226, 233, 235, 238, 255, 258

Kolonialismus 54, 191, 244, 254
Kolonie 2, 6, 8, 10, 12–15, 18, 22, 28, 42, 45, 47, 51, 72, 81, 82, 156, 162, 187, 209, 221, 235, 259, 261
Kolonisierung, Kolonisation 5, 55, 98, 198, 202, 220
Kommunismus 120, 121, 264
- kommunistisch 120, 121, 127, 139, 263, 264
Kommunistische Internationale (Komintern) *siehe* Internationale
kommunitaristisch 157
Konföderation 20, 22, 24, 27, 199, 200
siehe auch Föderalismus
Konföderation Bolivianisch-Peruanische 29, 54, 194
Kongress von Angostura 21, 22
Kongress von Cúcuta 22
Königreich 12
- Portugal, Brasilien und Algarve 17, 42
- Hannover 256
Königshof 17, 104, 106
konservativ, Konservative 27, 30–34, 43–45, 53, 61, 85, 116, 122, 123, 128, 132, 163, 170–172, 204, 246, 248, 261
Konservatismus 31, 32, 72, 76,
Konsum 89, 211, 224
- Konsumenten 89
- Konsumgüter 51, 68, 99, 100, 204, 216
Kontinuität 77, 79, 111, 156, 159, 166, 180, 181, 248, 259
Kontraktarbeiter 3, 40, 46, 95, 102, 105, 115, 192, 258
siehe auch coolies
koreanisch 102
siehe auch Einwanderung
korporativ 17, 34, 35, 124
- korporativistisch 33, 75, 131
Korruption 11, 13, 90
Kosmopolitismus 139, 232
Kredit 90, 93, 100, 194, 216
Kreolen, kreolisch 46, 138, 156–158, 175, 177, 180, 200, 223, 225, 234, 239
Kreolisierung 179, 180
Krieg 6, 21, 24, 26, 32, 34, 44, 49, 54–63, 65, 67, 69, 84, 123, 165, 193, 194, 196, 197, 199, 247
- Bolivianisch-Peruanische Konföderation 194, 196
- Bürgerkrieg 13, 15, 19, 21, 24, 31, 33, 43, 46, 50, 54, 61, 64, 67, 85 149, 86, 105, 107, 123, 157, 161, 165, 196, 198, 200
- Eroberungs- und Ausrottungskriege 60, 69
- Chaco-Krieg 56, 58, 196
- Erbfolgekrieg, Spanischer 11
- Falkland- oder Malvinenkrieg 63, 197
- Kalter Krieg 144
- Kastenkrieg 60, 197
siehe auch guerra de castas
Kubanisch-US-amerikanisch-Spanischer Krieg 46, 47, 68, 70, 80, 81, 258–260
- Krieg der Tausend Tage 32

- Krieg zwischen USA und Mexiko 65
- Napoleonische Kriege 12, 14, 15, 28, 106, 161
- Salpeter- oder Pazifikkrieg 57, 58, 59, 64, 113, 137, 194, 195
- Siebenjähriger Krieg 11
- Tripel-Allianz oder Paraguaykrieg 34, 44, 56, 58, 68, 194, 195, 197
- Unabhängigkeitskrieg 38, 40, 46, 48, 54, 64, 117, 155, 156, 165, 166, 190, 239, 241, 258, 259
- Weltkrieg, Erster 50, 66, 72, 82–87, 89–92, 99, 102–104, 107, 251, 263
- Weltkrieg, Zweiter 62, 86, 103, 105, 110, 131, 151, 209

Krone 8, 12
- britische 256
- portugiesische 8, 40
- spanische 7–9, 13, 47, 157

Kruso'b 60
Kultur 79, 164
- afrikanische 181, 192, 257
- afroamerikanische 180, 184, 257
- brasilianische 62, 182
- europäische 75, 80, 164
- französische 80, 151, 223
- hybride 141, 206
- iberische 72
- indigene 76, 78, 136, 139, 164, 239, 241
- nordamerikanische (angelsächsische) 67, 72, 80, 224
- politische 128, 158, 164, 165, 169
- proletarische 117
- vorkoloniale 2, 5, 72, 136, 137, 238
  siehe auch Transkulturation
Kulturrelativismus 135
Kulturtransfer 237
Kulturwissenschaft 153, 175, 182, 227, 236, 237, 246, 251
Kunst, Künstler, kunsthistorisch 73, 74, 126, 127, 134, 138, 139, 149, 224, 232, 241, 251, 262

Kupfer 88–91, 119, 216

La Reforma 33, 108
ladinos 136
Laizismus, laizistisch 23, 33, 79, 129
Landarbeiter *siehe* Arbeiter
Landbesitz 14, 33, 35, 96, 97, 104, 111, 120, 212, 213, 240
- Landknappheit 94
- Landkonflikte 96, 97, 135, 213, 214
- Landreform 123, 124, 214
  siehe auch Agrarreform
- Landverteilung 212, 213
- Landwirtschaft *siehe* Agrarwirtschaft
Latifundium, Latifundien 93–95, 213
Latinität, *latinité* 1, 79, 81, 223
Lebensstandard 49, 69, 92, 203, 207, 217
Legende, schwarze 233
Legitimität, legitimieren 19, 20, 34, 36, 42, 62, 72, 75, 83, 125, 150, 156, 161, 163, 256, 261
Lei Áurea siehe Goldenes Gesetz
Lei da Terra 49
Leibeigenschaft 125
Ley Lerdo 49
Libanesen 102
  siehe auch turcos
Liberale, liberal 2, 17, 19, 22, 27, 29, 30–37, 42–44, 49–51, 53, 61, 64, 65, 72, 76, 79, 85, 86, 111, 114, 128, 132, 149, 151, 161, 163, 164, 166, 169, 170–173, 195, 204, 242, 243, 244, 250, 264
Liberalismus 30–33, 52, 125, 169, 173, 176, 256
Liga Antiimperialista de las Américas (LADLA) 121, 264
limpieza de sangre 225
llaneros 194
Lohn, Lohnarbeit 35, 93, 188, 191, 215, 216
Loyalisten, Loyalität 40, 114, 124, 161, 162
lunfardo 117

Macht 7, 11, 26, 43, 54, 82, 83, 111, 112, 113, 114, 119, 124, 163, 165, 184, 191, 198, 211, 217, 218, 243, 263
Machtpolitik 63, 67
Machtzirkulation 112
Mais 92
Malerei 74, 126
Manifest, anthropophagisches 140
 – *Pau Brasil* 140
Manifest Destiny 65, 66, 81
Manila-Galeone 258
Manufaktur 51, 99, 216
Manumission 38, 197
 siehe auch Freilassung
Mapuche 2, 59, 105
Marginalisierung 36, 134, 135, 137, 241, 243, 247
Marines 84–86
Markt, Absatzmarkt 51, 67, 89, 91, 92, 100, 119, 159
 – Binnenmarkt 99, 204, 212
 – Finanzmarkt 48, 207
 – Weltmarkt 50, 52, 53, 91, 93, 97, 100, 101, 176, 202, 204, 206, 215
Marxismus, marxistisch 121, 135, 151, 155, 176, 178, 187, 231, 249
Massaker 105, 248, 251
Massenmigration 101, 103, 110, 116, 128, 137, 219, 244
 siehe auch Einwanderung, Migration
Massensklaverei *siehe* Sklaverei
Materialismus 67, 79, 80, 224
Maya 2, 60, 147, 197, 227
Mayo 60, 197
Menschenhandel 37, 39, 45, 66
 siehe auch Sklavenhandel
Menschenrechte 15, 16, 144, 186, 198
Mentalität, Mentalitätsgeschichte 152, 199, 229, 249
mestiçagem 9, 225, 229, 230
mestizaje 9, 111, 136, 224–227, 229, 230, 246

Mestize, mestizisch 9–11, 13, 34, 35, 61, 73, 75, 76, 126, 133, 135–138, 157, 164, 213, 214, 223, 225–227, 241
Methuen-Vertrag 21
 siehe auch Vertrag
Metropole 6, 12, 47, 51, 71, 74, 77, 98
 siehe auch Mutterland
Metropole 74, 106, 107, 109, 110, 131, 223, 244
 siehe auch Stadt
middle passage 37, 176, 178
 siehe auch trata
Migranten, Migration 77, 97, 99, 101–103, 105, 107, 109, 176, 192, 218, 219–222, 243, 258
 siehe auch Einwanderer, Massenmigration
Mikrogeschichte, mikrohistorisch 150, 177–179, 182, 183
milagro mexicano 127
Militär 7, 10, 14, 44, 57, 64, 127, 165, 166
 siehe auch Armee
 – Militärberater 196
 – Militärdiktatur 167
 – Militärkolonien 60
 – Militärputsch 45
 – Militärverwaltung 47
Militarisierung 54, 165, 169
Miliz 12, 14, 20, 41, 169
Minenarbeiter 115, 216
 siehe auch Arbeiter
Minifundien 94, 213
miscigenação 182, 230, 239
 siehe auch mestiçagem
Mission, Missionare 8, 9, 14, 173
Mittelschichten 76, 109–111, 122, 128–130, 132, 133
Mobilisierung 36, 96, 120, 124, 164, 168
Mobilität, räumlich 12
 – sozial 12, 116, 117, 151, 204, 220

Moderne 135, 139, 158, 218, 230, 231, 233
– Modernität 108, 139, 231,
Modernisierung 34, 44, 52, 53, 73, 74, 77, 108, 109, 111, 112, 122, 126, 128, 130, 132, 172, 196, 231, 233, 240
modernismo, modernistas 138–140, 230–232
Monarchie 6, 16–18, 29, 42, 45, 159, 163, 256
– konstitutionelle 18, 23, 25, 29, 42
  siehe auch Verfassung
Monarchisten 23
Money Doctors 100
  siehe auch Finanzberater
Monokultur 92–94, 214
Monopolhandel 6, 11, 12, 13
– Kronmonopol 7
– Wirtschaftsmonopol 27, 47, 92, 196
Monroe-Doktrin siehe Doktrin
Mulatten 136, 226
muralistas 126
Museum 108, 143, 150, 233, 235, 236
Musik 74, 108, 134, 138, 139, 224, 235
Mutterland 6, 12, 14, 15, 18, 28, 32, 40, 42, 43, 45, 71, 72, 101, 138, 156, 221
  siehe auch Metropole
Mutterschaft 129, 130
Mutualismus 115, 116

Nahrungsmittel 94, 98, 129
Nahua 2
Nation 17, 28, 34, 35, 47, 52, 62, 65, 66, 72–74, 76–79, 88, 90, 108, 112, 121, 126, 130, 135–139, 155, 162, 166, 192, 195, 198, 208, 216, 220, 227–229, 232, 238, 241, 254
– Nationsbildung 15, 24, 54, 71, 72, 74, 75, 78, 79, 154, 157, 161, 195, 227, 233, 238, 239, 254

National City Bank 100
Nationalhistoriographie 239
  siehe auch Historiographie
Nationalisierung 85, 123, 125, 127, 247
Nationalismus
– politisch 81, 250
– wirtschaftlich 52, 127, 215
Nationalsozialisten 105
Nationalstaat 18, 55, 58, 59, 146, 160, 195, 232, 239, 250
  siehe auch Staat, Nation, Staatsnation
Nationsbildung 15, 24, 26, 28, 54, 71, 72, 74, 75, 78, 79, 154, 157, 161, 165, 195, 227, 233, 238, 239, 254
Naturrecht 162
neo-kolonial siehe kolonial
Neoliberalismus 204
Neomerkantilismus 51
New Economic History 188, 206, 217

Oberschicht 13, 16, 25, 39, 46, 51, 102, 107–109, 113, 131, 132
  siehe auch Elite
Öffentlichkeit 23, 41, 53, 105, 148, 154, 167, 168, 170, 195, 237, 241, 242
Ökologie, ökologisch 94, 177
Ökonomie 39, 47, 50, 86, 90, 91, 100, 124, 160, 176, 204, 205, 210–212, 214
Oligarchie 45, 93, 97, 111, 113, 120, 249
one drop rule 225
Ontologie, westlich 224
Open Door Policy 100
Oper 74, 108
oral history siehe history
Ordnung und Fortschritt 76, 111
Ordnung, koloniale 64
– politische 19, 28, 29, 76, 111, 128, 163, 167, 169, 199, 242, 261
– räumliche 160
– soziale 73, 130, 173

Osmanisches Reich 102, 222
Österreicher 63, 104, 256

Pacht, Pächter 93, 94, 103
Pakt, (neo-)kolonialer 6, 18, 35, 240
Palästinenser, palästinensisch 102, 222
Panamakanal 68, 71, 98, 117, 121
Panamerikanismus 67, 68, 81–83, 199, 200, 201, 223
Paniberische Union 81
Paraguaykrieg 56, 194
  siehe auch Tripel-Allianz Krieg
parastaatlich 199
parceria 103
  siehe auch Halbpachtsystem
pardo 190
Parlament, Parlamentarier 17, 25, 28, 37, 41, 42, 112, 114, 144, 146, 150, 165
Partei 29, 30, 32, 85, 86, 109, 111–114, 118, 120, 121, 127, 128, 131, 139, 166, 172, 246, 247, 263, 264
  siehe auch partido
Partido Civil 33, 113, 169
Partido Comunista Argentino (PCA) 120
Partido Comunista do Brasil (PCB) 120
Partido Comunista Mexicano (PCM) 120
Partido de Acción Democrática (PAD) 121
Partido de Liberación Nacional (PLN) 121
Partido Liberal Mexicano (PLM) 114
Partido Nacional Revolucionario (PNR) 127
Partido Revolucionario Institucional (PRI) 122, 127
Partizipation 29, 111–113, 122, 131, 132, 167
paternalistisch 136
  siehe auch patriarchalisch, *patrón*
Patria Boba 21

Patriarchat, patriarchalisch 134, 182, 242, 243
Patriot, patriotische, Patriotismus 13, 21, 137, 191, 240
  siehe auch Nation
patrón 93, 95, 96, 125
  siehe auch Klient
Patronagebeziehungen 113
Patronat 8, 38, 40, 171, 187
Pazifikkrieg 58, 59
  siehe auch Salpeterkrieg
peasant economy 94
PEMEX 127
peninsulares 13, 19, 20, 24, 158
  siehe auch Spanier
Pensionssystem 129
Periodisierung 150, 203, 220, 247
peso de plata 47 *siehe auch*
  Silberpeso
Pfadabhängigkeit 218
Pflanzer 38, 41, 44, 45
  siehe auch Plantage
Pfründe, kirchliche 33
Pigmentokratie 227
Plan von Iguala 23, 32
Plantage 41, 45, 49, 60, 68, 92, 93, 95, 96, 98, 105, 159, 178, 217, 229, 278
  – Plantagenbesitzer 46
  – Plantagenregionen 37, 40, 206, 278
  – Plantagenwirtschaft 10, 15, 37–40, 93, 117, 176, 183, 188, 192, 211, 212, 214
Platt Amendment 47, 69, 258, 261
poder moderador 32, 43
  siehe auch Gewalt, politische
Pogrom 103, 221
Politikwissenschaft 143, 153, 194, 239
Politische Kultur *siehe* Kultur
populär 64, 124, 126, 139, 195, 224
Populismus, populistisch 121, 122, 124, 133, 264
Porfiriat 114, 122, 248

Portugiesen, portugiesisch 4–8, 11, 13, 16, 17, 18, 24, 37, 40–42, 50, 55, 72, 76–78, 102, 104, 106, 112, 140, 143, 154, 160, 161, 181, 182, 190, 198, 222, 229
Positivismus, positivistisch, Positivisten 30, 33, 44, 52, 59, 75–77, 79, 111, 129, 132, 134, 137, 139, 151, 223, 229, 234
Post 34
postcolonial 153, 185, 218
 siehe auch postkolonial
Postemanzipation 175, 177, 182, 191, 192
 – Postemanzipationsgesellschaften 174, 192, 257
Postemanzipationsstudien 192
Postkolonialismus, postkolonial 152, 187, 191, 223, 226, 236, 238
präkolumbisch 206, 207, 238, 258
Pressefreiheit 31
Privatisierung 49, 53, 122, 173, 204
Privilegien 10, 12, 23, 33, 52, 87, 128, 160, 241
Próceres 74, 161
Produkte 12, 27, 48, 51, 53, 89, 101, 204
Produktion 35, 49, 53, 89, 90–92, 99, 149, 155, 188, 211, 214
Professionalisierung 132, 149, 151, 165
pronunciamento 28, 169, 250
Propaganda 116, 264
Prostitution 108, 109, 244
Protektion, Protektionismus, protektionistisch 51, 53, 99, 101, 261
Protektor, Protektorat 71, 85, 158
Protestantismus 65
protonational 156, 157
 siehe auch national
Provinzen 8, 14, 17, 18, 20–22, 24–27, 29, 31, 43, 57, 69, 105, 156, 164, 166, 169
pueblo 165

pueblos de indios 9
Pufferstaat 54
Putsch 83, 84

Quechua 3

race and class 225–227
race and nation 192, 224, 225
race latine 223
Rasse 73, 77, 137, 225, 228–230
 – Rassendemokratie 111, 225, 229, 230
 – Rassentheorien 137, 228
Rassismus 73, 76, 140, 186, 191, 192, 224, 225, 227–229, 259
Raum geographisch 2, 3, 4, 6, 13, 16, 24, 35, 36, 54, 57, 61, 69–71, 94, 96, 105, 162, 170, 176, 217, 236, 238–240, 262
 – sozio-politisch 4, 5, 12, 17, 25, 37, 45, 55, 78, 107, 108, 110, 111, 175, 193, 205, 239
Raumordnung 17, 157, 160
 – Raumkonzept 201
raza cosmica 137
Reaktionär 162
Rebellen, Rebellion 13, 15, 17, 18, 21, 22, 28, 32, 36, 40, 43, 60, 61, 86, 155, 157, 159, 165, 162, 166, 178, 179, 191, 213, 239, 248, 249, 260
 siehe auch Aufstand, Revolte, Unruhe
Recht, Rechte 9, 17, 19, 20, 31, 36, 96, 97, 118, 129–131, 169, 170, 91, 197, 238, 241–243
 – Rechtsansprüche 197
 – rechtshistorisch 182, 184, 224
Reform 6, 7, 11–14, 18, 20, 33, 34, 35, 37, 44, 48, 50, 53, 61, 85, 100, 198, 112–114, 116, 118–128, 130, 132, 133, 156, 157, 161, 168, 171, 173, 214, 232, 233, 235, 242, 247

- Reformpolitik 128
  siehe auch Agrarreform, Bildungsreform, Bourbonische Reformen, Landreform, *La Reforma*, Universitätsreform, Verfassungsreform
Regent, Regentschaft, Regentschaftsrat 16–19, 21, 41–44, 64
Regime, *Ancien Regime* 6, 166
- autoritäres Regime 33, 34, 53, 63, 84, 112, 198, 248–250
  siehe auch Regierung
- Franco-Regime 105
- korprativistisches Regime 131
Regionalismus, Regionalismen 166
Regierung, autoritär 23, 33, 34, 53, 63, 76, 127, 129, 186, 198, 248, 249
  siehe auch Regime
Regierungsform 24, 42
- Regierungsmechanismen 158
- Regierungsorgane 19
- Regierungspolitik 76
- Regierungspraxis 75, 112
- Regierungsprinzipien 66
- Regierungsstil, Regierungsweise 16, 23, 124, 129
- Regierungssystem 42
- Regierungswechsel 56
reino 12, 18
Reis 14
Reisen, Reisende, Reiseliteratur 73, 234–237
  siehe auch Forschungsexpeditionen, Forschungsreisen
Rekrutierung 38, 95, 96, 161, 251
Religion 5, 23, 25, 31, 32, 75, 79, 173, 180, 184, 241
- Religiosität 172, 173
- Religionsfreiheit 31, 33, 42
Renten 129
Reparationsforderungen 49
Repräsentation politisch 18, 25, 27, 29, 32
- symbolisch 108, 160
Repräsentativität 147

Repression 24, 119, 121, 122, 127, 198
república de espanoles 9
república de indios 9
República Oriental del Uruguay 26
república possible 167
Republik 2, 8, 18, 20–22, 24–26, 28, 29, 31, 32, 34, 36, 39, 44, 45, 47, 54, 61, 67, 70, 76, 83, 84, 88, 90, 105, 111, 113, 114, 131, 160, 163, 166, 167, 195, 200, 202, 203, 209, 239, 240–242, 262
- republikanisch 24, 29, 34, 44, 45, 48, 65, 66, 73, 112, 132, 176, 169–171, 240, 254
- Republikaner 23
Rescript, von der Heydsches 104
Revision, Revisionismus, revisionistisch 149, 151, 216, 246, 248
Revolte 15, 43, 178, 186, 198, 213
  siehe auch Aufstand, Rebellion, Unruhe
Revolution
- bürgerliche, demokratische, soziale 15, 121, 122, 155, 156, 158–160, 169, 247, 249, 250, 259
- institutionalisierte 122, 127, 131, 248
Revolution
- amerikanische 162, 188
- atlantische 6, 15, 18, 41, 161, 163, 254
- chinesische 250
- französische 15, 80, 162, 171, 185, 186, 188
- haitianische 16, 185, 186
- hispanische 161
- iberische 6
- kubanische 133
- mexikanische 35, 36, 83–85, 89, 96, 97, 112, 120, 122, 123, 126, 127, 134, 136, 159, 197, 198,

212–214, 233, 245–251, 257, 262
– nicaraguanische 86
– portugiesische 17
– russische 120, 249, 263
Revolution
– industrielle 217
– technische 53, 97
– Revolutionszyklus 158, 159
Rindfleisch 92
Rohstoff 49, 51, 53, 55, 57, 67, 76, 85, 87, 88, 90, 92, 98, 100, 123, 125, 194, 204, 206
– Rohstoffexporte 51, 86, 115
Roosevelt Corollary 69, 260
Rumi Maqui Rebellion 61
Russen 104
Rüstungsindustrie 88
– Aufrüstung 196

Saisonarbeit, Saisonarbeiter 94–96, 103, 218, 219
Säkularisierung 132, 171–173
Salpeter 55, 57, 88, 90, 91, 196
– Salpeterkrieg 57, 113, 137, 194, 195
  siehe auch Pazifikkrieg, Krieg
Sattelzeit 158, 159, 162, 171
Schaf 92
– Schaffleisch 92
– Schafwolle 92
Schiedsgericht Haager 54
Schiedsgerichtsbarkeit 193
Schlacht von Ayacucho 23
Schmelztiegel 111, 138
  siehe auch crisol de razas
Schmuggel 6, 7, 11
Schriftsteller 18, 61, 74, 75, 80, 116, 126, 134, 138, 139, 152, 202, 231, 237
Schulbildung 133
  siehe auch Bildung
– Schulsystem 103, 129, 232
Schulden 28, 48, 63, 70, 91, 96, 127, 194, 204, 211

– Schuldenkrise 48, 127, 204
  siehe auch Verschuldung
Schuldknechtschaft 93, 95, 96, 115, 125
Schutzzölle 51, 52
  siehe auch Protektionismus
Schwarze 11, 15, 73, 77, 110, 191, 126
Segregation 8, 9, 76
Sektor, tertiärer 109
Selbstzeugnisse 147
  siehe auch Testimonialliteratur
Semana de Arte Moderna 139
semana roja 119
semana trágica 119
señor natural 9
  siehe auch cazique
sertão 62
settler colonialism 193
Sicherungssysteme, soziale 127
Siedler 55, 60, 62, 175
Siedlungen 55, 96, 103, 193, 221
– Arbeitersiedlung 108
– Siedlungsgrenze 55, 193, 197
Silber, Silberpeso 47
Sisalhanf 89
– Sisalplantage 60
Sistema de castas siehe castas
Sklaven 3, 7, 10, 11, 15, 40, 41, 76, 78, 80, 95, 101, 115, 140, 147, 174, 178–184, 186, 189–192, 221, 229, 238
  siehe auch Versklavte
Sklaverei 16, 177–182, 188, 191, 212
– Sklavenökonomie 212
Sklavereiforschung 174, 176, 179, 182–184
Sklavenarbeit 41, 46, 93, 185, 188, 191, 211, 214, 217
– Sklavenbefreiung 189
  siehe auch Abolition
– Sklaveneinfuhr 11, 39, 46
– Sklavenhalter 15, 42, 46, 66, 162, 174, 177, 185, 186, 191

- Sklavenhandel 10, 41, 37–40, 44, 103, 174, 175–178, 180, 182–184, 187–189, 191, 212, 257
    siehe auch Handel
- Sklavenaufstand, -rebellion, -revolution 15, 37, 40, 45, 185–187, 198
- Sklaventransport 37
    siehe auch middle passage, trata
- Sklavenwiderstand 179, 190,
slave narratives 147
slavery, second 39, 45, 176, 177, 189, 212
social imperialism siehe imperialism
sociedad de castas siehe castas
Sociedad de Jornaleros Argentinos 115
Söldner 28, 101
Sonorenser 124
Souverän 7
- Souveränität 17, 19, 22, 47, 48, 62, 63, 85, 113, 125, 165–167, 197
    siehe auch Volkssouveränität
Soziabilität 108, 168, 169
Sozialdarwinismus 77, 229
Sozialimperialismus siehe Imperialismus, imperialism
Sozialismus, sozialistisch 113, 116, 117, 237, 245
Sozialpolitik 244
Sozialwissenschaft, Sozialwissenschaftler, sozialwissenschaftlich 140, 174, 182, 188, 198, 202, 207, 209, 242, 243, 248–250
Soziologie, Soziologen 153, 174, 175, 177, 180, 199, 203, 218, 227, 229, 244
Spanier 5, 10, 16, 21, 22, 23, 40, 45, 46, 62, 102, 104, 158, 161, 219, 251
Spekulationen 90
splendid little war 68
Staatsanleihen 48, 87

Staatsbildung 5, 25, 26, 28, 34, 54, 105, 146, 150, 154, 155, 157, 159, 161, 163, 165, 167, 169, 171, 173, 194, 225, 239, 242
    siehe auch Nationsbildung
Staatsbürger, staatsbürgerlich 19, 29, 30, 35, 113, 158, 162, 166, 167–170, 238–240, 243
    siehe auch Bürger, ciudadano
Staatshaushalt 90, 165
Staatskasse 52
Staatsnation 25, 159, 245
Stadt 8, 9, 14, 15, 20, 25, 34, 76, 89, 98, 102, 106–109, 111, 112, 114, 117, 121, 128, 129, 164, 207, 239, 248
- Stadtplanung 244
- Städtebau 108
    siehe auch Urbanisierung
Stadtrat 8, 21, 112
    siehe auch cabildo
Stalinisierung 121
Statistik, statistisch 143, 188, 207, 209, 217
Stereotypen 201, 236
Steuern 9, 13, 45, 47, 48, 57, 100, 104, 168, 170, 194, 196, 197, 240
Straßenbahn 107
Streik, Streikende 109, 110, 115, 119, 129, 133
Struktur, strukturell 156, 159, 176, 199, 206, 219, 249 250
    siehe auch Infrastruktur
Strukturalismus, strukturalistisch 152, 155, 177, 182, 183, 217
Studentenbewegung, Studentenproteste 86, 127, 132, 133, 148, 151, 248
subaltern 58, 152, 160, 226, 239
Subsistenzproduktion 94, 212, 213
sufragio efectivo, no reelección 123
Syndikalismus 118
Syrer 102

Tabak 12, 88, 89, 129, 211, 214
Tagelöhner 94, 95, 115, 118
  siehe auch Arbeiter
Talg 92
Tango 109, 117
Tanz der Millionen 90
Technokraten 76
Technologie, technologisch 45, 76, 99, 202, 207, 209
Tehuelche 59
Telegrafenverbindungen 97
teleologisch 156, 158, 160, 161
terms of trade 101, 210
Testimonialliteratur 147
Textilarbeiter 115, 216
  siehe auch Arbeiter
Textilsektor 99
Theater 108
Thron 8, 17, 18, 19, 21, 43, 159, 161
tiendas de raya 95
Tierra y Libertad 120
Tobar-Doktrin 83
Transformation 5, 18, 109, 125, 126, 158, 180, 181, 208, 209, 214, 251
Transkulturation, transkulturell 211, 230
Transnationalismus, transnational 117, 179, 222–224, 230, 251
Transportsektor 110
Transport, Transportrevolution, Transportwesen 48, 53, 92, 97–99, 106, 107, 110, 117, 204, 215, 237, 258
trata 37
  siehe auch Sklavenhandel, middle passage
Trauma, national 47, 197
Tribut, indigener 9, 19, 35, 170, 240
Tripel-Allianz Krieg siehe Krieg, Paraguaykrieg
Triumvirat 158
Tupí-Guaraní 2, 140
turcos 102, 222
turn, historical 191

Unabhängigkeitsbewegung 4, 5, 7, 8, 9, 11, 13, 15–23, 25, 27, 29, 31, 33, 35, 37, 41, 43, 45, 47, 49, 51, 53, 62, 154, 157–162, 171, 190, 246, 256
– Unabhängigkeitskrieg 38, 40, 46, 48, 54, 64, 117, 145, 146, 166, 190, 241, 258, 260
  siehe auch Krieg
Ungleichheit 78, 97, 110, 122, 126, 217, 227, 263
Unión Cívica Radical (UCR) 113
United Fruit Company (UFCo) 92, 100
Universität 8, 125, 131, 132, 135, 150, 151, 183, 232, 233
– Universitätsreform 121, 132, 133, 233
UNO 63
Unterentwicklung 202, 203, 255
  siehe auch Entwicklung
Unternehmen 50, 57, 66–68, 87, 93, 100, 119, 125
Unternehmer 48, 85, 88, 122, 216, 236
Unterschichten 20, 76, 94, 96, 108, 111, 157, 159, 164, 223, 243
  siehe auch Proletariat
Unruhen 23, 43, 69, 119
  siehe auch Aufstand, Rebellion, Revolte
Urbanisierung 97, 99, 101, 103, 105–107, 129, 139, 209, 244
  siehe auch Stadt, Verstädterung
USA siehe Ortsregister
US-amerikanisch 23, 45, 46, 64, 80, 83, 100, 118, 119, 133, 148, 149, 152, 153, 159, 162, 175, 183, 193, 200, 202, 212, 217, 225, 227, 237, 251, 261, 254, 259–261, 262
– US-Annexion, US-Besatzung 65, 260–262
– US-Banken 70, 100
– US-Hegemonie 66, 67, 69, 71, 80, 81, 86, 199, 200, 223, 224, 259–261

Sachregister — 359

- US-Intervention 85, 260
- US-Investitionen, -exporte 70, 84, 87–89, 100, 201, 262
- US-Militär, -operationen, -verwaltung 47, 69, 82, 84, 85, 91
- US-Politik 84
- US-Präsident 68, 83, 259, 261
- US-Regierung 46, 47, 67, 69, 70, 83, 92, 93, 200, 258, 259
- US-Unternehmen 66–68, 71, 85, 92, 93, 99, 100, 125

  siehe auch Vereinigte Staaten von Amerika

uti possidetis Prinzip des 54, 63
Utilitarismus 79, 80
Utopie, utopisch 120, 224

Vagabundengesetze 94, 95
vecino 8, 168

  siehe auch Staatsbürger, Bürger

Verbraucher 99
Vereinigte Provinzen von Südamerika 22, 26,
Vereinigte Provinzen von Zentralamerika 26
Vereinigte Staaten von Amerika 51, 64–66, 68, 70, 80, 85, 87, 89–91, 99, 100, 118, 259

  siehe auch USA

Vereinigte Staaten von Kolumbien 31
Vereinigte Königreiche von Portugal, Brasilien und Algarve 17, 42

  siehe auch Königreich

Verfassung 16, 23–25, 29, 31–33, 36, 42, 47, 69, 79, 85, 97, 103, 112–114, 123–125, 129, 161, 166, 167, 172, 173, 247–249, 254

  siehe auch Monarchie, konstitutionelle

- Verfassung von Cádiz 19, 22, 23, 28, 32, 161

Verflechtungen 18, 41, 86, 117, 234, 236, 252–255, 257, 258, 263
Verflechtungsgeschichte 257
Vergleich *siehe* Forschung, vergleichende

Vernichtungsfeldzüge 59, 60

  siehe auch Krieg

Verschuldung 48, 49, 50, 209
Versklavte 10, 11, 15, 16, 21, 37, 38, 40, 41, 43–46, 174, 179, 183, 189, 190, 214, 228, 229

  siehe auch Sklaven

Verstädterung 105, 107

  siehe auch Urbanisierung

Vertrag 7, 23, 28, 39, 45, 69, 86, 95, 256
- Clayton-Bulwer Vertrag 67
- Hay-Pauncefote Vertrag 68
- Methuen Vertrag 21
- Grace Vertrag 87

Vertrag von Ancón 57
Vertrag von Valparaíso
Verwaltung 7, 9, 12, 13, 18–20, 25, 42, 47, 48, 53, 100, 126, 156
- koloniale 3, 5, 7–9, 11, 143, 157, 171
- Verwaltungsbeamte 9
- Justizverwaltung 7
- Selbstverwaltung 8

Vieh 6, 14, 21, 37, 49, 55, 59, 88, 91–93, 98, 114, 128
vientre libre

  siehe auch Bauch, freier

visual turn siehe history
Visualisierung 194, 228
Vizekönigreich 7, 18, 20, 26
- Neu-Granada 20, 189
- Neu-Spanien 7, 11, 24, 32
- Peru 7, 11, 22
- Río de La Plata 12, 14, 21, 26, 27

Völkermord 195
Volkssouveränität 17, 166, 167

  siehe auch Souveränität

Volkswirtschaft 49, 87, 92, 100, 208

Wahlen 18–20, 28, 30, 32, 33, 83, 112, 113, 123, 127, 128, 161, 166–168
- Wahlbetrug, Wahlkampf 30

- Wahlpflicht, Wahlrecht,
    Wahlgesetz 30, 31, 113, 123,
    127, 128, 131, 166, 168, 170
- Wiederwahl 114, 123, 124, 246
Wahlberechtigte, Wähler 19, 30, 76,
    112, 128, 168, 169
Wahrheitskommissionen 144
Währung 47, 49, 86, 101
Waldrodung 94
Wanderarbeiter 96, 117
    siehe auch Arbeiter
Wasser 55, 61, 68, 85, 107
Wehrpflicht 113, 169
Weiße 15, 34, 40, 41, 46, 72, 73,
    77, 109, 118, 133, 137, 191, 193,
    226, 240, 241
    siehe auch whiteness
Weizen 92, 214
Weltausstellungen 74, 228
Welthandel 88, 101
Weltkrieg *siehe* Krieg
Weltmacht 68, 260
Weltmarkt *siehe* Markt
Weltmarktpreise 91, 100
Weltsystem 261
Weltwirtschaftskrise 1, 53, 70, 91,
    98, 100–102, 113, 119, 121, 129,
    198, 204, 209, 219, 254
Western Hemisphere siehe
    Hemisphäre, westliche
whiteness 262
Widerstand 16, 31, 33, 40, 59, 60,
    71, 86, 124, 132, 166, 178, 179,
    183, 190, 198, 238–240, 256,
    262
Williams-These 187, 188
Wirtschaftspolitik 51, 101, 211
- Wirtschaftsliberalismus 52
- Wirtschaftsnationalismus 52
- Wirtschaftswachstum 87, 99, 109,
    122, 127

Wissenschaftsgeschichte 233, 234
Wissensproduktion 233, 234, 236
Wohlfahrtsstaat 128
Wohlstand 109
Wolle 89, 92,

Yaqui, Yaquikriege 32, 60, 197
Zahlungsbilanz 101
- Zahlungsprobleme 90
Zeitalter der Revolutionen 15, 159
    siehe auch Revolution
Zeitalter der Industrialisierung 209
Zeitalter des Positivismus 223
Zeitungen 117, 143
Zeitzeugen 148, 219
Zensus 19, 168
Zentralismus 20, 24, 27, 36, 114,
    163, 166
- Zentralisierung 32, 113, 165, 250
- zentralistisch 25, 31, 48
- Zentralisten 61
    siehe auch Verfassung
Zigarren 117
Zimmermann-Telegramm 84
Zinn 88, 90, 91, 101
Zivilisation 58, 62, 73, 75, 77, 164
- Zivilisationsgrenze 193
- Zivilisationswüste 59
Zoll 27, 45, 51–53, 57, 90, 91, 99, 101
Zucker, Zuckerplantagen, Zucker-
    pflanzer, Zuckerproduktion 7,
    12, 14, 16, 37, 40, 41, 44, 45,
    68, 88, 89, 93, 95, 100, 101,
    176, 183, 211, 229
Zugehörigkeit 6, 10, 25, 81, 111, 169,
    239
Zwangsarbeit, Zwangsarbeiter 46,
    60, 94, 191, 37
Zweiter Weltkrieg *siehe* Krieg

Oldenbourg Grundriss der Geschichte

Herausgegeben von Hans Beck, Karl-Joachim Hölkeskamp, Achim Landwehr, Benedikt Stuchtey und Steffen Patzold

Band 1a
Wolfgang Schuller
Griechische Geschichte
6., akt. Aufl. 2008. 275 S., 4 Karten
ISBN 978-3-486-58715-9

Band 1b
Hans-Joachim Gehrke
Geschichte des Hellenismus
4. durchges. Aufl. 2008. 328 S.
ISBN 978-3-486-58785-2

Band 2
Jochen Bleicken
Geschichte der Römischen Republik
6. Aufl. 2004. 342 S.
ISBN 978-3-486-49666-6

Band 3
Werner Dahlheim
Geschichte der Römischen Kaiserzeit
3., überarb. und erw. Aufl. 2003.
452 S., 3 Karten
ISBN 978-3-486-49673-4

Band 4
Jochen Martin
Spätantike und Völkerwanderung
4. Aufl. 2001. 336 S.
ISBN 978-3-486-49684-0

Band 5
Reinhard Schneider
Das Frankenreich
4., überarb. und erw. Aufl. 2001.
224 S., 2 Karten
ISBN 978-3-486-49694-9

Band 6
Johannes Fried
Die Formierung Europas 840–1046
3., überarb. Aufl. 2008. 359 S.
ISBN 978-3-486-49703-8

Band 7
Hermann Jakobs
Kirchenreform und Hochmittelalter
1046–1215
4. Aufl. 1999. 380 S.
ISBN 978-3-486-49714-4

Band 8
Ulf Dirlmeier/Gerhard Fouquet/
Bernd Fuhrmann
Europa im Spätmittelalter 1215–1378
2. Aufl. 2009. 390 S.
ISBN 978-3-486-58796-8

Band 9
Erich Meuthen
Das 15. Jahrhundert
4. Aufl., überarb. v. Claudia Märtl
2006. 343 S.
ISBN 978-3-486-49734-2

Band 10
Heinrich Lutz
Reformation und Gegenreformation
5. Aufl., durchges. und erg. v. Alfred Kohler 2002. 283 S.
ISBN 978-3-486-48585-2

Band 11
Heinz Duchhardt / Matthias Schnettger
Barock und Aufklärung
5., überarb. u. akt. Aufl. des Bandes „Das Zeitalter des Absolutismus"
2015. 302 S.
ISBN 978-3-486-76730-8

Band 12
Elisabeth Fehrenbach
Vom Ancien Régime zum Wiener Kongreß
5. Aufl. 2008. 323 S., 1 Karte
ISBN 978-3-486-58587-2

Band 13
Dieter Langewiesche
Europa zwischen Restauration und Revolution 1815–1849
5. Aufl. 2007. 261 S., 4 Karten.
ISBN 978-3-486-49734-2

Band 14
Lothar Gall
Europa auf dem Weg in die Moderne 1850–1890
5. Aufl. 2009. 332 S., 4 Karten
ISBN 978-3-486-58718-0

Band 15
Gregor Schöllgen/Friedrich Kießling
Das Zeitalter des Imperialismus
5., überarb. u. erw. Aufl. 2009.
326 S.
ISBN 978-3-486-58868-2

Band 16
Eberhard Kolb/Dirk Schumann
Die Weimarer Republik
8., aktualis. u. erw. Aufl. 2012.
349 S., 1 Karte
ISBN 978-3-486-71267-4

Band 17
Klaus Hildebrand
Das Dritte Reich
7., durchges. Aufl. 2009. 474 S., 1 Karte
ISBN 978-3-486-59200-9

Band 18
Jost Dülffer
Europa im Ost-West-Konflikt 1945–1991
2004. 304 S., 2 Karten
ISBN 978-3-486-49105-0

Band 19
Rudolf Morsey
Die Bundesrepublik Deutschland Entstehung und Entwicklung bis 1969
5., durchges. Aufl. 2007. 343 S.
ISBN 978-3-486-58319-9

Band 19a
Andreas Rödder
Die Bundesrepublik Deutschland 1969–1990
2003. 330 S., 2 Karten
ISBN 978-3-486-56697-0

Band 20
Hermann Weber
Die DDR 1945–1990
5., aktual. Aufl. 2011. 384 S.
ISBN 978-3-486-70440-2

Band 21
Horst Möller
Europa zwischen den Weltkriegen
1998. 278 S.
ISBN 978-3-486-52321-8

Band 22
Peter Schreiner
Byzanz
4., aktual. Aufl. 2011. 340 S.,
2 Karten
ISBN 978-3-486-70271-2

Band 23
Hanns J. Prem
Geschichte Altamerikas
2., völlig überarb. Aufl. 2008.
386 S., 5 Karten
ISBN 978-3-486-53032-2

Band 24
Tilman Nagel
Die islamische Welt bis 1500
1998. 312 S.
ISBN 978-3-486-53011-7

Band 25
Hans J. Nissen
Geschichte Alt-Vorderasiens
2., überarb. u. erw. Aufl. 2012.
309 S., 4 Karten
ISBN 978-3-486-59223-8

Band 26
Helwig Schmidt-Glintzer
Geschichte Chinas bis zur mongolischen Eroberung 250 v. Chr.–1279 n. Chr.
1999. 235 S., 7 Karten
ISBN 978-3-486-56402-0

Band 27
Leonhard Harding
Geschichte Afrikas im 19. und 20. Jahrhundert
2., durchges. Aufl. 2006. 272 S.,
4 Karten
ISBN 978-3-486-57746-4

Band 28
Willi Paul Adams
Die USA vor 1900
2. Aufl. 2009. 294 S.
ISBN 978-3-486-58940-5

Band 29
Willi Paul Adams
Die USA im 20. Jahrhundert
2. Aufl., aktual. u. erg. v. Manfred Berg 2008. 302 S.
ISBN 978-3-486-56466-0

Band 30
Klaus Kreiser
Der Osmanische Staat 1300–1922
2., aktual. Aufl. 2008. 262 S.,
4 Karten
ISBN 978-3-486-58588-9

Band 31
Manfred Hildermeier
Die Sowjetunion 1917–1991
3. überarb. und akt. Aufl. 2016. XXX S.
ISBN 978-3-486-71848-5

Band 32
Peter Wende
Großbritannien 1500–2000
2001. 234 S., 1 Karte
ISBN 978-3-486-56180-7

Band 33
Christoph Schmidt
Russische Geschichte 1547–1917
2. Aufl. 2009. 261 S., 1 Karte
ISBN 978-3-486-58721-0

Band 34
Hermann Kulke
Indische Geschichte bis 1750
2005. 275 S., 12 Karten
ISBN 978-3-486-55741-1

Band 35
Sabine Dabringhaus
Geschichte Chinas 1279–1949
3. akt. und überarb. Aufl. 2015.
324 S.
ISBN 978-3-486-78112-0

Band 36
Gerhard Krebs
Das moderne Japan 1868–1952
2009. 249 S.
ISBN 978-3-486-55894-4

Band 37
Manfred Clauss
Geschichte des alten Israel
2009. 259 S., 6 Karten
ISBN 978-3-486-55927-9

Band 38
Joachim von Puttkamer
Ostmitteleuropa im 19. und 20. Jahrhundert
2010. 353 S., 4 Karten
ISBN 978-3-486-58169-0

Band 39
Alfred Kohler
Von der Reformation zum Westfälischen Frieden
2011. 253 S.
ISBN 978-3-486-59803-2

Band 40
Jürgen Lütt
Das moderne Indien 1498 bis 2004
2012. 272 S., 3 Karten
ISBN 978-3-486-58161-4

Band 41
Andreas Fahrmeir
Europa zwischen Restauration, Reform und Revolution 1815–1850
2012. 228 S.
ISBN 978-3-486-70939-1

Band 42
Manfred Berg
Geschichte der USA
2013. 233 S.
ISBN 978-3-486-70482-2

Band 43
Ian Wood
Europe in Late Antiquity
2020. 288 S.
ISBN 978-3-11-035264-1

Band 44
Klaus Muhlhahn
Die Volksrepublik China
2017. 324 S.
ISBN 978-3-11-035530-7

Band 45
Jorg Echternkamp
Das Dritte Reich. Diktatur, Volksgemeinschaft, Krieg
2018. 344 S., 2 Karten
ISBN 978-3-486-75569-5

Band 46
Christoph Ulf/Erich Kistler
Die Entstehung Griechenlands
2019. 328 S., 26 Abb.
ISBN 978-3-486-52991-3

Band 47
Steven Vanderputten
Medieval Monasticisms
2020. 304 S.
ISBN 978-3-11-054377-3

Band 48
Christine Hatzky/Barbara Potthast
Lateinamerika 1800–1930
2021, X, 360 S., 2 Karten
ISBN 978-3-11-034999-3

Band 49
Christine Hatzky/Barbara Potthast
Lateinamerika seit 1930
2021, X, 382 S., 1 Karte
ISBN 978-3-11-073522-2

www.ingramcontent.com/pod-product-compliance
Lightning Source LLC
Chambersburg PA
CBHW030603230426
43661CB00053B/1829